新 合格できる韓国語能力試験 TOPIK Ⅱ 必修単語集

著／新大久保語学院　全ウン

ask

DEKIRU出版

はじめに

本書は、TOPIK Ⅱ（中級：3～4級、高級：5～6級）合格に必要な単語2400語をまとめたものです。

TOPIK Ⅱは中級レベルと高級（上級）レベルが一緒になっているため、範囲が非常に広く、特に中級学習者には試験対策が負担になっていると思われます。また、高級レベルの合格を目指している方の中には、どれくらい単語を覚えなければならないのか分からず、不安を感じている方も多いことでしょう。

本書では、そういう方々の手助けになるべく、以下の点を工夫しました。

◎　TOPIK Ⅱでよく出題される単語の中から600語を選びPart1にまとめることで、中級レベルの方や、あまり試験勉強に時間を割くことができない方に勉強の優先順位を分かりやすく示しました。

◎　高級を目指している方でもこの1冊で万全な試験対策ができるように、頻出単語を中心に2400語を収録しました。

◎　各見出し語の例文を、実際の試験に出されるような文にし、例文を繰り返して読むだけでも試験対策ができるようにしました。

◎　関連性がある見出し語同士を近くに配置することで、組み合わせて効率よく覚えられるようにしました。

初級と違って中・高級の単語はいろいろな用法があり、一種類の訳で表せない場合が多いため、単語を単体で覚えるよりは、関連語と組み合わせたフレーズで覚えることをお勧めします。

TOPIK Ⅰの単語集に続いてTOPIK Ⅱの単語集を出版することができて嬉しく存じます。執筆に際し、助言を惜しまないでサポートしてくださった李志暎先生に心からお礼申し上げます。

本書が多くの方々にとって有意義なものになることを願っています。

全ウン

目次

Part 2 聞き取り・書き取り問題頻出単語 600

Part 3 読解問題頻出単語600

Part 4 覚えておきたい重要単語 600

本書の構成と使い方

本書では2400語の単語を4つのPartに分け、70日間で学習できるように構成されています。

Part 1（Day 1～20）：TOPIK Ⅱ全体でよく出題される600語
Part 2（Day 21～40）：聞き取り・書き取り問題でよく出題される600語
Part 3（Day 41～60）：読解問題でよく出題される600語
Part 4（Day 61～70）：覚えておく必要がある重要な単語600語

各単語は次のように構成されています。

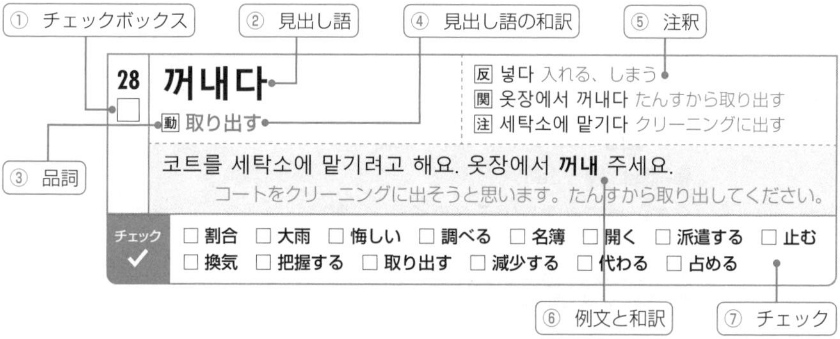

① チェックボックス　覚えた単語、あるいはまだ覚えていない単語にチェックを付けることができます。
② 見出し語
③ 品詞　見出し語の品詞を記しています。
動 動詞　形 形容詞　名 名詞　副 副詞
助 助詞　冠 冠形詞　尾 接尾辞
④ 見出し語の和訳
⑤ 注釈　Day 1～60では各単語の右側に注釈を入れています。
類 類義語　反 反義語　関 関連語　注 例文中の語句
⑥ 例文と和訳　例文中の見出し語は太字で表記しています。
⑦ チェック　Day 1～60では見開きの右ページの下に、Day 61～70では各ページの下に「チェック」が設けられており、該当ページに掲載されている単語を日本語から韓国語に直してみて暗記できているかどうか手軽に確認できます。

[その他の項目]

確認問題　5 Day ごとにその間に学習した単語を復習できます。答えをすぐ確認できるようにページの下に正解を載せています。文末に単語を入れる問題では、一例を提示しています。

まとめてみましょう　関連単語やいろいろな表現を一度にまとめて覚えられます。

語彙総ざらい　各 Part のすべての単語を順番に載せています。

同音異義の漢字語　見出し語の漢字語と発音が同じで、漢字と意味が異なる語を掲載しています。

韓日索引　가나다順に並べられていて、子音・母音は下記の並び順になっています。

（太字は、基本子音と基本母音）

子音	**ㄱ** ㄲ **ㄴ** **ㄷ** ㄸ **ㄹ** **ㅁ** **ㅂ** ㅃ **ㅅ** ㅆ **ㅇ** **ㅈ** ㅉ **ㅊ** **ㅋ** **ㅌ** **ㅍ** **ㅎ**
母音	**ㅏ** ㅐ **ㅑ** ㅒ **ㅓ** ㅔ **ㅕ** ㅖ **ㅗ** ㅘ ㅙ ㅚ **ㅛ** **ㅜ** ㅝ ㅞ ㅟ **ㅠ** **ㅡ** ㅢ **ㅣ**

付属赤シート　見出し語訳と例文訳、索引の日本語部分が色文字になっており、赤シートを重ねると日本語訳を隠せます。韓国語を見て日本語の意味を考えるなどして、試験対策にご活用ください。

音声データについて

本書の全見出し語とその日本語訳、例文（韓国語のみ）およびプラス名詞 40 の見出し語とその日本語訳の音声は、下記の Web ページからパソコンやスマートフォン、タブレットなどで聴くことができます。

https://www.shin-gogaku.com/audio/topik2word/

下の QR コードからもアクセスできます。

また、下記の新大久保語学院ホームページの「音声・和訳ダウンロード」ページから mp3 ファイルをダウンロードすることができます。

https://www.shin-gogaku.com/shinokubo/words/

韓国語能力試験について

韓国語能力試験（TOPIK）は、韓国政府教育部が認定・実施する唯一の韓国語試験で、韓国語を母国語としない学習者を対象に行われます。日本をはじめ世界約 90 ヶ国以上で実施され、レベル評価や留学、就職への活用などを目的に様々な方が受験しています。

日本では 1997 年から実施され、公益財団法人韓国教育財団の主管により年 3 回（4 月、7 月、10 月）実施されています。

●韓国語能力試験の種類

TOPIK Ⅰ（初級）と TOPIK Ⅱ（中級･高級）の 2 つのレベルがあります。合格すると獲得した総合点数に応じて、級が認定されます。

TOPIK Ⅰ：1 級または 2 級

TOPIK Ⅱ：3 級～ 6 級

● TOPIK Ⅱ試験の概要

（1）級の認定基準とレベル

級	合格点の目安	レベル
3 級	120 ／ 300	日常生活を問題なく過ごせ、様々な公共施設の利用や社会的関係を維持するための言語が使用できる。文章語と口語の基本的特性を区分し理解、使用が可能。
4 級	150 ／ 300	公共施設の利用や社会的関係の維持に必要な言語機能を遂行でき、一般的な業務に必要な機能を実行できる。ニュースや新聞をある程度理解でき、一般業務に必要な言語が使える。よく使われる慣用句や代表的な韓国文化に対する理解を基に社会・文化的な内容の文章を理解でき、使用できる。
5 級	190 ／ 300	専門分野においての研究や業務に必要な言語をある程度理解と使用ができ、政治・経済・社会・文化などの全般に渡った身近なテーマについて理解し、使用できる。公式的、非公式的かつ口語、文語的な脈絡に関する言語を適切に区分し、使用できる。
6 級	230 ／ 300	専門分野における研究や業務遂行に必要な言語機能を比較的正確に、流ちょうに使用でき、政治・経済・社会・文化などの全般的なテーマにおいて身近でないテーマに対しても不便なく使用できる。ネイティブ程度までではないが自己表現を問題なく話すことができる。

（2）試験方式

次のように聞き取り、書き取り、読解の３分野で出題されます。

問題の種類と配点

時限	１時限目		２時限目
試験時間	110分		70分
分野	聞き取り	書き取り（作文を含む）	読解
解答形式	４択	記述式	４択
問題数	50問	４問	50問
配点	100点	100点	100点
合計点	300点		

韓国語能力試験の詳細および最新情報は、公益財団法人韓国教育財団のホームページで確認してください。

https://www.kref.or.jp/topik/

※１　TOPIK Ⅰ（初級）は、聞き取りと読解分野のみで問題数や試験時間も異なります。

※２　(1) および (2) の表は韓国教育財団のウェブページに掲載されている資料（2024年6月現在）をもとに作成しました。試験の実施方法や基準などは変更される場合がありますので、韓国教育財団のウェブページなどで最新の情報をご確認ください。

Part

I

TOPIK Ⅱ 核心単語600

Day 1

1 □

원인

名 原因

反 결과 結果
関 원인을 조사하다 原因を調べる
注 철저히 徹底的に

이번 사고의 **원인**에 대해서 철저히 조사를 해야 한다고 생각한다.
今回の事故の原因について徹底的に調査をするべきだと思う。

2 □

증가하다

動 増加する

類 늘다 増える
反 감소하다 減少する　줄다 減る
注 점점 だんだん

아이를 낳지 않는 젊은 부부가 점점 **증가하**고 있어요.
子供を産まない若い夫婦がだんだん増加しています。

3 □

지원

名 志願

関 지원 동기 志願動機
注 학력 学歴
경력 経歴

이력서에는 학력 및 경력은 물론 **지원** 동기에 대해서도 써 주세요.
履歴書には学歴及び経歴はもちろん、志願動機についても書いてください。

4 □

참여하다

動 参加する

類 참석하다, 참가하다 参加する
反 결석하다, 빠지다 欠席する
関 참여율 参加率

투표에 **참여하**는 대학생이 예전보다 증가했다는 뉴스를 들었다.
投票に参加する大学生が以前より増加したというニュースを聞いた。

5 □

나타나다

動 現れる

反 사라지다 消える　없어지다 なくなる
関 -(으)ㄴ/는 것으로 나타났다
～ことが分かった

오늘은 올 줄 알았는데 아무리 기다려도 **나타나**지 않았어요.
今日は来ると思っていたのにいくら待っても現れませんでした。

6 □

잇다

動 続く、つなぐ

関 연잇다 相次ぐ
연이어 立て続けに
이어서 続いて

영화 감상이 40%로 가장 많고 여행이 30%로 그 뒤를 **이**었습니다.
映画鑑賞が40%で一番多くて、旅行が30%でその後に続きました。

7 □

잃어버리다

動 失う、落とす

関 아이를 잃어버리다 子供を失う
길을 잃어버리다 道に迷う
注 재발급을 받다 再発行をする

지갑을 **잃어버리**는 바람에 운전면허증을 재발급 받아야 했다.
財布を落としたせいで運転免許証を再発行しなければならなかった。

8 □
늘다
動 増える、伸びる

類 증가하다 増加する
反 줄다 減る　감소하다 減少する
関 실력이 늘다 実力が伸びる

청년 인구의 급격한 감소에도 불구하고 실업률은 **늘**고 있다.
青年人口の急激な減少にも関わらず、失業率は増えている。

9 □
잡다
動 取る、捕まえる

関 자리를 잡다 席を取る、場所を取る
범인을 잡다 犯人を捕まえる
注 일찌감치 早めに

우리는 앞에서 퍼레이드를 보기 위해 일찌감치 자리를 **잡**았다.
私たちは前でパレードを見るために早めに場所を取った。

10 □
출판
名 出版

関 출판사 出版社
출판되다 出版される
신간 新刊

김 작가님의 3년 만의 신간 **출판**을 기념하여 사인회가 개최되었습니다.
金作家の３年ぶりの新刊出版を記念し、サイン会が開催されました。

11 □
소비하다
動 消費する

類 쓰다 使う
関 소비자 消費者
注 -기는커녕 ～するどころか

주말에는 쉬기는커녕 집안일에 많은 시간을 **소비하**고 있다.
週末は休むどころか、家事に多くの時間を消費している。

12 □
지나다
動 過ぎる、通る

類 넘다 超える
関 지내다 過ごす
지나가다 通っていく、通り過ぎる

블로그를 시작한 지 아직 한 달밖에 안 **지났**는데 벌써 유명해졌어요.
ブログを始めてからまだ１ヶ月しか過ぎていないのにもう有名になりました。

13 □
떨리다
動 緊張する、震える

類 긴장하다 緊張する
関 몸이 떨리다 体が震える

이렇게 많은 사람들 앞에서 스피치를 하는 것은 처음이라 너무 **떨린**다.
こんなに多くの人の前でスピーチをするのは初めてなのでとても緊張する。

14 □
선발하다
動 選抜する

類 뽑다 選ぶ
関 선수를 선발하다 選手を選抜する
선발되다 選抜される

세 달간의 합숙 훈련 후에 다음 시합의 대표 선수를 **선발할** 계획입니다.
３ヶ月間の合宿訓練の後に次の試合の代表選手を選抜する計画です。

チェック ✓
□ 出版　□ 増える　□ 志願　□ 続く　□ 原因　□ 落とす　□ 過ぎる　□ 増加する
□ 緊張する　□ 取る　□ 現れる　□ 参加する　□ 選抜する　□ 消費する

15 ☐

차지하다

動 占める、占有する

関 -퍼센트를 차지하다 ～%を占める
　자리를 차지하다 場所を占有する
注 이직 転職

이직 이유를 조사한 결과, 상사와의 불화가 50% 이상을 **차지했**다.
転職の理由を調査した結果、上司との不和が50%以上を占めた。

16 ☐

감소하다

動 減少する

類 줄다 減る
反 늘다 増える　증가하다 増加する
注 대책을 세우다 対策を立てる

자연재해로 인한 피해가 **감소하**도록 미리 대책을 세워야 하겠다.
自然災害による被害が減少するように前もって対策を立てるべきだ。

17 ☐

비율

名 比率、割合

関 비율을 차지하다 割合を占める
　비율이 증가하다 割合が増加する

시험 성적은 물론 출석도 성적에 큰 **비율**을 차지한다.
試験の成績はもちろん、出席も成績に大きな割合を占める。

18 ☐

그치다

動 止む

関 비가 그치다 雨が止む
　울음을 그치다 泣き止む

하루 종일 내리던 비가 겨우 **그쳤**지만 여전히 바람은 강하게 분다.
1日中降っていた雨がやっと止んだが、相変わらず風は強く吹いている。

19 ☐

명단

名 名簿、リスト

類 리스트 リスト
関 명단을 작성하다 名簿を作成する

행사에 참가하는 학생들의 **명단**을 오늘 중으로 작성해 주세요.
行事に参加する学生たちの名簿を今日中に作成してください。

20 ☐

대신하다

動 代わる

関 -을/를 대신하다 ～に代わる
　대신 代わりに
注 갑작스럽다 急である

갑작스러운 사고로 인해 그 배우의 역할을 제가 **대신하**게 되었습니다.
急な事故により、その俳優の役を私が代わることになりました。

21 ☐

알아보다

動 調べる

類 조사하다 調査する
関 원인을 알아보다 原因を調べる
注 -는 중이다 ～しているところである

호텔을 싸게 예약할 수 있는 사이트를 **알아보**고 있는 중이에요.
ホテルを安く予約できるサイトを調べているところです。

22 □

환기

名 換気

関 환기시키다 換気させる
환기구 換気口
注 -아/어 놓다 ～しておく

환기를 위해 사무실의 모든 창문을 아침마다 열어 놓으세요.
換気のために、事務室のすべての窓を毎朝開けておいてください。

23 □

속상하다

形 悔しい、心が痛む

類 마음이 아프다 心が痛い
関 우울하다 憂うつだ
注 밤낮으로 昼も夜も

몇 달 동안 밤낮으로 열심히 연습했는데 예선에서 져서 **속상해**요.
何カ月もの間、昼も夜も一生懸命に練習したのに予選で負けて悔しいです。

24 □

파악하다

動 把握する

関 원인을 파악하다 原因を把握する
注 매상 売上

매상이 점점 감소하는 원인을 **파악해**서 해결 방법을 찾으세요.
売上がだんだん減少する原因を把握して、解決方法を探してください。

25 □

파견하다

動 派遣する

関 파견 사원 派遣社員
注 -도록 하다 ～するようにする

새로 오픈한 가게에 사원 두 명을 **파견해**서 일을 가르치도록 했다.
新しくオープンした店に社員二人を派遣して仕事を教えるようにした。

26 □

열리다

動 開く、開かれる

類 개최되다 開催される
反 닫히다 閉まる
関 열다 開ける

연구실 창문이 **열려** 있는 걸 보니까 안에 누가 있나 봐요.
研究室の窓が開いているのをみると、中に誰かいるみたいです。

27 □

폭우

名 大雨

類 호우 豪雨
関 폭설 大雪
注 잃다 なくす、失う

이번 **폭우**로 인해 집을 잃은 지역 주민들을 위한 모금이 시작되었다.
今回の大雨で家を失った地域住民のための募金が始まった。

28 □

꺼내다

動 取り出す

反 넣다 入れる、しまう
関 옷장에서 꺼내다 たんすから取り出す
注 세탁소에 맡기다 クリーニングに出す

코트를 세탁소에 맡기려고 해요. 옷장에서 **꺼내** 주세요.
コートをクリーニングに出そうと思います。たんすから取り出してください。

チェック ✓
□ 割合 □ 大雨 □ 悔しい □ 調べる □ 名簿 □ 開く □ 派遣する □ 止む
□ 換気 □ 把握する □ 取り出す □ 減少する □ 代わる □ 占める

Day 2

1 □

배치

名 配置

関 배치되다 配置される
배치도 配置図

방 분위기를 바꾸고 싶어서 가구 **배치**를 새롭게 했어요.
部屋の雰囲気を変えたかったので家具の配置を新しくしました。

2 □

전시

名 展示

関 전람하다 展覧する
전시회가 열리다 展示会が開かれる

이번 **전시**회는 사람들의 반응이 좋아서 한 달 연장하기로 했어요.
今回の展示会は人々の反応がよくて1ヶ月延長することにしました。

3 □

당하다

動 (悪いことに)遭う

関 -당하다 ～される(受身表現)
注 돈을 날리다 お金を失う

친척 중에 한 명이 사기를 **당해**서 십 년간 모은 돈을 다 날렸대요.
親戚の一人が詐欺に遭って10年間貯めたお金を全部失ったそうです。

4 □

옮기다

動 移す、運ぶ

類 이동하다 移動する
関 옮다 移る
注 짐을 싸다 荷造りをする

부서 이동으로 인해 자리를 위층으로 **옮겨**야 해서 짐을 싸고 있어요.
部署の移動によって席を上の階へ移さないといけないので荷造りをしています。

5 □

진행

名 進行

関 진행하다 進行する、進める
注 행사 行事
원활하다 円滑だ

지난번 행사 때 **진행**을 원활하게 해 주셔서 다시 부탁드리고 싶어요.
前回の行事の時、進行を円滑にしてくださったのでまたお願いしたいです。

6 □

쏟아지다

動 降り注ぐ

関 폭우가 쏟아지다 大雨が降り注ぐ
注 퇴근길 (退社後の)帰り道
-고 말다 ～してしまう

퇴근길에 갑자기 폭우가 **쏟아지**는 바람에 옷이 다 젖고 말았다.
帰り道に急に大雨が降り注いだせいで服が全部ぬれてしまった。

7 □

배달하다

動 配達する

関 배달원 配達員
배달해서 먹다 出前を取って食べる

점심을 먹으러 갈 시간이 없어서 근처 식당에서 **배달해**서 먹었어요.
お昼を食べに行く時間がなくて近所の食堂から出前を取って食べました。

8 □

계산하다

動 計算する、払う

関 식사비를 계산하다 食事代を払う
注 프리마켓 フリーマーケット
돈을 벌다 お金を稼ぐ　수익 収益

프리마켓으로 번 돈을 **계산해** 보았는데 생각보다 수익이 좋았어요.
フリマで稼いだお金を計算してみたが、思ったより収益がよかったです。

9 □

통하다

動 通じる、通る、通す

関 말이 통하다 言葉が通じる
바람이 잘 통하다 風通しがいい

이심전심이란 서로 마음이 **통하**고 말하지 않아도 생각이 전달되는 것이다.
以心伝心というのは互いの心が通じて言わなくても考えが伝わることだ。

10 □

운영

名 運営

注 체인점 チェーン店
-에 있어서 ～において

체인점 **운영**에 있어서 주의해야 할 사항 및 금지 사항에 관한 자료입니다.
チェーン店の運営において注意すべき事項及び禁止事項に関する資料です。

11 □

적성

名 適性

関 적성에 맞다 適性に合う
적성 검사 適性検査

자신의 **적성**에 맞는 직업을 선택하면 금방 그만두는 일은 없을 것이다.
自分の適性に合う職業を選択すれば、すぐ辞めることはないだろう。

12 □

나타내다

動 示す、現す、表す

反 숨기다 隠す
関 나타나다 現れる
생각을 나타내다 考えを表す

대학 졸업자의 취업률과 실업률을 그래프로 **나타내** 보았습니다.
大学卒業者の就職率と失業率をグラフで示してみました。

13 □

교양

名 教養

関 교양이 없다 教養に欠ける
교양을 쌓다 教養を積む
교양을 갖추다 教養を身に付ける

교양 강좌가 인기를 끌면서 관련 서적의 매상도 눈에 띄게 늘었다.
教養講座が人気を集めていて関連書籍の売上も目に見えて伸びた。

14 □

문의

名 問い合わせ

関 문의하다 問い合わせる
문의처 問い合わせ先
注 수리를 맡기다 修理に出す

수리를 맡기고 싶은데 **문의**처가 써 있지 않아서 검색해 봤어요.
修理に出したいのに問い合わせ先が書いていないため検索してみました。

チェック ✓

□ 運営　□ 遭う　□ 問い合わせ　□ 進行　□ 配置　□ 示す　□ 計算する
□ 教養　□ 降り注ぐ　□ 適性　□ 移す　□ 通じる　□ 配達する　□ 展示

15 □

맡기다

動 預ける、任せる

関 맡다 預かる
일을 맡기다 仕事を任せる
注 휠체어 車いす

병원 내에서 휠체어를 빌릴 때는 신분증을 담당 직원에게 **맡겨**야 한다.
病院内で車いすを借りる際は身分証を担当の職員に預けなければならない。

16 □

공사

名 工事

関 공사 중 工事中
注 불편을 끼치다 不便をかける
대단히 大変

도로 **공사**로 인해 통행에 불편을 끼쳐 드려 대단히 죄송합니다.
道路工事のため、通行にご不便をおかけして大変申し訳ございません。

17 □

운행하다

動 運行する

注 철도 공사 鉄道公社
설날 正月
임시 열차 臨時列車

한국 철도 공사에서는 설날을 앞두고 다음과 같이 임시 열차를 **운행합**니다.
韓国鉄道公社では正月を控えて次のように臨時列車を運行します。

18 □

서운하다

形 残念だ、名残惜しい

関 아쉽다 惜しい、物足りない
注 -았/었는데도 불구하고 ～したにも関わらず
뵙다 お目にかかる

멀리까지 찾아갔는데도 불구하고 뵐 수 없어서 **서운했**습니다.
遠くまで訪ねて行ったにも関わらず、お目にかかることができず残念でした。

19 □

멈추다

動 止まる、止む

類 그치다 止む
注 호출 呼び出し
응답 応答

갑자기 엘리베이터가 **멈추**어서 호출 버튼을 눌렀지만 응답이 없었다.
急にエレベーターが止まって呼び出しボタンを押したが、応答がなかった。

20 □

정보

名 情報

注 -에 대한 ～についての
문의하다 問い合わせる

홈페이지에 주차장에 대한 **정보**가 없어서 전화로 문의했다.
ホームページに駐車場についての情報がなくて電話で問い合わせた。

21 □

이르다

動 至る　形 早い

類 빠르다 早い
関 -에 이르러서 ～に至って
이른 시간 早い時間

다섯 시간에 걸쳐 이야기를 나눈 끝에 겨우 결론에 **이르렀**다.
5時間にわたって話を交わしたあげく、やっと結論に至った。

22 ☐
정상
名 正常

反 비정상 非正常
이상 異常
関 정상이다 正常である

혈압을 **정상** 수준으로 유지하기 위해 식습관 개선이 요구된다.
血圧を正常水準に維持するため、食習慣の改善が要求される。

23 ☐
입장
名 立場

関 입장이 난처하다 立場が苦しい
注 사라지다 消える

믿고 도와줬는데 연락도 없이 사라져서 제 **입장**이 난처해졌어요.
信じて助けてあげたのに連絡もなく消えて私の立場が苦しくなりました。

24 ☐
방문하다
動 訪問する

類 찾아가다 訪れる
関 방문객 訪問客
注 -는 김에 ～するついでに　둘러보다 見て回る

고향에 돌아가는 김에 모교를 **방문해**서 둘러볼 생각이에요.
故郷に帰るついでに母校を訪問して見て回るつもりです。

25 ☐
미리
副 前もって、あらかじめ

注 계획을 세우다 計画を立てる
-(으)ㄹ 리가 없다 ～するはずがない

미리 계획을 세우고 준비를 잘 하면 실수할 리가 없지요.
前もって計画を立てて準備をきちんとすれば失敗するはずがないでしょう。

26 ☐
얻다
動 得る、もらう

類 받다 もらう
反 주다 あげる
関 지지를 얻다 支持を得る

그 후보자는 대학생들의 지지를 **얻**어서 이번 선거에서 이겼대요.
その候補者は大学生の支持を得て、今回の選挙で勝ったそうです。

27 ☐
늘어나다
動 増える、ふくらむ

反 줄어들다 減る
関 적자가 늘어나다 赤字が増える
注 문을 닫다 閉店する

무리한 사업 확장으로 인해 적자가 **늘어나**서 문을 닫을 수 밖에 없었다.
無理な事業拡張によって赤字が増え、閉店するしかなかった。

28 ☐
제공하다
動 提供する

関 정보를 제공하다 情報を提供する
注 -에 한해 ～に限って

숙박자에 한해 무료 셔틀버스 등 다양한 서비스를 **제공하**고 있습니다.
宿泊者に限って無料シャトルバスなど多様なサービスを提供しています。

チェック ✓
☐ 運行する ☐ 訪問する ☐ 得る ☐ 情報 ☐ 工事 ☐ 前もって ☐ 提供する
☐ 至る ☐ 止まる ☐ 残念だ ☐ 預ける ☐ 増える ☐ 正常 ☐ 立場

Day 3

1 □

홍보

名 広報

関 홍보 활동 広報活動、PR
홍보에 나서다 広報に乗り出す

영화의 성공을 위해 주연 배우들이 **홍보**에 적극적으로 나서고 있다.
映画の成功のために主演俳優たちが広報に積極的に乗り出している。

2 □

효과

名 効果

関 효과적 効果的
효과를 얻다 効果を得る
注 되찾다 取り戻す　일석이조 一石二鳥

다이어트도 하고 건강도 되찾고 일석이조의 **효과**를 얻었다고 할 수 있어요.
ダイエットもして健康も取り戻して、一石二鳥の効果を得たと言えます。

3 □

반응

名 反応

関 반응하다 反応する
반응이 뜨겁다 反応が熱い
注 수요가 늘어나다 需要が増える

공기청정기의 수요가 늘어나는 가운데 신제품에 대한 **반응**이 뜨겁다.
空気清浄機の需要が増える中、新製品に対する反応が熱い。

4 □

저렴하다

形 リーズナブルだ、安い

類 싸다 安い
注 비교적 比較的
패키지(여행) パックツアー

비교적 **저렴한** 비용으로 해외여행을 즐길 수 있는 패키지 상품이 나왔다.
比較的リーズナブルな費用で海外旅行を楽しめるツアー商品が出た。

5 □

꽤

副 かなり

類 몹시, 상당히 かなり
注 -(으)ㄴ 듯 ～したらしく

그 남자는 혼자서 술을 **꽤** 마신 듯 제대로 걷지도 못했다.
彼は一人でお酒をかなり飲んだらしく、きちんと歩くこともできなかった。

6 □

줄다

動 減る

類 감소하다 減少する
反 늘다 増える　증가하다 増加する
関 체중이 줄다 体重が落ちる

위장염에 걸려서 며칠 고생했더니 체중도 **줄**고 식욕도 없어졌어요.
胃腸炎にかかって数日苦労したので体重も落ちて食欲もなくなりました。

7 □

아끼다

動 惜しむ、大事にする

類 소중하다 大事だ
関 돈을 아껴 쓰다 お金を節約して使う
아끼는 사람 大事な人

김 교수는 유창한 영어로 발표를 마친 제자에게 칭찬을 **아끼**지 않았다.
キム教授は流ちょうな英語で発表を終わらせた弟子に称賛を惜しまなかった。

8 □
아무래도
副 どうやら、どうも

関 아무래도 이상하다 どうもおかしい
아무래도 -인 것 같다 どうやら～のようだ

이 상태로 산 정상까지 올라가는 것은 **아무래도** 무리인 것 같아요.
この状態で山の頂上まで登るのはどうやら無理のようです。

9 □
마련하다
動 用意する、設ける

類 준비하다 準備する
注 입학금 入学金
귀금속 貴金属

딸의 대학교 입학금을 **마련하**기 위해 가지고 있던 귀금속을 다 팔았어요.
娘の大学の入学金を用意するため持っていた貴金属を全部売りました。

10 □
무조건
副 無条件に、頭ごなしに

関 무조건 -하다 無条件に～する、必ず～する
注 처벌하다 処罰する

오늘 이후로 규칙을 지키지 않는 자는 **무조건** 처벌하겠습니다.
今日以降に規則を守らない者は無条件に処罰します。

11 □
알리다
動 知らせる

関 알다 知る
알림 お知らせ
소식을 알리다 消息を知らせる

이 소식을 **알려**야 할지 망설였는데 결국 **알리**기로 했습니다.
このことを知らせるべきか迷いましたが、結局知らせることにしました。

12 □
연구
名 研究

関 연구실 研究室
注 -(으)며 ～して
성과를 얻다 成果を得る

암에 관한 **연구**는 전 세계에서 진행되고 있으며 좋은 성과를 얻고 있다.
がんに関する研究は全世界で進められていて、良い成果を得ている。

13 □
막히다
動 込む、詰まる

関 길이 막히다 道が込む
숨이 막히다 息が詰まる
注 -았/었는지 ～したのか

교통사고가 났는지 길이 **막혀**서 한 시간 가까이 못 움직였어요.
交通事故が起きたのか道が込んでいて1時間近く動けませんでした。

14 □
반복하다
動 繰り返す

類 되풀이하다 繰り返す
注 -다는 ～だという（＋名詞）

미안하다는 말만 **반복해**서 하지 말고 제대로 설명을 해 봐.
すまないという言葉だけ繰り返して言わないで、きちんと説明をしなさい。

チェック ✓
□ 反応 □ 用意する □ 研究 □ 広報 □ 減る □ どうやら □ リーズナブルだ
□ 繰り返す □ 知らせる □ 込む □ 効果 □ かなり □ 惜しむ □ 無条件に

15 □

심하다

形 ひどい、甚だしい

類 지나치다 度が過ぎる
注 장난을 치다 いたずらをする
　 혼나다 しかられる

형이 동생한테 **심한** 장난을 쳐서 엄마한테 혼났어요.
兄が弟にひどいいたずらをしたのでお母さんからしかられました。

16 □

직접

名 直接　副 自分で

反 간접 間接
関 직접적 直接的　직접 만들다 自分で作る
注 미세 먼지 微細なほこり(PM2.5)

미세 먼지는 피부에 **직접**적인 영향을 미치기 때문에 주의가 필요합니다.
微細なほこりは肌に直接的な影響を及ぼすため注意が必要です。

17 □

이웃

名 隣、隣近所、隣人

関 이웃집 隣の家
　 이웃사촌 (親戚以上に)親しい隣人、近所の人

힘든 일이 있을 때는 먼 친척보다 오히려 **이웃**사촌이 힘이 된다.
大変なことがある時は遠い親戚よりむしろ隣人が力になる。

18 □

가난하다

形 貧しい

反 부유하다 富裕である
関 부자 金持ち
注 현명하다 賢明だ

'부자 아빠 **가난한** 아빠'는 현명한 돈 관리 방법에 대한 책이다.
「金持ち父さん、貧乏父さん」は賢明なお金の管理方法についての本である。

19 □

끊임없다

形 絶え間ない

関 끊임없이 絶え間なく
　 끊임없는 노력 絶え間ない努力
注 화제가 되다 話題になる

유튜브에는 매일 화제가 되는 영상이 **끊임없**이 올라온다.
ユーチューブには毎日話題になる映像が絶え間なくアップロードされる。

20 □

창의

名 創意

関 창의적 創意的
注 사업가 事業家
　 주목을 받다 注目を浴びる

창의적인 아이디어 하나로 성공한 대학생 사업가가 주목을 받고 있다.
創意的なアイデア一つで成功した大学生事業家が注目を浴びている。

21 □

향하다

動 向かう、向く

関 -(으)로 향하다 ～へ向かう
　 -을/를 향하다 ～を向く
注 손을 흔들다 手を振る

그 가수는 아침 일찍부터 공항에 모인 팬들을 **향해** 손을 흔들어 주었다.
その歌手は朝早くから空港に集まったファンに向かって手を振ってあげた。

22 □

만족하다

動 満足する

類 만족스럽다 満足だ
関 만족도 満足度　불만 不満
注 -만이라도 ～だけでも

만날 수 있었으면 더 좋았겠지만 목소리만이라도 들었으니 **만족해**요.
会えたならもっとよかっただろうが、声だけでも聞けたので満足しています。

23 □

지역

名 地域

関 지역별 地域別
注 통과하다 通過する、通る
　주어지다 与えられる

지역 예선을 통과한 사람들에 한해서 본선 참가 자격이 주어집니다.
地域予選を通過した人に限って、本選参加資格が与えられます。

24 □

원하다

動 望む、願う

類 바라다 願う
関 -기를 원하다 ～することを願う
注 -(으)ㄹ 테니까 ～するから(意志)

입학 축하 선물로 **원하**는 건 뭐든지 사 줄 테니까 말해 봐.
入学祝いに望むものは何でも買ってあげるから言ってみて。

25 □

기부하다

動 寄付する

類 기증하다 寄贈する
関 기부금 寄付金
注 수익 収益

이번 콘서트의 모든 수익을 지진 피해 지역에 **기부한**다고 한다.
今回のコンサートのすべての収益を地震の被害地域に寄付するそうだ。

26 □

화재

名 火災

関 불이 나다 火が出る、火事が起こる
　화재가 커지다 火災が広がる
注 가뭄 日照り

오랜 가뭄의 영향으로 이번 **화재**가 커진 것으로 밝혀졌다.
長い日照りの影響で今回の火災が広がったことが明らかになった。

27 □

현장

名 現場

注 세계 문화유산 世界文化遺産
　곧바로 直ちに

세계 문화유산의 화재 뉴스를 본 시민들은 곧바로 **현장**으로 향했다.
世界文化遺産の火災のニュースを見た市民たちは直ちに現場へ向かった。

28 □

모시다

動 お供する、仕える

関 모시고 가다 お供する
　모시고 살다 (目上の人と)一緒に暮らす
　모셔다드리다 (目上の人を)お送りする

어머니 건강이 악화되어서 작년부터 **모시**고 살고 있어요.
母の健康が悪化したため去年から一緒に暮らしています。

チェック ✓

□ 地域　□ 直接　□ 創意　□ 貧しい　□ 仕える　□ 寄付する　□ 満足する
□ 現場　□ 隣人　□ ひどい　□ 火災　□ 絶え間ない　□ 望む　□ 向かう

Day 4

1 □
나누다
動 分ける、交わす

関 나뉘다 分かれる
나누어 주다 配る
注 명함을 건네다 名刺を渡す

거래처에서 처음 만난 두 사람은 악수를 **나누**고 명함을 건넸다.
取引先で初めて会った二人は握手を交わして名刺を渡した。

2 □
장애
名 障害

関 장애인 障害者
注 마련하다 設ける
비판을 받다 批判を受ける

천 석이 넘는 좌석 중에 **장애**인석을 따로 마련하지 않아 비판을 받고 있다.
千席を超える座席の中で障害者席を別途設けていなくて批判を受けている。

3 □
입다
動 被る、負う

関 입히다 負わせる、着せる
피해를 입다 被害を被る
부상을 입다 負傷を負う

전화 사기로 피해를 **입**은 고령자들의 수가 갈수록 늘고 있다.
電話詐欺で被害を被った高齢者の数がますます増えている。

4 □
생계
名 生計

関 생계를 꾸리다 生計を立てる
생계가 어렵다 生計が苦しい

어머니의 적은 월급으로 4명 가족의 **생계**를 꾸려야 한다.
母の少ない給料で 4 人家族の生計を立てなければならない。

5 □
겪다
動 経験する、経る

類 경험하다 経験する
関 불편을 겪다 不便を感じる
注 최대한 最大限、できる限り、精一杯

주민들이 불편을 **겪**지 않도록 공사를 최대한 빨리 끝내 주세요.
住民が不便を感じないように工事をできる限り早く終わらせてください。

6 □
유지하다
動 維持する

関 생계를 유지하다 生計を維持する
注 몸무게 体重
비결 秘訣

20년 동안 같은 몸무게를 **유지하**는 비결을 궁금해하는 친구들이 많다.
20 年間同じ体重を維持する秘訣を知りたがる友達が多い。

7 □
참석하다
動 参席する、参加する

類 참여하다, 참가하다 参加する
反 결석하다, 빠지다 欠席する
注 열리다 開かれる

다음 달에 열릴 체육 대회에 **참석하**실 분은 미리 연락해 주세요.
来月開かれる体育大会に参加する方は前もって連絡してください。

8 □
혜택
名 恵み、恩恵

関 혜택을 누리다 恩恵を受ける
注 문명 文明

현대인들은 과학 기술의 발달로 인해 문명의 **혜택**을 누리고 있다.
現代人は科学技術の発達によって、文明の恩恵を受けている。

9 □
세금
名 税金

注 저소득 가구 低所得世帯
1인 가구 単身世帯

저소득 가구는 **세금** 혜택을 받지만 1인 가구는 못 받는다.
低所得世帯は税金の恩恵を受けるが、単身世帯は受けられない。

10 □
숲
名 森、森林

関 나무를 보고 숲을 못 본다 木を見て森を見ず(ことわざ)
注 -을/를 따라 ～に沿って

전문가의 해설을 들으며 **숲**을 따라 걷는 **숲** 체험 프로그램을 신청했다.
専門家の解説を聞きながら森に沿って歩く森林体験プログラムに申し込んだ。

11 □
지정하다
動 指定する

関 지정되다 指定される
지정석 指定席
注 임시 공휴일 臨時の公休日

선거 투표율을 높이기 위해 선거일인 수요일을 임시 공휴일로 **지정하**였다.
選挙の投票率を上げるため、選挙日である水曜日を臨時の公休日に指定した。

12 □
강조하다
動 強調する

関 거듭 강조하다 繰り返し強調する
注 역설하다 力説する
조기 유학 早期留学

영어 교육의 중요성을 역설하며 조기 유학의 필요성을 거듭 **강조했**다.
英語教育の重要性を力説しながら、早期留学の必要性を繰り返し強調した。

13 □
구체적
名 具体的

関 구체적으로 具体的に
注 확정되다 確定する

세미나 일정이 **구체적**으로 확정되면 다시 연락드리겠습니다.
セミナーの日程が具体的に確定したら、またご連絡差し上げます。

14 □
뜻
名 意味、志

類 의미 意味
関 뜻을 같이하다 志を同じくする
注 만들어지다 作られる

이 자선 단체는 **뜻**을 같이하는 사람들이 모여서 만들어졌어요.
この慈善団体は志を同じくする人々が集まって作られました。

チェック
□ 指定する □ 被る □ 交わす □ 志 □ 税金 □ 経験する □ 障害
□ 具体的 □ 強調する □ 森 □ 維持する □ 恩恵 □ 生計 □ 参加する

15 ☐

늘리다

[動] 増やす、伸ばす

[反] 줄이다 減らす、縮める
[注] -에 대비하다 ～に備える

시합에 대비해 취침 시간을 줄이고 연습 시간은 **늘리**려고 해요.
試合に備えて就寝時間を減らし、練習時間は増やそうと思います。

16 ☐

극복하다

[動] 克服する

[関] 장애를 극복하다 障害を克服する
[注] 시력을 잃다 視力を失う

교통사고로 시력을 잃은 그 선수는 장애를 **극복하**고 국가 대표로 뽑혔다.
交通事故で視力を失ったその選手は障害を克服し国家代表に選ばれた。

17 ☐

팔리다

[動] 売れる

[関] 팔다 売る
[注] 기념품 가게 土産物屋
열쇠고리 キーホルダー

기념품 가게에서 가장 잘 **팔리**는 것은 열쇠고리인 것으로 나타났다.
土産物屋で一番よく売れる物はキーホルダーであることが分かった。

18 ☐

의도

[名] 意図

[関] 의도가 궁금하다 意図が気になる
[注] 난해하다 難解だ

내용이 난해해서 처음 읽었을 때는 작가의 **의도**를 알 수 없었다.
内容が難解で初めて読んだ時は作家の意図が分からなかった。

19 ☐

삶

[名] 人生、生きること

[類] 인생 人生
[関] 살다 生きる、住む、暮らす

그는 지금까지 어떤 **삶**을 살아왔는지 자세하게 이야기하기 시작했다.
彼は今までどんな人生を生きてきたのか詳しく話し始めた。

20 ☐

해결

[名] 解決

[関] 해결되다 解決される
해결책 解決策
[注] 가만히 있다 じっとしている

가만히 있지 말고 사원들을 불러서 **해결**책을 생각해 보세요.
じっとしていないで、社員たちを呼んで解決策を考えてみてください。

21 ☐

분석하다

[動] 分析する

[注] 방지하다 防止する
객관적으로 客観的に
-(으)ㄹ 필요가 있다 ～する必要がある

재발을 방지하려면 사고 원인을 객관적으로 **분석할** 필요가 있다.
再発を防止しようとするなら、事故の原因を客観的に分析する必要がある。

22 □ 여건

名 条件、環境

関 여건을 갖추다 条件を備える、環境を整える
여건이 허락되다 条件が許す

외국인 노동자들을 받아들일 수 있는 **여건**을 아직 갖추지 못했어요.
外国人労働者を受け入れられる環境をまだ整えられていません。

23 □ 자부심

名 自負心、プライド

関 자부심을 가지다 自負心を持つ
자부심이 강하다 プライドが強い

40년 넘게 요리사로 일해 온 그는 자신의 일에 **자부심**을 가지고 있다.
40年以上料理人として働いてきた彼は自分の仕事に自負心を持っている。

24 □ 동참하다

動 共に参加する

注 일회용 一回用、使い捨て
적극적으로 積極的に

일회용 쓰레기 줄이기 운동에 적극적으로 **동참합**시다.
使い捨てのごみを減らす運動に積極的に参加しましょう。

25 □ 일깨우다

動 悟らせる

関 잘못을 일깨우다 誤りを悟らせる
注 사고가 일어나다 事故が起きる
음주 운전 飲酒運転

고속도로에서 일어난 이번 사고는 음주 운전의 위험성을 **일깨워** 주었다.
高速道路で起きた今回の事故は飲酒運転の危険性を悟らせてくれた。

26 □ 넘다

動 超える、過ぎる

類 지나다 過ぎる
注 늦더위 残暑
기승을 부리다 猛威を振るう

9월 들어 연일 35도가 **넘**는 늦더위가 기승을 부리고 있습니다.
9月に入って連日35度を超える残暑が猛威を振るっています。

27 □ 매달리다

動 ぶら下げられる、ぶら下がる

関 매달다 ぶら下げる
注 칠석 七夕
소원 願い事

칠석에는 소원을 적은 종이들이 나무에 **매달려** 있는 풍경을 볼 수 있다.
七夕には願い事を書いた紙が木にぶら下げられている風景が見られる。

28 □ 개발

名 開発

関 개발되다 開発される
注 매상 売上
힘쓰다 力を尽くす

매상을 유지하기 위해서는 신제품 **개발**에 힘써야 한다.
売上を維持するためには新製品開発に力を尽くさなければならない。

チェック ✓
□ 解決 □ 意図 □ 超える □ 自負心 □ 悟らせる □ 増やす □ ぶら下げられる
□ 環境 □ 開発 □ 人生 □ 克服する □ 共に参加する □ 分析する □ 売れる

Day 5

1 □
고려하다
動 考慮する

注 -을/를 바탕으로 ～を基に
신중히 慎重に

보내 주신 자료를 바탕으로 신중히 **고려해** 보겠습니다.
送ってくださった資料を基に慎重に考慮してみます。

2 □
비판
名 批判

類 비난 非難
関 비판적 批判的
注 몇몇 いくつか

세금 인상에 대해 **비판**적인 태도로 작성된 기사도 몇몇 있었다.
税金引き上げについて批判的な姿勢で作成された記事もいくつかあった。

3 □
주장
名 主張

関 주장하다 主張する
注 옳다 正しい
-(으)ㄴ지 ～か

양쪽의 **주장**을 다 들어 보고 어느 쪽이 옳은지 판단합시다.
両者の主張を全部聞いてみて、どっちが正しいか判断しましょう。

4 □
평가하다
動 評価する

関 평가서 評価書
注 -고 나서 ～してから

사내에서 사원들을 **평가하**는 제도가 생기고 나서 근무 태도가 좋아졌다.
社内で社員を評価する制度ができてから勤務態度がよくなった。

5 □
불합리하다
形 不合理だ

注 요금을 규제하다 料金を規制する
완화하다 緩和する、緩める

심야 시간대의 **불합리한** 택시 요금 규제를 완화해야 한다고 생각한다.
深夜時間帯の不合理なタクシー料金の規制を緩めなければならないと思う。

6 □
시행
名 試行

関 시행착오 試行錯誤
注 거듭하다 繰り返す
드디어 とうとう

몇 번이나 **시행**착오를 거듭한 끝에 드디어 신제품 개발에 성공했다.
何回も試行錯誤を繰り返した末にとうとう新製品開発に成功した。

7 □
벌다
動 稼ぐ

関 시간을 벌다 時間を稼ぐ
注 밤낮으로 昼も夜も、昼夜
-아/어야 ～してこそ

아르바이트를 밤낮으로 해야 겨우 학비를 **벌** 수 있어요.
アルバイトを昼も夜もして、ようやく学費を稼ぐことができます。

8 □

선명하다

形 鮮明だ

関 선명한 색깔 鮮明な色
선명하게 떠오르다 鮮明に思い浮かぶ
注 -인데도 불구하고 ～であるにも関わらず

10년 전의 일인데도 불구하고 어제 일처럼 **선명하**게 떠오릅니다.
10年前のことであるにも関わらず昨日のことのように鮮明に浮かびます。

9 □

편안하다

形 安らぐ、楽だ

類 편하다 楽だ
反 불편하다 不便だ、不自由だ
関 마음이 편안해지다 気が休まる

이곳에 오면 왠지 고향 같은 느낌이 들어 마음이 **편안해**져요.
ここに来るとなぜか故郷のような感じがして気が休まります。

10 □

기술

名 技術

関 기술자 技術者
기술을 익히다 技術を身に付ける
注 어깨너머 肩越し、背中越し

제대로 배운 적은 없고 어깨너머로 보고 **기술**을 익혔을 뿐이에요.
きちんと習ったことはなく、背中越しに見て技術を身に付けただけです。

11 □

합리적

名 合理的

反 불합리적 不合理的
関 합리화 合理化
注 모시다 (サービスを)提供する

내 집처럼 쾌적하게! **합리적**인 가격과 최상의 서비스로 모시겠습니다.
我が家のように快適に！ 合理的な価格と最上のサービスを提供致します。

12 □

줄어들다

動 減る

反 늘어나다 増える
注 농촌 農村　갈수록 ますます
시급하다 至急だ、急を要する

농촌의 인구가 갈수록 **줄어들**고 있어서 대책 마련이 시급한 상황입니다.
農村の人口がますます減っているので対策作りが急を要する状況です。

13 □

수익

名 収益

類 이익 利益
関 수익을 올리다 収益を上げる
공연 수익 公演の収益

이대로라면 회사 경영이 어려우므로 **수익**을 올리는 방법을 생각해야 한다.
このままだと会社の経営が難しいため収益を上げる方法を考えるべきだ。

14 □

이루다

動 遂げる、成す

関 뜻을 이루다 思いを遂げる
원을 이루다 円を成す
조화를 이루다 調和がとれる

이 곡은 서양 음악과 한국 전통 음악이 완벽하게 조화를 **이루**고 있다.
この曲は西洋音楽と韓国伝統音楽の調和が完璧にとれている。

チェック ✓

□ 技術　□ 評価する　□ 稼ぐ　□ 考慮する　□ 成す　□ 鮮明だ　□ 試行
□ 合理的　□ 主張　□ 減る　□ 安らぐ　□ 不合理だ　□ 批判　□ 収益

15 □

염려하다

動 心配する

類 걱정하다 心配する
関 염려되다 心配になる
注 -이/가 아닐까 ～ではないかと

이 계약이 사기가 아닐까 **염려한** 회사 동료가 전문 변호사를 불렀다.
この契約が詐欺ではないかと心配した会社の同僚が専門の弁護士を呼んだ。

16 □

인재

名 人材

関 인재를 키우다 人材を育てる
注 적합하다 適する
채용 採用

약 70%가 적합한 **인재**가 없어서 채용에 실패한 경험이 있다고 대답했다.
約 70%が、適した人材がいなくて採用に失敗した経験があると答えた。

17 □

촉구하다

動 促す、求める

関 반성을 촉구하다 反省を求める
注 공정하다 公正だ
집회 集会

공정한 선거를 **촉구하**는 집회가 서울역 앞 광장에서 열리고 있습니다.
公正な選挙を求める集会がソウル駅前の広場で開かれています。

18 □

오해

名 誤解

関 오해를 풀다 誤解を解く
오해가 풀리다 誤解が解ける

서로 **오해**가 있었나 봐요. 대화를 통해서 **오해**를 풀고 화해했어요.
互いに誤解があったようです。対話を通じて誤解を解いて和解しました。

19 □

공감하다

動 共感する

関 공감되다 共感される
注 세대를 초월하다 世代を超える
인기를 끌다 人気を集める

이 책은 세대를 초월해 누구나 **공감할** 수 있는 내용으로 인기를 끌고 있다.
この本は世代を超えて誰にでも共感できる内容で人気を集めている。

20 □

인정하다

動 認める

関 인정받다 認められる
注 잘못 間違い
-(이)야말로 ～こそ

잘못을 **인정할** 줄 아는 사람이야말로 용기가 있는 사람이라고 할 수 있다.
間違いを認めることができる人こそ勇気のある人だと言える。

21 □

갖추다

動 備える、整える

関 갖추어지다 備わる、整えられる
조건을 갖추다 条件を満たす
注 뛰어나다 優れている

아무리 뛰어난 인재라도 회사의 채용 조건을 **갖추**어야 합니다.
いくら優れた人材でも会社の採用条件を満たしていなくてはいけません。

22 ☐

구성하다

動 構成する

関 구성되다 構成される
구성원 構成員
注 제작 팀 制作チーム

새로 시작하는 오디션 프로그램 촬영을 위해 제작 팀을 **구성하**였다.
新しく始まるオーディション番組の撮影のために制作チームを構成した。

23 ☐

도덕

名 道徳

関 도덕적 道徳的
도덕성 道徳性
공중도덕 公衆道徳

큰 소리로 전화하는 등 지하철 공중**도덕**을 지키지 않는 사람이 많다.
大きい声で電話するなど、地下鉄の公衆道徳を守らない人が多い。

24 ☐

홍수

名 洪水

関 홍수가 나다 洪水になる
정보의 홍수 情報の洪水
물에 잠기다 水に浸る

이번 **홍수**로 마을의 반 이상의 집들이 물에 잠기고 인명 피해까지 났다.
今回の洪水で村の半分以上の家が水に浸って人命被害まで出た。

25 ☐

남기다

動 残す

関 남다 残る
注 미소를 짓다 ほほ笑みを浮かべる

심사 위원에게 좋은 인상을 **남기**기 위해 계속 미소를 지으며 이야기했다.
審査委員に良い印象を残すためにずっとほほ笑みを浮かべながら話した。

26 ☐

수명

名 寿命

関 수명이 다하다 寿命が尽きる
수명 단축 寿命を縮めること
注 직접 흡연 能動喫煙　간접 흡연 受動喫煙

직접 흡연은 물론 간접 흡연도 **수명** 단축의 원인이 됩니다.
能動喫煙はもちろん、受動喫煙も寿命を縮める原因になります。

27 ☐

역할

名 役割、役

関 역할을 다하다 役割を果たす
注 주어지다 与えられる
완벽하게 소화해 내다 完璧にこなす

어떤 **역할**이 주어져도 완벽하게 소화해 낼 수 있는 배우는 드물다.
どんな役が与えられても完璧にこなせる俳優はめったにいない。

28 ☐

기록

名 記録

関 기록적이다 記録的だ
신기록을 세우다 新記録を立てる

세계 **기록** 보유자인 그 선수는 이번 올림픽에서도 신**기록**을 세웠다.
世界記録保持者であるその選手は今回のオリンピックでも新記録を立てた。

チェック ✓

☐ 残す ☐ 備える ☐ 求める ☐ 構成する ☐ 記録 ☐ 共感する ☐ 洪水
☐ 心配する ☐ 役 ☐ 誤解 ☐ 道徳 ☐ 人材 ☐ 認める ☐ 寿命

次の単語を韓国語は日本語に、日本語は韓国語にしなさい。

- 1. 전시
- 2. 적성
- 3. 효과
- 4. 늘다
- 5. 옮기다
- 6. 입장
- 7. 연구
- 8. 숲
- 9. 세금
- 10. 나타나다
- 11. 의도
- 12. 개발
- 13. 벌다
- 14. 겪다
- 15. 구체적
- 16. 오해
- 17. 갖추다
- 18. 넘다
- 19. 끊임없다
- 20. 이루다
- 21. 試行
- 22. 批判
- 23. 現場
- 24. 障害
- 25. 直接
- 26. 地域
- 27. 得る
- 28. 換気
- 29. 止む
- 30. 降り注ぐ
- 31. 派遣する
- 32. 比率
- 33. 続く
- 34. 認める
- 35. 取り出す
- 36. 克服する
- 37. 繰り返す
- 38. 向かう
- 39. 生計
- 40. 求める

正解

1. 展示 **2.** 適性 **3.** 効果 **4.** 増える **5.** 移す **6.** 立場 **7.** 研究 **8.** 森 **9.** 税金
10. 現れる **11.** 意図 **12.** 開発 **13.** 稼ぐ **14.** 経験する **15.** 具体的 **16.** 誤解
17. 備える **18.** 超える **19.** 絶え間ない **20.** 成す **21.** 시행 **22.** 비판 **23.** 현장
24. 장애 **25.** 직접 **26.** 지역 **27.** 얻다 **28.** 환기 **29.** 그치다 **30.** 쏟아지다
31. 파견하다 **32.** 비율 **33.** 잇다 **34.** 인정하다 **35.** 꺼내다 **36.** 극복하다
37. 반복하다 **38.** 향하다 **39.** 생계 **40.** 촉구하다

確認問題

A (　　) に入る単語を選び、適当な形にしなさい。

당하다	속상하다	떨리다	맡기다	서운하다	염려하다

1. 밤을 새워서 준비했는데 결과가 안 좋아서 (　　　　　).

2. 가: 너무 (　　　　　).

나: 긴장하지 말고 마음을 편히 가지세요.

3. 교통사고를 (　　　　　)는데 큰 부상이 없어서 정말 다행이에요.

4. 오랜만에 만났는데 바로 헤어지기가 (　　　　　)서 술 한 잔 마셨어요.

B (　　) に入る適切な副詞を選びなさい。

미리	아무래도	무조건	끊임없이	직접	구체적으로

1. 제가 (　　　　　) 만든 케이크예요. 한번 드셔 보세요.

2. 그 사람 말이라면 (　　　　　) 찬성이에요.

3. 이벤트 시작은 10시부터인데 30분 정도 (　　　　　) 와 주세요.

4. 가: 집에 연락해 봤어?

나: 전화를 안 받아요. (　　　　　) 집에 없는 것 같아요.

正解例および和訳

A **1.** 속상해요　**2.** 떨려요　**3.** 당했　**4.** 서운해

訳 **1.** 徹夜して準備したのに結果がよくなくて(悔しいです)。

2. とても(緊張しています)。／緊張しないで気を楽にしてください。

3. 交通事故に(遭った)が、大きなけががなくて本当に良かったです。

4. 久しぶりに会ったのですぐ別れるのが(名残惜し)くてお酒を1杯飲みました。

B **1.** 직접　**2.** 무조건　**3.** 미리　**4.** 아무래도

訳 **1.** 私が(自分で)作ったケーキです。一度召し上がってみてください。

2. その人の話なら(無条件に)賛成です。

3. イベントの始まりは10時からですが、30分ぐらい(前もって)来てください。

4. 家に連絡してみたの？／電話に出ないです。(どうやら)家にいないようです。

まとめてみましょう

多意語①

多意語	意味	例
나다	・出る ・できる ・する	소리가 나다 (音が～) 상처가 나다 (傷が～) 냄새가 나다 (においが～)
떨어지다	・落ちる ・なくなる ・離れる	명성이 떨어지다 (名声が～) 쌀이 떨어지다 (米が～) 떨어져서 앉다 (～て座る)
뽑다	・抜く ・選ぶ ・印刷する	피를 뽑다 (血を～) 대표를 뽑다 (代表を～) 사진을 뽑다 (写真を～)
달다	・付ける ・吊る ・量る	제목을 달다 (題目を～) 선반을 달다 (棚を～) 무게를 달다 (重さを～)
타다	・もらう ・焼ける ・焦げる	보너스를 타다 (ボーナスを～) 햇볕에 타다 (日に～) 음식이 타다 (料理が～)
구하다	・探す ・求める ・手に入れる	방을 구하다 (部屋を～) 의견을 구하다 (意見を～) 겨우 구하다 (やっと～)
뜨다	・昇る ・開ける ・浮かぶ	해가 뜨다 (日が～) 눈을 뜨다 (目を～) 물에 뜨다 (水に～)
풀다	・解く ・ほどく ・かむ	문제를 풀다 (問題を～) 짐을 풀다 (荷物を～) 코를 풀다 (鼻を～)

찾다	・見つける ・引く ・下ろす ・引き取る	일을 찾다（仕事を～） 사전을 찾다（辞書を～） 돈을 찾다（お金を～） 세탁물을 찾다（洗濯物を～）
잡다	・捕まえる ・握る ・決める ・拾う	범인을 잡다（犯人を～） 손을 잡다（手を～） 날짜를 잡다（日にちを～） 택시를 잡다（タクシーを～）
지다	・沈む ・負ける ・取る	해가 지다（日が～） 시합에서 지다（試合で～） 책임을 지다（責任を～）
치다	・打つ／たたく ・する ・張る	북을 치다（太鼓を～） 장난을 치다（いたずらを～） 소리치다（声を～）
내다	・作る ・始める ・起こす	시간을 내다（時間を～） 가게를 내다（店を～） 사고를 내다（事故を～）
빠지다	・おぼれる ・抜ける ・欠席する ・陥る	물에 빠지다（水に～） 머리카락이 빠지다（髪が～） 수업에 빠지다（授業を～） 위험에 빠지다（危険に～）
맞다	・迎える ・ぬれる ・打つ	생일을 맞다（誕生日を～） 비를 맞다（雨に～） 주사를 맞다（注射を～）
가리다	・選り好みする ・選ぶ ・隠す	음식을 가리다（偏食する） 낯을 가리다（人見知りする） 상처를 가리다（傷を～）

Day 6

1 □

여부

名 可否、～かどうか

関 생존 여부 生死
사실 여부를 확인하다 真偽を確かめる
注 실종자 失そう者、行方不明者

유람선 사고로 많은 실종자가 나온 가운데 생존 **여부**를 알 길이 없다.
遊覧船事故で多くの行方不明者が出た中、生死を知る方法がない。

2 □

그대로

名 そのまま、その通り

関 그대로 보존하다 そのまま保存する
있는 그대로 ありのままに

집 안은 도둑이 들어온 흔적도 없이 모든 게 **그대로**였어요.
家の中は泥棒が入った痕跡もなく、すべてがそのままでした。

3 □

사라지다

動 消える、なくなる

類 없어지다 なくなる
反 나타나다 現れる
注 탈락하다 脱落する、落ちる

마지막으로 기대했던 A사의 면접까지 탈락하면서 모든 희망이 **사라졌**다.
最後に期待していたA社の面接まで落ちたことですべての希望が消えた。

4 □

담당하다

動 担当する

関 담당자 担当者
注 입시 학원 予備校、進学塾

저는 입시 학원에서 국어와 논술 과목을 **담당하**고 있습니다.
私は予備校で国語と論述科目を担当しています。

5 □

교류

名 交流

関 교류를 촉진하다 交流を促進する
注 기원하다 祈願する、願う

이번 올림픽을 계기로 남북한의 문화 **교류**가 활발해지기를 기원한다.
今回のオリンピックをきっかけに南北の文化交流が活発になることを願う。

6 □

공약

名 公約

関 선거 공약 選挙公約
공약을 내세우다 公約を掲げる

그가 내세운 선거 **공약**의 대부분은 비현실적이라는 비판이 나오고 있다.
彼が掲げた選挙公約の大部分は非現実的だという批判が出ている。

7 □

반영하다

動 反映する

関 시대를 반영하다 時代を反映する
注 -기 마련이다 ～するものだ

유행어는 시대를 **반영해**서 빠르게 바뀌어가기 마련이다.
流行語は時代を反映して速く変わっていくものだ。

8 ☐ 정책

名 政策

関 정책이 시행되다 政策が施行される
注 매장 売り場、店

매장 내에서 플라스틱 컵의 사용을 규제하는 **정책**이 시행될 예정이다.
店内でプラスチックカップの使用を規制する政策が施行される予定だ。

9 ☐ 규모

名 規模

注 -에 비해 ～に比べて
불편을 겪다 不便を感じる

가게 크기에 비해 주차장의 **규모**가 작아서 고객들이 불편을 겪고 있다.
店の大きさに比べて駐車場の規模が小さくてお客が不便を感じている。

10 ☐ 펼치다

動 広げる、繰り広げる

関 날개를 펼치다 翼を広げる
정책을 펼치다 政策を繰り広げる
꿈을 펼치다 夢を実現させる

건축 공모전에 1등으로 당선된 그는 건축가의 꿈을 **펼칠** 수 있게 되었다.
建築公募展に1位で当選した彼は建築家の夢を実現させることになった。

11 ☐ 발전

名 発電

関 원자력 발전소 原子力発電所
注 -(으)ㄴ/는 것으로 나타났다 ～ことが分かった

지진 발생과 관련해 원자력 **발전**소에 영향은 없는 것으로 나타났다.
地震発生と関連し、原子力発電所に影響はないことが分かった。

12 ☐ 측면

名 側面

関 정면 正面
사회적인 측면 社会的な側面
注 접촉 사고 接触事故

접촉 사고가 있었지만 다행히 **측면**에 부딪혀서 큰 피해는 없었다고 한다.
接触事故があったが、幸い側面にぶつかって大きな被害はなかったそうだ。

13 ☐ 줄이다

動 減らす、下げる

反 늘이다, 늘리다 増やす
関 볼륨을 줄이다 ボリュームを下げる
길이를 줄이다 丈を詰める

버리기에는 아까운 바지의 길이를 **줄여**서 여동생에게 물려주었다.
捨てるにはもったいないズボンの丈を詰めて妹に譲った。

14 ☐ 공간

名 空間、スペース

注 수납 収納
넉넉하다 十分である
상관없다 構わない

수납**공간**이 넉넉하다면 방은 조금 작아도 상관없어요.
収納スペースが十分であれば、部屋は少し小さくても構いません。

チェック ✓
☐ 発電 ☐ そのまま ☐ 政策 ☐ 反映する ☐ 公約 ☐ 側面 ☐ 可否 ☐ 規模
☐ 減らす ☐ 消える ☐ 担当する ☐ 空間 ☐ 交流 ☐ 繰り広げる

15 □

도입

名 導入

注 과속 운전 スピード違反
단속하다 取り締まる

보다 정확한 과속 운전 단속을 위해 신형 속도 측정기를 **도입**했다.
より正確なスピード違反の取り締まりのため新型の速度測定器を導入した。

16 □

영향

名 影響

関 영향을 끼치다/미치다 影響を及ぼす
영향을 주다 影響を与える
영향을 받다 影響を受ける

항공기 지연의 **영향**으로 막차를 놓쳐서 공항에서 밤을 새우게 되었다.
航空機遅延の影響で終電に乗り遅れ、空港で徹夜することになった。

17 □

낮추다

動 低くする、下げる

反 높이다 高める
関 자세를 낮추다 姿勢を低くする
온도를 낮추다 温度を下げる

취업에 번번이 실패한 그는 욕심을 버리고 눈을 **낮추**어서 다시 도전했다.
就職にことごとく失敗した彼は欲を捨て、理想を下げて再び挑戦した。

18 □

소극적

名 消極的

反 적극적 積極的
注 시종일관 終始一貫
임하다 臨む

적극적으로 발언을 하지 않는 등 시종일관 **소극적**인 태도로 임했다.
積極的に発言をしないなど、終始一貫して消極的な態度で臨んだ。

19 □

등장하다

動 登場する

関 등장인물 登場人物
注 차림 姿
시선을 끌다 視線を集める

그 배우는 시상식에 영화 속 파워 슈트 차림으로 **등장해**서 시선을 끌었다.
その俳優は授賞式に映画の中のパワースーツ姿で登場して視線を集めた。

20 □

형식

名 形式

関 형식적으로 形式的に
注 엮다 結う、(話を)まとめる

이 영화는 네 개의 에피소드를 엮어서 옴니버스 **형식**으로 제작되었다.
この映画は四つのエピソードをまとめてオムニバス形式で制作された。

21 □

대안

名 代案

関 대안을 마련하다 代案を作る
注 시급하다 至急だ、急を要する

자영업자에의 일률적인 세금 과세에 대한 **대안** 마련이 시급하다.
自営業者への一律的な税金の課税に対する代案作りが急を要する。

22 방해

□

名 妨害

関 방해하다 妨害する、邪魔する
방해되다 邪魔になる

몇 번이나 단체석을 예약하고 연락도 없이 안 와서 업무 **방해**로 고소했다.

何回も団体席を予約して連絡もなく来なかったため、業務妨害で訴えた。

23 투자

□

名 投資

注 위험이 따르다 危険(リスク)を伴う
신중을 기하다 慎重を期する

투자는 반드시 위험이 따르기 마련이므로 신중을 기해야 한다.

投資は必ずリスクを伴うものなので、慎重を期するべきだ。

24 미루다

□

動 延期する、延ばす

類 연기하다 延期する
注 일이 밀리다 仕事がたまる

전시회 준비로 일이 밀려 있어서 휴가를 일주일 뒤로 **미루**었다.

展示会の準備で仕事がたまっているので休暇を1週間後に延期した。

25 갈등

□

名 葛藤

関 갈등이 생기다 葛藤が生じる
注 파업 ストライキ
우려되다 懸念される

급여 문제로 노사 간의 **갈등**이 심해져서 파업이 우려되고 있다.

給与の問題で労使間の葛藤がひどくなり、ストライキが懸念されている。

26 세우다

□

動 立てる

関 세워지다 立てられる
계획을 세우다 計画を立てる
줄을 세우다 並ばせる

적의 침략으로부터 영토를 지킨 왕의 공을 기리고자 기념비를 **세웠**다.

敵の侵略から領土を守った王の功を称えようと記念碑を立てた。

27 피해

□

名 被害

関 피해를 입다 被害を受ける
피해를 입히다 被害を与える

여객선의 결항으로 **피해**를 입은 승객들이 배상을 요구했다.

旅客船の欠航で被害を受けた乗客たちが賠償を要求した。

28 심각하다

□

形 深刻だ

注 대화를 나누다 会話を交わす
자리를 뜨다 席を立つ

두 사람은 **심각한** 표정으로 한참 동안 대화를 나누고는 자리를 떴다.

二人は深刻な表情でしばらく会話を交わしてから席を立った。

チェック ✓

□ 影響 □ 被害 □ 延期する □ 導入 □ 登場する □ 立てる □ 代案
□ 下げる □ 形式 □ 深刻だ □ 投資 □ 消極的 □ 妨害 □ 葛藤

Day 7

1	**집중하다** 動 集中する	注 악화되다 悪化する -고 나서 ～してから
	아버지의 건강이 악화되었다는 전화를 받고 나서 업무에 **집중할** 수 없었다. 父の健康が悪化したという電話を受けてから業務に集中できなかった。	
2	**소득** 名 所得	関 고소득자 高所得者 저소득자 低所得者 注 엄청나다 おびただしい、とてつもない
	이 호텔의 스포츠센터는 연회비가 엄청나서 주로 고**소득**자들이 이용한다. このホテルのジムは年会費がとてつもないので主に高所得者が利用する。	
3	**유도하다** 動 誘導する	類 안내하다 案内する 注 빠져나가다 抜け出る、脱出する
	갑자기 멈춘 열차에서 승객들이 안전하게 빠져나갈 수 있게 **유도했**어요. 急に停まった列車から乗客たちが安全に脱出できるように誘導しました。	
4	**얼음** 名 氷	関 얼다 凍る　얼리다 凍らせる 녹다 解ける 注 눈을 치우다 雪をかく、除雪する
	쌓인 눈을 치우지 않고 그대로 방치해 두면 **얼음**으로 변한다. 積もった雪を除雪しないでそのまま放置しておくと氷に変わる。	
5	**보관하다** 動 保管する	類 간직하다 しまっておく 注 -던 ～していた(＋名詞) 소중히 大切に
	어렸을 때 가지고 놀던 장난감들을 아직도 소중히 **보관하**고 있어요. 幼い時に遊んでいたおもちゃを今なお大切に保管しています。	
6	**창고** 名 倉庫	注 팔리다 売れる 재고 在庫 쌓아 두다 積んでおく
	이 방은 팔리지 않고 남은 재고를 쌓아 두는 **창고**로 쓰고 있습니다. この部屋は売れずに残った在庫を積んでおく倉庫として使っています。	
7	**구멍** 名 穴	注 -을/를 가리켜 ～を指して -기보다 ～するより
	요즘 취업난을 가리켜 낙타가 바늘**구멍**에 들어가기보다 어렵다고 한다. 最近の就職難を指してラクダが針の穴に入るより難しいという。	

8 빠지다

□

動 おぼれる、陥る

関 물에 빠지다 水におぼれる
슬럼프에 빠지다 スランプに陥る
注 목숨을 구하다 命を助ける

외국인 관광객이 물에 **빠진** 여자 아이의 목숨을 구해 화제가 되고 있다.
外国人の観光客が水におぼれた女の子の命を助けて話題になっている。

9 흘리다

□

動 流す、こぼす

関 흘려보내다 流し出す、(歳月を)過ごしてしまう
음식을 흘리다 食べ物をこぼす

그 기업은 폐수를 강으로 **흘려**보내 사회적으로 큰 비난을 받았다.
その企業は排水を川に流して、社会的に大きな非難を受けた。

10 활용

□

名 活用

注 활성화 活性化
비치하다 備え付ける

수업 활성화를 위해 교실에 비치한 태블릿의 **활용**도가 높아졌다.
授業活性化のために教室に備え付けたタブレットの活用度が高くなった。

11 밝히다

□

動 明らかにする、明かす

関 밝혀지다 明らかになる
注 범죄를 막다 犯罪を防ぐ
신상 身の上

경찰은 더 큰 범죄를 막기 위해 범인의 신상을 **밝혔**다.
警察はより大きな犯罪を防ぐため、犯人の身の上を明かした。

12 빼다

□

動 抜く、落とす、除く

反 더하다 足す
関 살을 빼다 体重を落とす
注 대여비 レンタル費用

이번 행사에서 광고비와 장소 대여비, 인건비를 **빼**면 남는 것도 없다.
今回の行事で広告費と場所代、人件費を除いたら何も残らない。

13 주름

□

名 しわ

関 주름이 생기다 しわができる
주름이 지다 しわがよる、しわになる

양복에 **주름**이 지지 않도록 옷걸이에 걸어 두었어요.
スーツがしわにならないようにハンガーにかけておきました。

14 표면

□

名 表面

関 표면적 表面的
注 자신감을 얻다 自信を得る

인류가 달 **표면** 착륙에 성공하면서 우주 개발에 대한 자신감을 얻었다.
人類が月の表面への着陸に成功し、宇宙開発に対する自信を得た。

チェック ✓

□ 除く □ 倉庫 □ 所得 □ おぼれる □ 活用 □ 保管する □ 集中する
□ 穴 □ 表面 □ 流す □ 氷 □ 誘導する □ しわ □ 明らかにする

15 □

움직이다

動 動く、動かす

關 마음을 움직이다 心を動かす
注 손잡이를 잡다 手すりをつかむ

열차가 **움직일** 때 손잡이를 잡지 않고 스마트폰을 보는 것은 위험하다.
列車が動く際、手すりをつかまないでスマートフォンを見るのは危険だ。

16 □

지진

名 地震

關 지진이 나다 地震が起きる
注 적히다 書かれる
나누어 주다 配る

지진 발생 시의 행동 지침이 적힌 안내문을 학생들에게 나누어 주었다.
地震発生時の行動の指針が書かれた案内文を学生たちに配った。

17 □

폭발

名 爆発

關 폭발이 일어나다 爆発が起きる
注 인근 近隣
대피하다 避難する

대규모 가스 **폭발**이 일어나 인근 주민들이 긴급 대피하였다.
大規模なガスの爆発が起きて近隣の住民が緊急避難した。

18 □

동의하다

動 同意する

類 찬성하다 賛成する
反 반대하다 反対する
注 -는 바이다 ～するものである

치료비의 절감이 기대되는 새로운 의료 기기의 도입에 **동의하**는 바이다.
治療費の節減が期待できる新しい医療機器の導入に同意するものである。

19 □

재해

名 災害

關 자연재해 自然災害
注 화산 폭발 火山の噴火
기상 이변 異常気象

지진, 화산 폭발, 기상 이변 등의 자연**재해**의 발생 빈도가 높아지고 있다.
地震、火山の噴火、異常気象などの自然災害の発生頻度が高まっている。

20 □

자원

名 資源

關 인적 자원 人的資源
자원이 풍부하다 資源が豊富だ

나라의 크기는 작지만 천연**자원**이 풍부해서 강대국으로 성장할 수 있었다.
国の大きさは小さいが天然資源が豊富で強大国に成長することができた。

21 □

덜다

動 減らす

類 줄이다 減らす
關 부담을 덜다 負担を減らす
注 다자녀 가정 子だくさんの家庭

다자녀 가정에 식사 쿠폰을 발급하여 외식비의 부담을 **덜**어 주었다.
子だくさんの家庭に食事クーポンを発給して外食費の負担を減らしてあげた。

22 □ 단단하다

形 堅い、硬い

反 약하다 弱い
注 치아 歯牙、歯

세라믹은 비싸지만 금보다 **단단해**서 치아 치료에 많이 쓰인다.
セラミックは高いが、金より硬いので歯の治療によく使われる。

23 □ 경계

名 境界

注 인도 人道、歩道
확실히 確実に、はっきりと

애매했던 차도와 인도의 **경계**를 확실히 표시함으로 사고를 줄일 수 있었다.
あいまいだった車道と歩道の境界をはっきり表示することで事故が減らせた。

24 □ 초래하다

動 きたす、招く

類 가져오다 もたらす
関 차질을 초래하다 支障をきたす

출연자의 차가 사고로 인해 올 수 없게 되어 진행에 차질을 **초래했**다.
出演者の車が事故によって来られなくなり、進行に支障をきたした。

25 □ 건설

名 建設

関 부실시공 施工不良
注 명령을 내리다 命令を下す

부실시공의 우려가 있는 건물에 대해서 **건설** 중지 명령을 내렸다.
施工不良のおそれがある建物について建設中止命令を下した。

26 □ 피하다

動 避ける

注 성수기 繁忙期
비수기 閑散期
느긋하다 のんびりしている

관광지는 성수기를 **피해**서 비수기에 가면 느긋하게 즐길 수 있어요.
観光地は繁忙期を避けて閑散期に行けばのんびりと楽しめます。

27 □ 혁명

名 革命

関 혁명을 일으키다 革命を起こす
산업 혁명 産業革命

18세기에 유럽에서 일어난 산업 **혁명**은 미국, 러시아 등으로 확대되었다.
18 世紀にヨーロッパで起きた産業革命はアメリカ、ロシアなどへ拡大した。

28 □ 유통

名 流通

関 유통되다 流通される
注 -는 추세이다 ～する傾向である

인터넷의 보급과 함께 **유통** 시장도 온라인 중심으로 성장하는 추세이다.
ネットの普及とともに流通市場もオンライン中心に成長する傾向である。

チェック ✓
□ 爆発 □ 流通 □ 硬い □ 地震 □ 資源 □ 革命 □ 同意する □ 減らす
□ きたす □ 境界 □ 動く □ 災害 □ 避ける □ 建設

Day 8

1 □

한계

名 限界

関 한계를 느끼다 限界を感じる
注 버티다 耐える、辛抱する

하루 두세 시간만의 수면으로 버티던 그는 체력의 **한계**를 느끼기 시작했다.

1日2、3時間だけの睡眠で耐えていた彼は体力の限界を感じ始めた。

2 □

부여하다

動 付与する、与える

関 의미를 부여하다 意味を付与する
注 -는 듯하다 ～しているようだ

남편은 왠지 이번 가족 여행에 특별한 의미를 **부여하**는 듯했다.

夫はなぜか今回の家族旅行に特別な意味を付与しているようだった。

3 □

창출하다

動 創出する

関 일자리를 창출하다 雇用を創出する
注 고령화 사회 高齢化社会
대비하다 備える

정부는 노인들을 위한 일자리를 **창출하**는 등 고령화 사회에 대비해야 한다.

政府は老人のための雇用を創出するなど、高齢化社会に備えるべきだ。

4 □

오염

名 汚染

関 오염되다 汚染される
注 교체되다 交替される、替えられる

환경 **오염**을 줄이기 위해서 자동차 연료가 수소로 교체되고 있다.

環境汚染を減らすため、自動車の燃料が水素に替えられている。

5 □

재다

動 計る、量る、測る

関 횟수를 재다 回数を計る
몸무게를 재다 体重を量る

간호사가 체온을 **재** 보더니 독감일지도 모른다고 했다.

看護師が体温を測ってみてインフルエンザかもしれないと言った。

6 □

강화

名 強化

反 약화 弱化
関 경쟁력 강화 競争力強化
注 보안 保安、セキュリティ

해킹을 대비해 은행 컴퓨터의 보안 **강화**가 필요하다.

ハッキングに備えて銀行のパソコンのセキュリティ強化が必要だ。

7 □

미치다

動 及ぶ、及ぼす

関 영향을 미치다 影響を及ぼす
注 노벨상 ノーベル賞

그 소설이 노벨상을 수상함으로 인해 판매량에 큰 영향을 **미쳤**다.

その小説がノーベル賞を受賞したことで販売量に大きな影響を及ぼした。

8 □

부작용

名 副作用

関 부작용을 일으키다 副作用を起こす
注 방사선 放射線
구토 嘔吐

방사선 치료의 **부작용**으로는 탈모, 식욕 저하, 구토 등이 있다.
放射線治療の副作用としては脱毛、食欲低下、嘔吐などがある。

9 □

반성

名 反省

関 반성문 反省文
注 -탓이다 ～のせいだ

폭행으로 구속된 그 남자는 **반성**은커녕 친구 탓이라고 하고 있어요.
暴行で拘束された彼は、反省するどころか友達のせいだと言っています。

10 □

전망하다

動 展望する、見込む

関 전망 展望、見込み
注 -(으)ㄹ 것으로 ～する(こと)と

내년도에는 경기가 회복될 것으로 전문가들은 **전망하**고 있습니다.
来年度は景気が回復すると専門家たちは展望しています。

11 □

태도

名 態度

関 태도가 바뀌다 態度が変わる
注 주의를 주다 注意する

담임 선생님은 수업 **태도**가 나쁜 학생을 몇몇 불러 주의를 주었다.
担任の先生は授業の態度が悪い学生を何人か呼んで注意した。

12 □

양성하다

動 養成する

関 후계자를 양성하다 後継者を養成する
注 -을/를 앞두고 ～を控えて
전력을 다하다 全力を尽くす

경영진의 은퇴를 앞두고 후계자를 **양성하**는 데 전력을 다하고 있다.
経営陣の引退を控えて後継ぎを養成するのに全力を尽くしている。

13 □

인증

名 認証

関 인증을 하다 認証を行う
注 등록되다 登録される
지문 指紋

해외에서 입국 시 등록된 지문과 얼굴로 본인 **인증**을 한다.
海外から入国の際、登録された指紋と顔で本人認証を行う。

14 □

제시하다

動 提示する

注 녹음되다 録音される
증거 証拠

변호사는 두 사람의 대화가 녹음된 파일을 증거로 **제시했**다.
弁護士は二人の会話が録音されたファイルを証拠として提示した。

チェック ✓

□ 反省 □ 付与する □ 強化 □ 認証 □ 展望する □ 限界 □ 養成する
□ 提示する □ 態度 □ 及ぼす □ 創出する □ 汚染 □ 測る □ 副作用

15 평범하다

形 平凡だ

関 눈에 띄다 目立つ
注 직장인 会社員、勤め人
　 믿어지다 信じられる

눈에 띄지 않는 **평범한** 직장인이었던 그가 살인범이라니 믿어지지 않는다.
目立たない平凡な勤め人だった彼が殺人犯とは信じられない。

16 추구하다

動 追求する

注 -다가는 ～していては(警告)
　 -(으)로 이어지다 ～につながる

자국의 이익만을 **추구하**다가는 국가 간 분쟁으로 이어질 수 있다.
自国の利益だけを追求していては国家間の紛争につながりかねない。

17 논리

名 論理

注 적자생존 適者生存
　 앞서다 先立つ
　 강대국 強大国

적자생존의 **논리**가 앞서는 국제 사회는 강대국의 힘에 의해 움직인다.
適者生存の論理が先立つ国際社会は強大国の力によって動いている。

18 속하다

動 属する

類 소속되다 所属している
注 표범 ヒョウ
　 늑대 オオカミ

호랑이, 표범은 고양이과에 **속하**고 늑대는 개과에 **속한**다.
トラ、ヒョウはネコ科に属していて、オオカミはイヌ科に属している。

19 변하다

動 変わる

類 바뀌다 変わる
関 -(으)로 변하다 ～に変わる
注 마술을 부리다 魔術を使う

요정이 마술을 부리자 쥐가 말로, 호박이 마차로 **변했**다.
妖精が魔術を使うとネズミが馬に、かぼちゃが馬車に変わった。

20 사례

名 事例

関 사례를 분석하다 事例を分析する
　 전례 前例、先例

지금까지의 마케팅 성공 **사례**를 분석해서 기획안을 작성해 보세요.
今までのマーケティング成功事例を分析して企画案を作成してみてください。

21 놓치다

動 逃す、乗り遅れる

関 기회를 놓치다 機会を逃す
　 기차를 놓치다 汽車に乗り遅れる
注 -다가 ～していて

외국에서 일을 배울 수 있는 좋은 기회였는데 망설이다가 **놓치**고 말았다.
外国で仕事を学べるいい機会だったのに迷っていて逃してしまった。

22 □

가득

副 いっぱい

関 가득하다 いっぱいだ、満ちている
注 담기다 盛られる
놓이다 置かれる

테이블 위에 과일이 **가득** 담긴 바구니가 놓여 있었다.
テーブルの上に果物がいっぱい盛られたかごが置かれていた。

23 □

접수

名 受付

関 접수하다 受け付ける
注 마감하다 締め切る

오늘 도착한 서류를 끝으로 **접수**를 마감하고자 합니다.
本日到着した書類を最後に受付を締め切ろうと思います。

24 □

벗어나다

動 抜け出る、外れる

関 상식에서 벗어나다 常識から外れる
注 길고 긴 とても長い～
펼쳐지다 広がる

기차가 길고 긴 터널에서 **벗어나**니까 눈 쌓인 마을의 풍경이 펼쳐졌다.
汽車がとても長いトンネルを抜け出たら雪の積もった町の風景が広がった。

25 □

세련되다

形 洗練されている

反 촌스럽다 田舎臭い
注 전학 転校
옷차림 身なり、服装

서울에서 전학 온 민수는 옷차림이나 말투가 **세련되**었다.
ソウルから転校してきたミンスは服装や言葉遣いが洗練されていた。

26 □

끌다

動 集める、引く

関 인기를 끌다 人気を集める
注 동영상 動画
앱, 어플 アプリ

가수의 춤을 따라 하는 동영상을 찍어서 공유하는 앱이 인기를 **끌**고 있다.
歌手のダンスをまねて動画を撮り共有するアプリが人気を集めている。

27 □

영양

名 栄養

関 영양 보충 栄養補充
注 체력 体力
약해지다 弱くなる

수술 후에 체력이 많이 약해져서 퇴원 후에는 **영양** 보충을 할 생각이다.
手術後に体力が結構弱くなったので、退院後は栄養補充をするつもりだ。

28 □

이불

名 布団

関 이불을 덮다 布団をかける
注 -(으)나마나 ～しても(無駄だ)

한겨울에 난방이 안 들어오는 방에 있으면 **이불**을 덮으나마나 추울 것이다.
真冬に暖房が入らない部屋にいると布団をかけても寒いだろう。

チェック ✓
□ 集める □ 属する □ 受付 □ 平凡だ □ 逃す □ いっぱい □ 追求する
□ 栄養 □ 抜け出る □ 洗練されている □ 変わる □ 論理 □ 布団 □ 事例

Day 9

1 □

뜨다

動 昇る、開ける、浮かぶ

関 해가 뜨다 日が昇る
눈을 뜨다 目を開ける
물에 뜨다 水に浮かぶ

아들은 첫차를 타야 한다면서 해가 **뜨**기도 전에 집을 나섰다.
息子は始発に乗らないといけないと言って日が昇る前に家を出た。

2 □

작곡

名 作曲

関 작곡가 作曲家　작사가 作詞家
注 들고 다니다 持ち歩く
선율 メロディー

그 **작곡**가는 녹음기를 들고 다니며 선율이 떠오를 때마다 녹음했다.
その作曲家は録音機を持ち歩きながらメロディーが浮かぶたびに録音した。

3 □

활동

名 活動

関 봉사 활동 奉仕活動、ボランティア活動
注 물에 잠기다 水に浸かる

집중호우로 물에 잠긴 지역의 복구를 돕기 위해 봉사 **활동**을 왔다.
集中豪雨で水に浸かった地域の復旧を手伝うためボランティア活動に来た。

4 □

소모하다

動 消耗する

関 인력을 소모하다 人力を消耗する
시간을 소모하다 時間を費やす
注 출퇴근 通勤(出社、退社)

출퇴근에 **소모하**는 시간이 아까워서 회사 근처로 이사하려고 한다.
通勤に費やす時間がもったいなくて会社の近くに引っ越そうとしている。

5 □

떼다

動 はがす、離す、引く

関 눈을 떼다 目を離す
손을 떼다 手を引く
注 -(으)ㄴ 채로 ～したまま

기념품의 가격표를 **떼**고 준다는 것이 붙은 채로 건네주고 말았다.
お土産の値札をはがしてからあげるつもりが付いたまま渡してしまった。

6 □

간격

名 間隔

関 간격을 유지하다 間隔を維持する
注 답안지 答案用紙

옆 사람의 답안지를 볼 수 없도록 넓은 **간격**으로 책상을 배치했다.
隣の人の答案用紙を見ることができないように広い間隔で机を配置した。

7 □

높이다

動 高める

反 낮추다 低くする
関 안목을 높이다 眼識を高める

미술 작품에 대한 안목을 **높이**기 위해 매일같이 미술관을 찾았다.
美術作品に対する眼識を高めるため、毎日のように美術館を訪れた。

8 □
과정
名 過程

関 과정을 거치다 過程を経る
注 -아/어야 ～してこそ
비로소 ようやく

혹독한 훈련 **과정**을 거쳐야 비로소 데뷔할 수 있는 기회가 주어진다.
厳しい訓練過程を経てようやくデビューできる機会が与えられる。

9 □
신뢰
名 信頼

関 신뢰를 얻다 信頼を得る
注 한 몸에 받다 一身に受ける

뛰어난 리더십을 가진 그는 부하들의 존경과 **신뢰**를 한 몸에 받고 있다.
優れたリーダーシップを持つ彼は部下たちの尊敬と信頼を一身に受けている。

10 □
바르다
形 正しい

関 바른 길 正しい道
예의가 바르다 礼儀正しい

지수는 공부도 잘하고 예의도 **발라**서 선생님들의 칭찬이 끊이지 않는다.
ジスは勉強もできて礼儀正しいから先生たちの称賛が絶えない。

11 □
들다
動 入る、(お金が)かかる

関 잠이 들다 眠りに入る、寝入る
빛이 들다 光が入る
돈이 들다 お金がかかる

강아지를 키우고 싶은데 돈이 많이 **든**다고 해서 포기했어요.
子犬を飼いたいが、お金がたくさんかかるというので諦めました。

12 □
위안
名 慰め

関 위안이 되다 慰めになる
注 절망에 빠지다 絶望に陥る

절망 속에 빠져 있을 때는 어떠한 말도 **위안**이 되지 않는다.
絶望の中に陥っている時はどんな言葉も慰めにならない。

13 □
쌓다
動 積む、蓄える

関 쌓이다 積もる
지식을 쌓다 知識を蓄える

적의 침입을 막기 위해 성 주위에 **쌓**은 돌이 아직 그대로 남아 있다.
敵の侵入を防ぐために城の周りに積んだ石がまだそのまま残っている。

14 □
받아들이다
動 受け入れる

注 충고 忠告、アドバイス
겸허히 謙虚に

나의 태도에 문제가 있었다는 친구의 충고를 겸허히 **받아들이**기로 했다.
私の態度に問題があったという友達の忠告を謙虚に受け入れることにした。

チェック ✓
□ 信頼 □ 昇る □ 作曲 □ 慰め □ 高める □ (お金が)かかる □ 活動
□ 積む □ 受け入れる □ はがす □ 間隔 □ 正しい □ 消耗する □ 過程

15 □

실망하다

動 失望する

類 낙담하다 落胆する
注 -(으)므로 ～だから
　 -더라도 ～するとしても

최선을 다했으므로 어떤 결과가 나오더라도 **실망하**지 않을 겁니다.
最善を尽くしたからどんな結果が出るとしても失望しないでしょう。

16 □

흐르다

動 流れる

関 흘리다 流す
　 흐름 流れ
　 눈물이 흐르다 涙が流れる

가만히 있어도 땀이 줄줄 **흐르**는 무더위에 밖에서 노는 것은 위험하다.
じっとしていても汗がだくだくと流れる猛暑に外で遊ぶのは危険だ。

17 □

고개

名 首、頭、峠

関 고개를 끄덕이다 首を縦に振る
　 고개를 숙이다 頭を下げる
　 고개를 넘다 峠を越える

아시아의 몇몇 나라에서는 웃어른에게 **고개**를 숙여서 인사한다.
アジアのいくつかの国では目上の人に頭を下げて挨拶する。

18 □

용기

名 勇気

関 용기를 내다 勇気を出す
　 용감하다 勇敢だ

젊은 나이가 아니라서 유학을 결심하기까지 많은 **용기**가 필요했다.
若い年齢ではないので留学を決心するまでたくさんの勇気が必要だった。

19 □

고민하다

動 悩む

関 고민 悩み
注 빚 借金
　 털어놓다 打ち明ける

카드 빚으로 **고민하**던 그는 아내에게 솔직하게 털어놓기로 했다.
カードの借金で悩んでいた彼は妻に正直に打ち明けることにした。

20 □

보안

名 保安、セキュリティ

関 보안을 강화하다 セキュリティを強化する
注 철저히 徹底的に

신제품 발표 날까지는 **보안**을 철저히 강화해야 합니다.
新製品発表の日まではセキュリティを徹底的に強化しなければなりません。

21 □

동원하다

動 動員する

関 관객을 동원하다 観客を動員する
注 -인 척하다 ～のふりをする

새로 오픈한 카페에 친구들을 **동원해**서 손님인 척하게 했다.
新しくオープンしたカフェに友達を動員して客のふりをさせた。

22 적극적
☐

名 積極的

反 소극적 消極的
注 -고 말겠다 ～してみせる
맞선 お見合い

1년 이내에 꼭 결혼하고 말겠다며 맞선에 **적극적**으로 임했다.
1年以内に必ず結婚してみせるとお見合いに積極的に臨んだ。

23 소홀하다
☐

形 おろそかだ

関 소홀히 하다 おろそかにする
注 일에 치이다 仕事に追われる

그동안 일에 치여 가족들에게 **소홀했**던 건 사실입니다.
今まで仕事に追われて家族におろそかだったことは事実です。

24 여전히
☐

副 相変わらず

関 여전하다 相変わらずだ
注 늠름하다 りりしい、たくましい

동창회에서 재회한 내 첫사랑은 **여전히** 잘생기고 늠름했다.
同窓会で再会した私の初恋の人は相変わらずハンサムでりりしかった。

25 희망
☐

名 希望

関 희망 사항 希望(事項)
注 비로소 初めて

시련이 찾아와도 **희망**을 버리지 않을 때 비로소 꿈을 이룰 수 있다.
試練が訪れても希望を捨てない時に初めて夢をかなえることができる。

26 차다
☐

動 蹴る、満ちる

関 공을 차다 ボールを蹴る
가득 차다 いっぱいになる
注 -았/었기로서니 ～したとはいえ

아무리 화가 났기로서니 가게의 의자를 발로 **찬** 건 너답지 않다.
いくら腹が立ったとはいえ、店のいすを足で蹴ったのはお前らしくない。

27 생산
☐

名 生産

関 생산되다 生産される
생산지 生産地

스마트폰의 부품 중에 국내에서 **생산** 가능한 것은 거의 없다.
スマートフォンの部品の中で国内で生産可能なものはほとんどない。

28 신경
☐

名 神経

関 신경(을) 쓰다 神経を使う、気にする
신경이 예민해지다 神経が敏感になる
注 다가오다 近づく

수험 날짜가 다가오면서 3 학년생들의 **신경**이 예민해져 있다.
受験の日が近づいているため、3年生たちの神経が敏感になっている。

チェック ✓

☐ おろそかだ ☐ 勇気 ☐ 希望 ☐ 生産 ☐ 動員する ☐ 神経 ☐ 失望する
☐ 頭 ☐ 積極的 ☐ 流れる ☐ 蹴る ☐ セキュリティ ☐ 相変わらず ☐ 悩む

Day 10

1 □

가라앉다

動 沈む、静まる

反 뜨다 浮く
注 동전을 던지다 コインを投げる

동전을 던져서 **가라앉**지 않고 물 위로 뜨면 행운이 찾아온다고 합니다.
コインを投げて沈まずに水の上に浮いたら幸運が訪れるそうです。

2 □

이해하다

動 理解する

注 유머 ユーモア
-에 불과하다 ～に過ぎない

강연 중 강사의 유머를 **이해하**고 웃는 사람은 항상 소수에 불과하다.
講演中、講師のユーモアを理解して笑う人はいつも少数に過ぎない。

3 □

성향

名 性向、傾向

類 경향 傾向
注 무턱대고 むやみに
유행을 따르다 流行に従う

그 사람은 체형을 생각하지 않고 무턱대고 유행을 따르는 **성향**이 있다.
その人は体形を考えずにむやみに流行に従う傾向がある。

4 □

구조

名 構造

関 건물 구조 建物の構造
注 문제를 일으키다 問題を起こす

백화점의 **구조** 변경 공사가 건물 안전에 문제를 일으킨 것으로 보인다.
百貨店の構造変更工事が建物の安全に問題を起こしたとみられる。

5 □

연출

名 演出

関 연출가 演出家
注 똑같다 全く同じだ

똑같은 이야기라도 **연출** 방법에 따라 전혀 다르게 보일 수 있다.
同じ話でも演出の方法によって全く違って見えることもある。

6 □

조사하다

動 調査する

類 알아보다 調べる
注 대대적으로 大々的に

유명인들의 탈세를 대대적으로 **조사하**겠다는 검찰의 발표가 있었다.
有名人の脱税を大々的に調査するという検察の発表があった。

7 □

독자

名 読者

関 작가 作家
注 -(으)므로 ～するので
베스트셀러 ベストセラー

고정적인 **독자**만 십만 명이 넘으므로 이번에도 베스트셀러가 될 것이다.
固定的な読者だけで 10 万人を超えるので今回もベストセラーになるだろう。

8 ☐

억울하다

形 悔しい

注 누명을 쓰다 ぬれ衣を着せられる
잠이 안 오다 眠れない

나는 훔치지 않았는데 누명을 쓴 것이 **억울해**서 잠이 안 온다.
私は盗んでいないのにぬれ衣を着せられたのが悔しくて眠れない。

9 ☐

전문가

名 専門家

反 아마추어 アマチュア
注 -못지않다 ～に劣らない

취미로 오토바이 수리를 해 온 그는 **전문가** 못지않은 지식을 갖고 있다.
趣味でバイクの修理をしてきた彼は専門家に劣らない知識を持っている。

10 ☐

민감하다

形 敏感だ

関 민감하게 敏感に
注 말도 안 되다 話にならない、あり得ない

그런 말도 안 되는 헛소문에 **민감하**게 반응할 필요는 없어요.
そんなあり得ないデマに敏感に反応する必要はありません。

11 ☐

수요

名 需要

反 공급 供給
注 개통하다 開通する

고속 철도의 개통으로 인해 국내 여행의 **수요**가 늘었다.
高速鉄道の開通によって国内旅行の需要が増えた。

12 ☐

번식

名 繁殖

注 습하다 湿っている
통풍 通風、風通し

습하고 통풍이 안되는 곳은 세균이 **번식**하기 쉬운 환경이다.
湿っていて風通しが悪いところは細菌が繁殖しやすい環境である。

13 ☐

개선

名 改善

関 개선되다 改善される
注 역할을 하다 役割を果たす

버스 운전기사들의 장기 파업은 근무 조건 **개선**에 큰 역할을 하였다.
バス運転手の長期ストライキは勤務条件改善に大きな役割を果たした。

14 ☐

충분하다

形 十分だ

関 충분히 十分に
注 -(이)면 ～あれば

초등학생인 아들의 용돈은 한 달에 5만원이면 **충분하**다.
小学生の息子の小遣いはひと月5万ウォンあれば十分だ。

チェック ✓
☐ 需要 ☐ 理解する ☐ 演出 ☐ 改善 ☐ 読者 ☐ 沈む ☐ 十分だ ☐ 専門家
☐ 調査する ☐ 構造 ☐ 繁殖 ☐ 傾向 ☐ 敏感だ ☐ 悔しい

15 □
매출
名 売上

類 매상 売上
関 매출이 오르다 売上が伸びる
注 가까이 近く

그 냉면 가게는 TV에 소개되면서 하루 **매출**이 열 배 가까이 올랐다.
あの冷麺の店はテレビで紹介されてから1日の売上が10倍近く伸びた。

16 □
질
名 質

注 중시하다 重視する
유기농 オーガニック

삶의 **질**을 중시하는 젊은 주부들 사이에서 유기농 제품이 인기이다.
生活の質を重視する若い主婦たちの間でオーガニック製品が人気だ。

17 □
꾸미다
動 飾る、作る

関 꾸민 이야기 作り話
注 북적이다 にぎわう

가게 앞을 화려하게 **꾸며**서 포토존을 만들면 사람들로 북적일 거예요.
店の前を派手に飾ってフォトゾーンを作れば人々でにぎわうでしょう。

18 □
처하다
動 処する、置かれる

関 엄벌에 처하다 厳罰に処する
注 무단으로 無断で
배포하다 配布する

이 영상을 무단으로 복사하여 배포할 경우 엄벌에 **처합**니다.
この映像を無断でコピーして配布する場合、厳罰に処します。

19 □
위기
名 危機

関 위기를 넘기다 危機を乗り切る
위기에 처하다 危機に瀕する
注 천연기념물 天然記念物

멸종 **위기**에 처한 천연기념물 새를 보호하기 위해 환경 단체가 움직였다.
絶滅の危機に瀕している天然記念物の鳥を保護するため環境団体が動いた。

20 □
모금
名 募金

注 기부금 寄付金
난치병 難病

온라인 **모금**으로 모인 기부금을 활용해서 난치병의 아이들을 도왔다.
オンライン募金で集まった寄付金を活用して難病の子供たちを助けた。

21 □
위급하다
形 危急だ

関 위독하다 危篤だ
注 한걸음에 一走りに

어머니께서 **위급하**다는 소식을 듣고 회의 중이었지만 한걸음에 달려왔다.
母が危急だという知らせを聞いて、会議中だったが一走りに駆けつけた。

22 □
깨닫다
動 悟る

注 상처를 남기다 傷を残す
-기까지 ～するまで

그 사람의 마음에 상처를 남겼다는 것을 **깨닫**기까지 긴 시간이 걸렸다.
その人の心に傷を残したということを悟るまで長い時間がかかった。

23 □
대처하다
動 対処する

注 소란을 피우다 騒ぎ立てる
요구되다 要求される

고객이 소란을 피울 때에는 현명하게 **대처하**는 지혜가 요구된다.
お客が騒ぎ立てる際には賢明に対処する知恵が要求される。

24 □
예컨대
副 例えば

類 예를 들면 例えば
関 예를 들다 例を挙げる

날씬해 보이는 옷, **예컨대** 어두운 색 옷이나 긴 치마를 입어 보세요.
スリムに見える服、例えば暗い色の服や長いスカートをはいてみてください。

25 □
감각
名 感覚

関 감각이 뛰어나다 感覚が優れている
注 균형 バランス
꿈꾸다 夢見る

어릴 때부터 균형 **감각**이 뛰어나서 체조 선수를 꿈꾸어 왔어요.
幼い時からバランス感覚が優れていて体操選手を夢見てきました。

26 □
등급
名 等級、グレード

関 등급을 나누다 等級を分ける
등급을 매기다 等級を付ける

객실 면적과 청결 상태, 서비스 내용 등에 따라 호텔의 **등급**이 매겨진다.
客室の面積と清潔度、サービス内容等によってホテルの等級が付けられる。

27 □
어우러지다
動 一塊になる、交わる

類 어울리다 交わる
注 교가를 제창하다 校歌を斉唱する

졸업식에서 재학생과 졸업생이 함께 **어우러져** 교가를 제창할 예정이다.
卒業式で在学生と卒業生が一緒に交わって校歌を斉唱する予定だ。

28 □
결합
名 結合

関 결합시키다 結合させる
注 힘을 쏟다 力を注ぐ

정부는 관광과 의료를 **결합**시킨 의료 관광객의 유치에 힘을 쏟고 있다.
政府は観光と医療を結合させた医療観光客の誘致に力を注いでいる。

チェック ✓
□ 処する □ 質 □ 等級 □ 悟る □ 飾る □ 交わる □ 例えば □ 対処する
□ 結合 □ 感覚 □ 危急だ □ 売上 □ 募金 □ 危機

次の単語を韓国語は日本語に、日本語は韓国語にしなさい。

- 1. 창고
- 2. 흘리다
- 3. 투자
- 4. 낮추다
- 5. 반영하다
- 6. 방해
- 7. 단단하다
- 8. 공약
- 9. 유통
- 10. 주름
- 11. 재다
- 12. 속하다
- 13. 떼다
- 14. 사례
- 15. 벗어나다
- 16. 고개
- 17. 소홀하다
- 18. 위안
- 19. 매출
- 20. 꾸미다
- 21. 政策
- 22. 消える
- 23. 側面
- 24. 深刻だ
- 25. 葛藤
- 26. 災害
- 27. 限界
- 28. 態度
- 29. 流れる
- 30. 悔しい
- 31. 昇る
- 32. 積む
- 33. 間隔
- 34. 正しい
- 35. 認証
- 36. 蹴る
- 37. 逃す
- 38. 資源
- 39. 募金
- 40. 悟る

正解

1. 倉庫 **2.** 流す **3.** 投資 **4.** 低くする **5.** 反映する **6.** 妨害 **7.** 硬い **8.** 公約 **9.** 流通 **10.** しわ **11.** 計る **12.** 属する **13.** はがす **14.** 事例 **15.** 抜け出る **16.** 首 **17.** おろそかだ **18.** 慰め **19.** 売上 **20.** 飾る **21.** 정책 **22.** 사라지다 **23.** 측면 **24.** 심각하다 **25.** 갈등 **26.** 재해 **27.** 한계 **28.** 태도 **29.** 흐르다 **30.** 억울하다 **31.** 뜨다 **32.** 쌓다 **33.** 간격 **34.** 바르다 **35.** 인증 **36.** 차다 **37.** 놓치다 **38.** 자원 **39.** 모금 **40.** 깨닫다

確認問題

A (　　) に入る単語を選び、適当な形にしなさい。

펼치다	빠지다	끌다	꾸미다	떼다	뜨다

1. 어두운 곳에서는 눈을 (　　　) 있어도 아무것도 보이지 않는다.

2. 지난주에 발생한 살인 사건의 담당자가 사건에서 손을 (　　　).

3. 지난 시즌에 이어 이번 시즌에서도 성적이 좋지 않아 슬럼프에 (　　　).

4. 친구들의 관심을 (　　　) 위해 머리 색깔을 노랗게 바꾸었어요.

B (　　) に入る適切な副詞を選びなさい。

가득	여전히	예컨대	충분히	소극적	그대로

1. 저녁 식사를 차려 놓고 나갔는데 돌아와 보니 (　　　) 있었다.

2. 그 식당은 항상 손님으로 (　　　) 차 있어요.

3. 20년 만에 만난 친구는 나이를 먹어도 (　　　) 아름다웠다.

4. 감기에 걸리지 않기 위해서는 사람이 많이 모이는 곳, (　　　) 병원이나 백화점 같은 곳은 피하세요.

正解例および和訳

A **1.** 뜨고　**2.** 뗐다　**3.** 빠졌다　**4.** 끌기

訳 **1.** 暗い所では目を(開けて)いても何も見えない。
2. 先週発生した殺人事件の担当者が事件から手を(引いた)。
3. 前シーズンに続いて今シーズンも成績がよくなくてスランプに(陥った)。
4. 友達の関心を(引く)ために髪の色を黄色く変えました。

B **1.** 그대로　**2.** 가득　**3.** 여전히　**4.** 예컨대

訳 **1.** 夕食を用意しておいて出かけたのに帰ってきたら(そのまま)あった。
2. その食堂はいつもお客さんで(いっぱいに)なっています。
3. 20年ぶりに会った友達は年を取っても(相変わらず)美しかった。
4. 風邪を引かないためには人がたくさん集まる所、(例えば)病院や百貨店のような所は避けてください。

まとめてみましょう

多意語②

多意語	意味	例
감다	・閉じる ・洗う ・巻く	눈을 감다（目を～） 머리를 감다（髪を～） 붕대를 감다（包帯を～）
나누다	・分ける ・交わす ・配る	팀을 나누다（チームを～） 인사를 나누다（挨拶を～） 자료를 나누어 주다（資料を～）
붙이다	・付ける ・くっつける ・（言葉を）かける	별명을 붙이다（あだ名を～） 벽에 붙이다（壁に～） 말을 붙이다（話し～）
기울다	・暮れる ・傾く ・片寄る	해가 기울다（日が～） 배가 기울다（船が～） 찬성으로 기울다（賛成に～）
챙기다	・取り揃える ・面倒を見る ・もらう	서류를 챙기다（書類を～） 남동생을 챙기다（弟の～） 수수료를 챙기다（手数料を～）
차다	・冷たい ・蹴る ・いっぱいになる	공기가 차다（空気が～） 공을 차다（ボールを～） 손님으로 가득 차다（客で～）
얻다	・得る ・もらう ・迎える	지지를 얻다（支持を～） 장난감을 얻다（おもちゃを～） 며느리를 얻다（嫁を～）
차리다	・構える ・用意する ・出す	가게를 차리다（店を～） 저녁을 차리다（夕食を～） 기운을 차리다（元気を～）

들다	・かかる ・入る ・取る ・移る	병이 들다 (病気に～) 햇빛이 들다 (日差しが～) 나이가 들다 (年を～) 정이 들다 (情が～)
넘기다	・めくる ・越す ・乗り越える ・転嫁する	책장을 넘기다 (ページを～) 기일을 넘기다 (期日を～) 고비를 넘기다 (山場を～) 책임을 넘기다 (責任を～)
꾸미다	・飾る ・でっちあげる ・たくらむ	방을 꾸미다 (部屋を～) 이야기를 꾸미다 (話を～) 나쁜 일을 꾸미다 (悪事を～)
날리다	・舞う ・飛ばす ・失う	꽃잎이 날리다 (花びらが～) 풍선을 날리다 (風船を～) 재산을 날리다 (財産を～)
담다	・込める ・盛る ・収める	마음을 담다 (心を～) 접시에 담다 (皿に～) 비디오에 담다 (ビデオに～)
맡다	・引き受ける ・かぐ ・預かる ・取る	일을 맡다 (仕事を～) 냄새를 맡다 (においを～) 짐을 맡다 (荷物を～) 자리를 맡다 (場所を～)
거두다	・取り立てる ・収める ・引き取る	세금을 거두다 (税金を～) 승리를 거두다 (勝利を～) 숨을 거두다 (息を～)
더듬다	・どもる ・たどる ・手探りする	말을 더듬다 (言葉を～) 기억을 더듬다 (記憶を～) 더듬어 찾다 (～で探す)

Day 11

1

성장

名 成長

関 성장기 成長期　성장률 成長率
경제 성장 経済成長
注 내외 前後

1970년대 이후부터 10% 내외의 경제 **성장**을 유지하고 있다.
1970年代以降から10%前後の経済成長を維持している。

2

게다가

副 その上、さらに

注 해가 지다 日が暮れる
더 이상 これ以上

해가 지고 **게다가** 비까지 와서 더 이상 작업을 계속할 수 없었다.
日が暮れ、その上雨まで降って、これ以上作業を続けることができなかった。

3

연결하다

動 連結する、つなぐ

類 잇다 つなぐ
関 연결되다 つながる
注 케이블 ケーブル

이 케이블로 핸드폰과 텔레비전을 **연결해**서 큰 화면으로 영화를 봅시다.
このケーブルで携帯電話とテレビをつないで大きい画面で映画を見ましょう。

4

우울하다

形 憂うつだ

関 우울해지다 憂うつになる
注 -아/어서 그런지 ～だからなのか

친구가 슬퍼하는 모습을 봐서 그런지 나까지 **우울해**졌다.
友達が悲しむ姿を見たからなのか私まで憂うつになった。

5

설정하다

動 設定する

注 무리가 가다 無理がある
운동량 運動量

무리가 가지 않는 범위 내에서 하루 운동량을 **설정하**는 것이 중요하다.
無理のない範囲内で１日の運動量を設定することが重要だ。

6

경향

名 傾向

注 낙관적으로 楽観的に
곤란하다 困る

그는 모든 문제를 낙관적으로 보는 **경향**이 있어서 곤란할 때도 있다.
彼はすべての問題を楽観的に見る傾向があって困る時もある。

7

성적

名 成績

関 성적표 成績表
注 -는 것에 비해서 ～する割に

우리 아이는 공부를 별로 안 하는 것에 비해서는 **성적**이 좋은 편이다.
うちの子は勉強をあまりしない割には成績がいい方だ。

8 ☐	**맞추다** 動 合わせる、あつらえる	関 알람을 맞추다 アラームを合わせる 양복을 맞추다 スーツをあつらえる
	내일은 아이의 도시락을 준비해야 돼서 알람을 6시에 **맞추**었다. 明日は子供のお弁当を準備しないといけないのでアラームを6時に合わせた。	
9 ☐	**획기적** 名 画期的	注 로봇 ロボット 음식을 나르다 料理を運ぶ
	카페에서 로봇이 주문을 받고 음식을 나르는 것은 **획기적**인 아이디어네요. カフェでロボットが注文を受けて料理を運ぶのは画期的なアイデアですね。	
10 ☐	**영역** 名 領域	関 영역을 이동하다 領域を移動する 注 백혈병 白血病 개척되다 開拓される
	백혈병에 듣는 신약의 개발로 의학의 새로운 **영역**이 개척되었다. 白血病に効く新薬の開発で医学の新しい領域が開拓された。	
11 ☐	**검색하다** 動 検索する	関 자동 검색 自動検索 注 이력이 남다 履歴が残る
	자동 검색 기능을 사용하면 **검색한** 이력이 남아 쉽게 **검색할** 수 있다. 自動検索機能を使えば検索した履歴が残って簡単に検索できる。	
12 ☐	**펴내다** 動 発行する	注 뽑다 選ぶ 선정되다 選定される、選ばれる
	그가 **펴낸** 책은 독자들이 뽑은 올해의 감동적인 책으로 선정되었다. 彼が発行した本は読者が選んだ今年の感動的な本に選ばれた。	
13 ☐	**좌절하다** 動 挫折する	注 연이어 相次いで 취업 就職 의욕을 상실하다 意欲を失う
	면접 시험에 연이어 떨어진 그는 **좌절하**여 취업에의 의욕을 상실했다. 面接試験に相次いで落ちた彼は挫折し、就職への意欲を失った。	
14 ☐	**확산** 名 拡散	関 확산을 막다 拡散を防ぐ 확산되다 拡散する、広がる 注 순식간에 瞬く間に
	의료 시설이 안 갖추어진 그 마을에서는 전염병이 순식간에 **확산**되었다. 医療施設が整えられていないその村では伝染病が瞬く間に拡散した。	

チェック ✓
☐ 領域 ☐ つなぐ ☐ 傾向 ☐ 発行する ☐ 設定する ☐ 合わせる ☐ その上
☐ 画期的 ☐ 拡散 ☐ 検索する ☐ 成長 ☐ 挫折する ☐ 憂うつだ ☐ 成績

15 □

풀다

動 解く、解消する

関 풀리다 解ける
짐을 풀다 荷物を解く
스트레스를 풀다 ストレスを解消する

문제를 **풀**기 전에 답안지에 수험 번호와 이름을 썼는지 확인하세요.
問題を解く前に答案用紙に受験番号と名前を書いたか確認してください。

16 □

다가가다

動 近寄る、近づく

類 접근하다 接近する
関 다가오다 近寄ってくる

항상 혼자 도시락을 먹는 친구에게 **다가가**서 같이 먹자고 해 보았다.
いつも一人でお弁当を食べる友達に近寄って一緒に食べようと言ってみた。

17 □

잡히다

動 捕まる、決まる

関 잡다 捕まえる
스케줄이 잡히다 スケジュールが決まる
스케줄을 잡다 スケジュールを決める

연쇄 살인 사건의 범인이 드디어 **잡혀**서 마을 사람들은 마음을 놓았다.
連続殺人事件の犯人がついに捕まったので、村の人々は安心した。

18 □

추상적

名 抽象的

関 구체적 具体的
注 후보 候補
공약 公約

그 후보의 공약은 **추상적**이지 않고 구체적이라 그 점이 마음에 든다.
その候補の公約は抽象的ではなく具体的なので、その点が気に入っている。

19 □

뽑다

動 選ぶ、抜く

関 뽑히다 選ばれる、抜かれる
대표를 뽑다 代表を選ぶ
이를 뽑다 歯を抜く

학교 야구팀의 대표 선수를 **뽑**기 위해 오늘부터 합숙 연습에 들어갔다.
学校の野球チームの代表選手を選ぶために今日から合宿練習に入った。

20 □

살펴보다

動 調べる、よく見る

注 잘못되다 間違っている
이상이 없다 異常がない

계약서에 잘못된 곳이 없는지 잘 **살펴보**고 이상이 없으면 사인하세요.
契約書に間違った所がないかよく見て異常がなければサインしてください。

21 □

바탕

名 基、ベース

関 -을/를 바탕으로 ～を基に
바탕 화면 （パソコンの）壁紙
注 설문 조사 アンケート

이번 설문 조사 결과를 **바탕**으로 새로운 기획안을 작성해 보세요.
今回のアンケートの結果を基に新しい企画案を作成してみてください。

22 ☐
방지하다
動 防ぐ、防止する

類 막다 防ぐ
예방하다 予防する
注 사기 詐欺　대책 対策

이메일을 이용한 사기 피해를 **방지하**기 위한 대책 회의가 열렸다.
メールを利用した詐欺被害を防ぐための対策会議が開かれた。

23 ☐
드러나다
動 現れる、ばれる

類 밝혀지다 明らかになる
関 -임이 드러나다
～であることが明るみに出る

이메일이 공개되면서 지금까지의 이야기가 모두 거짓말임이 **드러났**다.
メールが公開されて今までの話が全部うそであることが明るみに出た。

24 ☐
왜곡하다
動 歪曲する、曲げる

関 진실을 왜곡하다 真実を歪曲する
注 징계를 받다 懲戒処分を受ける

그 기자는 진실을 **왜곡한** 기사를 써서 징계를 받게 되었다.
その記者は真実を歪曲した記事を書いたので懲戒処分を受けることになった。

25 ☐
적용하다
動 適用する

注 할인 제도 割引制度
-고자 하다 ～しようと思う

대학생에게는 오늘부터 새로운 할인 제도를 **적용하**고자 합니다.
大学生には今日から新しい割引制度を適用しようと思います。

26 ☐
악용하다
動 悪用する

関 제도를 악용하다 制度を悪用する
注 사례 事例

호텔 예약 사이트의 포인트 제도를 **악용한** 사례가 보고되었다.
ホテル予約サイトのポイント制度を悪用した事例が報告された。

27 ☐
고무적
名 励みになること

注 유럽 ヨーロッパ
인기를 모으다 人気を集める

국내산 가전이 유럽에서 인기를 모으고 있는 것은 매우 **고무적**인 일이다.
国産家電がヨーロッパで人気を集めていることはとても励みになることだ。

28 ☐
놀라다
動 驚く

関 놀라게 하다 驚かす
깜짝 놀라다 びっくりする

모르는 사람이 갑자기 내 이름을 불러서 깜짝 **놀랐**다.
知らない人が突然私の名前を呼んだのでびっくりした。

チェック ✓
☐ 歪曲する　☐ 近寄る　☐ 選ぶ　☐ 悪用する　☐ ばれる　☐ 解く　☐ 適用する
☐ 励みになること　☐ 捕まる　☐ 驚く　☐ 基　☐ 防ぐ　☐ 抽象的　☐ よく見る

Day 12

1 □

도저히

副 到底

類 도무지 到底
注 룸메이트 ルームメイト
밤마다 夜ごとに、毎晩

룸메이트가 밤마다 큰 소리로 전화를 해서 **도저히** 참을 수 없다.
ルームメイトが毎晩大声で電話をするので到底耐えられない。

2 □

핵심

名 核心

関 핵심에서 벗어나다 核心を外れる
注 학회 学会

이번 학회 참가자들 중에는 **핵심**에서 벗어난 질문을 하는 사람이 많았다.
今回の学会参加者の中には核心を外れた質問をする人が多かった。

3 □

조직

名 組織

関 조직 생활 組織生活
注 프리랜서 フリーランサー

지금까지 프리랜서로 일해 왔기 때문에 **조직** 생활에 익숙하지 않다.
今までフリーランサーで働いてきたため、組織生活に慣れていない。

4 □

발휘하다

動 発揮する

注 -(으)ㄴ 탓에 ～したせいで
속상하다 悔しい、心が痛む

긴장한 탓에 실력을 제대로 **발휘하**지 못해서 속상하다.
緊張したせいで実力をきちんと発揮できなかったので悔しい。

5 □

덮다

動 閉じる、かける

関 뚜껑을 덮다 ふたをする
이불을 덮다 布団をかける
注 -(으)니(까) ～するので

시험이 곧 시작되니 책을 **덮**고 필기도구와 종이를 준비하세요.
試験がもうすぐ始まるので本を閉じて筆記用具と紙を準備してください。

6 □

지붕

名 屋根

注 밤새 夜通し
폭설 大雪
잔뜩 いっぱい

밤새 내린 폭설로 도로는 물론 **지붕** 위에도 눈이 잔뜩 쌓였다.
夜通し降った大雪で道路はもちろん、屋根の上にも雪がいっぱい積もった。

7 □

찢어지다

動 破れる

関 찢다 破る
注 -(으)ㄹ 줄 몰랐다 ～するとは思わなかった

봉지가 무겁기는 했지만 설마 **찢어질** 줄 몰랐어요.
袋が重いとは思ったが、まさか破れるとは思わなかったです。

8 ☐

졸다

動 居眠りする

関 졸리다 眠い
注 지나치다 通り過ぎる

거래처에 가는 전철 안에서 **졸**다가 내릴 역을 지나쳐 버렸다.
取引先に行く電車の中で居眠りしていて降りる駅を通り過ぎてしまった。

9 ☐

일정

名 日程

関 일정표 日程表
注 꽉 차다 ぎっしり詰まる

이번 달 말까지는 **일정**이 꽉 차 있어서 어렵겠는데요.
今月末までは日程がぎっしり詰まっていて難しそうですが。

10 ☐

고르다

形 平等だ、均等だ

関 고르게 平等に、均等に
注 옥션 オークション

인터넷 옥션에 출품하여 팔린 물건의 이익을 셋이서 **고르**게 나누었다.
ネットオークションに出品して売れた品物の利益を3人で平等に分けた。

11 ☐

작성하다

動 作成する

関 문서를 작성하다 文書を作成する
注 방명록 芳名録

이벤트가 끝나면 방명록을 참고해서 방문객 리스트를 **작성해** 주세요.
イベントが終わったら芳名録を参考にして訪問客のリストを作成してください。

12 ☐

장점

名 長所

反 단점 短所
注 매사에 事あるごとに
-이자 ～であり

매사에 철저하게 확인한다는 것이 부장님의 **장점**이자 단점이다.
事あるごとに徹底して確認するということが部長の長所であり短所である。

13 ☐

출력하다

動 出力する、印刷する

類 인쇄하다 印刷する
注 에펠탑 エッフェル塔

가정용 3D 프린터로 130cm의 에펠탑 모형을 **출력해** 보았어요.
家庭用の3Dプリンターで130cmのエッフェル塔の模型を出力してみました。

14 ☐

위험

名 危険、リスク

反 안전 安全
関 위험하다 危険だ、危ない
위험을 무릅쓰다 危険を冒す

그 젊은 남자는 **위험**을 무릅쓰고 물에 빠진 아이를 구했다.
その若い男性は危険を冒して水におぼれた子供を救った。

チェック✓
☐ 屋根 ☐ 作成する ☐ 居眠りする ☐ 核心 ☐ 閉じる ☐ 平等だ ☐ 組織
☐ 危険 ☐ 到底 ☐ 出力する ☐ 破れる ☐ 日程 ☐ 長所 ☐ 発揮する

15 □

지다

動 散る、暮れる

反 피다 咲く
関 해가 지다 日が暮れる
注 -았/었건만 ～したが

꽃놀이 하러 가고 싶었건만 정신없이 일하다 보니 꽃이 다 **져** 버렸다.
花見しに行きたかったが、忙しく働いていたら花が全部散ってしまった。

16 □

특히

副 特に

注 마음이 끌리다 心が引かれる
바로 まさに

이번 전시회에서 **특히** 마음이 끌리는 작품은 바로 이 작품입니다.
今回の展示会で特に心が引かれる作品はまさにこの作品です。

17 □

관리

名 管理

注 피부가 좋다 肌がきれいだ
평소 平素、普段

피부가 정말 좋으신데 평소에 피부 **관리**를 어떻게 하세요?
肌が本当にきれいですが、普段肌の管理はどのようになさっていますか。

18 □

방송

名 放送

関 방송국 放送局
생방송 生放送
注 -을/를 대상으로 하다 ～を対象にする

어린이를 대상으로 한 **방송**이지만 어른이 봐도 재미있다.
子供を対象にした放送だけど、大人が見ても面白い。

19 □

비다

動 空く、空っぽだ

関 비우다 空ける
注 술잔 酒杯
따르다 注ぐ、従う

한국에서는 술잔이 **빌** 때까지 기다렸다가 술을 따라요.
韓国では杯が空になるまで待ってからお酒を注ぎます。

20 □

인구

名 人口

関 인구 밀도 人口密度
注 전염병이 돌다 伝染病がはやる

이 책은 전염병이 돌아 전 세계 **인구**가 반으로 감소한다는 이야기이다.
この本は伝染病がはやり、全世界の人口が半分に減るという話だ。

21 □

비교하다

動 比較する

関 비교적 比較的
비교되다 比較される

여러 여행사의 가격을 **비교해** 본 후에 가장 싼 곳에서 예약했다.
いろいろな旅行会社の価格を比較してみた後に一番安いところで予約した。

22 □

전달하다

動 伝達する、渡す

類 전하다 伝える、渡す
注 기부금 寄付金
모교 母校

동창회에서 기부금을 모아 장학금을 필요로 하는 모교에 **전달했**다.
同窓会で寄付金を集めて、奨学金を必要とする母校に渡した。

23 □

부족하다

形 不足する

類 모자라다 足りない
反 충분하다 十分だ
注 자식 子供

부모와 자식 간의 대화가 **부족한** 것도 성적 하락의 원인이 될 수 있다.
親と子供の間の対話が不足していることも成績下落の原因になり得る。

24 □

토론

名 討論

関 토론회 討論会
注 실시하다 実施する
논리력 論理力

일부 대기업에서는 면접 시험에서 **토론**을 실시해 논리력을 판단한다.
一部の大企業では面接試験で討論を実施し、論理力を判断する。

25 □

낭비

名 浪費

反 절약 節約
関 낭비벽 浪費癖
注 재산을 날리다 財産を使い果たす

낭비가 심했던 그는 결국 모든 재산을 날리고 빚에 시달렸다.
浪費がひどかった彼は結局すべての財産を使い果たして借金に苦しめられた。

26 □

판매

名 販売

反 구입 購入
注 성행하다 盛んである

지금같이 인터넷이 발달하지 않았던 시대에는 방문 **판매**도 성행했었다.
今のようにネットが発達していなかった時代には訪問販売も盛んであった。

27 □

의지하다

動 頼る

関 의존하다 依存する
注 다치다 けがする

다리를 다쳐 잘 걷지 못하는 그 할머니는 아들만을 **의지하**며 살고 있다.
足をけがしてよく歩けないそのおばあさんは息子だけに頼って生きている。

28 □

광고

名 広告

関 광고를 내다 広告を出す
注 -는 편이 낫다 ～する方がいい

자주 구인 **광고**가 나오는 회사에는 이력서를 내지 않는 편이 낫다.
しきりに求人広告が出る会社には履歴書を出さない方がいい。

チェック ✓
□ 浪費 □ 比較する □ 散る □ 頼る □ 渡す □ 放送 □ 人口 □ 不足する
□ 販売 □ 空く □ 特に □ 広告 □ 管理 □ 討論

Day 13

1 □

실천

名 実践

関 실행하다 実行する
실천에 옮기다 実践に移す

생각하기는 쉬워도 그 생각을 **실천**에 옮기는 것은 어렵다.
考えるのは簡単でもその考えを実践に移すのは難しい。

---

2 □

표현

名 表現

関 표현력 表現力
注 -에 서투르다 ～が下手だ

그 남자는 감정 **표현**에 서툴러서 주위에서 오해를 하는 경우가 많다.
その男性は感情表現が下手で周りから誤解をされる場合が多い。

---

3 □

가입하다

動 加入する、登録する

関 회원 가입 会員登録
注 앱, 어플 アプリ

먼저 이 앱을 다운로드한 후에 회원 **가입하**면 이용할 수 있습니다.
まずこのアプリをダウンロードした後に会員登録すれば利用できます。

---

4 □

보호

名 保護

関 보호자 保護者
注 무상 교육 無償教育

생활 **보호** 대상자의 자녀들에게는 고등학교까지 무상 교육을 실시한다.
生活保護対象者の子供たちには高校まで無償教育を実施する。

---

5 □

변경

名 変更

関 변경되다 変更される
注 얼마 안 되다 あまり経っていない
-고 말다 ～してしまう

스마트폰의 기종 **변경**을 한 지 얼마 안 되었는데 분실하고 말았다.
スマートフォンの機種変更をしてからいくらも経っていないのに紛失してしまった。

---

6 □

-처럼

助 ～のように

類 -같이 ～のように
関 이처럼 このように
注 아무 생각 없이 何も考えずに

아무 생각 없이 한 말 한마디로 인해 이**처럼** 일이 커질 줄은 몰랐다.
何も考えずに言った一言でこのように事が大きくなるとは思わなかった。

---

7 □

가리다

動 隠す、選ぶ

関 앞뒤 안 가리다 前後をわきまえない
얼굴을 가리다 顔を隠す
음식을 가리다 偏食する

평소에는 차분한 성격인데 화가 나면 앞뒤 안 **가리**고 소리부터 지른다.
普段は落ち着いた性格なのに怒ったら前後をわきまえず怒鳴り出す。

8 ☐

삶다

動 ゆでる、煮る

関 삶은 계란 ゆで卵
注 부드럽다 柔らかい

돼지고기를 **삶**을 때 사과나 배를 넣으면 고기가 더 부드러워진다.
豚肉を煮る時、リンゴや梨を入れると肉がより柔らかくなる。

9 ☐

범죄

名 犯罪

関 범죄자 犯罪者
　 범죄를 저지르다 犯罪を犯す
注 -(으)ㄹ 전망이다 ～する見込みだ

유력한 용의자가 **범죄**를 강하게 부인하고 있어 수사는 길어질 전망이다.
有力な容疑者が犯罪を強く否認していて捜査は長びく見込みだ。

10 ☐

대책

名 対策

関 대책을 세우다 対策を立てる
注 -아/어야 할 것이다 ～するべきだ

아무리 힘들어도 실업 후의 **대책**을 세우고 나서 그만두어야 할 것이다.
いくら大変でも失業後の対策を立ててから辞めるべきだ。

11 ☐

다행히

副 幸いに

関 다행이다 幸いである
注 회복되다 回復する

아이가 열이 올라 밤새 잠을 못 잤는데 **다행히** 아침에는 회복되어 있었다.
子供が熱を出して夜通し寝られなかったが、幸いに朝には回復していた。

12 ☐

치우다

動 片付ける、下げる

類 정리하다 整理する
注 -ㄴ/는다고 치고 ～すると(仮定)して

식사 준비는 못 한다고 치고 식사 후에 그릇만이라도 **치워** 주세요.
食事の準備はできないとして、食後にお皿だけでも片付けてください。

13 ☐

예방

名 予防

関 예방 접종 予防接種
注 면역력 免疫力
　 향상 向上

감기 **예방**과 면역력 향상에 좋다고 하여 매일 마늘을 먹고 있다.
風邪の予防と免疫力アップにいいと言うので毎日ニンニクを食べている。

14 ☐

기능

名 機能

関 기능을 발휘하다 機能を発揮する
注 건조 乾燥

이 세탁기에는 건조 **기능**이 있어서 비가 와도 안심하고 세탁할 수 있다.
この洗濯機には乾燥機能があるので雨が降っても安心して洗濯できる。

チェック ✓
☐ 煮る ☐ 予防 ☐ 保護 ☐ 実践 ☐ 機能 ☐ 片付ける ☐ 登録する
☐ 幸いに ☐ 隠す ☐ 犯罪 ☐ 対策 ☐ ～のように ☐ 表現 ☐ 変更

15 □

신중하다

形 慎重だ

関 신중히 慎重に
注 집값 住宅の売買価格
　 폭등 暴騰

집값 폭등의 해결책에 있어서 정부의 **신중한** 판단이 요구됩니다.
住宅価格暴騰の解決策において政府の慎重な判断が要求されます。

16 □

지방

名 脂肪

関 체지방 体脂肪
注 흡수 吸収
　 억제하다 抑制する

지방의 흡수를 억제하는 다이어트 식품이 개발되어 주목을 받고 있다.
脂肪の吸収を抑制するダイエット食品が開発され、注目されている。

17 □

일치하다

動 一致する

関 일치되다 一致する
注 양육권 養育権
　 재판 裁判

이혼 후의 양육권에 대한 의견이 **일치하**지 않아 결국 재판으로 이어졌다.
離婚後の養育権についての意見が一致しなくて結局裁判に進んだ。

18 □

지어지다

動 建てられる

関 짓다 建てる
注 세계 문화유산 世界文化遺産

18세기에 **지어진** 이 성은 세계 문화유산으로 등록되어 있습니다.
18 世紀に建てられたこの城は世界文化遺産に登録されています。

19 □

허락

名 許諾、許し

関 허락하다 許す
　 허락을 받다 許しを得る

매니저의 **허락** 없이는 마음대로 SNS에 사진을 올릴 수 없다.
マネジャーの許諾なしでは勝手に SNS に写真をアップできない。

20 □

목격하다

動 目撃する

関 목격자 目撃者
注 뺑소니 사고 ひき逃げ事故

우연히 뺑소니 사고를 **목격한** 그는 서둘러 차 번호를 메모해 두었다.
偶然ひき逃げ事故を目撃した彼は急いで車のナンバーをメモしておいた。

21 □

실패

名 失敗

反 성공 成功
注 실망하다 失望する、がっかりする

실패는 성공의 어머니라는 말이 있잖아. 너무 실망하지 마.
失敗は成功の母という言葉があるじゃない。あまりがっかりしないで。

22 □ **확실하다**

形 確実だ、確かだ

類 틀림없다 間違いない
注 신원 身元
고용하다 雇用する、雇う

외국인이지만 우수하고 신원도 **확실하**니까 고용해 보세요.
外国人だけど優秀で身元も確かだから雇ってみてください。

23 □ **찾다**

動 訪れる、引き出す

類 방문하다 訪問する
関 찾아오다 訪ねて来る
돈을 찾다 お金を下ろす

그 사람 소식은 못 들은 지 오래 됐어요. 더 이상 **찾**아오지 마세요.
その人の消息は長いこと聞いていません。これ以上訪ねて来ないでください。

24 □ **싣다**

動 積む、載せる

関 실리다 積まれる、載る
광고를 싣다 広告を載せる
注 휠체어 車いす　접다 畳む

짐은 차 뒷자리에 **싣**고 휠체어는 접어서 트렁크에 **실**어 주세요.
荷物は車の後ろの席に積み、車いすは畳んでトランクに積んでください。

25 □ **최선**

名 最善

関 최선을 다하다 最善を尽くす
注 속상하다 悔しい、心が痛む

지금 상황에서는 속상해도 가게를 팔고 정리하는 게 **최선**의 방법입니다.
今の状況では悔しくても店を売って片付けるのが最善の方法です。

26 □ **차리다**

動 構える、整える、出す

関 가게를 차리다 店を構える
상을 차리다 お膳を整える
기운을 차리다 元気を出す

남편은 정년퇴직 후에 퇴직금으로 치킨 가게를 **차리**는 게 꿈이라고 한다.
夫は定年退職後に退職金でチキンの店を構えるのが夢だそうだ。

27 □ **의견**

名 意見

関 의견을 내다 意見を出す
注 -다니 ～するとは

80%에 가까운 반대 **의견**에도 불구하고 그 계획을 강행하다니 놀랍다.
80%に近い反対意見にも関わらず、その計画を強行するとは驚いた。

28 □ **겨우**

副 わずか、やっと

類 간신히 辛うじて
注 막노동 力仕事

하루 종일 막노동을 했는데 **겨우** 5만 원밖에 못 받았다.
1日中力仕事をしたのにわずか5万ウォンしかもらえなかった。

チェック✓
□ 最善　□ 構える　□ わずか　□ 慎重だ　□ 建てられる　□ 訪れる　□ 失敗
□ 意見　□ 一致する　□ 目撃する　□ 許諾　□ 脂肪　□ 積む　□ 確かだ

Day 14

1 □

사업

名 事業

関 사업가 事業家
注 대출을 받다 融資を受ける
위험 부담 リスク

자금 대출을 받아 **사업**을 시작하는 것은 위험 부담이 크다.
資金の融資を受けて事業を始めるのはリスクが大きい。

2 □

대단하다

形 甚だしい、素晴らしい

関 대단한 솜씨 素晴らしい腕前
注 인파가 몰리다 人波が押し寄せる

인기 여배우의 재판을 보기 위해 아침부터 **대단한** 인파가 몰렸다.
人気女優の裁判を見るために朝から甚だしい人波が押し寄せた。

3 □

조언

名 助言、アドバイス

関 조언을 구하다 助言を求める
注 실행하다 実行する

조언을 듣는 것으로만 끝내지 않고 그 **조언**을 실행하는 것도 중요하다.
助言を聞くだけで終わらせないで、その助言を実行するのも大事だ。

4 □

소중하다

形 大事だ

注 하찮다 つまらない
-에게 있어서는 ～にとっては

타인에게는 하찮아 보여도 본인에게 있어서는 **소중한** 물건일 수도 있다.
他人にはつまらなく見えても、本人にとっては大事な物かもしれない。

5 □

결국

副 結局

注 야근 残業
막차 終電
-게 생겼다 ～する羽目になりそうだ

결국 오늘도 야근을 하게 되어서 막차로 돌아가게 생겼다.
結局今日も残業をすることになって終電で帰る羽目になりそうだ。

6 □

능력

名 能力

関 능력 시험 能力試験
注 탁월하다 卓越している、優れている

그 사람은 이야기를 재미있게 하는 탁월한 **능력**을 가지고 있다.
その人は話を面白くする卓越した能力を持っている。

7 □

인하다

動 よる

関 -(으)로 인해 ～によって
-(으)로 인한 ～による(＋名詞)
注 우울증을 겪다 うつ病を患う

육아 스트레스로 **인한** 우울증을 겪고 있는 여성이 전체의 70%를 차지한다.
育児ストレスによるうつ病を患っている女性が全体の70%を占めている。

8 □
존경
名 尊敬

関 존경어, 존댓말 尊敬語
注 상대방 相手

상대방에 대한 **존경**의 의미로 존댓말을 써야 한다는 의견이 있었다.
相手に対する尊敬の意味で尊敬語を使うべきだという意見があった。

9 □
붙이다
動 貼る、付ける

関 우표를 붙이다 切手を貼る
별명을 붙이다 あだ名を付ける

피가 나는 곳에 이 연고를 바르고 반창고를 **붙이**세요.
血が出ているところにこの軟こうを塗ってばんそうこうを貼ってください。

10 □
자세
名 姿勢

関 바른 자세 正しい姿勢
注 베개를 베다 枕をする

자신에게 맞는 베개를 베고 바른 **자세**로 자는 것이 목을 건강하게 한다.
自分に合った枕をして正しい姿勢で寝ることが首を健康にする。

11 □
우수하다
形 優秀だ、優れている

類 뛰어나다 優れている
注 순하다 優しい、まろやかだ

이 BB크림은 커버력이 **우수하**고 피부에 순한 것이 인기의 비결이다.
このBBクリームはカバー力が優れていて肌に優しいのが人気の秘訣だ。

12 □
경쟁
名 競争

関 경쟁하다 競争する
경쟁력 競争力
注 분발하다 奮発する、頑張る

나이도 경력도 비슷한 **경쟁** 상대가 있었기에 그 선수는 분발할 수 있었다.
年齢も経歴も似ている競争相手がいたからその選手は頑張れた。

13 □
발달
名 発達

関 발달시키다 発達させる
注 -게 하다 ～させる
뇌 脳

아기에게 많은 소리를 듣게 하는 것은 아기의 뇌 **발달**에 좋다고 한다.
赤ちゃんに多くの音を聞かせるのは赤ちゃんの脳の発達に良いそうだ。

14 □
녹다
動 溶ける、解ける

関 녹이다 溶かす、解かす
注 냉동 冷凍
해동하다 解凍する

냉동된 고기는 자연 해동하는 것이 좋으니까 **녹**을 때까지 기다려요.
冷凍された肉は自然解凍する方がいいので解けるまで待ちましょう。

チェック ✓
□ 助言 □ 優れている □ 結局 □ 姿勢 □ 解ける □ よる □ 貼る □ 事業
□ 能力 □ 発達 □ 甚だしい □ 競争 □ 大事だ □ 尊敬

15 꾸준히

副 根気よく、こつこつと

類 끊임없이 絶え間なく
注 -(으)ㄴ 결과 ~した結果

꾸준히 현지 조사를 계속한 결과 목격자를 찾을 수 있었다.
根気よく現地調査を続けた結果、目撃者を見つけることができた。

16 보험

名 保険

関 보험에 가입하다 保険に加入する
보험금을 타다 保険金をもらう

상해 **보험**금을 타기 위해 교통사고로 위장해서 병원에 입원했다.
傷害保険金をもらうため、交通事故に偽装して病院に入院した。

17 증명

名 証明

関 증명되다 証明される
증명서 証明書
증명사진 証明写真

가족 할인 서비스를 받으려면 가족 관계 **증명**서를 첨부해야 한다.
家族割引サービスを受けるには家族関係証明書を添付しなければならない。

18 부딪히다

動 ぶつかる

関 벽에 부딪히다 壁にぶつかる
注 막바지에 이르다 大詰めになる

3년째 해 오던 연구가 막바지에 이르렀는데 자금 부족으로 벽에 **부딪혔**다.
3年間やってきた研究が大詰めになったが、資金不足で壁にぶつかった。

19 활약

名 活躍

関 -(으)로서 활약하다 ~として活躍する
활약이 눈부시다 活躍が目覚ましい
注 그 어느 때보다 いつになく

올해 프로야구에서는 신인 투수의 **활약**이 그 어느 때보다 눈부셨다.
今年のプロ野球では新人投手の活躍がいつになく目覚ましかった。

20 종목

名 種目

関 주식 종목 株の銘柄
注 석권하다 席巻する

그 체조 선수는 전 **종목**을 석권하여 세계에서 첫 5관왕에 올랐다.
その体操選手は全種目を席巻して世界で初の5冠王になった。

21 조정하다

動 調整する

関 상향 조정하다 引き上げる
注 급증 急増
상반기 上半期

연예인의 방문으로 매출이 급증함에 따라 상반기 목표액을 상향 **조정했**다.
芸能人の訪問で売上が急増したことで上半期の目標額を引き上げた。

22 □

밀리다

動 たまる、滞る

関 일이 밀리다 仕事がたまる
차가 밀리다 渋滞する

회사 형편이 안 좋아서 사무실 임대료가 반년이나 **밀려** 있다.
会社の経営状況が悪くて事務室の賃貸料が半年も滞っている。

23 □

사죄

名 謝罪

関 사과하다 謝る
注 고위층 간부 上層部の人
마무리되다 片付けられる

근무 중 발생한 사고사는 고위층 간부의 형식적인 **사죄**로 마무리되었다.
勤務中に発生した事故死は上層部の人の形式的な謝罪で片付けられた。

24 □

배경

名 背景

関 배경 화면 背景画面、壁紙
배경 음악 背景音楽、BGM

조선 후기를 **배경**으로 한 이야기이며 그 시대의 농업 문제를 다루고 있다.
朝鮮後期を背景とした話であり、その時代の農業問題を取り上げている。

25 □

데리다

動 連れる

関 데리고 가다 連れて行く
데려다주다 (人を)送る
注 온 가족 家族みんな

어린이날에는 아이들을 **데리**고 온 가족이 함께 수족관에 갔다.
子供の日には子供たちを連れて家族みんなで水族館に行った。

26 □

저장하다

動 貯蔵する、保存する

関 파일을 저장하다 ファイルを保存する
注 삭제되다 削除される

중요한 파일을 컴퓨터에 **저장해** 두었는데 왠지 삭제되어 있었다.
重要なファイルをパソコンに保存しておいたが、なぜか削除されていた。

27 □

양보

名 譲歩、譲ること

関 양보하다 譲る
注 협상 協商、交渉
못을 박다 念を押す

정부는 이번 협상에서 더 이상의 **양보**는 없을 것이라고 못을 박았다.
政府は、今回の交渉でこれ以上の譲歩はないだろうと念を押した。

28 □

절약

名 節約

関 절약하다, 아끼다 節約する
注 여간 -(으)ㄴ 게 아니다 とても～

절약이 습관이 되지 않으면 돈을 모으기가 여간 어려운 게 아니다.
節約が習慣にならないとお金を貯めるのはとても難しい。

チェック ✓
□ ぶつかる □ 背景 □ 譲歩 □ 滞る □ 根気よく □ 謝罪 □ 節約 □ 証明
□ 保存する □ 種目 □ 調整する □ 保険 □ 連れる □ 活躍

Day 15

1 □

화려하다

形 華麗だ、派手だ

反 수수하다 地味だ
注 수상하다 受賞する
경력 経歴

이번 영화제에서 감독상을 받은 그는 **화려한** 수상 경력을 가지고 있다.
今回の映画祭で監督賞をもらった彼は華麗な受賞経歴を持っている。

2 □

검토

名 検討

関 재검토 再検討
注 -는 대로 ～し次第

신규 채용에 관한 건은 **검토**가 끝나는 대로 결과를 알려 드리겠습니다.
新規採用に関する件は検討が終わり次第、結果をお知らせします。

3 □

모범

名 模範

関 모범 답안 模範解答
모범이 되다 模範になる

우리 회사는 올해의 **모범** 기업으로 선정되어 시에서 표창장을 받았다.
我が社は今年の模範企業に選ばれ、市から表彰状をもらった。

4 □

적응

名 適応

関 적응하다 適応する、慣れる
적응력 適応力

바뀐 환경에 **적응**이 잘 안돼서 몸도 마음도 여전히 괴롭다.
変化した環境に適応がうまくできず、体も心も依然として辛い。

5 □

바람직하다

形 望ましい

類 바람직스럽다 望ましい
注 순식간에 あっという間に
삼가다 慎む、控える

도박은 순식간에 모든 것을 잃을 수 있으므로 삼가는 것이 **바람직하**다.
賭博はあっという間にすべてを失うこともあるので控えるのが望ましい。

6 □

분명하다

形 確かだ、間違いない

関 분명히 確かに、間違いなく
-임이 분명하다 ～であることに間違いない

글씨를 대조해 보면 알 수 있듯이 그가 직접 쓴 글임이 **분명하**다.
字を比べてみたら分かるように彼が自分で書いた文章であることに間違いない。

7 □

경영

名 経営

関 경영학 経営学
注 -자 ～すると(すぐに)
주가 株価

사업의 확장으로 회사의 **경영**이 어려워지자 주가도 폭락했다.
事業の拡張で会社の経営が難しくなると株価も暴落した。

8 □

비우다

動 空ける

関 비다 空く
집을 비우다 家を空ける
注 불을 켜다 明かりをつける

집을 오래 **비울** 때는 항상 현관 불을 켜 놓은 채로 둔다.
家を長く空ける時はいつも玄関の明かりをつけたままにしておく。

9 □

조각

名 彫刻

関 조각가 彫刻家
注 소질 素質、才能

그 **조각**가는 어렸을 때부터 회화보다는 **조각**에 소질을 보였다.
その彫刻家は幼い時から絵画よりは彫刻に才能を見せた。

10 □

제시간

名 定時、決まった時間

関 제 定められた〜
제자리 決まった場所

원고 마감 시간은 여덟 시인데 아무래도 **제시간**에 끝날 것 같지 않다.
原稿の締め切り時間は8時だが、どうやら時間通りに終わりそうにない。

11 □

마찬가지

名 同じこと

関 같다 同じだ
注 취업난을 겪다 就職難を経験する

대학원까지 졸업해도 취업난을 겪는 건 **마찬가지**이다.
大学院まで卒業しても就職難を経験するのは同じである。

12 □

비례하다

動 比例する

関 반비례 反比例
注 반드시 必ず、必ずしも

자신이 가진 재산과 행복은 반드시 **비례한**다고는 할 수 없다.
自分が持っている財産と幸せは必ずしも比例するとは言えない。

13 □

공공

名 公共

関 공공시설 公共施設
공공장소 公共の場

공공장소에서 큰 소리로 떠들지 않는 것은 기본적인 매너이다.
公共の場で大声で騒がないことは基本的なマナーである。

14 □

설문 조사

名 アンケート

類 앙케이트 アンケート
関 실시하다 実施する

구매자를 대상으로 **설문 조사**를 실시한 결과 흥미로운 점이 발견되었다.
購入者を対象にアンケートを実施した結果、興味深い点が見つかった。

チェック ✓
□ 比例する □ 適応 □ 空ける □ 華麗だ □ 経営 □ アンケート □ 検討
□ 定時 □ 望ましい □ 公共 □ 間違いない □ 同じこと □ 模範 □ 彫刻

15 □

주제

名 主題、テーマ

関 주제가 主題歌
注 강연하다 講演する

오늘은 '한국의 빈부 격차'라는 **주제**로 박교수님께서 강연해 주십니다.
本日は「韓国の貧富の格差」というテーマで朴教授が講演してくださいます。

16 □

안기다

動 抱かれる

関 안다 抱く
注 품 懐
새근새근 すやすや

아기가 어머니 품에 **안겨** 새근새근 잠이 들어 있었다.
赤ちゃんが母の懐に抱かれて、すやすやと眠っていた。

17 □

실제로

副 実際に

関 실제로 일어난 일 実際に起きた事
注 약도 略図
도보 徒歩

약도에는 도보 5분이라고 쓰여 있었는데 **실제로**는 10분 이상 걸렸다.
略図には徒歩 5 分と書かれていたのに実際には 10 分以上かかった。

18 □

경제

名 経済

関 경제 대국 経済大国
注 걸맞다 ふさわしい
갖추다 備える

경제 대국이 되는 것도 중요하지만 그에 걸맞는 도덕성도 갖춰야 한다.
経済大国になるのも大事だけど、それにふさわしい道徳性も備えるべきだ。

19 □

수준

名 水準、レベル

類 레벨 レベル
注 가창력 歌唱力
끌어올리다 引き上げる

배우들의 연기력과 가창력은 한국 뮤지컬 **수준**을 끌어올렸다.
俳優たちの演技力と歌唱力は韓国のミュージカルのレベルを引き上げた。

20 □

상하다

動 傷む、痛む

関 머릿결이 상하다 髪が傷む
마음이 상하다 心が痛む
注 머릿결 髪質、髪

헤어 모델 일로 염색을 반복해서 했더니 머릿결이 많이 **상했**다.
ヘアモデルの仕事でカラーを繰り返してしたら髪がけっこう傷んだ。

21 □

말리다

動 乾かす、干す

関 마르다 乾く
머리를 말리다 髪を乾かす
그늘에 말리다 日陰に干す

젖은 머리를 **말리**지 않은 채로 나가면 감기에 걸리기 쉬워진다.
ぬれた髪を乾かさないまま出かけると風邪をひきやすくなる。

22 □
상처
名 傷、傷口

関 상처가 나다 傷ができる
상처 받다 傷つく
注 손을 대다 触る

상처에 자꾸 손을 대면 빨리 낫지 않으니까 붕대로 감아 두세요.
傷口を何度も触ると早く治らないので包帯で巻いておいてください。

23 □
발생하다
動 発生する

注 도난 사고 盗難事故
빈번히 頻繁に
각별히 格別に、特に

관내에서 도난 사고가 빈번히 **발생하**고 있으므로 각별히 주의하세요.
館内で盗難事故が頻繁に発生しているので、特に注意してください。

24 □
참고
名 参考

関 참고하다 参考にする
참고 문헌 参考文献

저자는 부록에서 **참고** 문헌에 대해 자세하게 소개하고 있다.
著者は付録で参考文献について詳しく紹介している。

25 □
현황
名 現況、現状

関 현재의 상황 現在の状況
注 인구 이동 人口移動

최근 10년간의 지역별 인구 이동 **현황**을 정리한 보고서입니다.
最近 10 年間の地域別人口移動の現況をまとめた報告書です。

26 □
감다
動 洗う、閉じる、巻く

関 머리를 감다 髪を洗う
눈을 감다 目を閉じる
붕대를 감다 包帯を巻く

머리를 **감**을 때는 뜨거운 물보다 미지근한 물을 사용하는 것이 좋다.
髪を洗う時は熱いお湯より、ぬるい水を使った方がいい。

27 □
명절
名 伝統的な年中行事

関 설날 正月
추석 秋夕
민족의 대이동 民族の大移動

한국의 대표적인 **명절**인 설날과 추석에는 민족의 대이동이 일어난다.
韓国の代表的な年中行事である正月と秋夕には民族の大移動が起きる。

28 □
진출
名 進出

関 진출하다 進出する
注 지원금 支援金
지급하다 支給する

정부는 해외 **진출** 기업을 위한 지원금을 지급하기로 했다.
政府は海外進出企業のための支援金を支給することにした。

チェック ✔
□ 乾かす □ テーマ □ 現況 □ 経済 □ 進出 □ 伝統的な年中行事 □ 傷口
□ 洗う □ 傷む □ 実際に □ レベル □ 抱かれる □ 参考 □ 発生する

次の単語を韓国語は日本語に、日本語は韓国語にしなさい。

1. 성장
2. 경향
3. 확산
4. 바탕
5. 왜곡하다
6. 맞추다
7. 지붕
8. 방송
9. 낭비
10. 치우다
11. 지어지다
12. 자세
13. 지방
14. 꾸준히
15. 데리다
16. 조각
17. 안기다
18. 상처
19. 지다
20. 진출
21. 譲歩
22. 模範
23. 挫折する
24. その上
25. 画期的
26. 抽象的
27. 能力
28. 到底
29. 閉じる
30. 作成する
31. 広告
32. 犯罪
33. 積む
34. 悪用する
35. ぶつかる
36. 活躍
37. 望ましい
38. 比例する
39. 主題
40. 乾かす

正解

1. 成長 **2.** 傾向 **3.** 拡散 **4.** 基 **5.** 歪曲する **6.** 合わせる **7.** 屋根 **8.** 放送 **9.** 浪費 **10.** 片付ける **11.** 建てられる **12.** 姿勢 **13.** 脂肪 **14.** 根気よく **15.** 連れる **16.** 彫刻 **17.** 抱かれる **18.** 傷口 **19.** 散る **20.** 進出 **21.** 양보 **22.** 모범 **23.** 좌절하다 **24.** 게다가 **25.** 획기적 **26.** 추상적 **27.** 능력 **28.** 도저히 **29.** 덮다 **30.** 작성하다 **31.** 광고 **32.** 범죄 **33.** 싣다 **34.** 악용하다 **35.** 부딪히다 **36.** 활약 **37.** 바람직하다 **38.** 비례하다 **39.** 주제 **40.** 말리다

確認問題

A (　　) に入る単語を選び、適当な形にしなさい。

감다	차리다	치우다	가리다	뽑다	풀다

1. 집에 혼자 있는 아이를 위해 점심을 (　　　　) 두었다.

2. 먼저 호텔에 가서 짐을 (　　　　) 식사하러 갔다.

3. 이가 아파서 치과에 갔더니 이를 (　　　　) 된대요.

4. 다리에 붕대를 (　　　　) 있는 걸 보니 다쳤나 봐요.

B (　　) に入る適切な副詞を選びなさい。

게다가	도저히	특히	다행히	꾸준히	실제로

1. 하루에 한 시간씩 (　　　　) 운동했더니 살이 빠졌어요.

2. 저는 그 사람의 행동을 (　　　　) 이해할 수 없어요.

3. 눈이 많이 왔는데 (　　　　) 도로에는 쌓이지 않았네요.

4. 가: (　　　　) 보니까 어땠어요?

나: 텔레비전에서 보는 것보다 멋있었어요.

正解例および和訳

A **1.** 차려 **2.** 풀고 **3.** 뽑아야 **4.** 감고

訳 **1.** 家に一人でいる子供のために昼ご飯を(用意して)おいた。
2. 先にホテルに行って荷物を(解いてから)食事しに行った。
3. 歯が痛くて歯医者に行ったら歯を(抜かなければ)ならないそうです。
4. 脚に包帯を(巻いて)いるのをみるとけがしたみたいです。

B **1.** 꾸준히 **2.** 도저히 **3.** 다행히 **4.** 실제로

訳 **1.** 1日に1時間ずつ(根気よく)運動したらやせました。
2. 私はその人の行動を(到底)理解できません。
3. 雪がたくさん降ったのに(幸いに)道路には積もっていませんね。
4. (実際に)見たらどうでしたか。／テレビで見るより格好よかったです。

まとめてみましょう

連語①

가뭄이 들다	日照りになる
간을 보다	塩加減をみる
갈피를 못 잡다	見当がつかない
값이 나가다	高価である
겁을 먹다	おびえる
게으름을 피우다	怠ける
결론을 내리다	結論を下す
계획을 세우다	計画を立てる
고집이 세다	強情だ
관심이 생기다	興味が生じる
기침이 나다	咳が出る
나이가 들다	年を取る
내숭을 떨다	猫をかぶる
농담을 하다	冗談を言う
눈물을 흘리다	涙を流す

눈치가 빠르다	気が利く
눈치가 없다	気が利かない
눈치를 보다	顔色をうかがう
담배를 끊다	タバコをやめる
돈을 모으다	お金を貯める
뜸을 들이다	間を置く、蒸らす
마음을 놓다	安心する
마음을 비우다	欲を捨てる
마음을 잡다	心を改める
말문이 막히다	口がきけなくなる
망을 보다	見張りをする
멋을 부리다	おしゃれをする
미소를 짓다	ほほえむ
민폐를 끼치다	迷惑をかける
버릇이 없다	行儀が悪い
본보기로 삼다	見本にする

Day 16

1 □

젖다

動 ぬれる、浸る

反 마르다 乾く
関 감상에 젖다 感傷に浸る
注 물들다 染まる　노을 夕焼け

벤치에 앉아 붉게 물든 노을을 보며 감상에 **젖**었다.
ベンチに座って赤く染まった夕焼けを見ながら感傷に浸った。

2 □

동기

名 動機

関 동기 부여 動機付け
注 한 말씀 一言

이 단체를 후원하게 된 **동기**에 대해 한 말씀 부탁드립니다.
この団体を支援することになった動機について一言お願いいたします。

3 □

보상

名 補償

関 보상하다 補償する
보상금 補償金
注 해고되다 解雇される

부당하게 해고된 직원들이 **보상**을 요구하며 회사를 상대로 싸웠다.
不当に解雇された職員たちが補償を要求し会社を相手に戦った。

4 □

단계

名 段階

関 단계를 밟다 段階を踏む
注 구체적으로 具体的に

아직 제작 **단계**에 있기 때문에 구체적으로 말씀드릴 수 없습니다.
まだ制作段階にあるため、具体的に申し上げられません。

5 □

실시하다

動 実施する

類 시행하다 施行する
注 음식물 쓰레기 生ごみ
분리수거 (ごみの)分別収集

오늘부터 음식물 쓰레기의 분리수거를 더욱 엄격하게 **실시합**니다.
本日から生ごみの分別収集をより厳格に実施します。

6 □

초대

名 招待

関 초대장 招待状
초대받다 招待される、招かれる

그 선수는 대통령 만찬회에 **초대**받아 기쁘기 그지없었다.
その選手は大統領の晩餐会に招待されてとても喜んだ。

7 □

한편

名 一方

関 한편으로는 一方では
-는 한편 ～する一方で

친절하게 대해 주어서 고마웠지만 **한편**으로는 부담스럽기도 했다.
親切にしてくれてありがたかったが、一方では負担にも感じた。

8 □ **향상**

名 向上

関 향상되다 向上する
향상시키다 向上させる

고객 만족도 **향상**을 위해 종업원들의 교육을 철저히 시켰다.
顧客満足度の向上のために、従業員たちの教育を徹底にさせた。

9 □ **없애다**

動 なくす、消す

類 제거하다 除去する
注 냄새가 배다 においが付く

옷에 밴 담배 냄새를 **없애**고 싶은데요, 좋은 방법이 있을까요?
服に付いたタバコのにおいを消したいですが、いい方法があるでしょうか。

10 □ **제대로**

副 きちんと

注 정신없이 慌ただしく
작별 別れ
인사를 나누다 挨拶を交わす

정신없이 떠나는 바람에 작별 인사도 **제대로** 나누지 못했다.
慌ただしく去ったせいで別れの挨拶もきちんと交わせなかった。

11 □ **대신**

副 代わりに

関 대신하다 代わる
注 가상 세계 仮想世界

인터넷 상의 가상 세계에서는 대부분 본명 **대신** 가명을 쓴다.
ネット上の仮想世界ではほとんど本名の代わりに仮名を使う。

12 □ **세균**

名 細菌

関 세균이 번식하다 細菌が繁殖する
注 가습기 加湿器

가습기 안은 **세균**이 번식하기 좋은 환경이므로 정기적으로 관리해야 한다.
加湿器の中は細菌が繁殖しやすい環境だから定期的に手入れをするべきだ。

13 □ **유치**

名 誘致

関 관광객을 유치하다 観光客を誘致する
注 박람회 博覧会
추진하다 推進する

서울시는 4년 후에 열리는 세계 박람회 **유치**를 적극적으로 추진했다.
ソウル市は４年後に開かれる世界博覧会の誘致を積極的に推進した。

14 □ **데우다**

動 温める

関 미지근하다 ぬるい
注 차리다 用意する、整える

식사는 차려 놓았어요. 국이 미지근하면 **데워**서 드세요.
食事は用意しておきました。スープがぬるかったら温めて召し上がってください。

チェック ✓
□ きちんと □ 招待 □ 浸る □ 温める □ 補償 □ 向上 □ 代わりに
□ 一方 □ 実施する □ 誘致 □ 動機 □ 段階 □ 細菌 □ 消す

15 □

춤

名 踊り

類 댄스 ダンス
関 춤을 추다 踊りを踊る
注 장기 자랑 隠し芸大会

수학여행에서 열릴 장기 자랑에 참가하고 싶어서 **춤**을 연습하고 있어요.
修学旅行で開かれる隠し芸大会に参加したくて踊りを練習しています。

16 □

긍정

名 肯定

反 부정 否定
関 긍정적 肯定的
注 추궁 追及、問い詰めること

탈세 혐의에 대한 기자들의 추궁에 그는 **긍정**도 부정도 하지 않았다.
脱税の嫌疑についての記者たちの追及に彼は肯定も否定もしなかった。

17 □

구축하다

動 構築する

関 시스템을 구축하다 システムを構築する
注 재해 災害

재해 시에 시민들에게 바로 알림이 갈 수 있도록 시스템을 **구축했**다.
災害の際に市民にすぐ知らせが行くようにシステムを構築した。

18 □

감정

名 鑑定

関 감정을 받다 鑑定を受ける
注 물려받다 譲り受ける

부모님께 물려받은 그림의 가치가 어느 정도 있는지 **감정**을 받았다.
両親から譲り受けた絵の価値がどのくらいあるのか鑑定を受けた。

19 □

온갖

冠 あらゆる、すべての

関 온갖 종류 あらゆる種類
注 전시하다 展示する

온갖 종류의 인테리어 상품을 보기 좋게 전시해 놓았다.
あらゆる種類のインテリア商品を見やすく展示しておいた。

20 □

출입

名 出入り

関 출입하다 出入りする
출입증 出入許可証

이곳은 농작물 보호 지역이므로 관계자 외 **출입**을 금합니다.
ここは農作物保護地域であるため、関係者以外の出入りを禁じます。

21 □

애쓰다

動 努力する

類 노력하다 努力する
注 자격증을 따다 資格(証)を取る

컴퓨터 자격증을 따고 토익 시험도 보는 등 취직을 위해 **애썼**다.
パソコンの資格を取って TOEIC 試験も受けるなど、就職のために努力した。

22 □

심리

名 心理

関 심리적 心理的
注 극한 상황 極限状況

이 영화는 극한 상황에서의 인간의 **심리**를 잘 묘사한 작품이다.
この映画は極限状況での人間の心理をよく描写した作品である。

23 □

진심

名 真心、本気、本心

関 진심으로 心から
注 시절 時代
과오 過誤、過ち

10년 전 철없던 시절의 과오는 **진심**으로 반성하고 있습니다.
10年前の分別のなかった時代の過ちは心から反省しています。

24 □

근거하다

動 基づく

関 근거 根拠
注 규정 規定
처벌 処罰

학교 규정에 **근거하**여 처벌의 범위와 대상을 정하려고 합니다.
学校の規定に基づいて処罰の範囲と対象を決めようと思います。

25 □

확대

名 拡大

関 확대되다 拡大する、広がる
注 길가 道端、路上

길가의 불법 주차를 없애기 위해 주차장의 **확대** 공사를 실시하였다.
路上の違法駐車をなくすため、駐車場の拡大工事を実施した。

26 □

악기

名 楽器

関 악기를 다루다 楽器を演奏する
注 -여 ～余、～あまり

음악 천재인 그는 다룰 줄 아는 **악기**만 해도 십여 종에 달한다.
音楽の天才である彼は演奏できる楽器だけでも10種類あまりに達する。

27 □

조기

名 早期

関 조기 교육 早期教育
조기 발견 早期発見

생후 10개월밖에 안 된 아이가 영어 **조기** 교육을 받고 있다고?
生後10カ月しか経っていない子が英語の早期教育を受けているんだって？

28 □

닿다

動 届く、触れる

関 손이 닿다 手が届く
손과 손이 닿다 手と手が触れる

선반 위에 놓아 둔 물건에 손이 **닿**지 않아 남편에게 부탁했다.
棚の上に置いておいた物に手が届かなくて夫に頼んだ。

チェック ✓
□ 構築する □ 踊り □ 拡大 □ 真心 □ 届く □ 心理 □ あらゆる □ 鑑定
□ 早期 □ 肯定 □ 努力する □ 基づく □ 楽器 □ 出入り

Day 17

1 □ 천

名 布、布地

注 무지 無地
모양 模様、柄
수를 놓다 刺しゅうする、縫い取りする

무지의 **천**에 꽃 모양의 수를 놓아 손수건을 만들었다.
無地の布地に花模様を刺しゅうしてハンカチを作った。

2 □ 예절

名 礼節、礼儀

関 예절을 지키다 礼儀を守る
注 예로부터 昔から、古くから

한국은 예로부터 웃어른에 대한 **예절**을 잘 지키는 나라로 유명하다.
韓国は昔から目上の人に対する礼儀をよく守る国として有名だ。

3 □ 면세

名 免税

関 면세점 免税店
注 거주 중 居住中

해외에 거주 중인 사람이라면 국내에서 쇼핑할 때 **면세**를 받을 수 있다.
海外に居住中の人なら国内で買い物する時、免税を受けられる。

4 □ 능숙하다

形 上手だ

反 서투르다 下手だ
注 -인 만큼 ～であるだけに
홍보하다 広報する

그는 입사 후 8년의 베테랑인 만큼 거래처에서 **능숙하**게 상품을 홍보했다.
彼は入社後 8 年のベテランであるだけに取引先で上手に商品を広報した。

5 □ 회복하다

動 回復する

関 회복되다 回復する
注 밝히다 明らかにする
재판 裁判

진실을 밝혀서 명예를 **회복하**기 위해 재판을 준비하고 있다.
真実を明らかにして名誉を回復するために裁判を準備している。

6 □ 뇌

名 脳

関 좌뇌 左脳
우뇌 右脳
注 손상되다 損傷する

아기가 고열로 인해 **뇌**가 손상되었을 가능성이 크므로 검사를 해야 한다.
赤ちゃんが高熱で脳を損傷した可能性が高いので検査をするべきだ。

7 □ 느끼다

動 感じる

関 느낌이 들다 感じがする
위기의식을 느끼다 危機感を感じる

고3인 딸의 문제는 성적이 떨어져도 위기의식을 **느끼**지 않는 것이다.
高 3 である娘の問題は、成績が落ちても危機感を感じないことである。

8 □ 참

名 (〜していた)ところ

関 막 -(으)려던 참이다 ちょうど〜しようとしていたところだ

지금 막 전화하려던 **참**이었는데 잘됐네요.
今ちょうど電話しようとしていたところだったので、よかったです。

9 □ 건의

名 建議

関 건의하다 建議する、申し立てる
건의 사항 建議事項、提案

사원들의 **건의** 사항 중에 휴게실에 관한 건이 많은 부분을 차지했다.
社員たちの建議事項の中で休憩室に関する件が多くの部分を占めた。

10 □ 깊다

形 深い

反 얕다 浅い
関 속이 깊다 思慮深い
깊은 뜻 深い意図

그 아이 옆자리에 나를 앉힌 것은 선생님의 **깊**은 뜻이 있었다.
あの子の隣に私を座らせたのは先生の深い意図があった。

11 □ 바늘

名 針

関 바늘구멍 針の穴
실 糸
注 -(으)ㄹ 만큼 〜するほど

면접자들의 대기실은 **바늘**이 떨어지는 소리조차 들릴 만큼 조용했다.
面接者の控え室は針が落ちる音さえ聞こえるほど静かだった。

12 □ 태어나다

動 生まれる

関 낳다 産む
注 부유하다 富裕だ、裕福だ
빈곤 貧困

부유한 가정에 **태어나**서 자랐기 때문에 빈곤에 대해서는 전혀 모른다.
裕福な家庭で生まれて育ったため、貧困については全く知らない。

13 □ 붕대

名 包帯

関 붕대를 감다 包帯を巻く
注 -기 그지없다 〜極まりない

오른쪽 손가락에 **붕대**를 감고 일을 하려니까 불편하기 그지없다.
右手の指に包帯を巻いて仕事をしようとすると不便極まりない。

14 □ 숨

名 息、呼吸

関 숨을 쉬다 息をする
숨을 참다 呼吸を止める
注 -(으)ㄹ 겨를 〜する暇

다음 달로 다가온 개업 준비로 **숨** 쉴 겨를도 없이 바쁘다.
来月に迫った開業の準備で息つく暇もなく忙しい。

チェック✓
□ 深い □ 布地 □ 礼儀 □ 息 □ (〜していた)ところ □ 針 □ 脳
□ 回復する □ 包帯 □ 生まれる □ 建議 □ 感じる □ 免税 □ 上手だ

15 □

간섭

名 干渉

関 간섭을 받다 干渉される
注 역효과가 나다 逆効果になる

사춘기 아이에게 지나친 **간섭**을 하면 역효과가 날 수 있다.
思春期の子供に度が過ぎた干渉をすると逆効果になるかもしれない。

16 □

서투르다

形 下手だ

反 능숙하다 上手だ
注 집중하다 集中する

그 배우의 **서투른** 연기 때문에 영화 스토리에 집중할 수 없었다.
あの俳優の下手な演技のせいで映画のストーリーに集中できなかった。

17 □

견디다

動 耐える、我慢する

類 참다 我慢する
注 따돌림 いじめ
-다 못해 ～しきれず

여동생은 반 친구들의 따돌림을 **견디**다 못해 학교를 스스로 그만두었다.
妹はクラスの友達からのいじめに耐えきれず、学校を自ら辞めた。

18 □

섭취하다

動 摂取する

注 환절기 季節の変わり目
면역력 免疫力
골고루 均等に、満遍なく

환절기에는 면역력을 높이는 음식을 골고루 **섭취하**세요.
季節の変わり目には免疫力を高める食べ物を満遍なく摂取してください。

19 □

판단

名 判断

関 판단력 判断力
注 추리력 推理力
현장 現場

그 형사는 뛰어난 **판단**력과 추리력으로 범죄 현장에서 활약한다.
その刑事は優れた判断力と推理力で犯罪現場で活躍する。

20 □

구하다

動 救う、求める、請う

関 조언을 구하다 助言を求める
용서를 구하다 許しを請う

화재가 난 건물 안에 있는 사람을 **구하**기 위해 소방관이 뛰어들었다.
火災が起きた建物の中にいる人を救うために消防士が飛び込んだ。

21 □

떠오르다

動 浮かぶ、浮かび上がる

関 생각이 떠오르다 思い浮かぶ
물 위로 떠오르다 水の上に浮かび上がる

다섯 시간에 걸쳐 회의를 했건만 좋은 아이디어가 **떠오르**지 않았다.
5時間にわたって会議をしたが、いいアイデアが浮かばなかった。

22 ☐ **유출**
名 流出
関 유출되다 流出する
개인 정보 유출 個人情報流出

개인 정보 **유출** 문제로 인해 전화번호와 메일 주소는 공개하지 않습니다.
個人情報流出の問題により、電話番号とメールアドレスは公開しません。

23 ☐ **응답**
名 応答
関 응하다 応じる
질의응답 質疑応答
注 식중독 食中毒

식중독 문제가 발생한 관련 회사에 몇 번이나 연락했지만 **응답**이 없었다.
食中毒問題が発生した関連会社に何度も連絡したが、応答がなかった。

24 ☐ **견해**
名 見解
関 견해가 일치하다 見解が一致する
견해차 見解の差

실내에서는 마스크를 착용하는 것으로 전문가들의 **견해**가 일치했다.
室内ではマスクを着用することで専門家の見解が一致した。

25 ☐ **기울이다**
動 傾ける
関 주의를 기울이다 注意を傾ける
귀를 기울이다 耳を傾ける
注 행락객 行楽客

행락객들이 조금만 주의를 **기울이**면 안전하게 바다를 즐길 수 있다.
行楽客が少しだけ注意を傾ければ安全に海を楽しむことができる。

26 ☐ **지구**
名 地球
関 지구촌 グローバル社会、世界
태양 太陽
행성 惑星

지구는 태양에서 세 번째로 가까운 행성이다.
地球は太陽に 3 番目に近い惑星である。

27 ☐ **입력**
名 入力
関 출력 出力
注 비밀번호 暗証番号、パスワード
인출하다 引き出す

비밀번호 **입력**을 세 번 잘못해서 현금을 인출 못 하게 되었다.
暗証番号の入力を 3 回間違えて現金が引き出せなくなった。

28 ☐ **깨다**
動 覚める、割る
関 잠에서 깨다 眠りから覚める
창문을 깨다 窓ガラスを割る

건물이 무너져서 빠져나오지 못하는 악몽을 꾸다가 잠에서 **깼**다.
建物が倒れて抜け出せない悪夢を見ていて眠りから覚めた。

チェック ✓
☐ 摂取する ☐ 見解 ☐ 干渉 ☐ 流出 ☐ 浮かぶ ☐ 地球 ☐ 判断 ☐ 覚める
☐ 傾ける ☐ 下手だ ☐ 救う ☐ 入力 ☐ 耐える ☐ 応答

Day 18

1 □

오히려

副 むしろ

類 도리어 むしろ
注 나서다 前に出る、でしゃばる
해가 되다 害になる

내가 나서서 도와주는 것이 **오히려** 해가 되지 않을까 걱정이다.
私が前に出て助けてあげることがむしろ害になるんじゃないかと心配だ。

2 □

경우

名 場合

関 -(으)ㄹ 경우 ～する場合
注 제외되다 除外される

내일 정오까지 연락이 없을 **경우**에는 3차 면접에서 제외됩니다.
明日の正午までに連絡がない場合は、3次面接から除外されます。

3 □

출산

名 出産

関 출산율 저하 出生率低下
注 고령화 사회 高齢化社会

출산율 저하를 해결하지 않는 한 고령화 사회의 도래를 막을 수 없다.
出生率低下を解決しない限り、高齢化社会の到来を防げない。

4 □

맞히다

動 当てる

関 정답을 맞히다 正解を当てる
注 추첨 抽選

퀴즈의 답을 **맞히**신 분들 가운데 추첨을 통해 열 분께 상품권을 드립니다.
クイズの答えを当てた方から抽選で10人に商品券を差し上げます。

5 □

지시

名 指示

注 -대로 ～通り
챙겨 먹다 欠かさず食べる(飲む)

의사의 **지시**대로 외출을 삼가고 식후에는 약을 챙겨 먹었다.
医者の指示通り、外出を控えて食後には薬を欠かさず飲んだ。

6 □

두려워하다

動 恐れる

注 전쟁터에 나가다 戦場に出る
싸우다 戦う

전쟁터에 나간 젊은이들은 나라를 위해 죽음을 **두려워하**지 않고 싸웠다.
戦場に出た若者たちは国のために死を恐れずに戦った。

7 □

먼지

名 ほこり

関 미세 먼지 微細なほこり(PM2.5)
注 공기청정기 空気清浄機

미세 **먼지**의 농도가 높은 탓에 공기청정기의 수요가 세계 1위가 되었다.
微細なほこりの濃度が高いせいで、空気清浄機の需要が世界一になった。

8 □

하락하다

動 下落する

反 상승하다 上昇する
関 큰 폭으로 하락하다 大幅に下落する
注 경기 침체 景気低迷

세계적인 경기 침체로 인해 주가가 큰 폭으로 **하락했**다.
世界的な景気低迷によって株価が大幅に下落した。

9 □

나아가다

動 進む、出る

関 한 발 앞으로 나아가다 一歩前に出る
-을/를 향해 나아가다 ～に向かって進む

한두 번의 실패를 겪더라도 좌절하지 않고 목표를 향해 **나아갈** 뿐이다.
1、2 回の失敗を経験しても挫折しないで目標に向かって進むだけだ。

10 □

균형

名 均衡、バランス

関 균형을 잡다 バランスを取る
균형이 잡히다 バランスが取れている
注 식단을 짜다 献立を作る

운동선수인 아들을 위해 매일 **균형** 잡힌 식단을 짜고 있다.
アスリートである息子のために毎日バランスが取れた献立を作っている。

11 □

과연

副 果たして、さすが

関 과연 -답다 さすが～らしい
注 대기업 大企業

이렇게 낮은 토익 점수로 **과연** 대기업에 취직할 수 있을까?
こんなに低い TOEIC の点数で果たして大企業に就職できるだろうか。

12 □

훈련

名 訓練

関 재활 훈련 リハビリ訓練
注 맹인 안내견 盲導犬

맹인 안내견은 보통 지능이 높으며 특별한 **훈련**을 받는다.
盲導犬は普通知能が高くて、特別な訓練を受ける。

13 □

완벽하다

形 完璧だ

関 완벽하게 完璧に
注 -을/를 금치 못하다 ～を禁じ得ない

그녀의 **완벽한** 통역에 회장에 있던 모든 사람이 놀라움을 금치 못했다.
彼女の完璧な通訳に会場にいたすべての人が驚きを禁じ得なかった。

14 □

부드럽다

形 柔らかい、穏やかだ

関 부드러운 목소리 穏やかな声
감촉 手触り

이 이불은 가벼운데 보온성이 높고 감촉도 엄청 **부드럽**다.
この布団は軽いのに保温性が高く、手触りもものすごく柔らかい。

チェック ✓
□ 当てる □ 進む □ 柔らかい □ 場合 □ 指示 □ 果たして □ ほこり
□ 恐れる □ むしろ □ 下落する □ 出産 □ 訓練 □ バランス □ 完璧だ

15 □

연기

名 煙

関 불을 때다 火を焚く
굴뚝 煙突
注 속담 ことわざ

'아니 땐 굴뚝에 **연기** 나랴'라는 속담은 어떤 뜻이에요?
「火のないところに煙は立たぬ」ということわざはどういう意味ですか。

16 □

통계

名 統計

関 통계를 내다 統計を出す
注 영하로 내려가다 氷点下に下がる

통계 자료를 보면 입시 날에는 기온이 영하로 내려가는 경우가 많다.
統計資料を見れば、入試の日には気温が氷点下に下がる場合が多い。

17 □

포기하다

動 放棄する、諦める

関 자포자기하다 自暴自棄に陥る
注 형편 暮らし向き

우리 집 형편을 생각해서 진학을 **포기하**고 취직 준비를 시작했다.
我が家の暮らし向きを考えて進学を諦めて、就職の準備を始めた。

18 □

해석

名 解釈

関 해석되다 解釈される
注 평범하다 平凡だ
위인 偉人

역사 속의 평범한 인물도 **해석**에 따라서는 위인이 될 수도 있다.
歴史の中の平凡な人物も解釈によっては偉人になり得る。

19 □

고통

名 苦痛

関 고통스럽다 苦痛だ
고통받다 苦しむ
注 저절로 自然と

산모는 참을 수 없는 **고통**에 비명이 저절로 나왔다.
産婦は耐えられない苦痛に悲鳴が自然と出た。

20 □

담기다

動 盛られる、こもる

関 담다 盛る、込める
음식이 담겨 있다 食べ物が盛られている
마음이 담겨 있다 心がこもっている

그의 진심이 **담겨** 있는 사죄 편지를 읽고 그를 용서해 주기로 했다.
彼の真心がこもっている謝罪の手紙を読んで彼を許してあげることにした。

21 □

퍼지다

動 広がる

関 소문이 퍼지다 うわさが広がる
注 잉꼬 インコ　잉꼬부부 おしどり夫婦
쫙 ぱっと

잉꼬부부로 유명한 두 사람이 이혼할 거라는 소문은 순식간에 쫙 **퍼졌**다.
おしどり夫婦で有名な二人が離婚するといううわさは瞬時にぱっと広がった。

22 □

산업

名 産業

関 산업 혁명 産業革命
注 진출하다 進出する
막대하다 莫大だ

그 기업은 자동차 **산업**에 진출하기로 결정하고 막대한 자금을 투자했다.
その企業は自動車産業に進出することを決め、莫大な資金を投資した。

23 □

마침내

副 ついに、いよいよ

注 메달을 따다 メダルを取る
동상을 제작하다 銅像を制作する

금메달을 딴 졸업생의 동상 제작이 **마침내** 완성되어 학교에 전시됐다.
金メダルを取った卒業生の銅像制作がついに完成して学校に展示された。

24 □

처방

名 処方

関 처방전 処方箋
약을 짓다 薬を調剤する
注 -(으)ㄹ 기미 ～する気配

의사 **처방**에 따라 약을 지어서 복용했는데 나아질 기미가 안 보인다.
医者の処方に従って薬を調剤し服用したのによくなる気配が見えない。

25 □

지출

名 支出

反 수입 収入
注 부쩍 めっきり
자제하다 自制する、控える

아이가 학교에 들어간 이후로 **지출**이 부쩍 늘어서 외식을 자제하고 있다.
子供が学校に入ってから支出がめっきり増えて外食を控えている。

26 □

싸우다

動 けんかする、戦う

関 싸움 けんか
화해하다 和解する、仲直りする
注 말리다 (行動などを)止める

학교에서 친구가 **싸우**는 걸 말리다가 얼굴에 상처가 났다.
学校で友達がけんかしているのを止めようとして顔に傷ができた。

27 □

상황

名 状況

関 상황을 파악하다 状況を把握する
注 발령을 받다 発令を受ける

해외 지사로 발령을 받아 가족하고 떨어져서 지내야 하는 **상황**입니다.
海外支社への発令を受けて家族と離れて過ごさないといけない状況です。

28 □

환하다

形 明るい

類 밝다 明るい
関 햇빛이 잘 들다 日当たりがいい

우리 집 거실은 햇빛이 잘 들어서 **환한** 데다가 고층이라서 전망도 좋다.
我が家の居間は日当たりが良くて明るい上に高層なので展望もいい。

チェック ✓
□ こもる □ 支出 □ 煙 □ 苦痛 □ 産業 □ けんかする □ 広がる
□ 明るい □ 統計 □ 処方 □ 諦める □ 状況 □ 解釈 □ ついに

Day 19

1 □

훨씬

副 ずっと(比較)

関 훨씬 낫다 ずっといい
注 수월하다 たやすい

이 프로그램을 사용해서 영수증을 정리하는 게 **훨씬** 수월하네요.
このプログラムを使用して領収書を整理する方がずっとたやすいですね。

2 □

딱딱하다

形 硬い

反 부드럽다 柔らかい
注 진화하다 進化する

거북이의 **딱딱한** 등껍질은 갈비뼈가 진화한 것이라고 합니다.
亀の硬い甲羅は、あばら骨が進化したものだそうです。

3 □

인원

名 人員、人数

関 인원수 人数
注 여부 可否、~かどうか

개강 여부를 결정하는 최소 신청 **인원**은 열 명입니다.
開講するかどうかを決める最小の申し込み人数は 10 名です。

4 □

고장

名 故障

関 고장나다 故障する、壊れる
고장내다 壊す
注 잦다 頻繁だ、多い

인쇄기의 **고장**이 잦아서 새로운 모델로의 교체를 검토 중이다.
印刷機の故障が多くて、新しいモデルへの買い替えを検討中だ。

5 □

체험

名 体験

関 체험담 体験談
注 마련되다 用意される

아이들이 실제로 참여 가능한 **체험** 코너가 마련되어 있습니다.
子供たちが実際に参加可能な体験コーナーが用意されています。

6 □

다짐하다

動 誓う、念を押す

注 죄를 짓다 罪を犯す
교도소 刑務所

죄를 짓고 교도소에 다녀온 그는 인생의 새 출발을 **다짐했**다.
罪を犯して刑務所に行ってきた彼は人生の新しいスタートを誓った。

7 □

선거

名 選挙

関 선거권 選挙権
선거 공약 選挙公約
투표 投票

여성에게 최초로 **선거**권을 부여한 나라는 뉴질랜드라고 합니다.
女性に最初に選挙権を付与した国はニュージーランドだそうです。

8 □

부담스럽다

形 負担だ

関 부담감 負担感、プレッシャー
부담스럽게 느끼다 負担に感じる

매주 다니기에는 교통비가 **부담스러워**서 어려울 듯싶다.
毎週通うには交通費が負担で難しそうだ。

9 □

지치다

動 疲れる

注 밤을 새다 夜を明かす、徹夜する
-(으)ㄹ대로 -았/었다 ～しきっている

며칠간 계속된 밤샘 작업으로 인해 모든 사원들이 **지칠**대로 **지쳤**다.
数日間続いた徹夜作業で、すべての社員が疲れきっている。

10 □

안부

名 安否

関 안부 전해 주세요 よろしくお伝えください
注 게시판 掲示板

재해 시에 인터넷으로 **안부**를 확인할 수 있는 **안부** 게시판이 개설되었다.
災害時にネットで安否を確認できる安否掲示板が開設された。

11 □

삭제

名 削除

関 지우다 消す
사라지다 消える
注 실수로 誤って

실수로 **삭제** 버튼을 눌러서 사진이 전부 사라져 버렸다.
誤って削除ボタンを押して写真が全部消えてしまった。

12 □

몹시

副 非常に、ひどく

類 굉장히 ものすごく
注 속이 쓰리다 胸焼けする

배가 **몹시** 고픈 상태에서 술을 마셨더니 다음 날까지 계속 속이 쓰렸다.
お腹が非常に空いている状態でお酒を飲んだら次の日まで胸焼けが続いた。

13 □

넘치다

動 あふれる

関 활기가 넘치다 活気があふれる
注 제한을 두다 制限を設ける

인원 제한을 두지 않고 신청을 받은 탓에 강의실에 사람이 **넘쳤**다.
人数制限を設けずに申し込みを受け付けたせいで講義室に人があふれた。

14 □

모자라다

動 足りない

類 부족하다 不足している
注 유급 留年

성적은 좋았는데 출석 일수가 **모자라**서 다시 1학년으로 유급이 되었다.
成績はよかったが出席日数が足りず、再び1年生に留年になった。

チェック ✓
□ 故障 □ 削除 □ 誓う □ 足りない □ ずっと □ 疲れる □ 硬い □ 安否
□ 選挙 □ あふれる □ 人数 □ 非常に □ 体験 □ 負担だ

15 □

감상

名 鑑賞

関 감상회 鑑賞会
注 스스로 自ら

미술 작품 **감상**을 통해 스스로 작품의 가치를 판단해 본다.
美術作品の鑑賞を通じて自ら作品の価値を判断してみる。

16 □

바깥

名 外

類 밖 外
注 바람을 쐬다 風に当たる

집에만 계속 있으니 너무 답답해서 **바깥** 바람 좀 쐬고 왔어요.
家にだけずっといたらとても息苦しくて、外の風にちょっと当たってきました。

17 □

좀처럼

副 なかなか(＋否定文)

関 좀처럼 볼 수 없다 なかなか見られない
注 자리를 뜨다 席を立つ

앞으로 못 만난다고 생각하니 **좀처럼** 자리를 뜰 수 없었다.
これから会えないと思うとなかなか席を立つことができなかった。

18 □

금지

名 禁止

関 금지 사항 禁止事項
注 외부인 部外者

여기에서부터는 외부인 출입 **금지** 구역이라서 출입증이 필요해요.
ここからは部外者立入禁止区域なので出入許可証が必要です。

19 □

알아듣다

動 理解する、聞き取る

類 이해하다 理解する
注 부정확하다 不正確だ

그 외국인의 설명은 발음이 부정확해서 도저히 **알아들**을 수 없었다.
その外国人の説明は発音が不正確で到底理解できなかった。

20 □

소원

名 願い事

関 소원이 이루어지다 願い事がかなう
소원을 빌다 願い事をする

무슨 **소원**을 빌었는지 다른 사람한테 이야기하면 이루어지지 않는대요.
どんな願い事をしたか人に話すとかなわないそうです。

21 □

접다

動 折る

関 종이접기 折り紙
접는 우산 折り畳み傘
注 종이학 折り鶴

종이학을 100마리 **접**으면 소원이 이루어진다고 해서 도전해 볼 생각이다.
折り鶴を 100 羽折ると願い事がかなうというので挑戦してみるつもりだ。

22 □
무척
副 非常に

注 색다르다 風変わりだ、新鮮だ
　호평을 얻다 好評を得る

그 드라마는 색다른 소재에 이야기 전개가 **무척** 빨라서 호평을 얻고 있다.
あのドラマは新鮮な題材に話の展開が非常に速くて好評を得ている。

23 □
미끄럽다
形 滑らかだ、滑る

関 미끄러지다 滑る、滑って転ぶ
注 언덕길 坂道

언덕길에 눈이 쌓여서 **미끄러우**니까 미끄러지지 않게 조심하세요.
坂道に雪が積もって滑るから滑って転ばないように気をつけてください。

24 □
가리키다
動 指す

関 손가락으로 가리키다 指で指す
注 일제히 一斉に

누가 먹었냐는 질문에 아이들은 일제히 손가락으로 그 아이를 **가리켰**다.
誰が食べたかという質問に子供たちは一斉に指でその子を指した。

25 □
개성
名 個性

関 개성이 강하다 個性が強い
　개성적 個性的
注 일률적 一律的

요즘 아이돌은 스타일도 패션도 일률적이라 **개성**을 찾아볼 수 없다.
最近のアイドルはスタイルもファッションも一律的で個性が見当たらない。

26 □
아쉽다
形 惜しい、残念だ

注 -고자 ～しようと
　분발하다 奮発する、頑張る

역전의 기회를 만들고자 분발했지만 **아쉽**게도 우승을 놓쳤다.
逆転の機会を作ろうと頑張ったが、惜しくも優勝を逃した。

27 □
위로
名 慰労、慰め

注 말을 건네다 言葉をかける
　소용없다 無駄だ

모든 가족을 잃은 그에게 지금은 어떤 **위로**의 말을 건네도 소용없어요.
家族をみんな失った彼に今はどんな慰めの言葉をかけても無駄です。

28 □
증상
名 症状

関 자각 증상 自覚症状
注 정기 검진 定期検診

암 초기에는 자각 **증상**이 없는 경우가 많으므로 정기 검진이 중요하다.
がんの初期には自覚症状がない場合が多いため、定期検診が大事である。

チェック
□ 折る　□ なかなか　□ 個性　□ 外　□ 滑る　□ 惜しい　□ 非常に　□ 願い事
□ 症状　□ 禁止　□ 鑑賞　□ 指す　□ 慰め　□ 理解する

Day 20

1 □

버릇

名 癖、行儀

関 나쁜 버릇 悪い癖
버릇이 없다 行儀が悪い
注 눈을 깜빡이다 瞬きをする

그녀는 거짓말을 할 때 과도하게 눈을 깜빡이는 **버릇**이 있다.
彼女はうそをつく時、過度に瞬きをする癖がある。

2 □

줍다

動 拾う

関 버려지다 捨てられる
注 봉사 활동 ボランティア活動

야구 시합이 끝난 후에 버려져 있는 쓰레기를 **줍**는 봉사 활동을 했다.
野球の試合が終わった後に捨てられているごみを拾うボランティア活動をした。

3 □

끊기다

動 切れる、途絶える

関 전화가 끊기다 電話が切れる
왕래가 끊기다 往来が途絶える

이야기 도중에 전화가 **끊겨**서 다시 걸려 오는 것을 기다리고 있다.
話の途中で電話が切れたのでまたかかってくるのを待っている。

4 □

매진

名 (チケットの)売り切れ

関 품절 品切れ
매진되다 売り切れる

콘서트 티켓의 판매가 시작되자마자 바로 **매진**이라니 믿을 수 없다.
コンサートチケットの販売が始まるや否やすぐ売り切れだとは信じ難い。

5 □

뒤떨어지다

動 遅れる、劣る

関 시대에 뒤떨어지다 時代遅れである
유행에 뒤떨어지다 流行に遅れる

길거리에서 종이를 들고 설문 조사를 하는 것은 시대에 **뒤떨어진**다.
道端で紙を持ってアンケートを取るのは時代遅れである。

6 □

갚다

動 返す、返済する

関 은혜를 갚다 恩を返す
빚을 갚다 借金を返済する

한 달에 10만원씩 1년에 걸쳐서 빚을 다 **갚**겠다고 약속했다.
月に10万ウォンずつ、1年かけて借金を全部返済すると約束した。

7 □

농담

名 冗談

反 진담 本当の話
注 가출하다 家出する

가출할 거라는 **농담**을 진담으로 들었는지 친구는 걱정하기 시작했다.
家出するという冗談を本当の話だと思ったのか友達は心配し始めた。

8 □
설득
名 説得

関 설득력이 있다 説得力がある
注 -끝에 ～の末

아들의 집요한 **설득** 끝에 아버지는 결국 차를 신형으로 바꾸기로 했다.
息子の執拗な説得の末、父は結局車を新型に替えることにした。

9 □
포근하다
形 暖かい、和やかだ

類 따뜻하다 暖かい
関 포근한 분위기 和やかな雰囲気

며칠간 **포근한** 날씨가 이어지더니 오늘은 기온이 크게 떨어졌다.
数日間暖かい天気が続いたが、今日は気温が大きく下がった。

10 □
하마터면
副 危うく

関 -(으)ㄹ 뻔했다 ～するところだった
注 -느라고 ～するのに夢中だったため

핸드폰을 보느라고 앞을 보지 못해서 **하마터면** 부딪힐 뻔했다.
携帯に夢中になって前を見なかったため、危うくぶつかるところだった。

11 □
외치다
動 叫ぶ

類 소리치다 叫ぶ
関 큰 소리로 외치다 大声で叫ぶ

응원단은 응원가에 맞춰서 선수들의 이름을 한 명 한 명 **외쳤**다.
応援団は応援歌に合わせて選手たちの名前を一人一人叫んだ。

12 □
심다
動 植える

関 나무를 심다 木を植える
注 권장하다 勧めて奨励する、勧める

나무를 많이 **심**고 아끼도록 권장하기 위해 '식목일'을 만들었다.
木をたくさん植えて大切にするように勧めるため「植樹の日」を作った。

13 □
맞벌이
名 共働き

関 맞벌이 부부 共働き夫婦
注 어린이집 保育園、託児所

시에서는 저소득 **맞벌이** 부부를 위하여 무료 어린이집을 열었다.
市では低所得の共働き夫婦のために無料の保育園を開いた。

14 □
개최
名 開催

関 개최되다 開催される
注 주어지다 与えられる
출전시키다 出場させる

개최국에 주어지는 특전에 따라 선수 한 명을 출전시킬 수 있다.
開催国に与えられる特典によって選手一人を出場させることができる。

チェック ✓
□ 返済する □ 売り切れ □ 叫ぶ □ 開催 □ 冗談 □ 遅れる □ 共働き
□ 癖 □ 説得 □ 切れる □ 植える □ 拾う □ 危うく □ 暖かい

15 □

당기다

動 引く、引っ張る

反 밀다 押す
注 잡다 つかむ、持つ　신호 信号、合図
힘껏 思い切り

이 줄을 잡고 있다가 제가 신호를 보내면 힘껏 **당겨** 주세요.
このひもを持って、私が合図を送ったら思い切り引っ張ってください。

16 □

결코

副 決して

類 절대로 絶対に
注 희생되다 犠牲になる

죄 없는 많은 사람이 희생된 이 사건을 우리는 **결코** 잊어서는 안 된다.
罪のない多くの人が犠牲になったこの事件を我々は決して忘れてはいけない。

17 □

궁금하다

形 気になる、知りたい

注 뛰어나다 優れている
통과하다 通過する、通る

참가자들의 실력이 모두 뛰어나서 누가 예선을 통과할지 **궁금하**다.
参加者の実力がみんな優れていて誰が予選を通過するか気になる。

18 □

상식

名 常識

関 상식을 벗어나다 常識から外れる
注 못지않다 ～に劣らない

학문적인 지식 못지않게 **상식**을 벗어나지 않는 사고방식도 중요하다.
学問的な知識に劣らず、常識から外れない考え方も重要である。

19 □

보람

名 やり甲斐

関 보람을 느끼다 やり甲斐を感じる
注 당선되다 当選する、入選する
애쓰다 努力する

몇 달을 고생해서 만든 작품이 공모전에 당선되어 애쓴 **보람**을 느꼈다.
何カ月も苦労して作った作品が公募展に入選して努力した甲斐を感じた。

20 □

잠그다

動 鍵をかける

関 문을 잠그다 ドアに鍵をかける
잠기다 鍵がかかる

먼 곳에 있는 차라도 문을 **잠갔**는지 스마트폰으로 확인할 수 있다.
遠い所にある車でもドアに鍵をかけたかスマートフォンで確認できる。

21 □

표정

名 表情

関 표정을 짓다 表情をする
注 자신만만하다 自信満々だ

결승전을 앞두고 불안해하는 나에게 그는 자신만만한 **표정**을 지어 보였다.
決勝戦を控えて不安がる私に彼は自信満々な表情をして見せた。

22 □ **참다**

動 我慢する、こらえる

関 웃음을 참다 笑いをこらえる
注 -다 못해 ～しきれず

자기 전에 배가 고파서 **참**다 못해 라면을 먹고 말았다.
寝る前にお腹が空いて我慢しきれずラーメンを食べてしまった。

23 □ **의논하다**

動 議論する、相談する

類 상의하다 相談する
注 -(이)든지 ～であれ、～でも
곤란하다 困難だ、困る

무슨 일이든지 **의논하**지 않고 혼자 결정해 버리는 버릇이 있어서 곤란하다.
何事であれ、相談せず一人で決めてしまう癖があって困る。

24 □ **어색하다**

形 ぎこちない、気まずい

関 분위기가 어색하다 雰囲気が気まずい
注 긴장되다 緊張する

이렇게 큰 무대는 처음이라서 긴장됐는지 동작이 **어색했**다.
こんなに大きな舞台は初めてだったので緊張したのか動作がぎこちなかった。

25 □ **드디어**

副 いよいよ、ついに

類 마침내 ついに
注 세입자 賃借人、入居者

세 달째 비어 있던 빈방에 **드디어** 세입자가 나타났다.
3ヶ月間空いていた空き部屋にいよいよ入居者が現れた。

26 □ **나머지**

名 余り、残り

関 -(으)ㄴ 나머지 ～の余り、～したあげく
注 이만 これで、そろそろ

오늘은 늦었으니까 이만 돌아가고 **나머지**는 내일 일찍 와서 합시다.
今日は遅いからそろそろ帰って残りは明日早く来てやりましょう。

27 □ **그립다**

形 懐かしい、恋しい

注 수다를 떨다 おしゃべりをする
시절 時代、頃

점심시간이 되면 동기들과 모여서 수다를 떨던 그 시절이 **그립**다.
昼休みになると同期と集まっておしゃべりをしていたあの頃が懐かしい。

28 □ **우연히**

副 偶然

注 숨겨 두다 隠しておく
비상금 非常用の金、へそくり

책장을 정리하다가 예전에 숨겨 둔 비상금을 **우연히** 발견하였다.
本棚を整理していたら以前隠しておいたへそくりを偶然発見した。

チェック ✓
□ 鍵をかける □ 我慢する □ 表情 □ 引っ張る □ 決して □ 残り □ 相談する
□ やり甲斐 □ 偶然 □ 常識 □ ぎこちない □ 気になる □ 懐かしい □ いよいよ

次の単語を韓国語は日本語に、日本語は韓国語にしなさい。

- 1. 동기
- 2. 세균
- 3. 긍정
- 4. 온갖
- 5. 근거하다
- 6. 애쓰다
- 7. 닿다
- 8. 건의
- 9. 붕대
- 10. 견디다
- 11. 능숙하다
- 12. 먼지
- 13. 통계
- 14. 인원
- 15. 넘치다
- 16. 소원
- 17. 아쉽다
- 18. 심다
- 19. 나머지
- 20. 그립다
- 21. 摂取する
- 22. 脳
- 23. 構築する
- 24. 温める
- 25. 向上
- 26. ぬれる
- 27. 出入り
- 28. 早期
- 29. 礼儀
- 30. 深い
- 31. 針
- 32. 救う
- 33. 覚める
- 34. 訓練
- 35. 広がる
- 36. 恐れる
- 37. 折る
- 38. 遅れる
- 39. 常識
- 40. 我慢する

正解

1. 動機 **2.** 細菌 **3.** 肯定 **4.** あらゆる **5.** 基づく **6.** 努力する **7.** 届く **8.** 建議
9. 包帯 **10.** 耐える **11.** 上手だ **12.** ほこり **13.** 統計 **14.** 人数 **15.** あふれる
16. 願い事 **17.** 惜しい **18.** 植える **19.** 残り **20.** 恋しい **21.** 섭취하다 **22.** 뇌
23. 구축하다 **24.** 데우다 **25.** 향상 **26.** 젖다 **27.** 출입 **28.** 조기 **29.** 예절 **30.** 깊다
31. 바늘 **32.** 구하다 **33.** 깨다 **34.** 훈련 **35.** 퍼지다 **36.** 두려워하다 **37.** 접다
38. 뒤떨어지다 **39.** 상식 **40.** 참다

確認問題

A (　　) に入る単語を選び、適当な形にしなさい。

기울이다	떠오르다	없애다	다짐하다	당기다	잠그다

1. 신발에서 나는 냄새를 (　　　　) 방법을 알고 싶어요.

2. 이 문은 밀지 말고 (　　　　) 열어 주세요.

3. 다른 사람의 충고에도 귀를 (　　　　) 보세요.

4. 다섯 시간 정도 담가 둔 후에 물 위로 (　　　　) 콩은 버린다.

B (　　) に入る適切な副詞を選びなさい。

한편	드디어	몹시	하마터면	좀처럼	과연

1. 벌써 4월인데 기온은 (　　　　) 올라가지 않는다.

2. 모든 과목이 만점이라니 (　　　　) 수석 입학자답네요.

3. 아이를 칭찬하는 (　　　　) 잘못한 부분도 지적해 줘야 한다.

4. 계좌 번호를 확인하지 않아서 (　　　　) 잘못 보낼 뻔했어요.

正解例および和訳

A **1.** 없애는　**2.** 당겨서　**3.** 기울여　**4.** 떠오른

訳 **1.** 靴からするにおいを(消す)方法を知りたいです。

2. このドアは押さないで(引いて)開けてください。

3. 人の忠告にも耳を(傾けて)みてください。

4. 5時間くらい浸しておいた後、水の上に(浮かび上がった)豆は捨てる。

B **1.** 좀처럼　**2.** 과연　**3.** 한편　**4.** 하마터면

訳 **1.** もう4月なのに気温は(なかなか)上がらない。

2. すべての科目で満点だとは(さすが)首席入学者らしいですね。

3. 子供を褒める(一方で)間違った部分も指摘してあげるべきだ。

4. 口座番号を確認しなかったので(危うく)送り間違えるところでした。

まとめてみましょう

連語②

부담이 되다	負担になる
사고를 당하다	事故に遭う
생각이 들다	気がする
세를 놓다 / 주다	賃貸しする
숨을 쉬다	息をする
스트레스가 쌓이다	ストレスがたまる
스트레스를 풀다	ストレスを解消する
신경을 쓰다	気を使う
실감이 나다	実感が湧く
예의가 바르다	礼儀正しい
오해를 풀다	誤解を解く
융통성이 없다	融通が利かない
일자리를 구하다	職場を探す、職を求める
입맛이 없다	食欲がない
잠을 설치다	寝そびれる

잠이 들다	寝入る
장난을 치다	いたずらをする
장을 보다	食料の買い物をする
적성에 맞다	適性に合う
정신을 잃다	気を失う
정신이 없다	正気でない、忙しい
정신 차리다	意識を取り戻す、正気に返る
정이 들다	情が移る
정이 떨어지다	愛想が尽きる
제사를 지내다	法事を行う
철이 들다	物心がつく、分別がつく
추위를 타다	寒さに弱い
편을 들다	肩を持つ
핑계를 대다	言い訳をする
휴가를 내다	休暇を取る
흉을 보다	陰口をたたく

プラス名詞40 ①

□ 체육	体育	関 체육관 体育館 체육복 体操着 생활 체육 生活体育	□ 연령	年齢	類 나이 年齢 関 연령층 年齢層 평균 연령 平均年齢
□ 적자	赤字	反 흑자 黒字 関 무역 적자 貿易赤字 적자가 나다 赤字が出る	□ 집단	集団	反 개인 個人 関 사회 집단 社会集団
□ 생물	生物	関 동물 動物 식물 植物 미생물 微生物	□ 설립	設立	関 설립자 設立者 설립되다 設立される 창립하다 創立する
□ 계기	契機	関 원인 原因 근거 根拠 동기 動機	□ 실험	実験	関 실험실 実験室 실험 기구 実験器具
□ 좌석	座席	反 입석 立ち席 関 좌석표 座席表 자리 席	□ 제도	制度	関 입시 제도 入試制度 사형 제도 死刑制度 도입하다 導入する
□ 외교	外交	関 외교관 外交官 외교 정책 外交政策	□ 과제	課題	関 과제물 課題物 당면 과제 当面の課題
□ 문명	文明	関 고대 문명 古代文明 과학 문명 科学文明	□ 법률	法律	関 법률 용어 法律用語 법률 조항 法律条項 법률 위반 法律違反
□ 석유	石油	関 난로 ストーブ 석유 파동 オイルショック	□ 공급	供給	反 수요 需要 関 공급받다 供給を受ける
□ 건축	建築	関 건축가 建築家 건설 建設 짓다 建てる	□ 방안	方案	類 대책 対策 関 개선 방안 改善策
□ 정부	政府	関 행정부 行政府 각료 閣僚 정책 政策	□ 시설	施設	関 공공시설 公共施設 복지 시설 福祉施設 상업 시설 商業施設

□ **입사** 入社	反 퇴사 退社 関 신입 사원 新入社員	□ **상품** 商品	関 상품권 商品券 신상품 新商品 상점 商店
□ **편식** 偏食	関 골고루 均等に 음식을 가리다 偏食する	□ **충전** 充電	関 충전기 充電器 배터리 バッテリー
□ **체온** 体温	関 체온계 体温計 재다 測る 측정하다 測定する	□ **고용** 雇用	関 고용주 雇い主 고용 보험 雇用保険
□ **완성** 完成	反 미완성 未完成 関 완성되다 完成する	□ **직장** 職場	類 회사 会社 関 직장인 サラリーマン
□ **금액** 金額	類 액수 金額 関 결제 금액 決済金額 지불하다 支払う	□ **인생** 人生	関 인생관 人生観 생애 生涯 삶 生、人生
□ **의류** 衣類	関 매장 売り場 의류 업계 アパレル業界	□ **규칙** 規則	関 규칙적 規則的 지키다 守る 어기다 破る
□ **계약** 契約	関 계약서 契約書 계약 사원 契約社員	□ **면적** 面積	関 크기 大きさ 국토 면적 国土面積 넓이 広さ
□ **구매** 購買	反 판매 販売 関 구매자 購入者 공동 구매 共同購入	□ **분야** 分野	関 영역 領域 전문 분야 専門分野 연구 분야 研究分野
□ **검사** 検査	関 검사관 検査官 검사를 받다 検査を受ける	□ **강연** 講演	関 강연장 講演会場 강연회 講演会 강의 講義
□ **관람** 観覧	関 관람객 観覧客 관람료 観覧料 관람 불가 観覧不可	□ **기업** 企業	関 대기업 大企業 중소기업 中小企業 경영하다 経営する

Part I 語彙総ざらい

원인	原因
증가하다	増加する
지원	志願
참여하다	参加する
나타나다	現れる
잇다	続く、つなぐ
잃어버리다	失う、落とす
늘다	増える、伸びる
잡다	取る、捕まえる
출판	出版
소비하다	消費する
지나다	過ぎる、通る
떨리다	緊張する、震える
선발하다	選抜する
차지하다	占める、占有する
감소하다	減少する
비율	比率、割合
그치다	止む
명단	名簿、リスト
대신하다	代わる
알아보다	調べる
환기	換気
속상하다	悔しい、心が痛む
파악하다	把握する
파견하다	派遣する
열리다	開く、開かれる
폭우	大雨
꺼내다	取り出す
배치	配置
전시	展示
당하다	(悪いことに)遭う
옮기다	移す、運ぶ
진행	進行
쏟아지다	降り注ぐ
배달하다	配達する
계산하다	計算する、払う
통하다	通じる、通る、通す
운영	運営
적성	適性
나타내다	示す、現わす、表す
교양	教養
문의	問い合わせ
맡기다	預ける、任せる
공사	工事
운행하다	運行する
서운하다	残念だ、名残惜しい
멈추다	止まる、止む
정보	情報
이르다	至る、早い
정상	正常
입장	立場
방문하다	訪問する
미리	前もって、あらかじめ
얻다	得る、もらう
늘어나다	増える、ふくらむ
제공하다	提供する
홍보	広報
효과	効果
반응	反応
저렴하다	リーズナブルだ、安い
꽤	かなり
줄다	減る
아끼다	惜しむ、大事にする
아무래도	どうやら、どうも
마련하다	用意する、設ける
무조건	無条件に、頭ごなしに
알리다	知らせる
연구	研究
막히다	込む、詰まる
반복하다	繰り返す
심하다	ひどい、甚だしい
직접	直接、自分で
이웃	隣、隣近所、隣人
가난하다	貧しい
끊임없다	絶え間ない
창의	創意
향하다	向かう、向く
만족하다	満足する
지역	地域
원하다	望む、願う
기부하다	寄付する
화재	火災
현장	現場
모시다	お供する、仕える
나누다	分ける、交わす
장애	障害
입다	被る、負う
생계	生計
겪다	経験する、経る
유지하다	維持する
참석하다	参席する、参加する
혜택	恵み、恩恵
세금	税金

숲	森、森林
지정하다	指定する
강조하다	強調する
구체적	具体的
뜻	意味、志
늘리다	増やす、伸ばす
극복하다	克服する
팔리다	売れる
의도	意図
삶	人生、生きること
해결	解決
분석하다	分析する
여건	条件、環境
자부심	自負心、プライド
동참하다	共に参加する
일깨우다	悟らせる
넘다	超える、過ぎる
매달리다	ぶら下げられる、ぶら下がる
개발	開発
고려하다	考慮する
비판	批判
주장	主張
평가하다	評価する
불합리하다	不合理だ
시행	試行
벌다	稼ぐ
선명하다	鮮明だ
편안하다	安らぐ、楽だ
기술	技術
합리적	合理的
줄어들다	減る
수익	収益
이루다	遂げる、成す
염려하다	心配する
인재	人材
촉구하다	促す、求める
오해	誤解
공감하다	共感する
인정하다	認める
갖추다	備える、整える
구성하다	構成する
도덕	道徳
홍수	洪水
남기다	残す
수명	寿命
역할	役割、役
기록	記録
여부	可否、～かどうか
그대로	そのまま、その通り
사라지다	消える、なくなる
담당하다	担当する
교류	交流
공약	公約
반영하다	反映する
정책	政策
규모	規模
펼치다	広げる、繰り広げる
발전	発電
측면	側面
줄이다	減らす、下げる
공간	空間、スペース
도입	導入
영향	影響
낮추다	低くする、下げる
소극적	消極的
등장하다	登場する
형식	形式
대안	代案
방해	妨害
투자	投資
미루다	延期する、延ばす
갈등	葛藤
세우다	立てる
피해	被害
심각하다	深刻だ
집중하다	集中する
소득	所得
유도하다	誘導する
얼음	氷
보관하다	保管する
창고	倉庫
구멍	穴
빠지다	おぼれる、陥る
흘리다	流す、こぼす
활용	活用
밝히다	明らかにする、明かす
빼다	抜く、落とす、除く
주름	しわ
표면	表面
움직이다	動く、動かす
지진	地震
폭발	爆発
동의하다	同意する
재해	災害
자원	資源
덜다	減らす
단단하다	堅い、硬い
경계	境界
초래하다	きたす、招く
건설	建設

피하다	避ける
혁명	革命
유통	流通
한계	限界
부여하다	付与する、与える
창출하다	創出する
오염	汚染
재다	計る、量る、測る
강화	強化
미치다	及ぶ、及ぼす
부작용	副作用
반성	反省
전망하다	展望する、見込む
태도	態度
양성하다	養成する
인증	認証
제시하다	提示する
평범하다	平凡だ
추구하다	追求する
논리	論理
속하다	属する
변하다	変わる
사례	事例
놓치다	逃す、乗り遅れる
가득	いっぱい
접수	受付
벗어나다	抜け出る、外れる
세련되다	洗練されている
끌다	集める、引く
영양	栄養
이불	布団
뜨다	昇る、開ける、浮かぶ
작곡	作曲
활동	活動
소모하다	消耗する
떼다	はがす、離す、引く
간격	間隔
높이다	高める
과정	過程
신뢰	信頼
바르다	正しい
들다	入る、かかる
위안	慰め
쌓다	積む、蓄える
받아들이다	受け入れる
실망하다	失望する
흐르다	流れる
고개	首、頭、峠
용기	勇気
고민하다	悩む
보안	保安、セキュリティ
동원하다	動員する
적극적	積極的
소홀하다	おろそかだ
여전히	相変わらず
희망	希望
차다	蹴る、満ちる
생산	生産
신경	神経
가라앉다	沈む、静まる
이해하다	理解する
성향	性向、傾向
구조	構造
연출	演出
조사하다	調査する
독자	読者
억울하다	悔しい
전문가	専門家
민감하다	敏感だ
수요	需要
번식	繁殖
개선	改善
충분하다	十分だ
매출	売上
질	質
꾸미다	飾る、作る
처하다	処する、置かれる
위기	危機
모금	募金
위급하다	危急だ
깨닫다	悟る
대처하다	対処する
예컨대	例えば
감각	感覚
등급	等級、グレード
어우러지다	一塊になる、交わる
결합	結合
성장	成長
게다가	その上、さらに
연결하다	連結する、つなぐ
우울하다	憂うつだ
설정하다	設定する
경향	傾向
성적	成績
맞추다	合わせる、あつらえる
획기적	画期的
영역	領域
검색하다	検索する

펴내다	発行する
좌절하다	挫折する
확산	拡散
풀다	解く、解消する
다가가다	近寄る、近づく
잡히다	捕まる、決まる
추상적	抽象的
뽑다	選ぶ、抜く
살펴보다	調べる、よく見る
바탕	基、ベース
방지하다	防ぐ、防止する
드러나다	現れる、ばれる
왜곡하다	歪曲する、曲げる
적용하다	適用する
악용하다	悪用する
고무적	励みになること
놀라다	驚く
도저히	到底
핵심	核心
조직	組織
발휘하다	発揮する
덮다	閉じる、かける
지붕	屋根
찢어지다	破れる
졸다	居眠りする
일정	日程
고르다	平等だ、均等だ
작성하다	作成する
장점	長所
출력하다	出力する、印刷する
위험	危険、リスク
지다	散る、暮れる
특히	特に
관리	管理
방송	放送
비다	空く、空っぽだ
인구	人口
비교하다	比較する
전달하다	伝達する、渡す
부족하다	不足する
토론	討論
낭비	浪費
판매	販売
의지하다	頼る
광고	広告
실천	実践
표현	表現
가입하다	加入する、登録する
보호	保護
변경	変更
-처럼	～のように
가리다	隠す、選ぶ
삶다	ゆでる、煮る
범죄	犯罪
대책	対策
다행히	幸いに
치우다	片付ける、下げる
예방	予防
기능	機能
신중하다	慎重だ
지방	脂肪
일치하다	一致する
지어지다	建てられる
허락	許諾、許し
목격하다	目撃する
실패	失敗
확실하다	確実だ、確かだ
찾다	訪れる、引き出す
싣다	積む、載せる
최선	最善
차리다	構える、整える、出す
의견	意見
겨우	わずか、やっと
사업	事業
대단하다	甚だしい、素晴らしい
조언	助言、アドバイス
소중하다	大事だ
결국	結局
능력	能力
인하다	よる
존경	尊敬
붙이다	貼る、付ける
자세	姿勢
우수하다	優秀だ、優れている
경쟁	競争
발달	発達
녹다	溶ける、解ける
꾸준히	根気よく、こつこつと
보험	保険
증명	証明
부딪히다	ぶつかる
활약	活躍
종목	種目
조정하다	調整する
밀리다	たまる、滞る
사죄	謝罪
배경	背景
데리다	連れる
저장하다	貯蔵する、保存する

양보	譲歩、譲ること
절약	節約
화려하다	華麗だ、派手だ
검토	検討
모범	模範
적응	適応
바람직하다	望ましい
분명하다	確かだ、間違いない
경영	経営
비우다	空ける
조각	彫刻
제시간	定時、決まった時間
마찬가지	同じこと
비례하다	比例する
공공	公共
설문 조사	アンケート
주제	主題、テーマ
안기다	抱かれる
실제로	実際に
경제	経済
수준	水準、レベル
상하다	傷む、痛む
말리다	乾かす、干す
상처	傷、傷口
발생하다	発生する
참고	参考
현황	現況、現状
감다	洗う、閉じる、巻く
명절	伝統的な年中行事
진출	進出
젖다	ぬれる、浸る
동기	動機
보상	補償
단계	段階
실시하다	実施する
초대	招待
한편	一方
향상	向上
없애다	なくす、消す
제대로	きちんと
대신	代わりに
세균	細菌
유치	誘致
데우다	温める
춤	踊り
긍정	肯定
구축하다	構築する
감정	鑑定
온갖	あらゆる、すべての
출입	出入り
애쓰다	努力する
심리	心理
진심	真心、本気、本心
근거하다	基づく
확대	拡大
악기	楽器
조기	早期
닿다	届く、触れる
천	布、布地
예절	礼節、礼儀
면세	免税
능숙하다	上手だ
회복하다	回復する
뇌	脳
느끼다	感じる
참	(～していた)ところ
건의	建議
깊다	深い
바늘	針
태어나다	生まれる
붕대	包帯
숨	息、呼吸
간섭	干渉
서투르다	下手だ
견디다	耐える、我慢する
섭취하다	摂取する
판단	判断
구하다	救う、求める、請う
떠오르다	浮かぶ、浮かび上がる
유출	流出
응답	応答
견해	見解
기울이다	傾ける
지구	地球
입력	入力
깨다	覚める、割る
오히려	むしろ
경우	場合
출산	出産
맞히다	当てる
지시	指示
두려워하다	恐れる
먼지	ほこり
하락하다	下落する
나아가다	進む、出る
균형	均衡、バランス
과연	果たして、さすが
훈련	訓練
완벽하다	完璧だ

부드럽다	柔らかい、穏やかだ
연기	煙
통계	統計
포기하다	放棄する、諦める
해석	解釈
고통	苦痛
담기다	盛られる、こもる
퍼지다	広がる
산업	産業
마침내	ついに、いよいよ
처방	処方
지출	支出
싸우다	けんかする、戦う
상황	状況
환하다	明るい
훨씬	ずっと(比較)
딱딱하다	硬い
인원	人員、人数
고장	故障
체험	体験
다짐하다	誓う、念を押す
선거	選挙
부담스럽다	負担だ
지치다	疲れる
안부	安否
삭제	削除
몹시	非常に、ひどく
넘치다	あふれる
모자라다	足りない
감상	鑑賞
바깥	外
좀처럼	なかなか(+否定文)
금지	禁止
알아듣다	理解する、聞き取る
소원	願い事
접다	折る
무척	非常に
미끄럽다	滑らかだ、滑る
가리키다	指す
개성	個性
아쉽다	惜しい、残念だ
위로	慰労、慰め
증상	症状
버릇	癖、行儀
줍다	拾う
끊기다	切れる、途絶える
매진	(チケットの)売り切れ
뒤떨어지다	遅れる、劣る
갚다	返す、返済する
농담	冗談
설득	説得
포근하다	暖かい、和やかだ
하마터면	危うく
외치다	叫ぶ
심다	植える
맞벌이	共働き
개최	開催
당기다	引く、引っ張る
결코	決して
궁금하다	気になる、知りたい
상식	常識
보람	やり甲斐
잠그다	鍵をかける
표정	表情
참다	我慢する、こらえる
의논하다	議論する、相談する
어색하다	ぎこちない、気まずい
드디어	いよいよ、ついに
나머지	余り、残り
그립다	懐かしい、恋しい
우연히	偶然
체육	体育
적자	赤字
생물	生物
계기	契機
좌석	座席
외교	外交
문명	文明
석유	石油
건축	建築
정부	政府
연령	年齢
집단	集団
설립	設立
실험	実験
제도	制度
과제	課題
법률	法律
공급	供給
방안	方案
시설	施設
입사	入社
편식	偏食
체온	体温

완성	完成
금액	金額
의류	衣類
계약	契約
구매	購買
검사	検査
관람	観覧
상품	商品
충전	充電
고용	雇用
직장	職場
인생	人生
규칙	規則
면적	面積
분야	分野
강연	講演
기업	企業

Part 2

聞き取り・書き取り問題 頻出単語600

Day 21

1 □
책임
名 責任

関 책임을 지다 責任を取る
　책임감 責任感
　책임자 責任者

아이가 비행 소년으로 자라는 것은 부모에게도 **책임**이 있다.
子供が非行少年に育つのは親にも責任がある。

2 □
파손
名 破損

関 파손되다 破損する
注 배상하다 賠償する

운송 과정에서 발생한 배달원의 부주의로 인한 **파손**은 배상해 드립니다.
運送過程で発生した、配達員の不注意による破損は賠償致します。

3 □
한참
名 しばらく

注 깨닫다 悟る、気付く
　되돌아가다 引き返す

한참 걸은 후에야 잘못 왔다는 사실을 깨닫고 왔던 길을 되돌아갔다.
しばらく歩いた後に道を間違えたことに気付き、来た道を引き返した。

4 □
우승하다
動 優勝する

注 은퇴하다 引退する
　-이니만큼 ～だけに、～だけあって
　부담감 プレッシャー

은퇴하기 전 마지막 대회이니만큼 **우승해**야 한다는 부담감이 있었다.
引退する前の最後の大会だけに優勝しなくちゃというプレッシャーがあった。

5 □
이미
副 すでに

類 벌써 もう、すでに
注 충격적 衝撃的

이미 어느 정도 예상은 하고 있었지만 직접 들으니 충격적이었다.
すでにある程度予想はしていたが、直接聞くと衝撃的だった。

6 □
처리하다
動 処理する

関 신속히 처리하다 迅速に処理する
注 음식물 쓰레기 生ごみ

이 기계에 음식물 쓰레기를 넣으면 버리기 쉽게 **처리해** 준다.
この機械に生ごみを入れると捨てやすく処理してくれる。

7 □
책자
名 冊子、パンフレット

類 책 本
注 맛집 おいしい店
　솔직히 正直に

맛집을 소개하는 **책자**에 나온 가게였지만 솔직히 기대 이하였다.
おいしい店を紹介する冊子に出ているお店だったが、正直期待以下だった。

8 □

챙기다

動 取り揃える、用意する

関 짐을 챙기다 荷物を取り揃える
　밥을 챙겨 먹다 ご飯を欠かさず食べる

여행 중에는 병원에 못 가니까 비상약은 각자 **챙겨** 오세요.
旅行中には病院に行けないので非常用の薬は各自用意して来てください。

9 □

인사

名 人事

関 인사이동 人事異動
　인사과 人事課
注 긴장감이 돌다 緊張が走る

곧 **인사**이동이 있을 거라는 안내에 사내에는 긴장감이 돌았다.
もうすぐ人事異動があるという知らせに社内には緊張が走った。

10 □

명확하다

形 明確だ

類 확실하다 確実だ、確かだ
注 학부모회 PTA(児童の父母会)
　처벌 処罰

학부모회로부터 처벌의 기준을 **명확하**게 해야 한다는 의견이 있었다.
PTAから処罰の基準を明確にするべきだという意見があった。

11 □

솥

名 釜

関 전기밥솥 電気釜、炊飯器
　압력솥 圧力釜、圧力鍋

압력**솥**을 이용하여 요리를 하면 시간이 단축될 뿐만 아니라 맛도 좋다.
圧力鍋を利用して料理をすれば時間が短縮されるだけでなく、味もいい。

12 □

수하물

名 手荷物

関 수하물이 분실되다 手荷物がなくなる
　수하물을 맡기다 手荷物を預ける

아무리 기다려도 가방이 나오지 않아 **수하물** 분실 센터에 가서 문의했다.
いくら待ってもかばんが出てこないので手荷物紛失センターに行って問い合わせた。

13 □

바둑

名 囲碁

関 바둑 대회 囲碁大会
　기사 棋士
注 AI 人工知能

AI로 훈련받는 기사가 많아지면서 **바둑**을 공부하는 풍경도 크게 달라졌다.
AIで訓練する棋士が多くなり、囲碁を勉強する風景も大きく変わった。

14 □

깜박

副 うっかり

類 깜빡 うっかり
注 빈손 手ぶら

오늘이 결혼기념일이라는 걸 **깜박** 잊고 빈손으로 귀가하고 말았다.
今日が結婚記念日だということをうっかり忘れて手ぶらで帰宅してしまった。

チェック ✓
□ 人事 □ すでに □ 破損 □ 冊子 □ 釜 □ しばらく □ 用意する □ 責任
□ 囲碁 □ 優勝する □ 明確だ □ 処理する □ 手荷物 □ うっかり

15 □	**꽃샘추위** 名 花冷え	関 샘 嫉妬、ねたみ 注 이어지다 続く
	3월 말인데도 기온이 3도까지 내려가는 등 **꽃샘추위**가 이어지고 있다. 3月末なのに気温が3度まで下がるなど花冷えが続いている。	
16 □	**답답하다** 形 もどかしい、息苦しい	注 힘껏 精一杯 잘되다 うまくいく
	오해를 풀기 위해 힘껏 노력했지만 잘되지 않아서 **답답할** 뿐이다. 誤解を解くために精一杯努力したが、うまくいかなくてもどかしい限りだ。	
17 □	**복귀하다** 動 復帰する	注 혐의 嫌疑、疑い、容疑 논란이 일다 論議が起こる
	탈세 혐의로 연예계 은퇴를 선언했지만 바로 **복귀하**여 논란이 일고 있다. 脱税の疑いで芸能界引退を宣言したが、すぐ復帰して論議が起こっている。	
18 □	**전등** 名 電灯	関 전등을 갈다 電灯を取り換える 注 컴컴하다 真っ暗だ 눈부시다 まぶしい
	컴컴한 지하실에서 올라오니 실내의 **전등**이 너무 밝아서 눈부셨다. 真っ暗な地下室から上がると室内の電灯が明るすぎてまぶしかった。	
19 □	**돌다** 動 回る	関 한 바퀴 돌다 1周する 군침이 돌다 生つばがたまる 술기운이 돌다 酒が回る
	한 잔밖에 안 마셨는데 술기운이 **돌**아서 테이블 위에서 잠이 들었다. 1杯しか飲んでいないのに酒が回ってテーブルの上で寝入った。	
20 □	**보충하다** 動 補充する、補う	注 부족하다 不足している 건강 보조제 健康補助剤、サプリメント
	부족한 비타민을 **보충하**기 위해 건강 보조제를 매일 먹고 있어요. 不足しているビタミンを補うため、サプリメントを毎日飲んでいます。	
21 □	**특징** 名 特徴	注 판소리 パンソリ（韓国固有の語り物の歌） 백성 百姓、民、国民
	판소리의 가장 큰 **특징**은 일반 백성들의 참여가 가능했다는 점입니다. パンソリの一番大きい特徴は一般の民衆の参加が可能だったという点です。	

22 □ 들리다

[動] 聞こえる

[関] 귀가 밝다 耳聡い、耳が早い、耳がいい
소곤거리다 ささやく

귀가 밝아서 멀리서 소곤거리는 소리까지도 다 **들린**다고 한다.
聴覚が優れていて遠くでささやく声までも全部聞こえるそうだ。

23 □ 묶다

[動] 縛る、結ぶ、束ねる

[関] 손발을 묶다 手足を縛る
한 묶음 一束
머리를 묶다 髪を結ぶ

엄마는 내가 어렸을 때 매일 아침 머리를 예쁘게 **묶**어 주곤 하셨다.
母は私が幼い時、毎朝髪をきれいに結んでくれたりした。

24 □ 주목

[名] 注目

[関] 주목을 받다 注目を浴びる
[注] 노벨 문학상 ノーベル文学賞

아시아에서 처음으로 노벨 문학상을 받은 그는 전 세계의 **주목**을 받았다.
アジアで初めてノーベル文学賞をもらった彼は全世界の注目を浴びた。

25 □ 정기적

[名] 定期的

[関] 정기적으로 定期的に
비정기적 不定期的

스트레스가 많은 현대인들에게는 **정기적**인 정신 건강 검진이 필요하다.
ストレスが多い現代人には定期的な精神の健康検診が必要だ。

26 □ 단추

[名] ボタン

[関] 단추를 달다 ボタンを付ける
단추가 달려 있다 ボタンが付いている

자켓 **단추**가 떨어진 줄도 모르고 입고 와 버렸다.
ジャケットのボタンが取れているのも知らずに着て来てしまった。

27 □ 용품

[名] 用品

[注] 영하 零下、氷点下
불티나게 팔리다 飛ぶように売れる

기온이 갑자기 영하로 내려가면서 난방 **용품**이 불티나게 팔리고 있다.
気温が急に氷点下に下がって、暖房用品が飛ぶように売れている。

28 □ 새기다

[動] 刻む

[関] 가슴에 새기다 胸に刻む
[注] 만년필 万年筆

고급 만년필에 이니셜을 **새겨**서 아버지 생신에 맞춰 보내 드렸다.
高級万年筆にイニシャルを刻んで父の誕生日に合わせて送ってあげた。

チェック✓

□ 特徴 □ 復帰する □ ボタン □ 結ぶ □ もどかしい □ 用品 □ 注目
□ 花冷え □ 補う □ 定期的 □ 回る □ 刻む □ 電灯 □ 聞こえる

Day 22

1 □

복사

名 複写、コピー

関 복사기 コピー機
　원본 原本
注 지참하다 持参する

계약서는 원본을 **복사**하여 원본과 함께 지참해 주세요.
契約書は原本をコピーして原本と一緒に持参してください。

2 □

제작

名 制作

注 합성 기술 合成技術
　변화를 가져오다 変化をもたらす

3D 그래픽 디자인 합성 기술은 영화 **제작**에 큰 변화를 가져왔다.
3D グラフィックのデザイン合成技術は映画制作に大きな変化をもたらした。

3 □

환불

名 払い戻し

関 환불을 요청하다 払い戻しを要請する
注 응하다 応じる

비싼 학비에 대해 일부 **환불**을 요청했으나 대학은 이에 응하지 않았다.
高い学費に対して一部払い戻しを要請したが、大学はこれに応じなかった。

4 □

따로

副 別に、離れて、別途に

関 따로 버리다 別々に捨てる
　따로 살다 離れて暮らす

영수증이 있으면 식비와 교통비는 **따로** 지급해 드릴 수 있습니다.
領収書があれば食費と交通費は別途に支給することができます。

5 □

쉼터

名 休み所、休憩所

関 청소년 쉼터
　青少年の憩いの場、青少年支援施設
注 권장하다 勧めて奨励する、勧める

가정 내 문제가 있는 아이들에게 청소년 **쉼터** 이용을 권장하고 있다.
家庭内に問題がある子供に青少年支援施設の利用を勧めている。

6 □

사전

名 事前

関 사전 제작 事前制作
注 -(으)ㄴ 것으로 나타났다 ～ことが分かった

사전 제작 드라마일수록 성공 가능성이 높은 것으로 나타났다.
事前制作ドラマであるほど成功の可能性が高いことが分かった。

7 □

자체

名 自体

関 자체적으로 独自に
注 댓글 （ネット上での）コメント
　어리석다 愚かだ

이런 유치한 댓글을 의식하고 신경쓰는 것 **자체**가 어리석다.
こんな幼稚なコメントを意識して気にすること自体が愚かだ。

8 □
훌륭하다
形 立派だ、優れている

類 뛰어나다 優れている
注 나열하다 羅列する、並べる

역대 대통령들의 **훌륭한** 업적을 세 가지씩 나열하여 설명했다.
歴代大統領の立派な業績を三つずつ並べて説明した。

9 □
영웅
名 英雄

関 위대한 영웅 偉大なる英雄
악당 悪党

악당들로부터 지구를 지키는 **영웅**들의 이야기를 그린 작품이다.
悪党たちから地球を守る英雄たちの話を描いた作品である。

10 □
수상
名 受賞

関 수상 경력 受賞経歴
수상 소감 受賞の感想

신인상을 받은 그는 **수상** 소감 도중에 눈물이 나와 말을 잇지 못했다.
新人賞をもらった彼は受賞の感想の途中で涙が出て言葉を続けられなかった。

11 □
공개
名 公開

関 공개되다 公開される
注 직전 直前
명단 名簿、リスト

시합 직전에 선발로 출전하는 선수들의 명단이 **공개**되었다.
試合直前に先発で出場する選手たちのリストが公開された。

12 □
가꾸다
動 飾る、育てる

関 꽃을 가꾸다 花を育てる
注 외모 外見、容姿

미용실에 가는 등 외모를 **가꾸**는 걸 보니 남자 친구라도 생겼나 봐요.
美容室に行くなど外見を飾るのをみたら彼氏でもできたみたいです。

13 □
상금
名 賞金

関 현상금 懸賞金
상금을 타다 賞金をもらう

상금을 타서 학비로 쓰기 위해 퀴즈 대회에 참가했다.
賞金をもらって学費に使うため、クイズ大会に参加した。

14 □
옮다
動 移る

関 옮기다 移す
注 -(으)ㄹ까 봐
～のではないかと思って（心配になって）

피부병이 **옮**을까 봐 걱정이 돼서 수건을 소독해서 쓰고 있다.
皮膚病が移るのではないかと心配になってタオルを消毒して使っている。

チェック ✓
□ 自体 □ 受賞 □ 払い戻し □ 移る □ 制作 □ 公開 □ 休憩所 □ 賞金
□ コピー □ 飾る □ 事前 □ 英雄 □ 別途に □ 立派だ

15 □

채용

名 採用

反 해고 解雇
関 채용 담당자 採用担当者

이 사이트는 지역 내 **채용** 공고를 한눈에 파악할 수 있게 되어 있다.
このサイトは地域内の採用広告が一目で把握できるようになっている。

16 □

이익

名 利益

反 손해 損害
関 이익을 보다 利益を得る
注 손해를 보다 損害を被る

주변에 주식 투자로 **이익**을 본 사람보다 손해를 본 사람이 더 많았다.
周りに株の投資で利益を得た人より損害を被った人の方がもっと多かった。

17 □

돌려주다

動 返す

関 갚다 (主に恩、お金など)返す
반납하다 返却する

어제 집들이 때문에 옆집에서 빌린 그릇을 **돌려주**고 왔다.
昨日引越しパーティのため隣の家から借りたお皿を返して来た。

18 □

분실

名 紛失

関 분실물 센터 忘れ物センター
잃어버리다 なくす

혹시 지하철에서 잃어버렸다면 역 **분실**물 센터에 가 보세요.
もし地下鉄でなくしたなら駅の忘れ物センターに行ってみてください。

19 □

동영상

名 動画

関 동영상 강의 動画講座
영상 통화 ビデオ通話

이번 학기 수업은 전부 **동영상**으로 하므로 과제는 이메일로 보내 주세요.
今学期の授業は全部動画でやるので、課題はメールで送ってください。

20 □

앞장서다

動 先頭に立つ、先駆ける

注 대체하다 代替する、置き換える
-(으)ㄹ 만하다 ～する価値がある、～できる

플라스틱 쓰레기를 줄이기 위해 대체할 만한 상품 개발에 **앞장서**고 있다.
プラスチックごみを減らすため、代替できる商品開発の先頭に立っている。

21 □

희생

名 犠牲

関 희생하다 犠牲にする
희생이 따르다 犠牲が伴う

성공에는 반드시 대가와 **희생**이 따른다는 걸 깨닫게 해 준 책이었다.
成功には必ず代価と犠牲が伴うということを悟らせてくれた本だった。

22 ☐

언론

名 言論

関 언론의 자유 言論の自由

注 공정하다 公正だ

언론 기관은 공정한 보도를 할 의무가 있습니다.

言論機関は公正な報道をする義務があります。

23 ☐

숨다

動 隠れる

関 숨기다 隠す

注 낯을 가리다 人見知りをする

낯을 가리는 우리 고양이는 손님이 오면 어딘가에 **숨**어서 안 나온다.

人見知りをするうちの猫は客が来るとどこかに隠れて出て来ない。

24 ☐

임시

名 臨時

関 임시로 臨時で、仮に

注 리모델링 リモデリング、リフォーム

사무실 리모델링 기간 중에 **임시**로 일을 할 수 있는 곳을 찾고 있다.

事務所のリフォーム期間中に臨時で仕事ができる所を探している。

25 ☐

공휴일

名 公休日、祝日

類 국경일 祝祭日

関 임시 공휴일 臨時の公休日

보통 국회의원이나 대통령 선거일은 임시 **공휴일**로 지정된다.

普通国会議員や大統領の選挙の日は臨時の公休日として指定される。

26 ☐

소용없다

形 無駄だ

関 -아/어 봤자 소용없다 ～してみたところで無駄だ

지금 이력서를 보내 봤자 **소용없**어요. 지난주에 마감됐거든요.

今履歴書を送ってみたところで無駄です。先週締め切られたからです。

27 ☐

제기하다

動 提起する、申し立てる

関 이의를 제기하다 異議を申し立てる

注 민원 (行政機関への)請願、苦情

주민들은 밤 늦게까지 이어지는 공사 시간에 대해 민원을 **제기했**다.

住民たちは夜遅くまで続く工事の時間について苦情を申し立てた。

28 ☐

상장

名 賞状

関 상장을 수여하다 賞状を授与する

注 각종 各種、数々の

경시대회 コンテスト

친구의 방에는 각종 경시대회에서 받은 **상장**이 걸려 있었다.

友達の部屋には数々のコンテストでもらった賞状がかかっていた。

チェック ✓

☐ 隠れる ☐ 動画 ☐ 無駄だ ☐ 先頭に立つ ☐ 採用 ☐ 賞状 ☐ 犠牲

☐ 申し立てる ☐ 返す ☐ 公休日 ☐ 紛失 ☐ 言論 ☐ 利益 ☐ 臨時

Day 23

1 □

쓰러지다

動 倒れる

注 벌을 받다 罰を受ける
실려 가다 (人が)運ばれる

운동장에서 벌을 받던 도중에 **쓰러져**서 구급차로 병원에 실려 갔다.
運動場で罰を受けていた途中で倒れて救急車で病院に運ばれた。

2 □

재배하다

動 栽培する

関 곡식을 재배하다 穀物を栽培する
비닐하우스 ビニールハウス

겨울에도 비닐하우스에서 **재배한** 봄 과일을 먹을 수 있게 되었다.
冬にもビニールハウスで栽培した春の果物が食べられるようになった。

3 □

식물

名 植物

関 식물원 植物園
注 기온 변화 気温の変化

기온 변화로 인해 녹색이었던 **식물**의 잎이 빨갛게 변했어요.
気温の変化によって緑色だった植物の葉っぱが赤く変わりました。

4 □

치료

名 治療

関 물리 치료 物理療法、理学療法
注 정형외과 整形外科

허리가 아파서 정형외과에 갔더니 물리 **치료**를 권해 주었어요.
腰が痛くて整形外科に行ったら理学療法を勧めてくれました。

5 □

이루어지다

動 かなう、成り立つ

関 이루다 かなえる
소원이 이루어지다 願い事がかなう
합의가 이루어지다 示談が成立する

변호사의 설득으로 피해자와 가해자 간의 합의가 **이루어졌**다.
弁護士の説得で被害者と加害者間の示談が成立した。

6 □

향기

名 香り

類 향 香り
関 향기가 나다 香りがする
은은하게 ほのかに

장미꽃 **향기**가 나는 세제로 빨았더니 옷에서 장미 향이 은은하게 났다.
バラの香りがする洗剤で洗ったら服からバラの香りがほのかにした。

7 □

맡다

動 かぐ、演じる

関 냄새를 맡다 においをかぐ
역할을 맡다 役を演じる

우유의 유통 기한이 지나 있어서 이상한 냄새가 안 나는지 **맡**아 보았다.
牛乳の賞味期限が過ぎていたので変なにおいがしないかかいでみた。

8 □

귀가

名 帰宅

注 막차 終電、終バス
일제히 一斉に
일손 仕事の手

막차 시간이 가까워지자 모두 일제히 일손을 멈추고 **귀가**를 서둘렀다.
終電の時間が近づいてくると皆一斉に仕事の手を止めて帰宅を急いだ。

9 □

결심하다

動 決心する

類 결정하다 決定する
注 -았/었건만 ~したが
작심삼일 三日坊主

새해가 되어 금연을 **결심했**건만 작심삼일로 끝나 버렸다.
新年になり禁煙を決心したが、三日坊主で終わってしまった。

10 □

표하다

動 表する

関 뜻을 표하다 意を表する
注 고개를 숙이다 頭を下げる

그녀는 두 손을 모아 고개를 숙이며 감사의 뜻을 **표했**다.
彼女は両手を合わせて頭を下げ、感謝の意を表した。

11 □

넘어지다

動 転ぶ

注 스케이트장 スケートリンク
부딪히다 ぶつかる

스케이트장에 사람이 많으면 부딪혀서 **넘어지**기 쉬우니 조심하세요.
スケートリンクに人が多いとぶつかって転びやすいから気をつけてください。

12 □

임대

名 賃貸

関 임대료 賃貸料
注 터무니없이 とてつもなく

이 가게는 위치가 좋아서 손님은 많지만 **임대**료가 터무니없이 비싸다.
この店は場所が良くて客は多いが、賃貸料がとてつもなく高い。

13 □

매장

名 売り場

注 마감 締め切り、閉店
인파가 몰리다 人波が押し寄せる

백화점 지하의 식품 **매장**에는 마감 세일 시간이 되면 인파가 몰린다.
百貨店の地下の食品売り場には閉店セール時間になると人波が押し寄せる。

14 □

요인

名 要因

注 인기를 끌다 人気を集める
홍보 広報、PR
들다 挙げる

이번 신상품이 인기를 끈 **요인**으로는 적극적인 홍보를 들 수 있다.
今回の新商品が人気を集めた要因としては積極的なPRが挙げられる。

チェック ✔
□ 成り立つ □ 治療 □ 香り □ 要因 □ 栽培する □ 表する □ かぐ
□ 売り場 □ 決心する □ 賃貸 □ 植物 □ 転ぶ □ 倒れる □ 帰宅

15 ☐

휴게

名 休憩、休み

類 휴식 休息
関 휴게실 休憩室
注 눈을 붙이다 仮眠を取る

야간 근무 시에는 사원 **휴게**실에서 잠시 동안 눈을 붙일 수 있다.
夜間勤務時には社員休憩室でしばらくの間仮眠を取ることができる。

16 ☐

비하다

動 比する、比べる

類 비교하다 比較する
関 -에 비해 ～に比べて、～の割には

어제 만난 남자는 사진에 **비해** 실물이 훨씬 잘생겼더라고요.
昨日会った彼は写真に比べて実物の方がずっとハンサムだったんです。

17 ☐

유동

名 流動

関 유동 인구 流動人口
注 장사가 잘되다 商売が繁盛する

유동 인구가 많은 곳은 장사가 잘되는 반면에 임대료가 비싸다.
流動人口が多いところは商売が繁盛する反面、賃貸料が高い。

18 ☐

상승

名 上昇

反 하강 下降
注 북극 北極
녹다 解ける、溶ける

지구의 기온이 1도 **상승**할 경우 북극의 얼음은 반년 후에 녹아 없어진다.
地球の気温が１度上昇した場合、北極の氷は半年後に解けてなくなる。

19 ☐

독특하다

形 独特だ

注 맛보기 味見
거부하다 拒否する

그 과일에서는 **독특한** 냄새가 나서 맛보기를 거부하는 사람이 많다.
その果物からは独特なにおいがして味見を拒否する人が多い。

20 ☐

지명

名 地名

注 -을/를 닮다 ～に似ている
붙여지다 付けられる

용산이라는 **지명**은 그 일대 산의 모양이 용을 닮아서 붙여졌다고 한다.
龍山という地名はその一帯の山の形が龍に似ているから付けられたそうだ。

21 ☐

지형

名 地形

類 지리 地理
注 공격하다 攻撃する

적을 공격하기 위해서는 그곳의 **지형**을 잘 알아 둘 필요가 있다.
敵を攻撃するためには、そこの地形をよく調べておく必要がある。

22 □

형상

名 形状

注 -았/었더니 ～したら
입체적 立体的

종이를 자르고 붙이기를 반복했더니 입체적인 **형상**이 완성되었다.
紙を切って貼ることを繰り返したら立体的な形状が完成した。

23 □

불리다

動 呼ばれる、ふやかす

関 부르다 呼ぶ
콩을 불리다 豆をふやかす
注 전봇대 電信柱

초등학교 때부터 키가 컸기 때문에 친구들한테 전봇대라고 **불렸**다.
小学校の時から背が高かったため、友達から電信柱と呼ばれた。

24 □

들여다보다

動 のぞき込む

注 오르골 オルゴール
쇼윈도 ショーウィンドー、陳列窓

저 오르골이 마음에 드는지 가게 쇼윈도 안을 한참 **들여다보**았다.
あのオルゴールが気に入ったのか、店の陳列窓の中をしばらくのぞき込んだ。

25 □

육지

名 陸地、陸

関 섬 島
注 왕래 往来
잦다 頻繁だ

육지와 섬을 연결하는 해저 터널이 생긴 후에 섬에서의 왕래가 잦아졌다.
陸地と島を結ぶ海底トンネルができてから島からの往来が頻繁になった。

26 □

붙여지다

動 付けられる、貼られる

関 붙이다 付ける、貼る
注 광고판 広告板

지하철 광고판에 팬들이 준비한 생일 축하 메세지가 **붙여져** 있었다.
地下鉄の広告板にファンが用意した誕生日祝いのメッセージが貼られていた。

27 □

물길

名 水路

注 철새 渡り鳥
-을/를 따라 ～に沿って

철새들이 하늘에서 **물길**을 따라 이동하는 모습을 볼 수 있었다.
渡り鳥が空を水路に沿って移動する姿を見ることができた。

28 □

변천하다

動 変遷する、移り変わる

関 변천사 変遷史
注 눈이 휘둥그레지다 目を見張る

고향에 내려갈 때마다 **변천하**는 농촌 풍경에 눈이 휘둥그레진다.
故郷に帰るたびに移り変わる農村の風景に目を見張る。

チェック ✓
□ 流動 □ 呼ばれる □ 地名 □ 移り変わる □ 休憩 □ 水路 □ 上昇
□ 陸地 □ 比べる □ のぞき込む □ 独特だ □ 貼られる □ 地形 □ 形状

Day 24

1 □

분류하다

[動] 分類する

[類] 나누다 分ける
[注] 임시로 臨時に、仮に

한 달간 임시로 고용된 그들은 우편물을 지역별로 **분류하**는 작업을 도왔다.
1ヶ月間臨時に雇われた彼らは郵便物を地域別に分類する作業を手伝った。

2 □

합하다

[動] 合わせる

[類] 합치다 合わせる
[関] 합쳐지다 合わさる

평소에도 그렇지만 위기 상황일수록 힘을 **합해**서 극복해야 한다.
普段もそうだけど危機状況であるほど力を合わせて克服するべきだ。

3 □

신입

[名] 新入

[関] 신입생 新入生
신입 사원 新入社員

천 명이 넘는 **신입** 사원들의 연수를 맡게 되어 정신이 없다.
千人を超える新入社員の研修を担当することになって慌ただしい。

4 □

선도하다

[動] 善導する

[注] 친자식 実の子
한 몫 하다 一役果たす

친자식을 대하는 따뜻한 마음으로 비행 소년을 **선도하**는 데 한 몫 했다.
実の子に接する温かい気持ちで非行少年を善導するのに一役果たした。

5 □

진입하다

[動] 進入する

[関] 진입로 進入路
[注] 쏘아 올리다 打ち上げる

민간 회사가 쏘아 올린 우주선이 성공적으로 궤도에 **진입했**다.
民間会社が打ち上げた宇宙船が首尾よく軌道に進入した。

6 □

쾌거

[名] 快挙

[関] 쾌거를 이루다 快挙を成し遂げる
[注] 최연소 最年少

25세라는 나이로 최연소 국회의원에 당선되는 **쾌거**를 이루었다.
25歳という年齢で最年少国会議員に当選する快挙を成し遂げた。

7 □

실습

[名] 実習

[関] 실습생 実習生
[注] 정이 들다 情が移る

교육 **실습** 기간 동안 학생들과 정이 들어 헤어질 때 눈물이 났다.
教育実習期間の間、学生たちに情が移り別れる時に涙が出た。

8 ☐

병행하다

動 並行する

注 소홀해지다 おろそかになる
-기 마련이다 ～するものだ

일과 공부를 **병행하**다 보면 어느 한쪽은 소홀해지기 마련이다.
仕事と勉強を並行していたらどっちかはおろそかになるものだ。

9 ☐

긁히다

動 掻かれる、引っ掻かれる

関 긁다 掻く、引っ掻く
注 자국이 남다 跡が残る

팔에 **긁힌** 자국이 선명하게 남아 있었지만 언제 **긁힌** 건지 모르겠다.
腕に引っ掻かれた跡が鮮明に残っていたが、いつ引っ掻かれたのか分からない。

10 ☐

배려하다

動 配慮する、思いやる

関 배려심 思いやり、配慮する心
남을 배려하다 人を思いやる

존경받는 사람들의 공통점은 남을 **배려하**는 마음을 잊지 않는다는 점이다.
尊敬される人たちの共通点は人を思いやる心を忘れないという点である。

11 ☐

역량

名 力量

関 역량을 키우다 力量をつける
注 양성하다 養成する

여성 지도자들을 양성하고 **역량**을 키우기 위한 워크숍이 개최된다.
女性指導者を養成して力量をつけるためのワークショップが開催される。

12 ☐

업적

名 業績

関 업적을 기리다 業績を称える
注 선정하다 選定する、選ぶ

시에서는 고인의 생전 **업적**을 기려 특별 공로상 수상자로 선정했다.
市では故人の生前の業績を称えて特別功労賞の受賞者として選定した。

13 ☐

습득하다

動 習得する

類 학습하다 学習する
注 응급 처치 応急処置

물놀이를 하기 전에 사고에 대비해 응급 처치 요령을 **습득해** 두었다.
水遊びをする前に事故に備えて応急処置の要領を習得しておいた。

14 ☐

함양

名 涵養、育てること

類 육성 育成
양성 養成
関 인격 함양 人格を育てること

학교 교육의 목적은 지식 습득은 물론 인격 **함양**에 있다.
学校教育の目的は知識の習得はもちろん、人格を育てることにある。

チェック ✓
☐ 合わせる ☐ 力量 ☐ 実習 ☐ 育てること ☐ 進入する ☐ 習得する ☐ 善導する
☐ 思いやる ☐ 分類する ☐ 引っ掻かれる ☐ 快挙 ☐ 並行する ☐ 新入 ☐ 業績

15 □

당부하다

動 頼む、呼びかける

類 부탁하다 頼む
関 거듭 重ねて
注 발설하다 口外する

회사 내부에서 일어난 일을 외부에 발설하지 않도록 거듭 **당부했**다.
会社内で起きたことを外部に口外しないよう重ねて呼びかけた。

16 □

진단하다

動 診断する

関 진단서 診断書
注 장염 腸炎
맹장 盲腸

그 의사는 장염을 맹장이라고 잘못 **진단하**여 수술까지 할 뻔했다.
その医者は腸炎を盲腸だと間違えて診断して手術までするところだった。

17 □

앞두다

動 控える、目前に迫る

注 제대 除隊
-기 그지없다 ～極まりない

제대를 한 달 **앞두**고 당한 사고라서 안타깝기 그지없다.
除隊を１ヶ月前に控えて遭った事故なので残念極まりない。

18 □

안대

名 眼帯

関 안대를 하다 眼帯をする
注 무대에 오르다 舞台に上がる

가수 A 씨는 **안대**를 한 채로 무대에 올라 팬들의 마음을 아프게 했다.
歌手 A さんは眼帯をしたまま舞台に上がったのでファンの心を痛めた。

19 □

숙면

名 熟睡、熟眠

関 숙면을 취하다 熟睡する
注 시험하다 試す

숙면을 취할 수 있다는 수면 안대를 시험해 보았는데 효과가 있었다.
熟睡できるというアイマスクを試してみたが、効果があった。

20 □

해법

名 解法、解決法

注 층간 소음 上下階の騒音
-(으)ㄴ 듯하다 ～したようだ

주민 회의를 통해 층간 소음 문제에 대한 **해법**을 찾은 듯했다.
住民会議を通して上下階の騒音問題に対する解決法を見つけたようだった。

21 □

정서

名 情緒

関 정서적 情緒的
注 지나치다 度が過ぎる

지나치게 폭력적인 장면을 지속적으로 보는 것은 **정서**에 안 좋다.
過度に暴力的な場面を持続的に見るのは情緒によくない。

22 ☐

불면증

名 不眠症

関 수면제 睡眠薬
注 호전되다 好転する

불면증으로 고생했었는데 정신과 상담을 받고 나서 많이 호전되었다.
不眠症で苦労していたが、精神科の相談を受けてからけっこう好転した。

23 ☐

시달리다

動 苦しめられる

注 -다 못해 ～しきれず
자취를 감추다 姿を消す

그는 빚 독촉에 **시달리**다가 참다 못해 모든 것을 버리고 자취를 감추었다.
彼は借金の督促に苦しめられて耐えきれずすべてを捨てて姿を消した。

24 ☐

보조

名 補助

注 학부모 生徒の父母、保護者
참관하다 参観する
곳곳에 所々に

오늘은 학부모 수업 참관일이라서 교실 곳곳에 **보조** 의자를 두었다.
今日は保護者の授業参観日なので教室の所々に補助いすを置いた。

25 ☐

무작정

副 あてもなく

注 말다툼 口論、口けんか
-끝에 ～の末
-기는 했는데 ～したものの

아내와 말다툼 끝에 **무작정** 집을 나오기는 했는데 갈 데가 없다.
妻と口論の末、あてもなく家を出たものの行くところがない。

26 ☐

근원

名 根源、源、元

関 만병의 근원 万病の元
注 욕심을 버리다 欲を捨てる

욕심은 모든 고통의 **근원**이 되므로 욕심을 버리면 마음이 편해질 것이다.
欲はすべての苦痛の源になるため、欲を捨てれば心が楽になるだろう。

27 ☐

의지

名 意志

関 의지를 표명하다 意志を表明する
의지가 강하다 意志が強い

다이어트와 금연의 공통점은 강한 **의지**가 필요하다는 것이다.
ダイエットと禁煙の共通点は強い意志が必要だということだ。

28 ☐

정체

名 正体

関 정체를 밝히다 正体を明かす
注 가면을 쓰다 仮面をかぶる

계속 가면을 쓰고 노래를 부르던 사람의 **정체**가 오늘 밝혀진다.
ずっと仮面をかぶって歌を歌っていた人の正体が今日明かされる。

チェック ✓
☐ 控える ☐ あてもなく ☐ 熟睡 ☐ 意志 ☐ 呼びかける ☐ 正体 ☐ 解決法
☐ 不眠症 ☐ 苦しめられる ☐ 源 ☐ 眼帯 ☐ 診断する ☐ 補助 ☐ 情緒

Day 25

1 □

통행

名 通行

関 통행 금지 通行禁止
注 걸치다 またがる、かかる
방해가 되다 妨害になる、邪魔になる

태풍으로 인해 쓰러진 나무가 도로에 걸쳐 있어 **통행**에 방해가 된다.
台風によって倒れた木が道路にかかっていて通行の邪魔になる。

2 □

불법

名 不法、違法

関 불법 주차 違法駐車
불법 체류자 不法滞在者

영화를 인터넷에서 **불법**으로 다운로드하면 벌금형에 처해진다.
映画をネットから違法にダウンロードすれば罰金刑に処せられる。

3 □

번역

名 翻訳

関 번역가 翻訳家　통역 通訳
오역하다 誤訳する
注 분노 憤怒、怒り

그 **번역**가는 중요한 장면에서 대사를 오역해 관객들의 분노를 샀다.
その翻訳家は大事な場面でセリフを誤訳し、観客の怒りを買った。

4 □

나아지다

動 よくなる、向上する

類 좋아지다 よくなる
関 낫다 勝る、ましだ
注 -(으)ㄹ 만큼 ～するほど

손을 다쳐서 못 움직였었는데 지금은 글도 쓸 수 있을 만큼 **나아졌**어요.
手をけがして動かせなかったが今は文字も書けるほどよくなりました。

5 □

인도

名 引き渡し

関 인도하다 引き渡す
注 조약을 맺다 条約を結ぶ

범죄인 **인도** 조약을 맺은 국가 간에는 범인의 **인도**를 요구할 수 있다.
犯罪人引き渡し条約を結んだ国家間では犯人の引き渡しを要求できる。

6 □

호응

名 呼応、反響

関 호응을 얻다 反響を呼ぶ、共感を得る
注 청취자 聴取者、リスナー

청취자가 전화로 퀴즈에 참여하는 코너가 큰 **호응**을 얻고 있다.
リスナーが電話でクイズに参加するコーナーが大きな反響を呼んでいる。

7 □

우려하다

動 憂慮する、恐れる

関 우려되다 心配される
注 도입하다 導入する

정부가 도입한 부동산 정책을 **우려하**는 목소리가 높아지고 있다.
政府が導入した不動産政策を憂慮する声が高まっている。

8 □ **단속하다**
動 取り締まる

注 부정 행위 不正行為
감독관 監督官

시험 중의 부정 행위를 **단속하**기 위해 감독관을 두 명씩 배치했다.
試験中の不正行為を取り締まるため監督官を二人ずつ配置した。

9 □ **일방**
名 一方

関 일방적으로 一方的に
일방 통행 一方通行

일방적인 계약 해지로 피해를 본 노동자들은 배상금을 청구할 수 있다.
一方的な契約解除で被害を受けた労働者は賠償金を請求できる。

10 □ **원활하다**
形 円滑だ

注 농산물 農産物
진행되다 進行する、進む

농가와 대리점이 직접 계약하여 농산물의 유통이 **원활하**게 진행되고 있다.
農家と代理店が直接契約して農産物の流通が円滑に進んでいる。

11 □ **어휘**
名 語彙

類 단어 単語
関 어휘력 語彙力
注 구사하다 駆使する

어휘를 다양하게 구사할 줄 아는 것은 작가가 되기 위한 기본이다.
語彙を多様に駆使できることは作家になるための基本である。

12 □ **고생**
名 苦労

関 고생하다 苦労する
젊어 고생은 사서도 한다 若い時の苦労は買ってでもせよ

젊어 **고생**은 사서도 한다고 하잖아. 지금 힘들더라도 포기하지 마.
若い時の苦労は買ってでもせよと言うじゃない。今大変でも諦めないで。

13 □ **혼잣말**
名 独り言

関 중얼거리다 つぶやく
注 -(으)ㄹ 듯 말 듯 하다 ～しそうで～しない

무슨 불만이라도 있는지 들릴 듯 말 듯 한 **혼잣말**을 중얼거리고 있다.
何か不満でもあるのか聞こえそうで聞こえない独り言をつぶやいている。

14 □ **무늬**
名 模様

類 모양 模様
注 바탕 基、地
천 生地

저기 흰 바탕에 파란 물방울 **무늬**가 있는 천으로 할래요.
あそこの白地に青い水玉模様がある生地にします。

チェック ✓
□ 引き渡し □ 通行 □ 苦労 □ 一方 □ 憂慮する □ 模様 □ 違法
□ 独り言 □ よくなる □ 語彙 □ 翻訳 □ 円滑だ □ 反響 □ 取り締まる

15 □

숨겨지다

動 隠される

関 숨기다 隠す
숨다 隠れる
注 적히다 書かれる

이 방에 **숨겨져** 있는 카드가 있는데 거기에 힌트가 적혀 있어요.
この部屋に隠されているカードがあって、そこにヒントが書かれています。

16 □

이끌다

動 導く、率いる

注 실전 実戦
몇몇 いくつか、何人か

실전 경험이 많은 몇몇 선수들의 조언이 팀을 승리로 **이끌**었다.
実戦経験が多い何人かの選手の助言がチームを勝利に導いた。

17 □

허용하다

動 許容する、許す

関 허용되다 許容される、許される
注 편곡하다 編曲する、アレンジする

심사 위원이 **허용하**는 범위 내에서 오디션 곡을 편곡할 수 있습니다.
審査委員が許容する範囲内でオーディション曲をアレンジできます。

18 □

나비

名 チョウ

関 곤충 昆虫
날개 羽
注 무늬 模様　습성 習性

나비는 아름다운 색과 무늬의 날개를 가지며 낮에 활동하는 습성이 있다.
チョウは美しい色と模様の羽を持ち、昼間に活動する習性がある。

19 □

대접

名 もてなし、接待

関 대접하다 もてなす
대접을 받다 もてなしを受ける
注 허술하다 おろそかだ、手薄だ

집으로 찾아온 손님에게 **대접**을 허술하게 해서 아버지께 혼났다.
家に訪れて来たお客さんのもてなしをいい加減にして父に怒られた。

20 □

나방

名 ガ

注 -(으)나 ～だが
통통하다 ふっくらとしている

나방의 몸의 구조는 기본적으로 나비와 비슷하나 더 통통하다.
ガの体の構造は基本的にチョウと似ているが、もっとふっくらとしている。

21 □

꽃가루

名 花粉

関 꽃가루 알레르기 花粉症
꽃가루가 날리다 花粉が飛ぶ

향기가 강한 꽃에서 **꽃가루**와 꿀을 먹는 곤충을 발견할 수 있다.
香りが強い花から花粉と蜜を食べている昆虫を発見することができる。

22 칙칙하다
□

[形] くすんでいる

[関] 칙칙한 피부 くすんでいる肌
[注] 선인장 サボテン
마스크 팩 シートマスク

이 선인장 마스크 팩은 **칙칙해** 보이는 피부를 투명하게 해 줍니다.
このサボテンシートマスクはくすんで見える肌を透明にしてくれます。

23 편견
□

[名] 偏見

[関] 편견을 갖다 偏見を持つ
[注] 인식 認識
차별 差別

특정 나라에 대한 잘못된 인식이 **편견**이나 차별을 낳는다.
特定の国についての間違った認識が偏見や差別を生む。

24 마치
□

[副] まるで

[関] -처럼/같이 ~のように
[注] 임산부 妊婦
볼록 ふっくら

언니는 1년 사이에 살이 쪄서 **마치** 임산부처럼 배가 볼록 나와 있었다.
姉は1年の間に太っていてまるで妊婦のようにお腹がふっくらと出ていた。

25 인체
□

[名] 人体

[類] 몸 体
[注] 영향을 미치다 影響を及ぼす

방사능으로 오염된 곳에서 자란 농산물은 **인체**에 나쁜 영향을 미친다.
放射能で汚染された所で育った農産物は人体に悪い影響を及ぼす。

26 해롭다
□

[形] 有害だ、害になる

[反] 이롭다 ためになる
[関] 인체에 해롭다 人体に有害だ

공복에 커피를 마시는 것은 몸에 **해롭**다는 연구 결과가 나왔다.
空腹にコーヒーを飲むのは体に有害だという研究結果が出た。

27 성분
□

[名] 成分

[関] 유해 성분 有害成分
[注] 검출되다 検出される

아이들에게 인기 있는 장난감에서 유해 **성분**이 검출돼 충격을 주고 있다.
子供たちに人気のおもちゃから有害成分が検出されて衝撃を与えている。

28 기획
□

[名] 企画

[関] 공연을 기획하다 公演を企画する
기획안 企画案
[注] 참신하다 斬新だ

길거리 공연을 돌아보다가 참신한 공연 **기획**안이 떠올랐다.
路上公演を見て回っている途中で斬新な公演企画案が思い浮かんだ。

チェック ✓

□ もてなし □ 人体 □ チョウ □ 成分 □ ガ □ 偏見 □ 隠される
□ 有害だ □ 許容する □ くすんでいる □ 企画 □ 花粉 □ まるで □ 導く

次の単語を韓国語は日本語に、日本語は韓国語にしなさい。

1. 파손
2. 챙기다
3. 바둑
4. 전등
5. 새기다
6. 쉼터
7. 합하다
8. 분실
9. 희생
10. 재배하다
11. 쓰러지다
12. 지형
13. 역량
14. 함양
15. 시달리다
16. 통행
17. 우려하다
18. 원활하다
19. 이끌다
20. 해롭다
21. 責任
22. 制作
23. 移る
24. 採用
25. 言論
26. 無駄だ
27. 成り立つ
28. 表する
29. 要因
30. 独特だ
31. 賃貸
32. のぞき込む
33. 善導する
34. 快挙
35. 引っ掻かれる
36. 情緒
37. 意志
38. もてなし
39. 偏見
40. くすんでいる

正解

1. 破損 **2.** 取り揃える **3.** 囲碁 **4.** 電灯 **5.** 刻む **6.** 休憩所 **7.** 合わせる **8.** 紛失
9. 犠牲 **10.** 栽培する **11.** 倒れる **12.** 地形 **13.** 力量 **14.** 育てること
15. 苦しめられる **16.** 通行 **17.** 憂慮する **18.** 円滑だ **19.** 導く **20.** 有害だ
21. 책임 **22.** 제작 **23.** 옮다 **24.** 채용 **25.** 언론 **26.** 소용없다 **27.** 이루어지다
28. 표하다 **29.** 요인 **30.** 독특하다 **31.** 임대 **32.** 들여다보다 **33.** 선도하다 **34.** 쾌거
35. 긁히다 **36.** 정서 **37.** 의지 **38.** 대접 **39.** 편견 **40.** 칙칙하다

確認問題

A (　　) に入る単語を選び、適当な形にしなさい。

답답하다	훌륭하다	앞장서다	넘어지다	가꾸다	맡다

1. 소비자 단체는 국산품 애용 운동에 (　　　　　) 있다.

2. 처음 (　　　　　)는 악역이었음에도 불구하고 호평을 받았어요.

3. 휴일에는 주로 누나와 같이 정원에서 꽃을 (　　　　　).

4. 오랜 시간 넥타이를 맨 채로 있었더니 너무 (　　　　　).

B (　　) に入る適切な副詞を選びなさい。

한참	이미	따로	임시로	마치	무작정

1. 도착했을 때는 (　　　　　) 파티가 끝나고 모두 돌아간 후였다.

2. (　　　　　) 직접 목격한 것 같이 이야기하고 있었다.

3. 계획을 세우지 않고 (　　　　　) 기차를 타고 여행을 떠났다.

4. 남편이 지방으로 전근을 가서 당분간 (　　　　　) 살게 됐어요.

正解例および和訳

A　**1.** 앞장서고　**2.** 맡　**3.** 가꿔요　**4.** 답답하다

訳　**1.** 消費者団体は国産品愛用運動の(先頭に立って)いる。

2. 初めて(演じ)る悪役だったにも関わらず好評を得ました。

3. 休日は主に姉と一緒に庭で花を(育てています)。

4. 長い時間ネクタイをしたままいたのでとても(息苦しい)。

B　**1.** 이미　**2.** 마치　**3.** 무작정　**4.** 따로

訳　**1.** 到着した時は(すでに)パーティが終わってみんな帰った後だった。

2. (まるで)直接目撃したかのように話していた。

3. 計画を立てないで(あてもなく)汽車に乗って旅立った。

4. 夫が地方へ転勤するので当分の間(別々に)暮らすことになりました。

まとめてみましょう

作文問題でそのまま使えるフレーズ

▶長所と短所に関連する記述

－의 장점으로는

～の長所としては

반면 단점으로는

一方、短所としては

－은/는 좋은 점도 있지만 문제점도 있다

～はいい点もあるが問題点もある

그러나 긍정적인 면만 있는 것은 아니다

しかし肯定的な面だけあるわけではない

▶グラフの解釈

－%를 차지했다

～%を占めた

－%에 그쳤다

～%にとどまった

－%로 가장 높게 나타났다

～%で一番高く現れた

－%로 그 뒤를 이었다

～％でその後ろに続いた

－에 비해 큰 폭으로 증가했다

～に比べて大幅に増加した

꾸준히 늘고 있다

着実に増え続けている

－(으)ㄴ/는 것으로 조사되었다

～ことが分かった

이상의 조사 결과를 통해 －(ㄴ/는)다는 사실을 알 수 있다

以上の調査結果によって～ということが分かる

▶原因に関する記述

-는 원인으로는 우선,
～する原因としてはまず、

또 다른 원인으로는 -을/를 들 수 있다
その他の原因としては～が挙げられる

-았/었기 때문인 것으로 보인다
～したためであると思われる

그 원인 중의 하나로 -을/를 꼽을 수 있다
その原因の１つとして～が挙げられる

-이/가 그 원인이라고 볼 수 있다
～がその原因だとみられる

▶結論

-(ㄴ/는)다는 것을 잊지 말아야 할 것이다
～ということを忘れてはならない

따라서 -아/어야겠다
従って～するべきだ

-등의 노력이 필요할 것이다
～などの努力が必要だろう

지금부터라도 -지 않으면 안 될 것이다
今からでも～しなければならない

이러한 이유로 -에 반대하는/찬성하는 바이다
こういった理由で～に反対する／賛成するものである

그러므로 -는 자세가 필요하다
それ故に～する姿勢が必要だ

Day 26

1 □

유발하다

動 誘発する、誘う

関 흥미를 유발하다 興味を誘う
注 살해당하다 殺害される

범인인 줄 알았던 남자가 살해당해 관객들의 흥미를 한층 더 **유발했**다.
犯人だと思っていた男性が殺害され、観客の興味をより一層誘った。

2 □

일으키다

動 起こす

関 소동을 일으키다 騒動を起こす
注 취객 酔客、酔っ払い

술에 취한 취객 두 명이 가게 안에서 소동을 **일으켜** 경찰을 불렀다.
お酒に酔った酔客二人が店の中で騒動を起こしたので警察を呼んだ。

3 □

작용

名 作用

関 해독 작용 解毒作用
注 -(으)ㄹ 뿐만 아니라 ～だけでなく

양배추는 위에 좋을 뿐만 아니라 간의 해독 **작용**에도 도움을 준다.
キャベツは胃に良いだけでなく、肝臓の解毒作用も助ける。

4 □

애벌레

名 幼虫

類 유충 幼虫
関 벌레 虫
꿈틀꿈틀 くねくね

아이가 꿈틀꿈틀 나뭇잎 위를 기어가는 **애벌레**를 관찰하고 있다.
子供がくねくねと葉っぱの上をはっていく幼虫を観察している。

5 □

해충

名 害虫

注 농작물 農作物
약을 뿌리다 薬をまく

농작물에 이 약을 뿌렸더니 **해충**으로 인한 피해가 크게 줄었다.
農作物にこの薬をまいたら害虫による被害が大きく減った。

6 □

인식

名 認識

注 -전만 해도 ～前までは
기능을 갖추다 機能を備える

몇 년 전만 해도 지문 **인식** 기능을 갖춘 스마트폰은 상상할 수 없었다.
数年前までは指紋認識機能を備えたスマートフォンは想像できなかった。

7 □

생태계

名 生態系

注 화석 化石
짐작하다 推測する、推量する

고대 곤충의 화석을 통해 수천만 년 전의 **생태계**를 짐작할 수 있다.
古代の昆虫の化石を通して数千万年前の生態系を推測することができる。

8 □

대량

名 大量

関 대량으로 大量に
注 사들이다 買い込む、買い取る

주가가 오를 것으로 예상되는 주식을 **대량**으로 사들였다.
株価が上がると予想される株を大量に買い込んだ。

9 □

자세하다

形 詳しい

注 생략하다 省略する、省く
　 첨부 파일 添付ファイル

시간 관계상 **자세한** 설명은 생략하겠습니다. 첨부 파일을 참고해 주세요.
時間の関係で詳しい説明は省略します。添付ファイルを参考にしてください。

10 □

유해

名 有害

関 유해 물질 有害物質
　 유해성 有害性
注 전자파 電磁波

컴퓨터에서 발생하는 전자파의 **유해**성은 이전부터 논란이 되어 왔다.
パソコンから発生する電磁波の有害性は以前から論議されてきた。

11 □

양식

名 様式

関 이력서 양식 履歴書の様式
注 당사 当社

기본적인 이력서 **양식**은 당사 홈페이지에서 다운로드 가능합니다.
基本的な履歴書の様式は当社のホームページからダウンロードできます。

12 □

사다리

名 はしご

関 사다리를 설치하다 はしごを設置する
注 비가 새다 雨が漏れる

지붕에서 비가 새는 것 같아서 **사다리**를 타고 올라가 보았다.
屋根から雨が漏れているようだったので、はしごに乗って上がってみた。

13 □

개체

名 個体

注 독립되다 独立する
　 평등하다 平等だ

인간은 서로를 독립된 **개체**로 인식하고 평등한 관계로 살아간다.
人間はお互いを独立した個体として認識し、平等な関係で生きていく。

14 □

위협하다

動 脅かす

関 위협받다 脅かされる
　 협박하다 脅迫する

초지능형 AI(인공 지능)의 개발은 인류의 미래를 **위협할** 수 있다.
超知能型 AI（人工知能）の開発は人類の未来を脅かしうる。

チェック ✓

□ 起こす　□ 様式　□ 認識　□ 脅かす　□ 害虫　□ 個体　□ 生態系　□ 詳しい
□ 作用　□ 有害　□ 幼虫　□ はしご　□ 誘う　□ 大量

15 □

목숨

名 命

関 목숨을 건지다 命が助かる
　목숨을 걸다 命をかける
注 구사일생 九死に一生を得ること

빗길에 차가 미끄러져 추돌 사고가 났지만 구사일생으로 **목숨**은 건졌다.
雨の道に車が滑って追突事故が起きたが、辛うじて命は助かった。

16 □

환경

名 環境

関 친환경 環境に優しいこと
注 절감하다 節減する

친**환경** 용기로 변경하면 플라스틱 사용을 40% 절감할 수 있다.
環境に優しい容器に変えるとプラスチックの使用を40%節減できる。

17 □

어울리다

動 交わる、ふさわしい

関 어울려 살다 交わって暮らす
　어울리는 복장 ふさわしい服装

모든 인종이 차별 없이 **어울려** 사는 세상을 꿈꾸고 있다.
すべての人種が差別なく交わって暮らす世の中を夢見ている。

18 □

몰두하다

動 没頭する、取り組む

注 자폐증 自閉症
　관련되다 関連する、関わる
　유전자 遺伝子

자폐증에 관련된 유전자가 발견되어 치료제 개발에 **몰두하**고 있다.
自閉症に関連した遺伝子が発見され、治療薬の開発に没頭している。

19 □

소재

名 素材

注 신축성 伸縮性
　착용감 着用感、はき心地、着心地

이 바지는 신축성이 좋은 **소재**를 사용하여 착용감이 편하다.
このズボンは伸縮性のいい素材を使用しているので、はき心地がいい。

20 □

시도하다

動 試みる、試す

注 결함 欠陥、不具合
　알람이 울리다 アラームが鳴る
　비상 착륙 緊急着陸

기체의 결함을 알리는 알람이 울려서 비상 착륙을 **시도했**다.
機体の不具合を知らせるアラームが鳴ったので緊急着陸を試みた。

21 □

탄수화물

名 炭水化物

注 과잉 섭취 過剰摂取
　현미 玄米

탄수화물을 과잉 섭취하지 않도록 하기 위해 현미밥을 먹기 시작했어요.
炭水化物を過剰摂取しないようにするため玄米ご飯を食べ始めました。

22 ☐ **미세**

名 微細

関 미세 먼지 微細なほこり(PM2.5)
미세하다 微細だ、細かい

육안으로 관찰하기 어려운 **미세** 세포는 현미경을 사용해 연구하고 있다.
肉眼で観察しにくい微細細胞は顕微鏡を使って研究している。

23 ☐ **산소**

名 酸素

関 산소 흡입기 酸素吸入器
注 지참하다 持参する

미세 먼지 농도가 높을 때는 휴대용 **산소** 흡입기를 지참하고 외출해요.
微細なほこりの濃度が高い時は携帯用の酸素吸入器を持参して外出します。

24 ☐ **막다**

動 防ぐ、ふさぐ、止める

関 길을 막다 道をふさぐ
注 자제하다 自制する、控える

소문이 퍼지는 것을 **막**기 위해 기사를 자제해 달라고 요청했다.
うわさが広がるのを防ぐため、記事を控えてくれるように要請した。

25 ☐ **기존**

名 既存

注 뛰어나다 優れている
출시되다 発売される

기존 제품에 비해 가볍고 뛰어난 성능의 디지털 카메라가 출시되었다.
既存の製品に比べて軽くて優れた性能のデジタルカメラが発売された。

26 ☐ **대체하다**

動 代替する、置き換える

類 대신하다 代える、代わる
注 우천 雨天

우천 시에는 체육관에서 할 수 있는 프로그램으로 **대체할** 겁니다.
雨天の際には体育館でできるプログラムに代替するつもりです。

27 ☐ **역부족**

名 力不足

注 뒤처리하다 後始末する
도움을 구하다 助けを求める

나 혼자 뒤처리하기에는 **역부족**이라서 동료에게 도움을 구했다.
自分一人で後始末するには力不足だったので同僚に助けを求めた。

28 ☐ **단백질**

名 タンパク質

注 생성하다 生成する、作る
노화 방지 老化防止、アンチエイジング

단백질은 근육을 생성하는 데 필요하며 피부의 노화 방지를 돕는다.
タンパク質は筋肉を作るのに必要で、肌のアンチエイジングに役立つ。

チェック ✓
☐ 没頭する ☐ 防ぐ ☐ タンパク質 ☐ 命 ☐ 素材 ☐ 既存 ☐ 炭水化物
☐ 代替する ☐ 力不足 ☐ 試みる ☐ 酸素 ☐ 交わる ☐ 微細 ☐ 環境

Day 27

1 □

썩다

動 腐る

関 음식이 썩다 食べ物が腐る
이가 썩다 歯が虫歯になる

페트병이 **썩**는 데 걸리는 시간은 약 450년이라고 합니다.
ペットボトルが腐るのにかかる時間は約 450 年だそうです。

2 □

차단하다

動 遮断する、遮る

関 차단되다 遮断される
햇볕을 차단하다 日差しを遮る

산에 올라가기 전에 자외선을 **차단해** 주는 크림을 바르고 모자도 썼다.
山に登る前に紫外線を遮断してくれるクリームを塗って帽子もかぶった。

3 □

확보하다

動 確保する

関 증거를 확보하다 証拠を確保する
注 재판을 열다 裁判を開く

충분한 증거를 **확보하**지 않은 채로 재판을 열면 불리해진다.
十分な証拠を確保していないまま裁判を開くと不利になる。

4 □

바위

名 岩

注 치다 打つ、たたく
뜻하다 意味する

계란으로 **바위** 치기라는 말은 상대가 너무 강해서 이길 수 없음을 뜻한다.
卵で岩を打つという言葉は相手が強すぎて勝てないことを意味する。

5 □

실태

名 実態、実情

類 실정 実情
注 난민 難民
파견하다 派遣する

인터넷 카페 난민의 **실태**를 조사하기 위해서 시에서 공무원을 파견했다.
ネットカフェ難民の実態を調査するために市から公務員を派遣した。

6 □

해소하다

動 解消する

関 갈등을 해소하다 葛藤を解消する
注 주차난 駐車難(駐車場が不足して起こる問題)

주차난을 **해소하**기 위해 주차장을 공유하는 사업자에게는 보조금이 나간다.
駐車難を解消するために駐車場を共有する事業者には補助金が出る。

7 □

활력

名 活力

関 활력소 活力の源
활력이 넘치다 活力があふれる

활력이 넘치는 새벽 어시장의 모습을 보면 자극을 받을 수 있어서 좋다.
活力があふれる夜明けの魚市場の様子を見ると刺激を受けられるのでいい。

8 □

불어넣다

動 吹き入れる、与える

関 활력을 불어넣다 活力を与える
注 반복되다 繰り返される

매일 반복되는 생활에 활력을 **불어넣**기 위해 블로그를 쓰기 시작했다.
毎日繰り返される生活に活力を与えるため、ブログを書き始めた。

9 □

언급

名 言及

関 언급되다 言及される
注 일절 一切
회피하다 回避する、避ける

김 선생님은 자신의 사생활에 대해서는 일절 **언급**을 회피해 왔다.
金先生は自分の私生活については一切言及を避けてきた。

10 □

노동

名 労働

関 노동자 労働者
노동력 労働力
注 허가되다 許可される

한동안 금지되어 있었던 외국인 **노동**자에 대한 입국이 허가되었다.
しばらく禁止されていた外国人労働者に対する入国が許可された。

11 □

의욕

名 意欲

関 의욕이 넘치다 意欲があふれる
의욕을 상실하다 意欲を喪失する
의욕을 되찾다 意欲を取り戻す

같은 상황에 처한 사람들의 성공 일화를 듣고 삶의 **의욕**을 되찾았다.
同じ状況に置かれた人々の成功エピソードを聞いて生きる意欲を取り戻した。

12 □

촉진하다

動 促進する

注 전과자 前科者
고용 雇用
마련하다 用意する

전과자에 대한 고용을 **촉진하**는 다양한 정책을 마련한다고 합니다.
前科者に対する雇用を促進する様々な政策を用意するそうです。

13 □

보장하다

動 保障する

関 보장되다 保障される
注 글이 올라오다 文章がアップされる

언론의 자유를 **보장한**다고 하면서 인터넷에 올라오는 글을 체크했다.
言論の自由を保障すると言いながらネットにアップされる文章をチェックした。

14 □

날다

動 飛ぶ

関 날리다 飛ばす
注 맞히다 当てる
솜씨 腕前

하늘을 **나**는 새도 정확히 맞힐 수 있을 만큼 활솜씨가 훌륭했다.
空を飛ぶ鳥も正確に当てられるほど、弓の腕前が素晴らしかった。

チェック ✓

□ 岩 □ 意欲 □ 解消する □ 保障する □ 腐る □ 促進する □ 実態
□ 飛ぶ □ 活力 □ 言及 □ 遮断する □ 与える □ 確保する □ 労働

15 □

게으르다

形 怠慢である

反 부지런하다 勤勉だ、手まめだ
関 귀찮아하다 面倒くさがる
눕다 横になる、寝る

밥 먹는 것도 귀찮아할 만큼 **게을러**서 종일 누워만 있어요.
ご飯を食べるのも面倒くさがるほど怠慢なので一日中寝ているだけです。

16 □

본성

名 本性

関 본성을 드러내다 本性を現す
注 악하다 気立てが悪い

처음부터 악한 **본성**을 지니고 태어나는 사람은 없다고 생각해요.
最初から悪い本性を持って生まれる人はいないと思います。

17 □

복지

名 福祉

関 복지 사업 福祉ビジネス
注 바자회 バザー

온라인 바자회의 수익은 전액 사회 **복지** 시설에 기증하겠다고 밝혔다.
オンラインバザーの収益は全額社会福祉施設に寄贈すると明らかにした。

18 □

지켜보다

動 見守る

注 놀이터 遊び場、公園
CCTV 監視カメラ

놀이터에서 노는 아이들의 모습을 실내에서 CCTV로 **지켜보**았다.
公園で遊んでいる子供たちの姿を室内から監視カメラで見守った。

19 □

늙다

動 老いる

反 젊다 若い
注 어느덧 いつの間にか
칠순 70 歳

나도 어느덧 칠순이 되어 몸이 예전 같지 않고 **늙**었음을 실감한다.
私もいつの間にか 70 歳になり体が昔と違って老いたことを実感する。

20 □

지급하다

動 支給する、支払う

関 지급되다 支給される
注 일용직 日雇い

일용직 노동자들의 수당은 일이 끝난 후에 바로 **지급해**야 한다.
日雇い労働者の手当は仕事が終わった後にすぐ支給するべきだ。

21 □

대가

名 代価、代償、対価

関 대가를 지불하다 代価を払う
注 발설하다 口外する

비밀을 발설하지 않는 **대가**로 거액을 지불했건만 그는 약속을 어겼다.
秘密を口外しない代価として巨額を支払ったが、彼は約束を破った。

22 **바라보다**

動 見つめる、眺める

関 넋을 잃고 바라보다 我を忘れて見とれる
注 우두커니 ぼうぜんと、ぼんやりと

무슨 생각을 하는지 먼 산만 우두커니 **바라보**며 앉아 있다.
何を考えているのか遠くの山をぼんやりと眺めながら座っている。

23 **유보하다**

動 留保する、保留する

注 임금 賃金
노동조합 労働組合
파업 ストライキ

임금 인상 결정에 따라 전국 버스 노동조합은 파업을 **유보했**다.
賃金引き上げ決定によって全国のバス労働組合はストライキを留保した。

24 **어긋나다**

動 行き違う、外れる

関 길이 어긋나다 行き違う
기대에 어긋나다 期待に反する
注 장기화되다 長期化する

이상 기후로 인해 장마가 장기화될 것이라는 기상청의 예측이 **어긋났**다.
異常気象により梅雨が長期化するという気象庁の予測が外れた。

25 **지적**

名 指摘

関 지적을 받다 指摘を受ける
注 추진하다 推進する、進める

보고서에 대한 상사의 **지적**이 없었으므로 그대로 일을 추진했다.
報告書に対する上司の指摘がなかったため、そのまま仕事を進めた。

26 **권유**

名 勧誘

関 권유받다 勧められる
注 통증이 완화되다 痛みが緩和される

허리 통증의 완화를 위해서 수술을 하자는 주치의의 **권유**를 받아들였다.
腰の痛みの緩和のため、手術をしようという主治医の勧誘を受け入れた。

27 **세력**

名 勢力

注 이용률 利用率
확장하다 拡張する

인구에 비해 인터넷 이용률이 낮은 동남아시아로 **세력**을 확장해 갔다.
人口に比べてネットの利用率が低い東南アジアへ勢力を拡張していった。

28 **형성하다**

動 形成する

関 형성되다 形成される
세력을 형성하다 勢力を形成する

중세의 유럽에서는 기독교가 강한 세력을 **형성하**고 있었다.
中世のヨーロッパではキリスト教が強い勢力を形成していた。

チェック ✓
□ 本性 □ 眺める □ 怠慢である □ 指摘 □ 支給する □ 形成する □ 代価
□ 勧誘 □ 老いる □ 外れる □ 福祉 □ 留保する □ 勢力 □ 見守る

Day 28

1 □

대립하다

動 対立する

注 대부분 大部分、大方
-기 마련이다 ～するものだ

대부분의 소설에는 주인공과 **대립하**는 인물이 그려지기 마련이다.
大方の小説には主人公と対立する人物が描かれるものだ。

2 □

여론

名 世論

関 여론 조사 世論調査
注 불매 운동 不買運動

여론 조사 결과 불매 운동에 참여하겠다는 의견은 5% 미만이었다.
世論調査の結果、不買運動に参加するという意見は5%未満だった。

3 □

견제하다

動 牽制する

注 관세 関税
의도 意図
분명하다 明らかだ

이번 관세 정책을 보면 그 나라를 **견제하**려는 의도가 분명했다.
今回の関税政策を見るとあの国を牽制しようとする意図が明らかだった。

4 □

효율

名 効率

関 효율성 効率性
효율적 効率的
注 역설하다 力説する

전문가는 토론회에서 여론을 바탕으로 한 정치의 **효율**성을 역설했다.
専門家は討論会で世論を基にした政治の効率性を力説した。

5 □

심화되다

動 深化する、深まる

注 정규직 正規職、正規雇用
차지하다 占める

정규직보다 계약직이 차지하는 비율이 늘어 고용 불안이 **심화되**고 있다.
正規雇用より契約雇用が占める割合が増え、雇用不安が深まっている。

6 □

폐단

名 弊害

関 폐단이 생기다 弊害が生じる
注 갈수록 ますます

정치가들 사이에서 갈등이 갈수록 심화되면서 **폐단**이 생겨났다.
政治家の間で葛藤がますます深まったことで弊害が生じた。

7 □

골고루

副 均等に、等しく、満遍なく

関 골고루 먹다 偏食せずに食べる
골고루 나누어 주다 均等に分ける

모든 아이들이 운동회 경기에 **골고루** 참여할 수 있도록 해야 한다.
すべての子供たちが運動会の競技に等しく参加できるようにしないといけない。

8 □

벌칙

名 罰則

関 벌칙을 강화하다 罰則を強化する
注 식사비 食事代

게임에 진 팀이 **벌칙**으로 저녁 식사비를 내기로 합시다.
ゲームに負けたチームが罰則として夕食代を払うことにしましょう。

9 □

등용하다

動 登用する、取り立てる

関 인재를 등용하다 人材を登用する
注 과거 제도 科挙制度(朝鮮時代に行われた人材登用試験)

전국에 있는 인재를 골고루 **등용하**기 위해 과거 제도를 시행했다고 한다.
全国にいる人材を均等に登用するため、科挙制度を施行したという。

10 □

언쟁

名 言い争い

注 사소하다 些細だ
연락이 두절되다 連絡が途絶える

사소한 일로 **언쟁**이 있었는데 그 후로 연락이 두절되었다.
些細なことで言い争いがあったが、その後連絡が途絶えた。

11 □

일삼다

動 (良くないことに)没頭する

注 재산을 물려받다 財産を譲り受ける
도박 賭博、ギャンブル

거액의 재산을 물려받은 그는 일도 그만두고 도박을 **일삼**았다.
巨額の財産を譲り受けた彼は仕事も辞めてギャンブルに没頭した。

12 □

비롯되다

動 始まる、由来する

類 시작되다 始まる
関 -에서 비롯되다 ～から始まる

어제 발생한 화재는 주방 공사를 담당한 직원의 부주의에서 **비롯되**었다.
昨日発生した火災は厨房工事を担当した職員の不注意から始まった。

13 □

심판

名 審判

関 국제 경기 国際競技
注 시험을 거치다 試験を経る

경력을 쌓은 후에 영어 및 체력 시험을 거쳐서 국제 경기 **심판**이 된다.
経歴を積んだ後に英語および体力の試験を経て国際競技の審判になる。

14 □

이념

名 理念

注 유교 儒教
통치 統治
-(으)로 삼다 ～にする

조선 시대에는 유교를 국가의 통치 **이념**으로 삼았다.
朝鮮時代は儒教を国家の統治理念にした。

チェック ✓
□ 深まる □ 罰則 □ 弊害 □ 没頭する □ 対立する □ 理念 □ 効率
□ 始まる □ 等しく □ 言い争い □ 牽制する □ 審判 □ 世論 □ 登用する

15 □

혼란

名 混乱

関 혼란스럽다 混乱している
혼란에 빠지다 混乱に陥る
注 공지되다 公知される、知らされる

시험 범위가 잘못 공지된 것으로 판명되어 학생들이 **혼란**에 빠졌다.
試験範囲が間違って知らされたことが判明して学生たちが混乱に陥った。

16 □

다듬다

動 整える、手入れする

関 머리를 다듬다 髪を整える
注 물을 받다 水をためる
콩나물 豆もやし

먼저 큰 그릇에 물을 받아 콩나물을 넣고 씻은 후에 **다듬**어 주세요.
まず大きい器に水をため豆もやしを入れて洗った後、手入れしてください。

17 □

인상하다

動 引き上げる

類 올리다 上げる
反 인하하다 引き下げる
注 시급 時給

점장님은 근무 기간이 1년이 지나면 시급을 **인상해** 주기로 약속했다.
店長は勤務期間が1年を過ぎたら時給を引き上げてくれると約束した。

18 □

개강

名 開講

関 강좌 講座
注 인원 人数
미루다 延ばす、延期する

이 강좌는 신청 인원이 부족해서 **개강**을 다음 달로 미루게 되었다.
この講座は申し込み人数が足りないため開講を来月に延ばすことになった。

19 □

솔솔

副 そよそよ、すうすう

注 -을/를 찾다 ～を訪れる
늘어나다 増える

봄바람이 **솔솔** 불기 시작하면 꽃을 보러 공원을 찾는 시민이 늘어난다.
春風がそよそよと吹き始めると花を見に公園を訪れる市民が増える。

20 □

순간

名 瞬間

反 영원 永遠
関 순간적으로 瞬間的に

눈 앞에 나타난 그녀를 본 **순간** 나는 내가 꿈을 꾸고 있다고 생각했다.
目の前に現れた彼女を見た瞬間、私は自分が夢を見ていると思った。

21 □

신선하다

形 新鮮だ

注 밀폐 용기 密閉容器
오래도록 長く、長い間

이 밀폐 용기에 김치를 보관하면 오래도록 **신선하**게 보관할 수 있다.
この密閉容器にキムチを保管すれば長く新鮮に保管できる。

22 □ **푸르다**

形 青い

注 지나가다 通り過ぎる
더없이 この上なく

태풍이 지나간 후의 하늘은 더없이 **푸르**고 맑았다.
台風が通り過ぎた後の空はこの上なく青くて澄んでいた。

23 □ **강**

名 川

関 강이 흐르다 川が流れる
注 넘다 超える、過ぎる

아마존 **강**은 세계에서 가장 긴 **강**이며 그 길이는 7000km를 넘는다.
アマゾン川は世界で一番長い川で、その長さは 7000km を超える。

24 □ **용감하다**

形 勇敢だ

注 체포하다 逮捕する
공헌하다 貢献する
수여하다 授与する

범인을 체포하는 데 공헌한 A 씨에게 '**용감한** 시민상'을 수여했다.
犯人を逮捕するのに貢献した A さんに「勇敢な市民賞」を授与した。

25 □ **제외하다**

動 除外する

類 빼다 引く、抜く
関 제외되다 除外される

그녀는 월급에서 생활비를 **제외한** 나머지는 모두 저축하고 있다.
彼女は月給から生活費を除外した残りはすべて貯蓄している。

26 □ **몸짓**

名 身ぶり、ジェスチャー

注 과장되다 誇張される、大げさだ
파울 ファウル

축구 경기 중에 과장된 **몸짓**으로 파울을 유도하는 장면이 있었다.
サッカーの試合中に大げさなジェスチャーでファウルを誘導する場面があった。

27 □ **담다**

動 盛る、込める

関 마음을 담다 心を込める
注 -(으)ㄹ 만큼만 ～する分だけ

음식을 남겨서 버리면 아까우니까 먹을 수 있을 만큼만 **담**으세요.
料理を残して捨てるともったいないので食べられる分だけ盛ってください。

28 □ **띠다**

動 帯びる、呈する

関 미소를 띠다 ほほ笑みを浮かべる
注 앞두다 控える

침체되어 있던 전통 시장이 설을 앞두고 다시 활기를 **띠**기 시작했다.
沈滞していた伝統市場が正月を控えて再び活気を帯び始めた。

チェック ✓
□ 手入れする □ 盛る □ 川 □ 勇敢だ □ 混乱 □ 帯びる □ 引き上げる
□ 青い □ 開講 □ 除外する □ 新鮮だ □ 身ぶり □ 瞬間 □ そよそよ

Day 29

1 ☐

반칙

[名] 反則

[関] 반칙을 범하다 反則を犯す
[注] 퇴장당하다 退場になる

시합 중에 **반칙**을 세 번 하면 퇴장당하는데 벌써 두 번째 **반칙**을 범했다.
試合中に反則を3回すると退場になるのにすでに2回目の反則を犯した。

2 ☐

경청하다

[動] 傾聴する、聞き入る

[関] 귀를 기울이다 耳を傾ける
[注] 원만하다 円満だ

원만한 관계를 유지하는 비결은 서로의 말을 **경청하**는 것이다.
円満な関係を維持する秘訣はお互いの話を傾聴することだ。

3 ☐

되풀이하다

[動] 繰り返す

[注] 시행착오 試行錯誤
다다르다 至る、到達する

시행착오를 **되풀이하**다 보면 언젠가는 올바른 결과에 다다를 수 있다.
試行錯誤を繰り返していたらいつかは正しい結果に至ることができる。

4 ☐

풀리다

[動] 解ける、和らぐ

[関] 오해가 풀리다 誤解が解ける
추위가 풀리다 寒さが和らぐ

아침에는 영하 5도까지 내려갔지만 낮부터는 서서히 **풀릴** 전망이다.
朝は零下5度まで下がったが、昼からは徐々に和らぐ見込みだ。

5 ☐

잇몸

[名] 歯茎

[関] 사랑니 親知らず
이를 뽑다 歯を抜く

사랑니를 뽑은 지 일주일이 지났는데도 아직 **잇몸**이 붓고 아프다.
親知らずを抜いてから1週間が経ったのにまだ歯茎が腫れて痛い。

6 ☐

공격하다

[動] 攻撃する

[関] 공격적 攻撃的
[注] 파악하다 把握する

수비의 약점을 잘 파악한 후에 **공격한**다면 이길 확률이 높다.
守備の弱点をよく把握してから攻撃すれば勝つ確率が高い。

7 ☐

담

[名] 塀

[関] 담을 쌓다 塀を作る
담을 넘다 塀を越える

새벽에 도둑이 **담**을 넘어서 들어갔는데 개가 짖는 바람에 도망쳤다.
夜明けに泥棒が塀を越えて入ったが、犬がほえたせいで逃げた。

8 □

업무

名 業務

注 제한되다 制限される
효율적 効率的
분담 分担

제한된 시간 안에 일을 효율적으로 하기 위해서 **업무** 분담을 지시했다.
制限された時間内に仕事を効率的にするため業務分担を指示した。

9 □

탐방

名 探訪

関 탐방하다 探訪する、訪れる
유적지 탐방 遺跡探訪

두 시간 동안 해설을 들으면서 도는 유적지 **탐방** 투어에 참가했다.
2時間の間解説を聞きながら回る遺跡探訪ツアーに参加した。

10 □

맛집

名 おいしい店

関 맛집 탐방 グルメツアー、食べ歩き
注 출판하다 出版する

취미로 **맛집** 탐방을 시작했는데 책까지 출판하게 될 줄은 몰랐다.
趣味でグルメツアーを始めたが本まで出版することになるとは思わなかった。

11 □

보물

名 宝物

関 보물 찾기 宝物探し
注 모험을 떠나다 冒険に出る
줄거리 あらすじ

주인공 네 명이 섬에 숨겨진 **보물**을 찾으러 모험을 떠난다는 줄거리이다.
主人公4人が島に隠された宝物を探しに冒険に出るというあらすじだ。

12 □

파다

動 掘る

関 땅을 파다 土を掘る
묻다 埋める

나무 밑의 땅을 **파**서 타임캡슐을 묻고 10년 후에 모이기로 했다.
木の下の土を掘ってタイムカプセルを埋めて10年後に集まることにした。

13 □

밭

名 畑

注 단백질 タンパク質
불리다 呼ばれる

콩에는 질 좋은 단백질이 들어 있어서 **밭**에서 나는 고기라고 불린다.
豆には質の良いタンパク質が入っているので畑でとれる肉と呼ばれる。

14 □

아깝다

形 惜しい、もったいない

関 -기 아깝다 ～するのはもったいない
注 -고 말다 ～してしまう

우승을 노렸는데 마지막 문제를 틀려서 **아깝**게 탈락하고 말았다.
優勝を狙ったのに最後の問題を間違えて惜しくも脱落してしまった。

チェック ✓
□ 歯茎 □ 宝物 □ 繰り返す □ 惜しい □ 反則 □ 畑 □ 和らぐ □ 探訪
□ 攻撃する □ 掘る □ 塀 □ おいしい店 □ 傾聴する □ 業務

15 □

씨

名 種

類 씨앗 種
注 개발되다 開発される

씨 없는 수박은 약 80년 전에 일본의 한 연구실에서 개발되었다.
種のないスイカは約 80 年前に日本のある研究所で開発された。

16 □

뿌리다

動 まく、ばらまく

関 씨를 뿌리다 種をまく
돈을 뿌리다 お金をばらまく
注 싹이 나오다 芽が出る

마당에 꽃씨를 **뿌리**고 물을 주면서 싹이 나오기를 기다렸다.
庭に花の種をまいて水をやりながら芽が出るのを待った。

17 □

농부

名 農夫

関 농사를 짓다 農業を営む
注 일손 仕事の手、人手

오전 내내 잡초를 제거한 **농부**들은 일손을 멈추고 잠시 쉬었다.
午前中ずっと雑草を取り除いた農夫たちは仕事の手を休めてしばらく休んだ。

18 □

숨기다

動 隠す

関 숨겨지다 隠される
숨다 隠れる
注 상처 받다 傷つく

내가 도와준 사실을 알면 상처 받을지도 모르니 **숨기**기로 했다.
私が手伝ったことを知れば傷つくかもしれないので隠すことにした。

19 □

치안

名 治安

関 치안이 좋다 治安が良い
注 소지품 所持品、持ち物

이 도시는 **치안**이 안 좋기로 유명해서 소지품 관리에 신경 썼다.
この都市は治安が良くないことで有名なので所持品管理に気を使った。

20 □

배제하다

動 排除する

類 빼다 抜く
関 감정을 배제하다 感情を排除する

확실한 알리바이가 있었기 때문에 그가 범인일 가능성을 **배제했**다.
確たるアリバイがあったため、彼が犯人である可能性を排除した。

21 □

열매

名 実

関 열매를 맺다 実を結ぶ、実る
나무를 심다 木を植える

복숭아나무는 심은 지 3년 만에, 감나무는 8년 만에 **열매**를 맺는다.
桃の木は植えてから 3 年で、柿の木は 8 年で実を結ぶ。

22 □

맺히다

動 結ばれる、滴になる

関 맺다 結ぶ
열매가 맺히다 実が結ばれる
눈물이 맺히다 涙ぐむ

환하게 웃고 있는 사진을 본 순간 눈물이 **맺혀**서 말을 못 이었다.
明るく笑っている写真を見た瞬間、涙ぐんで言葉が詰まった。

23 □

꺼리다

動 はばかる、嫌がる

注 괜한 余計な、いらぬ
오해를 사다 誤解を招く

괜한 오해를 사고 싶지 않은지 그는 그 사람에 대해서 말하는 것을 **꺼렸**다.
余計な誤解を招きたくないのか彼はその人について言うのをはばかった。

24 □

본능

名 本能

関 본능적으로 本能的に
注 당황하다 慌てる

이 전화가 사기라는 것을 **본능**적으로 느끼고 당황해서 전화를 끊었다.
この電話は詐欺だと本能的に感じて慌てて電話を切った。

25 □

독

名 毒

関 독성 毒性
해독하다 解毒する

이 잎에는 **독**성이 있으므로 아이들의 입에 들어가지 않도록 해 주세요.
この葉には毒性があるので子供たちの口に入らないようにしてください。

26 □

무의식

名 無意識

関 무의식적으로 無意識に
注 피하다 避ける

공이 멀리서 날아오자 **무의식**적으로 몸이 반응해서 피할 수 있었다.
ボールが遠くから飛んでくると無意識に体が反応して避けられた。

27 □

식별하다

動 識別する

類 판별하다 判別する
注 버섯 キノコ

야생 버섯 중에 존재하는 독버섯은 전문가들도 **식별하**는 게 어렵다.
野生のキノコの中に存在する毒キノコは専門家も識別するのが難しい。

28 □

지나치다

形 度が過ぎる

注 부담스럽다 負担だ、負担になる
지켜보다 見守る

지나친 관심은 오히려 부담스러우니까 일단 지켜보세요.
度が過ぎる関心はむしろ負担になるのでとりあえず見守ってください。

チェック ✓
□ 農夫 □ 滴になる □ 度が過ぎる □ 実 □ 本能 □ 種 □ はばかる
□ 排除する □ 毒 □ まく □ 識別する □ 隠す □ 無意識 □ 治安

Day 30

1 □

입맛

名 食欲

関 입맛이 없다 食欲がない
입맛을 다시다 舌鼓を打つ

입맛이 없다고 해서 제대로 안 먹으면 영양실조에 걸릴 수 있다.
食欲がないからといってきちんと食べないと栄養失調にかかることもある。

2 □

손뼉

名 手のひら

関 손뼉을 치다 手をたたく、拍手する
注 놀이동산 遊園地
신이 나다 浮かれる、楽しい

놀이동산에 가자는 말에 신이 난 아이는 **손뼉**을 치며 기뻐했다.
遊園地に行こうという言葉に浮かれた子供は手をたたいて喜んだ。

3 □

존중하다

動 尊重する

関 인권을 존중하다 人権を尊重する
注 대립하다 対立する

의견이 안 맞아도 대립하기보다는 서로의 생각을 **존중하**는 것이 중요하다.
意見が合わなくても対立するよりはお互いの考えを尊重するのが重要だ。

4 □

끄덕이다

動 うなずく

関 고개를 끄덕이다 首を縦に振る、うなずく
注 연설 演説

참석자들은 그의 연설에 고개를 **끄덕이**거나 수첩에 메모를 하거나 했다.
参加者たちは彼の演説にうなずいたり手帳にメモをしたりした。

5 □

벌리다

動 広げる、開ける

関 양손을 벌리다 両手を広げる
注 해롭다 害がある、有害だ

입을 **벌리**고 자면 세균이 몸 안으로 들어오게 되어 건강에 해롭다.
口を開けて寝ると細菌が体の中に入るようになり、健康に有害だ。

6 □

수집하다

動 収集する

類 모으다 集める
注 논문 論文

논문에 쓸 자료를 **수집하**기 위해 시내에 있는 미술관을 돌았다.
論文に使う資料を収集するため、市内にある美術館を回った。

7 □

펴다

動 開く、張る、伸ばす

関 책을 펴다 本を開く
가슴을 펴다 胸を張る
주름을 펴다 しわを伸ばす

시험 답안지를 제출한 후에는 책을 **펴**고 확인해도 됩니다.
試験の答案用紙を提出した後は本を開いて確認しても構いません。

8 □

집착하다

動 執着する、こだわる

注 어리석다 愚かだ
영향을 미치다 影響を与える

지나간 과거에 **집착하**는 것은 어리석으며 미래에 악영향을 미친다.
過ぎ去った過去に執着することは愚かであり、未来に悪影響を与える。

9 □

함부로

副 むやみに、ぞんざいに

関 함부로 대하다 ぞんざいに接する
注 꽃을 꺾다 花を折る

길가에 핀 작은 꽃 한 송이라도 **함부로** 꺾어서는 안 됩니다.
道端に咲いた小さい花１本でもむやみに折ってはいけません。

10 □

구슬

名 玉、ビー玉

関 구슬이 굴러가다 玉が転がる
注 무늬 模様

무늬도 없는 흰색 커튼이 평범해 보여서 작은 **구슬**을 달아 장식했다.
模様もない白いカーテンが地味に見えたので小さい玉を付けて飾った。

11 □

웅크리다

動 しゃがむ、うずくまる

反 펴다 伸ばす
関 웅크린 자세 うずくまった姿勢

피아노 앞에 **웅크린** 채로 앉아 손가락은 힘차게 건반을 두드리고 있었다.
ピアノの前にうずくまったまま座り、指は勢いよく鍵盤をたたいていた。

12 □

안정

名 安定

関 안정적 安定的
안정되다 安定する、落ち着く

큰 수익은 없더라도 매달 **안정**적인 수익은 기대할 수 있다.
大きい収益はないとしても毎月安定的な収益は期待できる。

13 □

되찾다

動 取り戻す

関 안정을 되찾다 安定を取り戻す
注 채식 菜食

채식을 시작하고 나서 몸 컨디션이 좋아지면서 건강을 **되찾**았다.
菜食を始めてから体の調子がよくなって健康を取り戻した。

14 □

분비

名 分泌

関 호르몬 분비 ホルモン分泌
注 촉진하다 促進する

청소년기의 적절한 운동은 성장 호르몬 **분비**를 촉진하기 때문에 중요하다.
青少年期の適切な運動は成長ホルモンの分泌を促進するので重要だ。

チェック ✓
□ 手のひら □ うずくまる □ 安定 □ 開く □ 分泌 □ うなずく □ 開ける
□ 取り戻す □ 執着する □ 食欲 □ むやみに □ 尊重する □ 収集する □ 玉

15 □

또래

名 同年輩

注 싸움을 잘하다 けんかが強い
　말을 걸다 声をかける

또래에 비해서 체격이 크고 싸움도 잘해서 쉽게 말을 못 건다.
同年輩に比べて体格が大きくてけんかも強いから簡単に声をかけられない。

16 □

특수

名 特殊

関 특수 학교 特殊学校
注 장애를 가지다 障害を持つ

신체적이나 정신적으로 장애를 가진 아이들은 **특수** 학교에 들어간다.
身体的あるいは精神的に障害を持つ子は特殊学校に入る。

17 □

주기적

名 周期的

関 주기적으로 周期的に
注 고혈압 高血圧

고혈압이라면 **주기적**으로 변하는 혈압을 체크해서 관리를 해야 한다.
高血圧なら周期的に変わる血圧をチェックして管理をするべきだ。

18 □

번거롭다

形 煩わしい

類 귀찮다 面倒だ
注 증명서 証明書
　절차 手続き

전용 사이트에서 각종 증명서를 다운로드할 수 있는데 절차가 **번거롭**다.
専用サイトから各種証明書をダウンロードできるが、手続きが煩わしい。

19 □

요구

名 要求

関 요구 사항 要求事項
　요구를 받아들이다 要求を受け入れる
注 받아들여지다 受け入れられる

지금까지의 야근 수당의 지급에 관한 근로자의 **요구**가 받아들여졌다.
今までの残業手当の支給に関する勤労者の要求が受け入れられた。

20 □

가락

名 調子、拍子

関 가락에 맞추다 (曲の)調子に合わせる
注 북을 치다 太鼓をたたく

전통 민요 축제에서는 다양한 **가락**에 맞추어 북을 치며 노래를 부른다.
伝統民謡祭では様々な調子に合わせて太鼓をたたきながら歌を歌う。

21 □

당당하다

形 堂々としている

関 당당하게 堂々と
注 눈치를 보다 顔色をうかがう

잘못한 것이 없다면 남의 눈치를 보지 말고 **당당하**게 행동하세요.
間違っていないなら他人の顔色をうかがわないで堂々と行動してください。

22 □

반면

名 反面

関 -(으)ㄴ 반면에 ～反面
注 다루다 扱う

이 기계는 편리한 **반면**에 잘못 다루면 고장나기 쉬우므로 조심하세요.
この機械は便利な反面、扱いを間違えたら壊れやすいので気を付けてください。

23 □

자칫

副 万が一、ちょっと

関 자칫 잘못하면 ちょっと間違えば
注 공들이다 力を入れる

자칫 잘못하면 지금까지 공들여 온 일이 모두 물거품이 되고 만다.
ちょっと間違えば今まで力を入れてきたことがすべて水の泡になってしまう。

24 □

까다롭다

形 気難しい、ややこしい

関 -에 까다롭다 ～にうるさい
注 -탓에 ～のせいで

일을 완벽하게 처리하는 **까다로운** 성격 탓에 부하 직원이 힘들어한다.
仕事を完璧に処理する気難しい性格のせいで部下の職員が大変がっている。

25 □

열광

名 熱狂

関 열광적 熱狂的
注 메달을 따다 メダルを取る

메달을 딴 선수들은 **열광**적인 환영을 받으며 귀국했다.
メダルを取った選手たちは熱狂的な歓迎を受けて帰国した。

26 □

부정

名 否定

反 긍정 肯定
関 부정적 否定的、ネガティブ
注 매사 万事、事あるごとに

부정적으로 생각하다 보면 매사에 **부정**적인 사람이 되기 십상이다.
否定的に考えていたら万事にネガティブな人になりやすい。

27 □

쫓다

動 追う

関 쫓기다 追われる
注 소매치기 すり
나도 모르게 思わず

지하철에서 소매치기를 목격하고 나도 모르게 범인의 뒤를 **쫓**았다.
地下鉄ですりを目撃して思わず犯人の後を追った。

28 □

취향

名 趣向、趣味、好み

関 취향에 맞다 好みに合う
注 각각 それぞれ
출시되다 発売される

각각의 **취향**에 맞춰 물건을 선택해 주는 자동판매기가 출시되었다.
それぞれの好みに合わせて品物を選択してくれる自動販売機が発売された。

チェック ✓
□ 同年輩 □ 追う □ 煩わしい □ 反面 □ 周期的 □ 気難しい □ 特殊
□ 否定 □ 堂々としている □ ちょっと □ 調子 □ 好み □ 要求 □ 熱狂

次の単語を韓国語は日本語に、日本語は韓国語にしなさい。

- 1. 작용
- 2. 생태계
- 3. 유해
- 4. 소재
- 5. 막다
- 6. 썩다
- 7. 언급
- 8. 복지
- 9. 늙다
- 10. 대가
- 11. 어긋나다
- 12. 효율
- 13. 본성
- 14. 언쟁
- 15. 경청하다
- 16. 잇몸
- 17. 뿌리다
- 18. 꺼리다
- 19. 식별하다
- 20. 되찾다
- 21. 実態
- 22. 誘発する
- 23. 害虫
- 24. 個体
- 25. 微細
- 26. 脅かす
- 27. 命
- 28. 牽制する
- 29. 掘る
- 30. 解消する
- 31. 意欲
- 32. 気難しい
- 33. 深化する
- 34. 青い
- 35. 反則
- 36. 隠す
- 37. 手のひら
- 38. 指摘
- 39. 煩わしい
- 40. 追う

正解

1. 作用 **2.** 生態系 **3.** 有害 **4.** 素材 **5.** 防ぐ **6.** 腐る **7.** 言及 **8.** 福祉 **9.** 老いる **10.** 代価 **11.** 外れる **12.** 効率 **13.** 本性 **14.** 言い争い **15.** 傾聴する **16.** 歯茎 **17.** まく **18.** はばかる **19.** 識別する **20.** 取り戻す **21.** 실태 **22.** 유발하다 **23.** 해충 **24.** 개체 **25.** 미세 **26.** 위협하다 **27.** 목숨 **28.** 견제하다 **29.** 파다 **30.** 해소하다 **31.** 의욕 **32.** 까다롭다 **33.** 심화되다 **34.** 푸르다 **35.** 반칙 **36.** 숨기다 **37.** 손뼉 **38.** 지적 **39.** 번거롭다 **40.** 쫓다

確認問題

A (　　) に入る単語を選び、適当な形にしなさい。

어울리다	대체하다	불어넣다	비롯되다	띠다	파다

1. 안내원은 항상 미소를 (　　　　) 얼굴로 손님들을 대해요.

2. 호텔에서 식사가 있으니까 (　　　　) 복장을 하고 가세요.

3. 그와의 싸움은 아주 사소한 오해에서 (　　　　).

4. 적당한 크기가 되도록 공에 바람을 (　　　　)세요.

B (　　) に入る適切な副詞を選びなさい。

골고루	솔솔	무의식적으로	함부로	자칫

1. 부하 직원이라고 해서 (　　　　) 대하면 안 됩니다.

2. 키가 크고 싶으면 편식하지 말고 (　　　　) 먹어라.

3. 창문 틈새로 찬 바람이 (　　　　) 들어온다.

4. 졸음운전은 (　　　　) 잘못하면 목숨을 잃게 된다.

正解例および和訳

A　**1.** 띤　**2.** 어울리는　**3.** 비롯되었다　**4.** 불어넣으

訳　**1.** 案内員はいつもほほ笑みを(浮かべた)顔でお客さんに接します。

2. ホテルで食事があるので(ふさわしい)服装をして行ってください。

3. 彼とのけんかはとても些細な誤解から(始まった)。

4. 適当な大きさになるようにボールに空気を(吹き入れて)ください。

B　**1.** 함부로　**2.** 골고루　**3.** 솔솔　**4.** 자칫

訳　**1.** 部下の職員だからといって(ぞんざいに)接してはいけません。

2. 背が大きくなりたいならば偏食せずに(満遍なく)食べなさい。

3. 窓のすき間から冷たい風が(すうすうと)入ってくる。

4. 居眠り運転は(ちょっと)間違えば命を失うことになる。

まとめてみましょう

長文作文で役立つテーマ別語彙

教育

조기 교육	早期教育	효과적이다	効果的だ
재능	才能	습득하다	習得する
잠재력	潜在力	정서 발달	情緒発達
경쟁력	競争力	세계관	世界観
체계적	体系的	넓히다	広げる
예술	芸術	능통하다	精通する
역사	歴史	본보기	手本、見本
교훈	教訓	제공하다	提供する

環境

일회용품	使い捨て製品	분리수거	分別収集
공해	公害	지구 온난화	地球温暖化
대기 오염	大気汚染	재활용	リサイクル
이상 기후	異常気象	탄소 배출	炭素排出
도시 개발	都市開発	친환경	環境に優しいこと

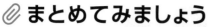

青少年

자아 정체성	自己同一性	방황하다	さまよう
과도기	過渡期	일탈	逸脱
진로	進路	보호자	保護者
가치관	価値観	강요하다	強要する
또래	同じ年ごろ	칭찬하다	称賛する
반항하다	反抗する	압박감	圧迫感
저항하다	抵抗する	정서 불안	情緒不安定
성장하다	成長する	인재	人材

社会生活

의사소통	意思疎通	질서	秩序
원활하다	円滑だ	동기	動機
대인 관계	対人関係	부여하다	付与する
대화	対話	자기 계발	自己啓発
오해	誤解	사고방식	考え方
편견	偏見	성과	成果
갈등	葛藤	도전 정신	チャレンジ精神
배려하다	配慮する	승진하다	昇進する

Day 31

1 □

입시

名 入試

関 입시 제도 入試制度
注 도입되다 導入される

교육부는 내년부터 도입될 새로운 **입시** 제도에 대해 설명했다.
教育部は来年から導入される新しい入試制度について説明した。

2 □

발걸음

名 足、足取り

関 발걸음을 끊다 関係を絶つ、行き来しない
발걸음이 가볍다 足取りが軽い

보너스를 많이 받아서 고향으로 돌아가는 **발걸음**은 무척 가벼웠다.
ボーナスをたくさんもらったので故郷に帰る足取りはとても軽かった。

3 □

넓히다

動 広げる

類 확장하다 拡張する
関 선택의 폭을 넓히다 選択の幅を広げる
注 교통 체증 交通渋滞

교통 체증을 해소하기 위해 도로를 **넓히**는 공사가 시작되었다.
交通渋滞を解消するため道路を広げる工事が始まった。

4 □

손해

名 損害

反 이익 利益
関 손해를 보다 損害を被る

무리해서 오픈하는 것보다 **손해**를 보더라도 날짜를 미루는 게 낫다.
無理してオープンするより損害を被ってでも日にちを延ばした方がいい。

5 □

친정

名 (結婚した女性の)実家

関 시댁 夫の実家
注 출산일 出産日

출산일이 다가와서 힘들어하는 아내를 **친정**으로 보냈다.
出産日が近づいてきて大変がる妻を実家に送った。

6 □

놀이터

名 遊び場、公園

関 놀이공원 遊園地
注 수다를 떨다 おしゃべりをする

아이들은 **놀이터**에서 놀게 하고 엄마들은 차를 마시며 수다를 떨었다.
子供たちは公園で遊ばせて母たちはお茶を飲みながらおしゃべりをした。

7 □

다급하다

形 差し迫る

類 급하다 急を要する
注 쓰러지다 倒れる

사람이 쓰러져서 **다급한** 상황인데 휴대폰을 찾을 수 없다.
人が倒れて差し迫った状況なのに携帯電話が見つからない。

8 □
응급
名 応急

関 응급실 応急室
응급 처치 応急処置

사고 직후에 **응급** 처치를 잘해서 다행히 생명에 지장은 없습니다.
事故の直後に応急措置をうまくしたので幸い命に別条はありません。

9 □
떨어지다
動 離れる、なくなる

関 떨어져 앉다 離れて座る
돈이 떨어지다 お金がなくなる
注 수목원 樹木園

이 수목원은 도심과 **떨어져** 있지만 버스로 한 번에 갈 수 있어 편리하다.
この樹木園は都心から離れているがバス１本で行けるので便利だ。

10 □
허둥지둥
副 あたふた

類 허겁지겁 あたふた
注 임박하다 差し迫る、間際になる

계속 모습이 보이지 않더니 출발 시간이 임박하자 **허둥지둥** 달려왔다.
ずっと姿が見えなかったが出発時間が迫るとあたふたと駆けつけて来た。

11 □
증거
名 証拠

注 구속하다 拘束する
풀어 주다 放す、解き放す

증거가 없는 상태에서 오랜 시간 구속해 둘 수 없어 일단 풀어 주었다.
証拠がない状態で長い時間拘束しておけないので一旦解き放した。

12 □
퉁명스럽다
形 ぶっきらぼうだ

類 무뚝뚝하다 無愛想だ
注 -(으)ㄴ 듯이 ～そうに

같은 질문을 반복하자 직원은 귀찮은 듯이 **퉁명스럽**게 대답했다.
同じ質問を繰り返すと職員は面倒くさそうにぶっきらぼうに答えた。

13 □
무기력하다
形 無気力だ

注 겁이 많다 怖がりだ
-기 짝이 없다 ～極まりない

새로 뽑힌 군의 대장은 사실 겁이 많고 **무기력하**기 짝이 없었다.
新しく選ばれた軍の隊長は実は怖がりで無気力極まりなかった。

14 □
사상
名 思想

注 유입되다 流入する
변화를 가져오다 変化をもたらす

서양 **사상**이 유입되어 한국 사람들의 생활 양식에 큰 변화를 가져왔다.
西洋の思想が流入し、韓国人の生活様式に大きな変化をもたらした。

チェック ✓
□ 足取り □ 離れる □ 公園 □ 応急 □ 広げる □ 思想 □ 差し迫る
□ ぶっきらぼうだ □ 入試 □ 証拠 □ 実家 □ あたふた □ 損害 □ 無気力だ

15 □

탄생

名 誕生

反 사망 死亡
関 탄생석 誕生石
注 보석 宝石

에메랄드는 5월의 **탄생**석으로 녹색이 빛나는 아름다운 보석이다.
エメラルドは5月の誕生石で緑色が光る美しい宝石だ。

16 □

미만

名 未満

関 이하 以下
　 이상 以上
注 색연필 色鉛筆

저희 가게에서는 6세 **미만**의 어린이에게는 색연필을 선물로 드립니다.
当店では6歳未満の子供には色鉛筆をプレゼントとして差し上げます。

17 □

늘

副 いつも

類 항상, 언제나 いつも
注 빠짐없이 欠かさず
　 생활고 生活苦

하루도 빠짐없이 일하지만 부양가족이 많아서 **늘** 생활고에 시달린다.
1日も欠かさず働くが扶養家族が多くていつも生活苦に苦しめられている。

18 □

지루하다

形 退屈だ

関 심심하다 (やることがなくて)退屈だ
注 빠져나가다 抜け出す

전공 과목에 관련된 강의라서 신청했는데 **지루해**서 도중에 빠져나갔다.
専攻科目に関連する講義だから申し込んだのに退屈で途中で抜け出した。

19 □

규명

名 究明

関 진상을 규명하다 真相を究明する
注 곳곳에서 あちらこちらで、各地で

배가 침몰한 사건의 진상 **규명**을 촉구하는 데모가 곳곳에서 열렸다.
船が沈没した事件の真相究明を促すデモが各地で開かれた。

20 □

치르다

動 執り行う、支払う

関 행사를 치르다 行事を行う
　 대금을 치르다 代金を支払う
注 앓아눕다 寝込む

어머니는 많이 피곤하셨는지 장례식을 **치르**고 나서 바로 앓아누우셨다.
母はとても疲れていたのか葬儀を執り行ってからすぐ寝込んだ。

21 □

우뚝

副 にょっきり

関 우뚝 솟다 そそり立つ
注 산봉우리 (山の)峰

구름 사이로 **우뚝** 솟은 산봉우리가 선명하게 보인다.
雲の間にそそり立つ峰が鮮明に見える。

22 ☐

특이하다

形 特異だ、変わっている

反 평범하다 平凡だ
注 말투 口ぶり、話し方

그의 말투는 **특이해**서 누구라도 한 번 들으면 잊을 수 없다.
彼の話し方は変わっていて、誰でも一度聞いたら忘れられない。

23 ☐

확충

名 拡充

注 저가 항공사 格安航空会社、LCC
힘을 쏟다 力を注ぐ

저가 항공사는 국내 노선은 물론 해외 노선 **확충**에도 힘을 쏟고 있다.
LCCは国内路線はもちろん海外路線の拡充にも力を注いでいる。

24 ☐

소통

名 疎通

関 의사소통 意思疎通
注 보급 普及
손쉽게 手軽に

업무용 SNS의 보급으로 동료나 상사와 손쉽게 의사**소통**을 할 수 있게 됐다.
業務用SNSの普及で同僚や上司と手軽に意思疎通ができるようになった。

25 ☐

서랍

名 引き出し

関 서랍장 たんす
달다 付ける
수납 収納

침대 밑 공간에 **서랍**을 달면 의류 등의 수납에 이용할 수 있어요.
ベッドの下の空間に引き出しを付ければ衣類などの収納に利用できます。

26 ☐

안방

名 奥の間、寝室

注 총 総、全部で
딸려 있다 付いている

방은 총 세 개이며 화장실은 거실에 한 개, **안방**에 한 개 딸려 있어요.
部屋は全部で三つでトイレは居間に一つ、奥の間に一つ付いています。

27 ☐

초창기

名 草創期

注 -(이)야 ～は(強調)
자리잡다 定着する

지금이야 외국으로 이민을 가도 자리잡기 쉽지만 **초창기**에는 그렇지 않았다.
今は外国へ移民しても定着しやすいが、草創期にはそうではなかった。

28 ☐

구미

名 興味、食欲

関 구미가 당기다 興味が湧く
구미를 돋우다 食欲をそそる

몇 명을 만나 보고 나서 겨우 **구미**가 당기는 이야기를 들을 수 있었다.
何人かに会ってみてからやっと興味が湧く話を聞くことができた。

チェック ✓
☐ 執り行う ☐ 疎通 ☐ 奥の間 ☐ 変わっている ☐ 誕生 ☐ 興味 ☐ 未満
☐ 草創期 ☐ 究明 ☐ にょっきり ☐ いつも ☐ 引き出し ☐ 退屈だ ☐ 拡充

Day 32

1 ☐ **치우치다**

動 偏る

関 한쪽으로 치우치다 一方に偏る
注 공평하지 못하다 公平ではない

정부의 지방 관광 사업은 특정 지역에만 **치우쳐** 있어 공평하지 못하다.
政府の地方観光事業は特定の地域にだけ偏っているので公平ではない。

2 ☐ **노출**

名 露出、表に出ること

関 노출되다 露出する、さらされる
注 삼가다 控える、慎む

개인 정보 **노출**이 걱정되어 인터넷을 통한 쇼핑은 삼가고 있다.
個人情報が表に出るのが心配になり、ネットを通した買い物は控えている。

3 ☐ **소방관**

名 消防官、消防士

関 소방대 消防隊
　소방서 消防署
注 자책감에 사로잡히다 自責の念に駆られる

아이를 구하지 못했다는 자책감에 사로잡힌 그는 **소방관**을 그만두었다.
子供を救えなかったという自責の念に駆られた彼は消防士を辞めた。

4 ☐ **점검**

名 点検

関 안전 점검 安全点検
　인원 점검 人数の点検

단체로 이동할 때는 차에서 내리고 탈 때마다 인원 **점검**을 해야 한다.
団体で移動する時は車から降りて乗るたびに人数の点検をするべきだ。

5 ☐ **비상**

名 非常

関 비상벨 非常ベル
　비상구 非常口
注 손전등 懐中電灯

재해에 대비해 7일분의 **비상** 식량과 라디오, 손전등 등을 준비해 놓았다.
災害に備えて７日分の非常食とラジオ、懐中電灯などを準備しておいた。

6 ☐ **울리다**

動 鳴る、響く

関 벨이 울리다 ベルが鳴る
　울려 퍼지다 鳴り響く
注 대피하다 待避する、避難する

화재를 알리는 비상벨이 건물 전체에 **울려** 퍼지면서 사원들이 대피했다.
火災を知らせる非常ベルが建物全体に鳴り響いて社員たちが避難した。

7 ☐ **박탈**

名 はく奪

関 박탈당하다 はく奪される
注 판명되다 判明する

이력서에 쓴 학력이 거짓으로 판명되어 면접의 기회를 **박탈**당했다.
履歴書に書いた学歴がうそと判明して面接の機会をはく奪された。

8 □

간판

名 看板

関 간판을 걸다 看板を掲げる
注 흔히 よく、多く

대도시하면 흔히 많은 인파와 화려한 **간판** 등을 상상한다.
大都市といえばよくたくさんの人込みと派手な看板などを想像する。

9 □

부상

名 負傷、けが

関 경상 軽傷
중상 重傷
부상을 입다 けがをする

고령자는 집 안에서도 넘어지거나 부딪혀서 **부상**을 입을 수 있다.
高齢者は家の中でも転んだりぶつかったりしてけがをすることがある。

10 □

깃들다

動 宿る

関 편견이 깃든 사회 偏見が根付いた社会
注 나무를 베다 木を切る

마을 입구에 있는 큰 나무에는 정령이 **깃들**어 있어서 함부로 베면 안 된다.
村の入り口にある大きい木には精霊が宿っているのでむやみに切ってはいけない。

11 □

유권자

名 有権者

注 매수하다 買収する
선거법 위반 選挙法違反

유권자를 돈으로 매수하는 것은 선거법 위반에 해당합니다.
有権者をお金で買収することは選挙法違反に該当します。

12 □

후보

名 候補

関 후보자 候補者
注 사퇴하다 辞退する
파문을 일으키다 波紋を呼ぶ

대통령 **후보** 중에서 가장 유력했던 **후보**자가 돌연 사퇴해 파문을 일으켰다.
大統領の候補の中で一番有力だった候補者が突然辞退し波紋を呼んだ。

13 □

자격

名 資格

関 자격증을 따다 資格(証)を取る
자격을 갖추다 資格を備える
注 경력 사원 (業務の)経験者

학력이나 경력 등의 **자격**을 갖춰야 경력 사원 채용에 지원할 수 있다.
学歴や経歴などの資格を備えてこそ中途採用に志願できる。

14 □

다루다

動 取り扱う

関 위험물을 다루다 危険物を取り扱う
注 비중 있게 重みを持って

전 국민이 주목하는 사건이니만큼 뉴스에서도 비중 있게 **다루**고 있다.
全国民が注目している事件だけあってニュースでも大きく取り扱っている。

チェック ✓
□ 偏る □ 有権者 □ 消防士 □ 看板 □ 鳴る □ 候補 □ 点検 □ 資格
□ 露出 □ けが □ 非常 □ 宿る □ 取り扱う □ はく奪

15 □

꼼꼼하다

形 きちょうめんだ

注 빈틈이 없다 抜け目がない
　맡기다 任せる、預ける

그 사람이라면 매사에 빈틈이 없고 **꼼꼼해**서 믿고 맡길 만하다.
その人なら万事に抜け目がなくきちょうめんだから信じて任せられる。

16 □

침착하다

形 落ち着いている

注 위급하다 危急だ、緊急だ
　당황하다 慌てる

경찰은 위급한 상황에서도 당황하지 않고 **침착하**게 행동해야 한다.
警察は緊急な状況でも慌てずに落ち着いて行動するべきだ。

17 □

터뜨리다

動 破裂させる、割る

関 울음을 터뜨리다 泣き出す
　폭죽을 터뜨리다 爆竹を鳴らす

풍선을 **터뜨려**서 그 안에 있는 메모에 따라 행동하는 게임을 했다.
風船を割ってその中にあるメモに従って行動するゲームをした。

18 □

예술

名 芸術

関 예술가 芸術家
注 재능을 타고나다 才能に恵まれる

우리 아이는 미술이나 음악과 같은 **예술**적 재능을 타고난 것 같다.
我が子は美術や音楽のような芸術的才能に恵まれているようだ。

19 □

화분

名 植木鉢

注 금이 가다 ひびが入る
　옮겨 심다 移植する

베란다에 있던 **화분**에 약간 금이 가서 다른 **화분**으로 옮겨 심었다.
ベランダにあった植木鉢に若干ひびが入ったので別な植木鉢に移植した。

20 □

적당하다

形 適当だ、適する

注 냉방병 冷房病、クーラー病
　환기 換気

냉방병에 걸리지 않으려면 **적당한** 실내 온도 유지와 환기가 중요하다.
冷房病にかからないようにするには適当な室内温度の維持と換気が大事だ。

21 □

지저분하다

形 汚い、散らかっている

反 깨끗하다 きれいだ
注 떠나다 立ち去る

사람들이 떠난 거리에는 많은 쓰레기가 버려져 있어 **지저분했**다.
人々が立ち去った通りにはたくさんのごみが捨てられていて汚かった。

22 □

추천하다

動 推薦する

注 승진하다 昇進する
-(으)ㄹ 만하다 ～に値する、～できる

입사 동기가 승진을 했는데 **추천할** 만한 선물이 있나요?
入社同期が昇進をしたんですが、お勧めのプレゼントはありますか。

23 □

시사

名 時事

注 -도록 ～するように
구성되다 構成される

이 신문은 정치나 **시사** 문제를 쉽게 이해하도록 구성되어 있다.
この新聞は政治や時事問題を易しく理解できるように構成されている。

24 □

청취하다

動 聴取する

関 청취자 聴取者、リスナー
注 자폐증 自閉症
전문가 専門家

자폐증 아이의 교육에 대해서는 전문가의 의견을 **청취할** 필요가 있다.
自閉症の子供の教育については専門家の意見を聴取する必要がある。

25 □

눈높이

名 目線、水準

関 눈높이에 맞추다 水準に合わせる
注 배치하다 配置する

방의 가구를 어린 아이들의 **눈높이**에 맞게 다시 배치했다.
部屋の家具を幼い子供の目線に合うように配置し直した。

26 □

답하다

動 答える

類 대답하다 答える
関 물음에 답하다 問いに答える

다음 글을 읽고 물음에 '예' 또는 '아니오'로 **답하**십시오.
次の文章を読んで問いに「はい」または「いいえ」で答えなさい。

27 □

설치

名 設置

関 간편하다 簡便だ、手軽だ
注 접이식 折り畳み式

이 접이식 텐트는 **설치**가 간편하고 무게도 가볍습니다.
この折り畳み式テントは設置が簡便で重さも軽いです。

28 □

정장

名 正装

関 정장을 하다 正装をする
注 웬일로 (いったい)どんなことで

오늘은 웬일로 **정장**을 하고 왔어요? 결혼식이라도 있어요?
今日はどうして正装をして来たんですか。結婚式でもありますか。

チェック ✓
□ 答える □ 植木鉢 □ 落ち着いている □ 目線 □ 芸術 □ 聴取する □ 適当だ
□ 設置 □ きちょうめんだ □ 推薦する □ 割る □ 時事 □ 汚い □ 正装

Day 33

1 □

혹시

副 もし、もしかして

類 만일, 만약 万一、もし
関 혹시 -더라도 もし～しても

혹시 제가 제시간에 도착 못 하더라도 먼저 시작하지 말고 기다려 주세요.
もし私が定時に到着できなくても先に始めないで待っていてください。

2 □

사본

名 写本、コピー

反 원본 原本
関 첨부하다 添付する

서류 제출 시에 졸업 증명서는 **사본**이 아니라 원본을 첨부하세요.
書類提出時に卒業証明書はコピーではなく原本を添付してください。

3 □

그네

名 ぶらんこ

関 놀이 기구 遊具、乗り物
注 눈을 떼다 目を離す

그네에서 떨어져서 다치는 경우도 있으니 아이에게서 눈을 떼지 마.
ぶらんこから落ちてけがする場合もあるので子供から目を離さないで。

4 □

미끄럼틀

名 滑り台

関 태우다 乗せる
注 조카 おいっ子、めいっ子

조카들을 집 근처 놀이터에 데리고 가서 그네나 **미끄럼틀**을 태웠다.
おいっ子たちを家の近くの公園に連れて行ってぶらんこや滑り台に乗せた。

5 □

모래

名 砂

注 한여름 真夏
해수욕장 海水浴場
맨발 素足

한여름에 해수욕장에 가면 **모래**가 뜨거워서 맨발로는 걸을 수 없다.
真夏に海水浴場に行くと砂が熱くて素足では歩けない。

6 □

개울

名 小川

関 개울가 小川のほとり
注 물장난을 치다 水遊びをする
흠뻑 びっしょり

개울에서 아이들이 물장난을 치다가 옷이 흠뻑 젖었다.
小川で子供たちが水遊びをしていて服がびっしょりぬれた。

7 □

언덕

名 丘、丘陵

注 내려다보이다 見渡せる
생각에 잠기다 考えにふける、考え込む

바다가 한눈에 내려다보이는 **언덕**에 앉아 생각에 잠기곤 한다.
海が一目で見渡せる丘に座って考えにふけったりする。

8 □
오래되다
形 古い

類 낡다 古い
注 특유의 特有の
헌책방 古本屋

오래된 책에서 나는 특유의 냄새를 맡는 걸 좋아해서 헌책방에 자주 간다.
古い本からする特有のにおいをかぐのが好きで古本屋によく行く。

9 □
통나무
名 丸太

注 -고자 ～しようと
북적거리다 にぎわう、ごった返す

통나무로 지은 카페는 사진을 찍고자 하는 젊은 사람들로 북적거린다.
丸太で建てたカフェは写真を撮ろうとする若い人たちでにぎわう。

10 □
놓이다
動 置かれる

関 마음이 놓이다 安心する、安心できる
注 감지하다 感知する

혼자 계신 어머니 집에 동작을 감지하는 센서를 설치해 마음이 **놓였**다.
一人暮らしの母の家に動作を感知するセンサーを設置し安心できた。

11 □
무한하다
形 無限だ

反 유한하다 有限だ
関 무한대로 無限大に

젊은 선수들로 구성된 국가 대표 팀은 **무한한** 가능성을 보여 줬다.
若い選手たちで構成された国家代表チームは無限の可能性を見せてくれた。

12 □
자유롭다
形 自由だ

注 출입 카드 セキュリティカード
드나들다 出入りする、通う

이 출입 카드가 있으면 방송국에 **자유롭**게 드나들 수 있다.
このセキュリティカードがあれば放送局に自由に出入りすることができる。

13 □
철저히
副 徹底的に

関 철저히 조사하다 徹底的に調査する
注 건강 검진 健康検診、健康診断

다음 달로 다가온 건강 검진을 위해 체중 관리를 **철저히** 했다.
来月に迫った健康診断のため、体重管理を徹底的にした。

14 □
단합
名 団結

関 단합이 잘되다 団結がよくできる
단합 대회 親睦会、決起集会

직원들의 친목을 도모하기 위해 1년에 두 번 **단합** 대회를 합니다.
職員たちの親睦を図るため、年に2回親睦会をします。

チェック ✓
□ 砂 □ 自由だ □ ぶらんこ □ 古い □ 小川 □ 団結 □ 滑り台
□ 徹底的に □ コピー □ 丸太 □ もし □ 置かれる □ 丘 □ 無限だ

15 □

얇다

形 薄い

反 두껍다 厚い
注 이불을 덮다 布団をかける

열대야일지라도 **얇**은 이불을 덮고 자는 게 건강에 좋대요.
熱帯夜であっても薄い布団をかけて寝たほうが健康にいいそうです。

16 □

모색하다

動 模索する

注 프랜차이즈 フランチャイズ
해외 진출 海外進出

국내에서 성공한 프랜차이즈 업계가 해외 진출 방법을 **모색하**고 있다.
国内で成功したフランチャイズ業界が海外進出の方法を模索している。

17 □

교외

名 郊外

反 시내 市内
注 아웃렛 アウトレット

친구들하고 렌터카를 빌려 **교외**에 있는 아웃렛으로 쇼핑하러 갔다.
友達とレンタカーを借りて郊外にあるアウトレットに買い物しに行った。

18 □

쐬다

動 当たる

関 바람을 쐬다 風に当たる、涼む
注 -았/었다길래 ～したというので

바닷가 근처에 맛집이 생겼다길래 바람도 **쐴** 겸 가 보았다.
海辺の近くにおいしい店ができたというので涼みがてら行ってみた。

19 □

의의

名 意義

注 마라톤 대회 マラソン大会
기록을 남기다 記録を残す

마라톤 대회에서 좋은 기록을 남기는 것보다는 참가하는 데 **의의**가 있었다.
マラソン大会でいい記録を残すよりは参加することに意義があった。

20 □

야외

名 野外

反 실내 室内
注 조각 彫刻
접하다 接する

자연 속에서 조각 작품을 접할 수 있는 **야외** 미술관이 인기이다.
自然の中で彫刻作品に接することができる野外美術館が人気だ。

21 □

넘어가다

動 移る、渡る、進む

関 다른 사람 손에 넘어가다 人の手に渡る
注 오류가 발생하다 不具合が発生する

게임 이용자가 몰리면서 다음 단계로 안 **넘어가**는 오류가 발생했다.
ゲームユーザーが集中して次の段階に進まない不具合が発生した。

22 □

열성

名 熱心

関 열성적인 팬 熱心なファン
注 후원 後援、支援

여러분들의 **열성**적인 후원 덕분에 여기까지 올 수 있었습니다.
皆様の熱心なご支援のおかげでここまで来ることができました。

23 □

돌발

名 突発

関 돌발 행동 突発的な行動
注 요양 병원 老人ホーム

요양 병원에서 치매 환자의 **돌발** 행동으로 인해 사고가 일어났다.
老人ホームで認知症患者の突発的な行動によって事故が起きた。

24 □

대비하다

動 備える

関 사고에 대비하다 事故に備える
注 이송하다 移送する

범인을 이송할 때 일어날 수 있는 돌발 상황에 철저히 **대비해** 두었다.
犯人を移送する時に起こり得る突発的な状況に徹底的に備えておいた。

25 □

관중

名 観衆

類 관객 観客
注 열광적 熱狂的
환호하다 歓呼する、歓声をあげる

부상을 극복한 그가 무대에 서자 **관중**들은 열광적으로 환호했다.
けがを克服した彼が舞台に立つと観衆は熱狂的に歓声をあげた。

26 □

섭외하다

動 連絡して依頼する

関 배우를 섭외하다 俳優をキャスティングする
注 제작하다 制作する

드라마를 제작하기 위해서는 먼저 주연 배우를 **섭외해**야 한다.
ドラマを制作するためにはまず主演俳優をキャスティングしないといけない。

27 □

식료품

名 食料品

関 식품 食品
注 비축하다 備蓄する

한 달에 한 번 대형 마트에 가서 **식료품**을 대량으로 사서 비축해 둔다.
月に1回大型スーパーに行って食料品を大量に買って備蓄しておく。

28 □

훔치다

動 盗む

注 차례 順番、～回
잡히다 捕まる

네 차례나 같은 방법으로 물건을 **훔치**다가 경찰에 잡혔습니다.
4回も同じ方法で物を盗んでいて警察に捕まりました。

チェック ✓
□ 進む □ 食料品 □ 郊外 □ 観衆 □ 当たる □ 備える □ 模索する
□ 熱心 □ 野外 □ 連絡して依頼する □ 薄い □ 盗む □ 意義 □ 突発

Day 34

1 □

안타깝다

形 気の毒だ、残念だ

関 불쌍하다 かわいそうだ
注 마음먹다 決める

학비 때문에 대학에 못 가는 아이들이 **안타까워**서 후원하기로 마음먹었다.
学費のため大学に行けない子供たちが気の毒で支援することを決めた。

2 □

존재하다

動 存在する

関 존재 가치 存在価値
존재감 存在感

이 세상에는 신이 **존재한**다고 믿는 사람과 그렇지 않은 사람이 있다.
この世の中には神が存在すると信じる人とそうではない人がいる。

3 □

처벌

名 処罰

関 처벌을 받다 処罰を受ける
처벌을 내리다 処罰を下す

재발을 방지하기 위해서라도 **처벌**을 내려야 한다고 생각합니다.
再発を防止するためにでも処罰を下すべきだと思います。

4 □

달리하다

動 異にする

関 견해를 달리하다 見解を異にする
注 학부모 生徒の父母
급식 給食

교육청과 학부모들이 학교 급식 제공에 대해서 견해를 **달리했**다.
教育委員会と親たちが学校の給食提供について見解を異にした。

5 □

엄격하다

形 厳格だ、厳しい

注 승무원 乗務員、クルー
소문이 나다 うわさになる

승무원들의 선후배 관계 및 교육 과정은 **엄격하**기로 소문이 나 있다.
乗務員の先輩後輩関係及び教育課程は厳しいとうわさになっている。

6 □

의심하다

動 疑う

関 의심스럽다 疑わしい
注 복권이 당첨되다 宝くじが当たる

내가 산 복권이 당첨된 것을 본 순간 나는 내 눈을 **의심했**다.
私が買った宝くじが当たったのを見た瞬間、私は自分の目を疑った。

7 □

우주

名 宇宙

関 우주여행 宇宙旅行
우주복 宇宙服

우주여행을 위한 필수품인 **우주**복의 무게는 100kg이 넘는다고 한다.
宇宙旅行のための必需品である宇宙服の重さは 100kg を超えるそうだ。

8 □ **장기**

名 長期

反 단기 短期
関 장기화되다 長期化する
注 추락하다 墜落する

헬기가 추락한 사고의 실종자 수색이 **장기**화될 전망이다.
ヘリが墜落した事故の行方不明者の捜索が長期化する見込みだ。

9 □ **얼리다**

動 凍らせる

関 얼다 凍る
注 -대신에 ～の代わりに

몸에 안 좋은 아이스크림 대신에 과일을 **얼려**서 먹이고 있어요.
体に悪いアイスクリームの代わりに果物を凍らせて食べさせています。

10 □ **건조**

名 乾燥

関 마르다 乾く
안구 건조증 ドライアイ

스마트폰의 사용 시간이 길어지면서 안구 **건조**증을 호소하는 사람이 많다.
スマートフォンの使用時間が長くなり、ドライアイを訴える人が多い。

11 □ **중력**

名 重力

反 무중력 無重力
関 중력의 법칙 重力の法則

물건이 위에서 아래로 떨어지는 것은 **중력**이 작용하기 때문이다.
物が上から下へ落ちるのは重力が作用しているからである。

12 □ **가루**

名 粉

関 꽃가루 花粉
注 쓰다 苦い
녹이다 溶かす

가루약은 쓴 맛이 강해서 물에 녹여서 먹어도 먹기 힘들어요.
粉薬は苦い味が強くて水に溶かして飲んでも飲みにくいです。

13 □ **떠다니다**

動 漂流する、漂う

注 집중호우 集中豪雨
범람하다 はんらんする

집중호우로 강이 범람하면서 생활 쓰레기가 **떠다니**고 있다.
集中豪雨で川がはんらんし、生活ごみが漂流している。

14 □ **뼈**

名 骨

注 섭취하다 摂取する
튼튼하다 丈夫だ

칼슘과 비타민D를 충분히 섭취하면 **뼈**가 튼튼해진다.
カルシウムとビタミンDを十分に摂取すれば骨が丈夫になる。

チェック ✓

□ 存在する □ 乾燥 □ 宇宙 □ 骨 □ 気の毒だ □ 凍らせる □ 処罰
□ 長期 □ 疑う □ 漂流する □ 異にする □ 重力 □ 厳しい □ 粉

15 □

근육

名 筋肉

関 근육통 筋肉痛
注 몸을 풀다 体をほぐす

운동 전뿐만 아니라 후에도 몸을 잘 풀어 주면 **근육**통이 생기지 않는다.
運動の前だけでなく後にも体をよくほぐしてあげると筋肉痛にならない。

16 □

포함되다

動 含まれる

関 포함하다 含む
注 발암성 물질 発がん性物質

담배 연기에는 발암성 물질이 **포함되**어 있으므로 실내에서는 금연입니다.
タバコの煙には発がん性物質が含まれているため、室内では禁煙です。

17 □

후각

名 嗅覚

関 후각이 예민하다 嗅覚が鋭い
미각 味覚
청각 聴覚

개는 인간보다 **후각**이 발달하여 냄새에 예민하다.
犬は人間より嗅覚が発達しているので、においに敏感だ。

18 □

둔하다

形 鈍い、鈍感だ

反 날카롭다 鋭い
민감하다 敏感だ
注 눈치채다 気付く、悟る

다른 사람들은 다 알았는데 그녀는 **둔해**서 아직 눈치채지 못했다.
他の人はみんな分かったのに彼女は鈍感なのでまだ気付いていない。

19 □

자극

名 刺激

関 자극적이다 刺激的だ
注 당분간 当分の間

위에 **자극**적인 맵고 짠 음식은 당분간 피하도록 하세요.
胃に刺激的な辛くて塩っぱい食べ物はしばらく避けるようにしてください。

20 □

운반하다

動 運搬する

類 나르다 運ぶ
注 깨지다 割れる
우려 憂慮、心配

운반할 때 도자기가 깨질 우려가 있어서 포장에 신경을 썼다.
運搬する時に陶磁器が割れる心配があるので包装に気を使った。

21 □

주의 사항

名 注意事項

注 포장지 包装紙
꼼꼼히 きちょうめんに、入念に

포장지에 표시되어 있는 **주의 사항**을 꼼꼼히 읽은 후에 사용하세요.
包装紙に表示されている注意事項を入念に読んだ後に使用してください。

22 □

특정

名 特定

反 불특정 不特定
注 국한되다 局限される、限られる

홍수 피해가 심각하지만 **특정** 지역에 국한되어 있다고 밝혔습니다.
洪水の被害が深刻だが特定の地域に限られていると明らかにしました。

23 □

액체

名 液体

関 고체 固体
기체 気体
한 방울 1 滴

플라스틱 병에 담긴 **액체**를 종이에 한 방울 떨어뜨리니까 색깔이 변했다.
プラスチック瓶に入っている液体を紙に1滴落としたら色が変わった。

24 □

형태

名 形態、形

関 근무 형태 勤務形態、働き方
注 이어지다 つながる

2층으로 이어지는 내부 계단은 S자 **형태**로 되어 있었다.
2階へつながる内階段はS字形になっていた。

25 □

작동

名 作動

関 오작동 誤作動
注 녹화되다 録画される

사람의 움직임을 감지하면 카메라가 자동으로 **작동**하여 녹화된다.
人の動きを感知するとカメラが自動で作動し録画される。

26 □

수거하다

動 回収する、収集する

関 분리 수거 分別収集
注 재활용 リサイクル

재활용 쓰레기를 버리는 날에는 사무실을 돌며 빈 병을 **수거한**다.
リサイクルごみを捨てる日には事務室を回って空き瓶を収集する。

27 □

면밀히

副 綿密に

関 면밀히 살펴보다 綿密に調べる
注 상당히 相当に、かなり

관련 자료를 **면밀히** 살펴본 결과 상당히 많은 문제점이 발견되었습니다.
関連資料を綿密に調べた結果、かなり多くの問題点が見つかりました。

28 □

부품

名 部品、パーツ

注 의존하다 依存する
대체하다 代替する、置き換える

수입에 의존하던 자동차 **부품**을 국내산으로 대체할 수 있게 되었다.
輸入に依存していた自動車部品を国内産に置き換えられるようになった。

チェック✓
□ 刺激 □ 特定 □ 嗅覚 □ 収集する □ 筋肉 □ 液体 □ 注意事項 □ 部品
□ 含まれる □ 綿密に □ 運搬する □ 形 □ 鈍感だ □ 作動

Day 35

1 □

하자

名 瑕疵、欠点、問題

注 즉시 即時、直ちに
보수하다 補修する

주택 내부에 **하자**가 있을 경우에는 즉시 보수해 드리겠습니다.
住宅内部に問題がある場合は直ちに補修いたします。

2 □

출고

名 出庫

反 입고 入庫
注 앞당기다 繰り上げる、早める

출고 시기를 앞당기면 타사와의 경쟁에서 유리하게 작용할 것이다.
出庫時期を早めれば他社との競争で有利に作用するだろう。

3 □

무상

名 無償

反 유상 有償
関 무상으로 無償で

모든 아이들이 고등학교까지는 **무상**으로 교육을 받을 수 있게 해야 한다.
すべての子供が高校までは無償で教育を受けられるようにするべきだ。

4 □

다시금

副 再び、またもや

類 다시 再び
注 화가 치밀다 むかっとする

아까 있었던 일에 대해 **다시금** 생각해 봐도 역시 억울해서 화가 치밀었다.
さっきあったことについて再び考えてみてもやはり悔しくてむかっとした。

5 □

출시

名 発売

類 발매 発売
関 출시되다 発売される
注 품절되다 売り切れる

톱스타의 콘서트 영상이 담긴 DVD가 **출시**되자마자 품절되었다.
トップスターのコンサート映像が入った DVD が発売されるや否や売り切れた。

6 □

결함

名 欠陥

注 가습기 加湿器
회수되다 回収される

새로 출시된 가습기에서 **결함**이 발견되어 전 제품이 회수되었다.
新しく発売された加湿器から欠陥が見つかり全製品が回収された。

7 □

지연

名 遅延

関 지연되다 遅延する、延びる
지연시키다 延ばす、遅らせる

파업으로 인한 공사의 **지연**으로 공사비 부담이 한층 더 증가되었다.
ストライキによる工事の遅延で工事費の負担がより一層増えた。

8 ☐

양해

名 了解、了承

関 양해를 얻다 了承を得る
注 집세를 내다 家賃を払う

그는 집주인의 **양해**를 얻어 이번 달 집세를 한 달 후에 내기로 했다.
彼は家主の了承を得て今月分の家賃を１カ月後に払うことにした。

9 ☐

과실

名 過失

関 과실을 범하다 過失を犯す
업무상 과실 業務上過失
注 흉터 傷跡

잘못된 치료로 피부에 흉터를 남긴 의사가 업무상 **과실**을 인정했다.
間違った治療で肌に傷跡を残した医者が業務上過失を認めた。

10 ☐

가공

名 加工

関 가공식품 加工食品
注 간편화되다 簡便化される

식생활이 간편화되어 **가공**식품의 수요가 크게 늘어나고 있다.
食生活が簡便化されて加工食品の需要が大きく増えている。

11 ☐

압축

名 圧縮

関 압축팩 圧縮袋
注 부피가 크다 かさばる
자리를 차지하다 場所を取る

부피가 큰 겨울옷은 **압축**팩에 넣어서 보관하면 자리를 안 차지한다.
かさばる冬服は圧縮袋に入れて保管すれば場所を取らない。

12 ☐

휘다

動 曲がる

注 일평생 一生涯
넉넉하다 十分だ、裕福だ

일평생을 등이 **휘**도록 열심히 일했건만 노후 자금도 넉넉하지 않다.
一生涯を背中が曲がるほど頑張って働いたが老後資金も十分ではない。

13 ☐

틀어지다

動 こじれる、狂う

関 사이가 틀어지다 仲がこじれる
계획이 틀어지다 計画が狂う

두 사람 사이가 왜 **틀어졌**는지 아는 사람은 아무도 없었다.
二人の仲がなぜこじれたのか知っている人は誰もいなかった。

14 ☐

철근

名 鉄筋

関 철근 콘크리트 鉄筋コンクリート
注 내구성 耐久性

철근 콘크리트는 내구성이 강하여 건축 재료로 많이 쓰인다.
鉄筋コンクリートは耐久性が強くて建築材料としてたくさん使われる。

チェック ✓
☐ 再び ☐ 了承 ☐ 欠陥 ☐ 鉄筋 ☐ 無償 ☐ こじれる ☐ 問題 ☐ 曲がる
☐ 発売 ☐ 圧縮 ☐ 遅延 ☐ 加工 ☐ 出庫 ☐ 過失

15 □

유연하다

[形] 柔軟だ、柔らかい

[関] 유연한 사고방식 柔軟な考え方
[注] -아/어서 그런지 ～だからなのか

그녀는 어렸을 때 발레를 배워서 그런지 몸이 **유연하**다.
彼女は幼い時バレエを習ったからなのか体が柔らかい。

16 □

목조

[名] 木造

[関] 목재 木材
목조 주택 木造住宅

지진이 났을 때 **목조**보다는 철근으로 지어진 건물이 안전하다.
地震が起きた時、木造よりは鉄筋で建てられた建物が安全だ。

17 □

편중되다

[動] 偏重する、偏る

[関] 몰리다 集中する
[注] 혜택을 받다 恩恵を受ける

의료 시설은 대도시에 **편중되**어 있어서 지방일수록 혜택을 받기 어렵다.
医療施設は大都市に偏っていて、地方ほど恩恵を受け難い。

18 □

화제

[名] 話題

[関] 화제가 되다 話題になる
[注] 꼽다 挙げる

편집장은 올해 주목할 만한 **화제**의 인물로 디자이너 A 씨를 꼽았다.
編集長は今年の注目すべき話題の人物としてデザイナーの A さんを挙げた。

19 □

요청하다

[動] 要請する

[注] 풍부하다 豊富だ
-을/를 맡다 ～を務める

교육 현장에서의 경험이 풍부한 그에게 주임을 맡아 달라고 **요청했**다.
教育現場での経験が豊富な彼に主任を務めてほしいと要請した。

20 □

이점

[名] 利点

[関] 이점을 살리다 利点を生かす
[注] 이끌다 導く

다음 경기는 홈에서의 **이점**을 살려 승리로 이끌고 싶다고 말했다.
次の試合はホームでの利点を生かし勝利に導きたいと言った。

21 □

제한

[名] 制限

[関] 제한을 두다 制限を設ける
[注] 사용처 使い先

지역 경제 활성화에 도움이 되도록 상품권 사용처에 **제한**을 두었다.
地域経済の活性化に役に立つように商品券の使い先に制限を設けた。

22 □	**뒤틀리다** 動 ねじれる、ひねくれる 関 휘어지다 曲がる、しなる 注 목재 木材 이 목재는 환경에 따라 휘어지거나 **뒤틀리**는 일이 없을 것이다. この木材は環境によって曲がったりねじれたりすることはないだろう。
23 □	**덜** 副 さほど、まだ 関 덜 -하다 さほど~しない、まだ~しきっていない 注 보강하다 補強する 빙수 외에 다른 메뉴를 보강하면 계절의 영향을 **덜** 받을 거예요. かき氷以外のメニューを補強すれば季節の影響をさほど受けないでしょう。
24 □	**작사** 名 作詞 関 작곡 作曲 注 천재적이다 天才的だ 가수 본인이 **작사**도 하고 작곡도 할 만큼 천재적인 재능이 있다. 歌手本人が作詞もして作曲もするほど天才的な才能がある。
25 □	**소송** 名 訴訟 関 소송을 제기하다 訴訟を起こす 注 무단으로 無断で 곡을 무단으로 사용한 것에 대해 작사가와 작곡가가 **소송**을 제기했다. 曲を無断で使用したことについて作詞家と作曲家が訴訟を起こした。
26 □	**지불하다** 動 支払う 類 내다 払う 注 선거 운동 選挙運動 선거 운동에 쓰기 위해서는 곡에 대한 사용료를 **지불해**야 한다. 選挙運動に使うためには曲に対する使用料を支払わなければならない。
27 □	**안다** 動 抱く 関 안기다 抱かれる 注 -(으)ㄹ 처지가 되다 ~する羽目になる 보육원이 문을 닫는 바람에 아기를 **안**고 일하러 가야 할 처지가 되었다. 保育園が閉まったため、赤ちゃんを抱っこして仕事に行く羽目になった。
28 □	**편집하다** 動 編集する 注 원작자 原作者 허락 없이 許可なしに 원작자의 허락 없이 가사를 바꾸거나 **편집해**서 쓰면 안 된다. 原作者の許可なしに歌詞を変えたり編集して使ってはいけない。

チェック ✓
□ 偏る □ ねじれる □ 制限 □ 編集する □ 柔軟だ □ 作詞 □ 利点
□ 抱く □ 木造 □ 支払う □ 要請する □ 訴訟 □ 話題 □ さほど

次の単語を韓国語は日本語に、日本語は韓国語にしなさい。

- 1. 손해
- 2. 응급
- 3. 탄생
- 4. 박탈
- 5. 초창기
- 6. 청취하다
- 7. 다루다
- 8. 화분
- 9. 언덕
- 10. 놓이다
- 11. 모색하다
- 12. 교외
- 13. 돌발
- 14. 처벌
- 15. 엄격하다
- 16. 중력
- 17. 포함되다
- 18. 수거하다
- 19. 제한
- 20. 안다
- 21. 究明
- 22. 足取り
- 23. 離れる
- 24. 証拠
- 25. 拡充
- 26. 鳴る
- 27. 露出
- 28. 点検
- 29. 負傷
- 30. 適当だ
- 31. 目線
- 32. 丸太
- 33. 備える
- 34. 鈍感だ
- 35. 凍らせる
- 36. 刺激
- 37. 過失
- 38. 圧縮
- 39. 話題
- 40. 要請する

正解

1. 損害 **2.** 応急 **3.** 誕生 **4.** はく奪 **5.** 草創期 **6.** 聴取する **7.** 取り扱う **8.** 植木鉢 **9.** 丘 **10.** 置かれる **11.** 模索する **12.** 郊外 **13.** 突発 **14.** 処罰 **15.** 厳しい **16.** 重力 **17.** 含まれる **18.** 収集する **19.** 制限 **20.** 抱く **21.** 규명 **22.** 발걸음 **23.** 떨어지다 **24.** 증거 **25.** 확충 **26.** 울리다 **27.** 노출 **28.** 점검 **29.** 부상 **30.** 적당하다 **31.** 눈높이 **32.** 통나무 **33.** 대비하다 **34.** 둔하다 **35.** 얼리다 **36.** 자극 **37.** 과실 **38.** 압축 **39.** 화제 **40.** 요청하다

確認問題

A (　　) に入る単語を選び、適当な形にしなさい。

떨어지다	떠다니다	치르다	틀어지다	터뜨리다

1. 얼마 전에 구입한 차의 잔금을 (　　　　　) 왔어요.

2. 집에서 보내 준 돈이 다 (　　　　　)서 아르바이트를 시작했어요.

3. 아이는 많이 아팠는지 넘어지자마자 울음을 (　　　　　).

4. 이 기계로 공기 중에 (　　　　　) 세균의 농도를 알 수 있다.

B (　　) に入る適切な副詞を選びなさい。

우뚝	철저히	면밀히	허둥지둥	혹시	덜

1. 학교 규칙은 무슨 일이 있더라도 (　　　　　) 지키세요.

2. 집에 오자마자 (　　　　　) 옷을 갈아입고 다시 나갔어요.

3. (　　　　　) 계산이 틀린 부분이 있다면 말해 주세요.

4. 약을 먹으니까 (　　　　　) 아프네요.

正解例および和訳

A **1.** 치르고　**2.** 떨어져　**3.** 터뜨렸다　**4.** 떠다니는

訳 **1.** しばらく前に購入した車の残金を(払って)来ました。
2. 家から送ってもらったお金が全部(なくなっ)たのでバイトを始めました。
3. 子供はけっこう痛かったのか転んですぐに泣き(出した)。
4. この機械で空気中に(漂う)細菌の濃度が分かる。

B **1.** 철저히　**2.** 허둥지둥　**3.** 혹시　**4.** 덜

訳 **1.** 学校の規則は何があっても(徹底的に)守ってください。
2. 家に帰るや否や(あたふたと)服を着替えてまた出て行きました。
3. (もし)計算が間違った部分があれば言ってください。
4. 薬を飲んだら(さほど)痛くありません。

まとめてみましょう

慣用句①

귀	귀가 가렵다	どこかでうわさされているようだ
	귀 빠진 날	誕生日のこと
	귀가 솔깃하다	聞き耳を立てる
	귀에 못이 박히다	耳にたこができる
	귀가 얇다	人の話をすぐ受け入れる
	귀가 밝다	耳聡い、耳がいい
코	내 코가 석 자다	自分のことで精一杯だ
	코가 납작해지다	面目を失う
	코 묻은 돈	子供が持っているわずかなお金
	코 앞에 닥치다	目前に迫る
	콧대가 높다	鼻が高い
	엎드리면 코 닿을 데	とても近い場所
입	입이 무겁다 / 가볍다	口が堅い／軽い
	입이 짧다	偏食して少なく食べる
	입에 풀칠을 하다	やっと暮らしを立てる、糊口をしのぐ
	입에 거미줄 치다	長い間飢える
	입에 발린 소리	心にもないお世辞

눈	눈에 거슬리다	目障りだ
	눈에 선하다	目に見えるようだ
	눈에 차다	気に入って満足する
	눈이 뒤집히다	目がくらむ、理性を失う
	한눈을 팔다	よそ見をする、脇目を振る
	눈 깜짝할 사이	ほんの短い間
	눈 빠지게 기다리다	首を長くして待つ
	눈 감아 주다	大目に見る、見逃してあげる
	눈살을 찌푸리다	まゆをひそめる
	눈앞이 캄캄하다	目の前が真っ暗だ
	눈에 넣어도 안 아프다	目に入れても痛くない
	눈이 높다	理想が高い
	눈코 뜰 새 없다	目が回るほど忙しい
	눈을 붙이다	仮眠を取る
	눈에 익다	見慣れている、見覚えがある
	눈 밖에 나다	にらまれる、憎まれる
	눈 뜨고 못 보다	目も当てられない
	눈에 보이는 것이 없다	周りのものが見えない

Day 36

1

저작권

[名] 著作権

[関] 저작권법 위반 著作権法違反
[注] 무단으로 無断で

타인이 찍은 사진을 무단으로 사용하는 것은 **저작권**법 위반에 해당한다.
他人が撮った写真を無断で使用することは著作権法違反に該当する。

2

당분간

[副] 当分の間、しばらく

[注] 상하다 傷む、腐る
염색 染色、カラー

머리카락이 많이 상했으니까 **당분간** 염색이나 파마는 안 할래요.
髪の毛がけっこう傷んでいるのでしばらくカラーやパーマはしません。

3

틀다

[動] かける、つける、ひねる

[関] 음악을 틀다 音楽をかける
선풍기를 틀다 扇風機をつける
수도꼭지를 틀다 蛇口をひねる

응원가를 **틀**고 볼륨을 크게 해서 목이 터지도록 응원했다.
応援歌をかけてボリュームを大きくし、喉が張り裂けるほど応援した。

4

선호하다

[動] 好む、選り好みする

[関] 선호도 조사 好み調査
[注] 단독주택 一戸建て

나는 고층에 살고 싶기 때문에 단독주택보다는 맨션을 **선호한**다.
私は高層階に住みたいので一戸建てよりはマンションを好む。

5

암컷

[名] 雌

[反] 수컷 雄
[注] 고집이 세다 強情だ、我が強い
차분하다 落ち着いている

암컷 고양이는 일반적으로 고집이 세며 차분한 성격을 가진다.
雌猫は一般的に強情で落ち着いた性格を持つ。

6

수정하다

[動] 修正する

[類] 고치다 直す
[注] 고려하다 考慮する

바뀐 일의 내용과 근무 시간을 고려해서 계약서 내용을 **수정했**다.
変わった仕事の内容と勤務時間を考慮して契約書の内容を修正した。

7

제철

[名] 食べごろ、旬

[関] 제철 과일 旬の果物
[注] 제공하다 提供する

제철 생선과 채소를 중심으로 한 식재료로 만든 도시락을 제공합니다.
旬の魚と野菜を中心とした食材で作ったお弁当を提供します。

8 □

특산품

名 特産品

関 특산물 特産物
注 홍보관 広報館

제주도 **특산품**을 살 수 있는 제주도 홍보관이 서울 시내에 생겼다.
済州道の特産品を買える済州道広報館がソウル市内にできた。

9 □

짐작하다

動 推量する

類 예상하다 予想する
注 사태가 심각하다 事態が深刻だ

그의 목소리만 들어도 사태가 심각하다는 것을 **짐작할** 수 있었다.
彼の声を聞いただけでも事態が深刻だということが推量できた。

10 □

가뭄

名 日照り

関 가뭄이 들다 日照りになる
注 폭포 滝
마르다 乾く

1년 넘게 계속되는 **가뭄**으로 인해 폭포도 완전히 말라 버렸다.
1年以上続く日照りによって滝も完全に乾いてしまった。

11 □

반찬

名 おかず

注 안주 つまみ
안성맞춤 うってつけ、好都合

오징어 볶음은 밥**반찬**으로는 물론 술안주로도 안성맞춤이다.
イカ炒めはご飯のおかずにはもちろんお酒のつまみとしてもうってつけだ。

12 □

백성

名 民、国民

注 귀를 기울이다 耳を傾ける
진정한 真の

백성의 소리에 귀를 기울이고 **백성**의 입장에서 생각한 진정한 왕이었다.
民の声に耳を傾け、民の立場で考えた真の王だった。

13 □

분쟁

名 紛争

関 분쟁 지역 紛争地域
注 신뢰가 부족하다 信頼が足りない

이번 **분쟁**은 서로에 대한 신뢰가 부족했던 탓에 일어났다.
今回の紛争はお互いに対する信頼が足りなかったせいで起きた。

14 □

신하

名 臣下

注 -되 ～するのはいいが(＋条件)
바르다 正しい
도리 道理

왕의 뜻을 따르되 바른 충고를 하는 것도 **신하**의 도리이다.
王意に従うのはいいが、正しい忠告をするのも臣下の道理である。

チェック ✓
□ しばらく □ 推量する □ 修正する □ 民 □ 著作権 □ 臣下 □ 雌
□ 特産品 □ 好む □ 紛争 □ 旬 □ おかず □ かける □ 日照り

15 □

잠재우다

動 静める

注 막다 防ぐ
재빨리 いち早く

주가 하락을 막기 위해서는 재빨리 소문을 **잠재울** 필요가 있다.
株価下落を防ぐためにはいち早くうわさを静める必要がある。

16 □

수단

名 手段

関 수단을 가리지 않다 手段を選ばない
注 지원 支援

경제적 지원은 지역 간의 분쟁을 잠재우기 위한 **수단**으로 사용되었다.
経済的支援は地域間の紛争を静めるための手段として使われた。

17 □

선언

名 宣言

関 폭탄 선언 爆弾宣言
注 절정 絶頂
은퇴하다 引退する

인기 절정의 가수가 은퇴하겠다는 폭탄 **선언**을 한 지 하루가 지났다.
人気絶頂の歌手が引退するという爆弾宣言をしてから1日が経った。

18 □

권력

名 権力

関 권력을 휘두르다 権力を振り回す
권력을 잡다 権力を握る

아내의 수가 곧 왕의 **권력**을 나타내던 시대도 있었다고 한다.
妻の数がすなわち王の権力を表していた時代もあったそうだ。

19 □

수컷

名 雄

反 암컷 雌
注 분간할 수 없다 見分けがつかない

새는 암컷보다 아름다운 **수컷**도 있어서 겉모습만으로는 분간할 수 없다.
鳥は雌より美しい雄もいるので外見だけでは見分けがつかない。

20 □

뜯다

動 食む、封を切る

関 나뭇잎을 뜯다 木の葉を食む
편지 봉투를 뜯다 手紙の封を切る

동물원에서 나무에 앉아 나뭇잎을 **뜯**고 있는 오랑우탄을 볼 수 있었다.
動物園で木に座り木の葉を食んでいるオランウータンが見られた。

21 □

새끼

名 (動物の)子供

関 새끼를 낳다 子供を産む
注 오동통하다 ぽっちゃりしている

태어난 지 한 달 정도 된 **새끼** 돼지가 오동통하게 살이 쪄서 너무 귀엽다.
生まれてからひと月位経った子豚がぽっちゃりと太っていてとてもかわいい。

22 □

진통

名 陣痛

関 진통이 시작되다 陣痛が始まる

注 눕다 横になる

진통이 시작되면 바로 이 약을 먹고 누워서 쉬세요.

陣痛が始まったらすぐこの薬を飲んで横になって休んでください。

23 □

씹다

動 かむ

関 꼭꼭 씹다 しっかりかむ

注 습관을 들이다 習慣をつける

위가 안 좋아서 고생한다면 꼭꼭 **씹**어 먹는 습관을 들여 봐.

胃の調子が悪くて苦労しているならしっかりかんで食べる習慣をつけてみて。

24 □

즙

名 汁

関 즙을 내다 汁を出す

注 연고를 바르다 軟こうを塗る

약이 없었던 옛날에는 나뭇잎 **즙**을 내어 연고 대신에 발랐었다.

薬がなかった昔は木の葉っぱの汁を出して軟こうの代わりに塗っていた。

25 □

먹이다

動 食べさせる

関 먹히다 食べられる
먹게 하다 食べるように命じる
약을 먹이다 薬を飲ませる

아이에게 약을 **먹일** 때는 아이가 좋아하는 단 것을 같이 준비한다.

子供に薬を飲ませる時は子供が好きな甘いものを一緒に用意する。

26 □

약초

名 薬草

関 약초 재배 薬草栽培
민간요법 民間療法

민간요법에 관심이 많아 **약초**에 대해서도 공부해 보기로 했다.

民間療法に関心が多く、薬草についても勉強してみることにした。

27 □

양육

名 養育

関 양육권 養育権

注 -게 마련이다 ～するものだ

아이의 성격은 부모의 **양육** 방식에 크게 영향을 받게 마련이다.

子供の性格は親の養育の仕方に大きく影響を受けるものだ。

28 □

서식

名 生息

関 서식지 生息地

注 철새 渡り鳥
옮기다 移す

철새는 살기 좋은 기후를 찾아서 정기적으로 **서식**지를 옮기곤 한다.

渡り鳥は住みやすい気候を求めて定期的に生息地を移したりする。

チェック ✓

□ 食む □ 汁 □ 子供 □ 生息 □ 手段 □ かむ □ 静める □ 薬草 □ 雄
□ 養育 □ 宣言 □ 陣痛 □ 権力 □ 食べさせる

Day 37

1 □

보석

名 宝石

関 반짝이다 きらめく
注 흠집 傷
불순물 不純物

흠집이나 불순물이 없을수록 **보석**은 그 가치를 인정받는다.
傷や不純物がないほど宝石はその価値を認められる。

2 □

호박

名 かぼちゃ、こはく

関 넝쿨째 つるごと
굴러떨어지다 転がり落ちる

뜻밖에 행운을 만났을 때 **호박**이 넝쿨째로 굴러떨어졌다고 말한다.
予想外の幸運に巡り合った時、かぼちゃがつるごと転がり落ちたという。

3 □

수액

名 樹液

注 자작나무 シラカバ
함량 含量、含有量
피부 미용 皮膚の美容、美肌

자작나무 **수액**은 수분 함량이 높아서 피부 미용에 효과가 있다.
シラカバの樹液は水分含有量が高くて美肌に効果がある。

4 □

굳다

動 固まる

類 굳어지다 固まる
注 흘러나오다 流れ出る

호박은 나무에서 흘러나온 수액이 화석처럼 **굳**어져서 생긴 보석이다.
こはくは木から流れ出た樹液が化石のように固まってできた宝石である。

5 □

광물

名 鉱物

関 광물 자원 鉱物資源
注 첨단 기술 先端技術
힘쓰다 尽力する、取り組む

일부 선진국에서는 **광물** 자원의 확보를 위해 첨단 기술 개발에 힘쓰고 있다.
一部の先進国では鉱物資源の確保のため、先端技術の開発に取り組んでいる。

6 □

워낙

副 なにしろ

注 은행나무 イチョウの木
따로 別に、別途

이 길은 은행나무 가로수 길로 **워낙** 유명해서 따로 설명은 필요없다.
この道はイチョウ並木道としてなにしろ有名なので別途説明は不要だ。

7 □

투명하다

形 透明だ

反 불투명하다 不透明だ
注 닦다 拭く
유리창 ガラス窓

먼지 하나 없이 **투명하**게 닦은 유리창 밖으로 푸른 하늘이 보였다.
ほこり一つなく透明に拭いたガラス窓の外に青い空が見えた。

8 □

곤충

名 昆虫

関 화석 化石
注 박차를 가하다 拍車をかける

고대 **곤충**의 화석의 발견은 학자들의 연구에 박차를 가했다.
古代の昆虫の化石の発見は学者たちの研究に拍車をかけた。

9 □

물질

名 物質

関 오염 물질 汚染物質
注 벌금을 부과하다 罰金を科する

오염 **물질** 배출에 관한 기준을 정해서 그에 따라 벌금도 부과해야 한다.
汚染物質排出に関する基準を決めて、それによって罰金も科するべきだ。

10 □

정의하다

動 定義する

注 신용 信用
금융 金融
개념 概念

일반적으로 말하는 신용과 금융에서의 신용의 개념을 다시 **정의해** 보았다.
一般的に言う信用と、金融での信用の概念を定義し直してみた。

11 □

유형

名 類型、パターン

注 우수하다 優秀だ
분류하다 分類する

성적이 우수한 아이의 학습 **유형**은 세 가지로 분류할 수 있다.
成績が優秀な子の学習パターンは三つに分類することができる。

12 □

적정

名 適正

関 적정 온도 適正温度
注 여름철 夏場、夏季
실내외 屋内外

여름철 실내 **적정** 온도는 26도로 실내외 온도 차가 크면 건강에 해롭다.
夏場の室内適正温度は 26 度で、屋内外の温度差が大きいと健康に悪い。

13 □

논의하다

動 論議する

関 의논하다 議論する
注 인구 감소 人口減少
방안 方案、方策

지방 도시는 인구 감소 문제를 해결하기 위한 방안을 **논의해**야 한다.
地方都市は人口減少問題を解決するための方策を論議するべきだ。

14 □

판정

名 判定

関 판정에 따르다 判定に従う
注 보류하다 保留にする

합격이라고 하기에는 뭔가 부족한 것 같아서 **판정**을 보류했다.
合格とするには何かが足りないような気がして判定を保留にした。

チェック ✓

□ かぼちゃ □ 物質 □ 透明だ □ 適正 □ なにしろ □ 昆虫 □ パターン
□ 判定 □ 宝石 □ 定義する □ 鉱物 □ 固まる □ 論議する □ 樹液

15 □

토로하다

動 吐露する、吐く

類 털어놓다 打ち明ける
注 육아 育児
친정 実家

육아를 안 돕는 남편에 대한 불만을 친정 엄마에게 **토로했**다.
育児を手伝わない夫に対する不満を実家の母に吐露した。

16 □

이식하다

動 移植する

関 골수를 이식하다 骨髄を移植する
注 병이 낫다 病気が治る

아빠가 딸에게 골수를 **이식해** 준 덕분에 딸의 병이 나았다.
父が娘に骨髄を移植してあげたおかげで娘の病気が治った。

17 □

거부

名 拒否

関 거부감이 들다 抵抗感がある
거부 반응 拒否反応、拒絶反応
注 장기 臓器

장기 이식 수술의 가장 큰 어려움은 **거부** 반응이 일어나는 것이다.
臓器移植手術の一番大きい問題は拒絶反応が起きることだ。

18 □

면역

名 免疫

関 면역력 免疫力
면역이 생기다 免疫ができる

스트레스와 피로로 인해 **면역**력이 약해진 상태래요.
ストレスと疲労により免疫力が弱くなった状態だと言われました。

19 □

체계

名 体系、システム

関 체계적으로 体系的に
면역 체계 免疫システム

예방 주사를 맞으면 우리 몸에 존재하는 면역 **체계**가 활성화된다.
予防注射を打てば私たちの体に存在する免疫システムが活性化される。

20 □

사망

名 死亡

反 탄생 誕生
関 사망에 이르다 死に到る
注 실려 가다 運ばれる、担ぎ込まれる

수면제를 다량으로 복용해서 응급실로 실려 갔지만 끝내 **사망**에 이르렀다.
睡眠薬を大量に服用して応急室に担ぎ込まれたがとうとう死に至った。

21 □

심장

名 心臓

関 심장이 뛰다 心臓がどきどきする
注 속이다 だます

거짓말을 해서 다른 사람을 속이려고 하니까 **심장**이 뛰었다.
うそをついて他人をだまそうとしたら心臓がどきどきした。

22 □

불구하다

動 関わらない

関 -에도 불구하고 ～にも関わらず
注 실전 実戦、本番

여러 번 연습했음에도 **불구하**고 실전에서 실수하고 말았다.
何回も練習したにも関わらず、本番でミスしてしまった。

23 □

만큼

名 ほど

関 -(으)ㄹ 만큼 ～するほど
注 붐비다 ごった返す、にぎわう

특별 전시관은 들어갈 수 없을 **만큼** 사람들로 붐볐다.
特別展示館は入れないほど人々でごった返していた。

24 □

기증하다

動 寄贈する

注 물려받다 譲り受ける
간직하다 (大切に)保管する

조상으로부터 물려받아 간직해 온 유품들을 박물관에 **기증했**다.
祖先から譲り受けて大切に保管してきた遺品を博物館に寄贈した。

25 □

인공

名 人工

関 인공호흡 人工呼吸
注 물에 빠지다 水におぼれる

만일에 대비해 물에 빠진 사람에게 **인공**호흡을 하는 방법을 배워 두었다.
万一に備え、水におぼれた人に人工呼吸をする方法を習っておいた。

26 □

한창

副 盛んに、最も

関 한창이다 真っ最中だ
注 주고받다 (言葉を)交わす

돌고래가 주고받는 언어에 대해 연구가 **한창** 진행되고 있다.
イルカが交わす言語について研究が盛んに進んでいる。

27 □

낙관하다

動 楽観する

反 비관하다 悲観する
関 낙관적 楽観的

의료 기술의 개발로 인해 심장 이식 기술의 미래를 **낙관하**고 있다.
医療技術の開発によって、心臓移植技術の未来を楽観している。

28 □

예측하다

動 予測する

類 예상하다 予想する
注 확률 確率
대비하다 備える

문제가 생길 확률을 컴퓨터가 미리 **예측해**서 대비할 수 있게 해 준다.
問題が起きる確率をパソコンがあらかじめ予測し、備えられるようにしてくれる。

チェック ✓
□吐露する □人工 □免疫 □楽観する □移植する □ほど □予測する
□盛んに □拒否 □システム □心臓 □寄贈する □死亡 □関わらない

Day 38

1 □
비중
名 比重

関 비중을 차지하다 比重を占める
비중 있는 重みがある～
注 역할을 맡다 役を演じる

드라마에서 처음으로 **비중** 있는 역할을 맡게 되어 의욕이 넘친다.
ドラマで初めて重みがある役を演じることになり意欲があふれている。

2 □
계발
名 啓発

関 자기 계발 自己啓発
注 투자를 아끼다 投資を惜しむ

외국어를 공부해서 자격증을 따는 등 자기 **계발**에 투자를 아끼지 않는다.
外国語を勉強して資格を取るなど、自己啓発に投資を惜しまない。

3 □
장학금
名 奨学金

関 장학생 奨学生
수석 입학 首席入学

수석으로 입학한 학생에게는 **장학금**은 물론 기숙사까지 제공된다.
首席で入学した学生には奨学金はもちろん寮まで提供される。

4 □
정확하다
形 正確だ

注 억양 抑揚、イントネーション
원어민 ネイティブ

정확한 발음과 억양으로 유창하게 통역하는 그는 마치 원어민 같았다.
正確な発音と抑揚で流ちょうに通訳する彼はまるでネイティブのようだった。

5 □
두통
名 頭痛

関 통증 痛み
편두통 偏頭痛
注 어김없이 間違いなく、必ず

날씨가 흐리거나 술을 마시거나 하면 어김없이 **두통**에 시달려요.
曇っていたりお酒を飲んだりすると必ず頭痛に悩まされます。

6 □
맹신
名 盲信

注 의심하다 疑う
문제를 불러일으키다 問題を呼び起こす

아무것도 의심하지 않게 되는 **맹신**은 또 다른 문제를 불러일으킨다.
何も疑わなくなる盲信はまた別の問題を呼び起こす。

7 □
영수증
名 領収書

関 정산하다 精算する
注 챙기다 取り揃える、取る

나중에 정산할 때 필요하니까 **영수증**은 꼭 받아서 챙겨 놓으세요.
後で精算する時必要なので領収書は必ずもらって取っておいてください。

8 □

진로

名 進路

関 태풍의 진로 台風の進路
注 적성 검사 適性検査

졸업 후의 **진로**를 정하기 어려워서 적성 검사 결과를 참고했다.
卒業後の進路を決めるのが難しくて適性検査の結果を参考にした。

9 □

끼치다

動 掛ける、及ぼす

関 불편을 끼치다 不便を掛ける
영향을 끼치다 影響を及ぼす
注 지대하다 非常に大きい

전기를 이용한 발명품은 인류의 발전에 지대한 영향을 **끼쳤**다.
電気を利用した発明品は人類の発展に非常に大きい影響を及ぼした。

10 □

정차하다

動 停車する

類 서다 停まる
注 벨이 울리다 ベルが鳴る
다시금 再び

비상벨이 울려 잠시 **정차했**던 기차가 다시금 움직이기 시작했다.
非常ベルが鳴りしばらく停車していた汽車が再び動き始めた。

11 □

퇴직하다

動 退職する

関 퇴직금 退職金
注 한가롭다 のんびりしている

퇴직하면 한가롭게 여행이라도 하면서 지내고 싶었는데 현실은 달랐다.
退職したらのんびりと旅行でもしながら過ごしたかったが現実は違った。

12 □

개장

名 開場

反 폐장 閉場
関 개장을 앞두다 開場を控える

해수욕장 **개장**을 앞두고 마지막 안전 점검 회의를 실시했다.
海水浴場の開場を控えて最後の安全点検会議を実施した。

13 □

다하다

動 尽くす、果たす

関 최선을 다하다 最善を尽くす
책임을 다하다 責任を果たす
注 주어지다 与えられる

결과는 따라오는 것이라 생각하고 주어진 환경에서 최선을 **다할** 뿐입니다.
結果は付いてくるものだと思い、与えられた環境で最善を尽くすのみです。

14 □

지휘

名 指揮

関 지휘자 指揮者
지휘관 指揮官
注 괴팍하다 偏屈で気難しい

성격은 조금 괴팍하지만 뛰어난 실력의 **지휘**자임에는 틀림없었다.
性格は少し偏屈だけど優れた実力の指揮者であることには間違いなかった。

チェック ✓

□ 頭痛 □ 退職する □ 領収書 □ 指揮 □ 比重 □ 及ぼす □ 盲信
□ 奨学金 □ 尽くす □ 啓発 □ 進路 □ 開場 □ 停車する □ 正確だ

15 □

해설하다

動 解説する

関 해설가 解説者
注 시간을 갖다 時間を設ける

지휘자가 관객들에게 곡에 대해 직접 **해설해** 주는 시간을 갖고자 합니다.
指揮者が観客に曲について直接解説してくれる時間を設けようとしています。

16 □

따지다

動 計算する、問いただす

関 잘잘못을 따지다 是非を問いただす
注 -(으)려거든 ～しようとするなら
보험료 保険料

보험에 가입하려거든 여러 회사의 보험료를 **따져** 보고 정하세요.
保険に加入するならいろいろな会社の保険料を計算してみてから決めてください。

17 □

잘못하다

動 間違える、誤る

注 아무리 -아/어도 いくら～くても
알려 주다 教えてあげる

아이가 아무리 어려도 뭔가를 **잘못하**면 그 자리에서 알려 줘야 한다.
子供がいくら幼くても何かを誤ったらその場で教えてあげるべきだ。

18 □

달리다

動 左右される、かかる

関 -에 달려 있다 ～次第だ
注 여부 可否、～かどうか

불경기라고 하지만 취업 여부는 본인의 노력에 **달려** 있다.
不景気とはいえ、就職できるかどうかは本人の努力次第だ。

19 □

만만하다

形 手強くない、甘い

注 돈을 벌다 お金を稼ぐ
창업 創業、起業

돈을 많이 버는 음식점도 있지만 창업을 **만만하**게 생각해서는 안 된다.
お金をたくさん稼ぐ飲食店もあるが、起業を甘く考えてはいけない。

20 □

묵다

動 泊まる

類 숙박하다 宿泊する
注 온 가족 すべての家族、家族全員

아이들과 함께 온 가족이 **묵**을 수 있는 넓은 방을 예약했다.
子供と一緒に家族全員で泊まれる広い部屋を予約した。

21 □

수강

名 受講

関 수강 신청 受講申し込み
수강료 受講料
注 정원이 차다 定員に達する

인기 강좌는 **수강**료가 비싸도 금방 정원이 차므로 빨리 신청하세요.
人気講座は受講料が高くてもすぐ定員に達するので早く申し込んでください。

22 □

자립하다

動 自立する

注 발달 장애 発達障害
지원하다 支援する、サポートする

발달 장애가 있는 사람이 사회에서 **자립할** 수 있게 취업을 지원해야 한다.
発達障害がある人が社会で自立できるように就職をサポートするべきだ。

23 □

재활

名 リハビリ

関 재활 시설 リハビリ施設
注 마비되다 まひする

사고로 하반신이 마비된 그는 **재활** 시설에서 훈련을 받고 있다.
事故で下半身がまひした彼はリハビリ施設で訓練を受けている。

24 □

그만두다

動 辞める

類 사직하다 辞職する
注 피치 못할 사정 やむを得ない事情

피치 못할 사정으로 인해 회사를 **그만두**게 되었어요.
やむを得ない事情によって会社を辞めることになりました。

25 □

마지못해

副 仕方なく

注 넘다 超える、過ぎる
매달리다 取りすがる

한 달 넘게 매일 찾아와서 매달리는 바람에 **마지못해** 가르쳐 주었다.
1ヶ月以上毎日訪ねて来て取りすがったので仕方なく教えてあげた。

26 □

켤레

名 ～足

注 고아원 孤児院
기부하다 寄付する

이 신발 가게는 고아원에 매달 열 **켤레**씩 신발을 기부한대요.
この靴屋は孤児院に毎月10足ずつ靴を寄付しているそうです。

27 □

비결

名 秘訣

注 질이 좋다 質がいい
마케팅 マーケティング

상품의 질이 좋아서이기도 하지만 성공의 **비결**은 마케팅에 있다.
商品の質がいいからでもあるが、成功の秘訣はマーケティングにある。

28 □

스스로

副 自分で　名 自分自身

関 스스로 해결하다 自分で解決する
注 성취하다 成就する
자부심 自負心、プライド

목표를 성취하게 되면 **스스로**에 대한 자부심이 높아진다.
目標を成就することになったら自分自身に対するプライドが高まる。

チェック ✓

□ 解説する　□ リハビリ　□ 左右される　□ ～足　□ 受講　□ 秘訣　□ 計算する
□ 自分自身　□ 誤る　□ 仕方なく　□ 甘い　□ 辞める　□ 泊まる　□ 自立する

Day 39

1

수없이

副 数えきれないほど

類 무수히 無数に
注 개발하다 開発する

손쉽게 만들 수 있는 레시피를 개발하기 위해 실험을 **수없이** 반복했다.
手軽に作れるレシピを開発するため、実験を数えきれないほど繰り返した。

2

편

名 ～方、味方

関 편을 들다 肩を持つ
注 낭비하다 浪費する

생활비를 절약하거나 저금하거나 하지는 않지만 낭비하는 **편**도 아니다.
生活費を節約したり貯金したりはしないが浪費する方でもない。

3

평소

名 平素、普段

類 평상시 平常時、普段
注 즐겨 보다 好んで見る

영화관에서는 액션 영화를 주로 보지만 **평소**에는 공포 영화를 즐겨 본다.
映画館ではアクション映画を主に見るが普段はホラー映画を好んで見る。

4

알아내다

動 見つけ出す、突き止める

注 가출하다 家出する
행방 行方

딸 친구들에게도 연락해 봤지만 가출한 딸의 행방은 **알아낼** 수 없었다.
娘の友達にも連絡してみたが、家出した娘の行方は突き止められなかった。

5

차등

名 差

関 차등을 두다 差をつける
注 회장 会場

넓은 콘서트 회장일 경우에는 좌석별로 가격에 **차등**을 두고 판매합니다.
広いコンサート会場の場合は座席別に価格に差をつけて販売します。

6

세월

名 歳月

関 세월이 흐르다 歳月が流れる
注 거슬러 올라가다 さかのぼる

이야기는 천 년의 **세월**을 거슬러 올라간 시점에서부터 시작되고 있었다.
話は千年の歳月をさかのぼった時点から始まっていた。

7

때

名 垢、汚れ

関 때가 끼다 垢が付く、垢が染みる
때가 빠지다 垢が落ちる

때가 잘 빠지지 않을 때는 세탁기에 세탁볼을 넣고 빨아 보세요.
垢がよく落ちない時は洗濯機に洗濯ボールを入れて洗ってみてください。

8 □

묻다

動 付く、埋める

関 손때가 묻다 手垢が付く
땅에 묻다 土に埋める

도서관에 진열되어 있는 책에는 여러 사람의 손때가 **묻**어 있어요.
図書館に陳列されている本にはいろんな人の手垢が付いています。

9 □

보존하다

動 保存する

関 보존되다 保存される
注 힘쓰다 尽力する、励む

국민들은 문화 유산을 **보존하**기 위해 힘써야 한다.
国民は文化遺産を保存するために尽力するべきだ。

10 □

공헌

名 貢献

関 공헌이 크다 貢献が大きい
注 기록을 남기다 記録を残す

역사 연구가 가능한 것은 그 당시의 기록을 남긴 사람들의 **공헌**이 크다.
歴史の研究が可能なのはその当時の記録を残した人たちの貢献が大きい。

11 □

바로

副 まさに

注 누출하다 漏出する、漏らす
이익을 챙기다 利益を得る

회사의 기밀 정보를 누출해서 이익을 챙긴 사람은 **바로** 부장님이었다.
会社の機密情報を漏らして利益を得た人はまさに部長だった。

12 □

비법

名 秘法

関 비법을 전수하다 秘法を授ける
注 -째 ～目、～の間

3대째 전해 내려온 김치 양념을 만드는 **비법**을 딸에게 전수했다.
3代にわたって伝わってきたキムチの薬味を作る秘法を娘に授けた。

13 □

추진하다

動 推進する、進める

注 -인 채로 ～のまま
종료되다 終了する

그가 **추진하**고 있던 프로젝트가 미완성인 채로 종료되었다.
彼が進めていたプロジェクトが未完成のまま終了した。

14 □

지지하다

動 支持する

関 지지율 支持率
注 공약을 실천하다 公約を実践する

그 후보는 공약을 반드시 실천할 테니 자신을 **지지해** 달라고 부탁했다.
その候補は公約を必ず実践するから自分を支持してくれと頼んだ。

チェック✓
□ 突き止める □ 秘法 □ 差 □ 保存する □ 歳月 □ 支持する □ 普段
□ まさに □ 数えきれないほど □ 貢献 □ 垢 □ 付く □ ～方 □ 進める

15 □

선정

名 選定

関 선정되다 選定される、選ばれる
注 출연 횟수 出演回数

빌보드 차트 **선정** 기준은 앨범 판매량과 방송 출연 횟수이다.
ビルボードチャートの選定基準はアルバムの販売数と放送出演回数である。

16 □

마무리

名 仕上げ

関 마무리 짓다 仕上げる
注 빠른 시일 내에 早いうちに

빠른 시일 내에 공사를 **마무리** 지어 쾌적한 환경을 제공해 드리겠습니다.
早いうちに工事を仕上げて快適な環境を提供させていただきます。

17 □

도전하다

動 挑戦する

関 도전을 시도하다 挑戦を試みる
注 -았/었다(가) ～してから（＋反対の行動）

히말라야에서 36시간 내에 올라갔다 내려오는 스피드 클라이밍에 **도전했**다.
ヒマラヤで 36 時間以内に登って降りるスピードクライミングに挑戦した。

18 □

선출

名 選出

注 국회의원 国会議員
-끝에 ～の末（に）

그 국회의원은 여러 번의 도전 끝에 드디어 시장으로 **선출**되었다.
その国会議員は何回かの挑戦の末についに市長に選出された。

19 □

공정하다

形 公正だ

関 공평하다 公平だ
注 오직 ただ
원칙 原則

오직 실력으로만 대표 선수를 뽑는 **공정한** 선발 원칙이 지켜져야 한다.
ただ実力のみで代表選手を選ぶ公正な選抜の原則が守られるべきだ。

20 □

익명

名 匿名

関 실명 実名
注 악성 댓글 悪質なコメント

악성 댓글을 막기 위해 **익명**으로 댓글을 남길 수 없게 됐다.
悪質なコメントを防ぐため、匿名でコメントを残すことができなくなった。

21 □

기재하다

動 記載する

注 개인 정보 個人情報
투고하다 投稿する

성별이나 나이 등의 개인 정보를 **기재하**지 않고 익명으로 투고할 수 있다.
性別や年齢などの個人情報を記載せず、匿名で投稿できる。

22 □
장려하다
動 奨励する

注 애용하다 愛用する
발급하다 発給する

국산품 애용을 **장려하**기 위해 국산품에만 쓸 수 있는 쿠폰을 발급했다.
国産品の愛用を奨励するため、国産品だけに使えるクーポンを発給した。

23 □
마찰
名 摩擦

関 무역 마찰 貿易摩擦
注 강대국 強大国

강대국 간의 무역 **마찰**로 인해 주변 국가가 피해를 보고 있다.
強大国間の貿易摩擦により周辺の国家が被害を受けている。

24 □
나서다
動 前へ出る、乗り出す

関 발 벗고 나서다 一肌脱ぐ、積極的に乗り出す
注 쓰레기 매립장 ごみ埋め立て地

주민들이 발 벗고 **나서**서 쓰레기 매립장 설치를 반대했다.
住民たちが積極的に乗り出してごみ埋め立て地の設置に反対した。

25 □
농작물
名 農作物

関 농사를 짓다 農業を営む
注 발전소 発電所
호소하다 訴える

발전소 근처의 농민들이 **농작물** 생산성이 낮아졌다고 호소했다.
発電所近くの農民たちが農作物の生産性が低くなったと訴えた。

26 □
냉동
名 冷凍

関 냉동 식품 冷凍食品
注 소비자 층 消費者層

냉동 식품에 대한 만족도가 높아져서 소비자 층도 확대되고 있습니다.
冷凍食品に対する満足度が高まって消費者層も拡大しています。

27 □
빚어지다
動 醸される、生じる

関 마찰이 빚어지다 摩擦が生じる
注 법적 기준 法的基準

시설 이용자 간에 **빚어지**는 마찰을 해결하기 위해 법적 기준이 필요하다.
施設の利用者の間で生じる摩擦を解決するため、法的基準が必要だ。

28 □
장치
名 装置

関 장치를 달다 装置を付ける
注 유지되다 維持される

보관고에 특별한 **장치**를 달아서 온도가 0도 이하로 유지되게 하였다.
保管庫に特別な装置を付けて温度が0度以下に維持されるようにした。

チェック ✓
□ 公正だ □ 冷凍 □ 記載する □ 奨励する □ 装置 □ 匿名 □ 乗り出す
□ 挑戦する □ 農作物 □ 仕上げ □ 生じる □ 選定 □ 摩擦 □ 選出

Day 40

1 □

경사

[名] 傾斜

[関] 경사지다 傾斜する
가파르다 急だ、険しい

경사가 가파르니까 비가 올 때는 미끄러지지 않게 조심하세요.
傾斜が急だから雨が降る時は滑らないように気をつけてください。

2 □

영하

[名] 零下、氷点下

[反] 영상 零度以上の気温
[注] 일교차 1日の中の気温の差、寒暖差

최저 기온은 **영하** 5도이고 최고 기온은 영상 10도로 일교차가 크겠습니다.
最低気温は零下5度で最高気温は10度と寒暖差が大きいでしょう。

3 □

채취하다

[動] 採取する

[注] 낚시를 하다 釣りをする
미역 ワカメ

여름에는 낚시를 하거나 미역을 **채취하**러 오는 관광객이 많다.
夏は釣りをしたりワカメを採取しに来る観光客が多い。

4 □

설계하다

[動] 設計する

[関] 설계도 設計図
[注] 감옥 監獄
탈옥 脱獄

주인공은 감옥을 **설계한** 사람의 도움을 받아 탈옥에 성공할 수 있었다.
主人公は監獄を設計した人の助けを受けて脱獄に成功することができた。

5 □

뚫다

[動] (穴を)開ける

[関] 구멍을 뚫다 穴を開ける
[注] 밑바닥 底

사용하지 않는 그릇의 밑바닥에 구멍을 **뚫**어 화분으로 재활용했다.
使わないおわんの底に穴を開けて植木鉢としてリサイクルした。

6 □

기반

[名] 基盤

[関] 기반이 튼튼하다 基盤がしっかりしている
[注] 반도체 半導体

반도체 사업은 국가 경쟁력 강화의 주요한 **기반**이 될 것입니다.
半導体事業は国家の競争力強化の主要な基盤になるでしょう。

7 □

지능

[名] 知能

[関] 인공 지능 人工知能
[注] 부여하다 付与する

기계에 인공 **지능**을 부여하면 사람과 같이 사고가 가능해질까?
機械に人工知能を付与すれば、人間のように思考することが可能になるだろうか。

8 □ 화산

名 火山

関 활화산 活火山
화산 폭발 火山の噴火

注 자연재해 自然災害　빈번하게 頻繁に

지진이나 **화산** 폭발 같은 자연재해가 빈번하게 일어나고 있다.
地震や火山の噴火のような自然災害が頻繁に起きている。

9 □ 밟다

動 踏む

関 수속을 밟다 手続きを踏む

注 경과를 지켜보다 経過を見守る

수술은 무사히 끝났으니까 경과를 지켜본 후에 퇴원 수속을 **밟**으세요.
手術は無事終わったので経過を見守った後に退院手続きを踏んでください。

10 □ 충돌

名 衝突

注 건널목 踏切
희생자가 나오다 犠牲者が出る

건널목에서 열차와 트럭의 **충돌** 사고가 일어나 많은 희생자가 나왔다.
踏切で列車とトラックの衝突事故が起きて多くの犠牲者が出た。

11 □ 깊숙하다

形 奥深い

類 깊다 深い

注 자리 잡다 据える、場を占める

이 마을은 산속 **깊숙한** 곳에 자리 잡고 있어서 찾아오는 사람이 없다.
この村は山の中の奥深いところにあるので訪れて来る人がいない。

12 □ 연장

名 道具、延長

関 연장전 延長戦

注 문명이 발달하다 文明が発達する
구리 銅

문명이 발달하지 않았을 때는 구리 등을 이용하여 **연장**을 만들어 썼다.
文明が発達していなかった時は銅などを利用して道具を作って使った。

13 □ 급격하다

形 急激だ

関 급격히 急激に

注 지난 몇 년간 この数年間

지난 몇 년간 한국어를 배우는 외국인 수가 **급격하**게 증가했다.
この数年間、韓国語を習う外国人の数が急激に増加した。

14 □ 공예

名 工芸

注 인간문화재 人間国宝
잇다 つなぐ、継承する

인간문화재로 지정된 분들로부터 교육을 받아 전통 **공예**를 이어 왔다.
人間国宝に指定された方々から教育を受けて伝統工芸を継承してきた。

チェック ✓

□ (穴を)開ける　□ 奥深い　□ 零下　□ 踏む　□ 工芸　□ 知能　□ 火山
□ 設計する　□ 道具　□ 基盤　□ 急激だ　□ 傾斜　□ 衝突　□ 採取する

15 육성

名 育成

注 중소기업 中小企業
자금 지원 資金の支援、資金援助

각 시에서는 중소기업 **육성**을 위해 자금 지원을 확대하기로 했다.
各市では中小企業の育成のために資金の支援を拡大することにした。

16 제자

名 弟子

関 제자를 육성하다 弟子を育成する
스승 師匠
注 낫다 優れている　비유적 比喩的

'청출어람'은 **제자**가 스승보다 나음을 비유적으로 나타내는 말이다.
「出藍の誉れ」は弟子が師匠より優れていることを比喩的に表す言葉だ。

17 횟수

名 回数

関 횟수를 세다 回数を数える
注 만보기 万歩計、歩数計

만보기는 걸음의 **횟수**를 세는 기계로 운동량 계산을 할 수 있다.
万歩計は歩数を数える機械で運動量の計算ができる。

18 개방

名 開放

関 개방적 開放的
注 -차례 ～回
-에 걸치다 ～にわたる

일본 대중문화 **개방**은 네 차례에 걸쳐서 단계적으로 이루어졌다.
日本の大衆文化の開放は 4 回にわたって段階的に行われた。

19 끔찍하다

形 ひどい、むごい

注 통학 버스 通学バス
노리다 狙う

통학 버스를 기다리는 아이들을 노린 **끔찍한** 살인 사건이 일어났다.
通学バスを待っている子供たちを狙った悲惨な殺人事件が起きた。

20 이기적

名 利己的、自己中心的

関 이기주의 利己主義、エゴイズム
注 배려 配慮、思いやり

그 선배는 자신밖에 생각 안 하는 **이기적**이고 배려가 없는 사람이다.
その先輩は自分のことしか考えない利己的で配慮のない人だ。

21 폭력

名 暴力

関 폭력적 暴力的
注 시한부 인생
余命が限られた人生、余命わずか

시한부 인생을 선고받은 그는 돌연 이기적이고 **폭력**적인 사람으로 변했다.
余命わずかだと宣告された彼は突然利己的で暴力的な人に変わった。

22 □

친밀하다

形 親密だ

関 친밀도 親密度
注 연락을 취하다 連絡を取り合う

졸업 후에도 연락을 취하며 **친밀한** 관계를 유지하고 있다.
卒業後も連絡を取り合いながら親密な関係を維持している。

23 □

면하다

動 免れる

関 책임을 면하다 責任を免れる
注 -탓으로 돌리다 ～のせいにする

자기 책임을 **면하**려고 상대방 탓으로 돌리는 것은 올바른 행동이 아니다.
自分の責任を免れようと相手のせいにするのは正しい行動ではない。

24 □

합류하다

動 合流する

注 스케줄을 소화하다 スケジュールをこなす
합숙 훈련 合宿訓練

예정된 스케줄을 다 소화했기 때문에 합숙 훈련에 **합류할** 수 있어요.
予定されていたスケジュールを全部こなしたので合宿訓練に合流できます。

25 □

간신히

副 辛うじて

類 겨우 やっと、辛うじて
注 필기 시험 筆記試験

필기 시험이 예상과 달리 너무 어려웠는데 **간신히** 합격했다.
筆記試験が予想と違ってとても難しかったが、辛うじて合格した。

26 □

역학

名 力学

関 역학 관계 力学的な関係
注 얽히다 絡み合う、絡まる

일식 현상은 태양과 달, 지구가 **역학** 관계에 얽혀 있어서 발생한다.
日食現象は太陽と月、地球が力学的な関係で絡み合っているので発生する。

27 □

떨어뜨리다

動 落とす

関 떨어지다 落ちる
注 부딪히다 ぶつかる
다행히 幸い

뛰어오는 사람과 부딪혀서 휴대폰을 **떨어뜨렸**는데 다행히 안 망가졌다.
走って来る人とぶつかって携帯を落としたが幸い壊れなかった。

28 □

도달하다

動 到達する、達する

関 결론에 도달하다 結論に達する
注 인내심 忍耐力

내 인내심도 한계에 **도달한** 것 같아서 더 이상 들어줄 수가 없었다.
私の忍耐力も限界に達したようでこれ以上聞いてあげられなかった。

チェック ✓
□ 弟子 □ 辛うじて □ 力学 □ 開放 □ 達する □ 暴力 □ 親密だ
□ 落とす □ 利己的 □ 合流する □ 免れる □ むごい □ 育成 □ 回数

次の単語を韓国語は日本語に、日本語は韓国語にしなさい。

- **1.** 저작권 ____________
- **2.** 가뭄 ____________
- **3.** 선언 ____________
- **4.** 씹다 ____________
- **5.** 굳다 ____________
- **6.** 곤충 ____________
- **7.** 논의하다 ____________
- **8.** 거부 ____________
- **9.** 심장 ____________
- **10.** 비중 ____________
- **11.** 정확하다 ____________
- **12.** 진로 ____________
- **13.** 지휘 ____________
- **14.** 만만하다 ____________
- **15.** 자립하다 ____________
- **16.** 재활 ____________
- **17.** 비결 ____________
- **18.** 알아내다 ____________
- **19.** 묻다 ____________
- **20.** 지지하다 ____________
- **21.** 仕上げ ____________
- **22.** 匿名 ____________
- **23.** 摩擦 ____________
- **24.** 記載する ____________
- **25.** 装置 ____________
- **26.** 採取する ____________
- **27.** 貢献 ____________
- **28.** 踏む ____________
- **29.** 衝突 ____________
- **30.** 急激だ ____________
- **31.** 到達する ____________
- **32.** むごい ____________
- **33.** 免れる ____________
- **34.** 育成 ____________
- **35.** 傾斜 ____________
- **36.** 楽観する ____________
- **37.** 寄贈する ____________
- **38.** 免疫 ____________
- **39.** 類型 ____________
- **40.** 開放 ____________

正解

1. 著作権　**2.** 日照り　**3.** 宣言　**4.** かむ　**5.** 固まる　**6.** 昆虫　**7.** 論議する　**8.** 拒否　**9.** 心臓　**10.** 比重　**11.** 正確だ　**12.** 進路　**13.** 指揮　**14.** 手強くない　**15.** 自立する　**16.** リハビリ　**17.** 秘訣　**18.** 見つけ出す　**19.** 付く　**20.** 支持する　**21.** 마무리　**22.** 익명　**23.** 마찰　**24.** 기재하다　**25.** 장치　**26.** 채취하다　**27.** 공헌　**28.** 밟다　**29.** 충돌　**30.** 급격하다　**31.** 도달하다　**32.** 끔찍하다　**33.** 면하다　**34.** 육성　**35.** 경사　**36.** 낙관하다　**37.** 기증하다　**38.** 면역　**39.** 유형　**40.** 개방

確 認 問 題

A (　　) に入る単語を選び、適当な形にしなさい。

다하다	틀다	뜯다	따지다	묻다	나서다

1. 포기하지 말고 끝까지 책임을 (　　　　　) 모습을 보여 주세요.

2. 키우던 강아지가 죽어서 마당에 (　　　　　) 주었어요.

3. 제 앞으로 온 편지인데 왜 (　　　　　) 봤어요?

4. 공사가 끝났으니까 수도꼭지를 (　　　　　) 물이 나올 거예요.

B (　　) に入る適切な副詞を選びなさい。

간신히	바로	마지못해	수없이	워낙	스스로

1. 시험 성적이 발표되는 날은 (　　　　　) 오늘이에요.

2. 그 사람은 (　　　　　) 부자라서 이 정도는 큰돈이 아니다.

3. 아이에게 방 청소는 (　　　　　) 하는 것이라고 가르치세요.

4. 친구의 이야기를 듣고 싶지 않았지만 (　　　　　) 들어줬다.

正解例および和訳

A　1. 다하는　**2.** 묻어　**3.** 뜯어　**4.** 틀면

訳　**1.** 諦めないで最後まで責任を(果たす)姿を見せてください。
2. 飼っていた子犬が死んだので庭に(埋めて)あげました。
3. 私宛てに届いた手紙なのになぜ(開けて)見ましたか。
4. 工事が終わったので蛇口を(ひねれば)水が出るでしょう。

B　1. 바로　**2.** 워낙　**3.** 스스로　**4.** 마지못해

訳　**1.** 試験の成績が発表される日は(まさに)今日です。
2. その人は(なにしろ)金持ちだからこれくらいは大金ではない。
3. 子供に部屋の掃除は(自分で)するものだと教えてください。
4. 友達の話を聞きたくなかったが(仕方なく)聞いてあげた。

まとめてみましょう

慣用句②

가슴	가슴이 벅차다	胸がいっぱいだ
	가슴이 찡하다	胸を打たれる
	가슴이 미어지다	胸が張り裂ける
손	손이 크다	気前がいい
	손을 보다	手入れをする
발	발 벗고 나서다	一肌脱ぐ、積極的に乗り出す
	발이 묶이다	動けない状況だ
	발을 빼다	手を引く、関係を絶つ
	발을 뻗고 자다	（心配事がなくなり）安心して寝る
	발이 넓다	顔が広い
	발목 잡히다	弱点を握られる
	발이 빠르다	迅速に措置を取る
	발이 안 떨어지다	心配でその場から離れられない
배	배가 아프다	ねたましい、嫉妬する
	배가 부르다	満ち足りている、十分である
	배를 두드리다	豊かな生活をする

바가지	바가지를 긁다	（妻が夫に）がみがみ言う
	바가지를 쓰다	ぼったくられる、ぼられる
바람	바람을 맞다	すっぽかされる
	바람을 맞히다	すっぽかす
	바람을 피우다	浮気をする
	바람이 들다	浮つく
その他	애를 먹다	苦労する
	애를 쓰다	努力する
	시치미를 떼다	しらを切る、とぼける
	낯을 가리다	人見知りをする
	군침이 돌다	よだれが出る
	진땀을 빼다	大汗をかく
	주눅이 들다	いじける、臆する
	파리만 날리다	客足が遠のく
	날개 돋친 듯 팔리다	飛ぶように売れる
	파김치가 되다	疲れてへたばる
	허리띠를 졸라매다	質素な生活をする
	속을 태우다 / 썩이다	気をもませる

プラス名詞 40 ②

□ **제품** 製品	関 상품 商品 신제품 新製品 제조 製造	□ **우편물** 郵便物	関 우편함 郵便受け 우표 切手 배달 配達
□ **보고** 報告	関 보고서 報告書 보고를 받다 報告を受ける	□ **면접** 面接	関 면접관 面接官 면접을 보다 面接を受ける
□ **고객** 顧客	類 손님 客 関 우수 고객 得意客(VIP)	□ **정원** 定員	関 정원 미달 定員割れ 정원 초과 定員超過
□ **타인** 他人	類 남 他人 関 자기 自分 타인 명의 他人名義	□ **통역** 通訳	関 번역 翻訳 통역사 通訳士 동시통역 同時通訳
□ **월급** 月給	類 급여 給与、給料 関 월급을 타다 給料をもらう	□ **단점** 短所	反 장점 長所 関 약점 弱点 결점 欠点
□ **도서** 図書	関 도서실 図書室 대여하다 貸し出す 목록 目録、リスト	□ **회식** 会食	関 환영회 歓迎会 송별회 送別会 송년회 忘年会
□ **과식** 過食	関 과음 飲み過ぎ 배탈이 나다 お腹を壊す	□ **대화** 対話	関 회화 会話 대화를 나누다 対話を交わす
□ **인상** 印象	関 첫인상 初印象 인상에 남다 印象に残る	□ **척추** 脊椎	関 척추뼈 背骨 척추 골절 脊椎骨折
□ **정문** 正門	反 후문 裏門 関 교문 校門	□ **태풍** 台風	関 피해 被害 폭풍 暴風 북상하다 北上する
□ **기자** 記者	関 기사 記事 언론 言論 방송 放送	□ **지하** 地下	反 지상 地上 関 지하도 地下道 반지하 半地下

□ **택배** 宅配	関 착불 着払い 배송 配送 택배 기사 宅配配達員	□ **각자** 各自	類 각각 各自 関 따로 別々に 각자 부담 割り勘
□ **부서** 部署	関 업무 業務 담당 부서 担当部署 통합하다 統合する	□ **방식** 方式	関 방법 方法 생활 방식 生活方式 사고방식 考え方
□ **가축** 家畜	関 기르다 育てる 목장 牧場 풀 草	□ **무대** 舞台	関 조명 照明 무대에 서다 舞台に立つ
□ **가사** 歌詞	関 작사 作詞 작곡 作曲 가요 歌謡	□ **응원** 応援	関 응원가 応援歌 응원단 応援団 열기 熱気
□ **주민** 住民	関 원주민 原住民 동네 村、町、町内 이웃 隣	□ **내부** 内部	反 외부 外部 関 내면 内面 내부 수리 内部修理
□ **고대** 古代	関 현대 現代 문명 文明 유물 遺物	□ **문학** 文学	関 소설 小説 수필 エッセイ 작가 作家
□ **성공** 成功	反 실패 失敗 関 성공담 成功談 성공률 成功率	□ **단체** 団体	反 개인 個人 関 그룹 グループ 할인 割引
□ **숙박** 宿泊	関 묵다 泊まる 숙박비 宿泊費 숙박 시설 宿泊施設	□ **인류** 人類	関 역사 歴史 기원 起源
□ **초반** 序盤	関 중반 中盤、半ば 후반 終盤、後半 20대 초반 20代初め	□ **은어** 隠語	関 줄임말 略語 비속어 卑俗語
□ **학습** 学習	関 학습지 学習誌 과제 課題 과외 課外	□ **아동** 児童	反 성인 成人 関 아동복 子供服 학대 虐待

Part 2 語彙総ざらい

책임	責任
파손	破損
한참	しばらく
우승하다	優勝する
이미	すでに
처리하다	処理する
책자	冊子、パンフレット
챙기다	取り揃える、用意する
인사	人事
명확하다	明確だ
솥	釜
수하물	手荷物
바둑	囲碁
깜박	うっかり
꽃샘추위	花冷え
답답하다	もどかしい、息苦しい
복귀하다	復帰する
전등	電灯
돌다	回る
보충하다	補充する、補う
특징	特徴
들리다	聞こえる
묶다	縛る、結ぶ、束ねる
주목	注目
정기적	定期的
단추	ボタン
용품	用品
새기다	刻む
복사	複写、コピー
제작	制作
환불	払い戻し
따로	別に、離れて、別途に

쉼터	休み所、休憩所
사전	事前
자체	自体
훌륭하다	立派だ、優れている
영웅	英雄
수상	受賞
공개	公開
가꾸다	飾る、育てる
상금	賞金
옮다	移る
채용	採用
이익	利益
돌려주다	返す
분실	紛失
동영상	動画
앞장서다	先頭に立つ、先駆ける
희생	犠牲
언론	言論
숨다	隠れる
임시	臨時
공휴일	公休日、祝日
소용없다	無駄だ
제기하다	提起する、申し立てる
상장	賞状
쓰러지다	倒れる
재배하다	栽培する
식물	植物
치료	治療
이루어지다	かなう、成り立つ
향기	香り
맡다	かぐ、演じる
귀가	帰宅
결심하다	決心する

표하다	表する
넘어지다	転ぶ
임대	賃貸
매장	売り場
요인	要因
휴게	休憩、休み
비하다	比する、比べる
유동	流動
상승	上昇
독특하다	独特だ
지명	地名
지형	地形
형상	形状
불리다	呼ばれる、ふやかす
들여다보다	のぞき込む
육지	陸地、陸
붙여지다	付けられる、貼られる
물길	水路
변천하다	変遷する、移り変わる
분류하다	分類する
합하다	合わせる
신입	新入
선도하다	善導する
진입하다	進入する
쾌거	快挙
실습	実習
병행하다	並行する
긁히다	掻かれる、引っ掻かれる
배려하다	配慮する、思いやる
역량	力量
업적	業績
습득하다	習得する

함양	涵養、育てること
당부하다	頼む、呼びかける
진단하다	診断する
앞두다	控える、目前に迫る
안대	眼帯
숙면	熟睡、熟眠
해법	解法、解決法
정서	情緒
불면증	不眠症
시달리다	苦しめられる
보조	補助
무작정	あてもなく
근원	根源、源、元
의지	意志
정체	正体
통행	通行
불법	不法、違法
번역	翻訳
나아지다	よくなる、向上する
인도	引き渡し
호응	呼応、反響
우려하다	憂慮する、恐れる
단속하다	取り締まる
일방	一方
원활하다	円滑だ
어휘	語彙
고생	苦労
혼잣말	独り言
무늬	模様
숨겨지다	隠される
이끌다	導く、率いる
허용하다	許容する、許す

나비	チョウ
대접	もてなし、接待
나방	ガ
꽃가루	花粉
칙칙하다	くすんでいる
편견	偏見
마치	まるで
인체	人体
해롭다	有害だ、害になる
성분	成分
기획	企画
유발하다	誘発する、誘う
일으키다	起こす
작용	作用
애벌레	幼虫
해충	害虫
인식	認識
생태계	生態系
대량	大量
자세하다	詳しい
유해	有害
양식	様式
사다리	はしご
개체	個体
위협하다	脅かす
목숨	命
환경	環境
어울리다	交わる、ふさわしい
몰두하다	没頭する、取り組む
소재	素材
시도하다	試みる、試す
탄수화물	炭水化物
미세	微細
산소	酸素

막다	防ぐ、ふさぐ、止める
기존	既存
대체하다	代替する、置き換える
역부족	力不足
단백질	タンパク質
썩다	腐る
차단하다	遮断する、遮る
확보하다	確保する
바위	岩
실태	実態、実情
해소하다	解消する
활력	活力
불어넣다	吹き入れる、与える
언급	言及
노동	労働
의욕	意欲
촉진하다	促進する
보장하다	保障する
날다	飛ぶ
게으르다	怠慢である
본성	本性
복지	福祉
지켜보다	見守る
늙다	老いる
지급하다	支給する、支払う
대가	代価、代償、対価
바라보다	見つめる、眺める
유보하다	留保する、保留する
어긋나다	行き違う、外れる

지적	指摘
권유	勧誘
세력	勢力
형성하다	形成する
대립하다	対立する
여론	世論
견제하다	牽制する
효율	効率
심화되다	深化する、深まる
폐단	弊害
골고루	均等に、等しく、満遍なく
벌칙	罰則
등용하다	登用する、取り立てる
언쟁	言い争い
일삼다	(良くないことに)没頭する
비롯되다	始まる、由来する
심판	審判
이념	理念
혼란	混乱
다듬다	整える、手入れする
인상하다	引き上げる
개강	開講
솔솔	そよそよ、すうすう
순간	瞬間
신선하다	新鮮だ
푸르다	青い
강	川
용감하다	勇敢だ
제외하다	除外する
몸짓	身ぶり、ジェスチャー
담다	盛る、込める
띠다	帯びる、呈する
반칙	反則
경청하다	傾聴する、聞き入る
되풀이하다	繰り返す
풀리다	解ける、和らぐ
잇몸	歯茎
공격하다	攻撃する
담	塀
업무	業務
탐방	探訪
맛집	おいしい店
보물	宝物
파다	掘る
밭	畑
아깝다	惜しい、もったいない
씨	種
뿌리다	まく、ばらまく
농부	農夫
숨기다	隠す
치안	治安
배제하다	排除する
열매	実
맺히다	結ばれる、滴になる
꺼리다	はばかる、嫌がる
본능	本能
독	毒
무의식	無意識
식별하다	識別する
지나치다	度が過ぎる
입맛	食欲
손뼉	手のひら
존중하다	尊重する
끄덕이다	うなずく
벌리다	広げる、開ける
수집하다	収集する
펴다	開く、張る、伸ばす
집착하다	執着する、こだわる
함부로	むやみに、ぞんざいに
구슬	玉、ビー玉
웅크리다	しゃがむ、うずくまる
안정	安定
되찾다	取り戻す
분비	分泌
또래	同年輩
특수	特殊
주기적	周期的
번거롭다	煩わしい
요구	要求
가락	調子、拍子
당당하다	堂々としている
반면	反面
자칫	万が一、ちょっと
까다롭다	気難しい、ややこしい
열광	熱狂
부정	否定
쫓다	追う
취향	趣向、趣味、好み
입시	入試
발걸음	足、足取り
넓히다	広げる

손해	損害
친정	(結婚した女性の)実家
놀이터	遊び場、公園
다급하다	差し迫る
응급	応急
떨어지다	離れる、なくなる
허둥지둥	あたふた
증거	証拠
퉁명스럽다	ぶっきらぼうだ
무기력하다	無気力だ
사상	思想
탄생	誕生
미만	未満
늘	いつも
지루하다	退屈だ
규명	究明
치르다	執り行う、支払う
우뚝	にょっきり
특이하다	特異だ、変わっている
확충	拡充
소통	疎通
서랍	引き出し
안방	奥の間、寝室
초창기	草創期
구미	興味、食欲
치우치다	偏る
노출	露出、表に出ること
소방관	消防官、消防士
점검	点検
비상	非常
울리다	鳴る、響く
박탈	はく奪
간판	看板
부상	負傷、けが
깃들다	宿る
유권자	有権者
후보	候補
자격	資格
다루다	取り扱う
꼼꼼하다	きちょうめんだ
침착하다	落ち着いている
터뜨리다	破裂させる、割る
예술	芸術
화분	植木鉢
적당하다	適当だ、適する
지저분하다	汚い、散らかっている
추천하다	推薦する
시사	時事
청취하다	聴取する
눈높이	目線、水準
답하다	答える
설치	設置
정장	正装
혹시	もし、もしかして
사본	写本、コピー
그네	ぶらんこ
미끄럼틀	滑り台
모래	砂
개울	小川
언덕	丘、丘陵
오래되다	古い
통나무	丸太
놓이다	置かれる
무한하다	無限だ
자유롭다	自由だ
철저히	徹底的に
단합	団結
얇다	薄い
모색하다	模索する
교외	郊外
쐬다	当たる
의의	意義
야외	野外
넘어가다	移る、渡る、進む
열성	熱心
돌발	突発
대비하다	備える
관중	観衆
섭외하다	連絡して依頼する
식료품	食料品
훔치다	盗む
안타깝다	気の毒だ、残念だ
존재하다	存在する
처벌	処罰
달리하다	異にする
엄격하다	厳格だ、厳しい
의심하다	疑う
우주	宇宙
장기	長期
얼리다	凍らせる
건조	乾燥
중력	重力
가루	粉
떠다니다	漂流する、漂う
뼈	骨
근육	筋肉
포함되다	含まれる
후각	嗅覚
둔하다	鈍い、鈍感だ
자극	刺激
운반하다	運搬する

주의 사항	注意事項
특정	特定
액체	液体
형태	形態、形
작동	作動
수거하다	回収する、収集する
면밀히	綿密に
부품	部品、パーツ
하자	瑕疵、欠点、問題
출고	出庫
무상	無償
다시금	再び、またもや
출시	発売
결함	欠陥
지연	遅延
양해	了解、了承
과실	過失
가공	加工
압축	圧縮
휘다	曲がる
틀어지다	こじれる、狂う
철근	鉄筋
유연하다	柔軟だ、柔らかい
목조	木造
편중되다	偏重する、偏る
화제	話題
요청하다	要請する
이점	利点
제한	制限
뒤틀리다	ねじれる、ひねくれる
덜	さほど、まだ
작사	作詞
소송	訴訟

지불하다	支払う
안다	抱く
편집하다	編集する
저작권	著作権
당분간	当分の間、しばらく
틀다	かける、つける、ひねる
선호하다	好む、選り好みする
암컷	雌
수정하다	修正する
제철	食べごろ、旬
특산품	特産品
짐작하다	推量する
가뭄	日照り
반찬	おかず
백성	民、国民
분쟁	紛争
신하	臣下
잠재우다	静める
수단	手段
선언	宣言
권력	権力
수컷	雄
뜯다	食む、封を切る
새끼	(動物の)子供
진통	陣痛
씹다	かむ
즙	汁
먹이다	食べさせる
약초	薬草
양육	養育
서식	生息
보석	宝石
호박	かぼちゃ、こはく

수액	樹液
굳다	固まる
광물	鉱物
워낙	なにしろ
투명하다	透明だ
곤충	昆虫
물질	物質
정의하다	定義する
유형	類型、パターン
적정	適正
논의하다	論議する
판정	判定
토로하다	吐露する、吐く
이식하다	移植する
거부	拒否
면역	免疫
체계	体系、システム
사망	死亡
심장	心臓
불구하다	関わらない
만큼	ほど
기증하다	寄贈する
인공	人工
한창	盛んに、最も
낙관하다	楽観する
예측하다	予測する
비중	比重
계발	啓発
장학금	奨学金
정확하다	正確だ
두통	頭痛
맹신	盲信
영수증	領収書
진로	進路
끼치다	掛ける、及ぼす
정차하다	停車する
퇴직하다	退職する

개장	開場
다하다	尽くす、果たす
지휘	指揮
해설하다	解説する
따지다	計算する、問いただす
잘못하다	間違える、誤る
달리다	左右される、かかる
만만하다	手強くない、甘い
묵다	泊まる
수강	受講
자립하다	自立する
재활	リハビリ
그만두다	辞める
마지못해	仕方なく
켤레	～足
비결	秘訣
스스로	自分で、自分自身
수없이	数えきれないほど
편	～方、味方
평소	平素、普段
알아내다	見つけ出す、突き止める
차등	差
세월	歳月
때	垢、汚れ
묻다	付く、埋める
보존하다	保存する
공헌	貢献
바로	まさに
비법	秘法
추진하다	推進する、進める
지지하다	支持する
선정	選定
마무리	仕上げ
도전하다	挑戦する
선출	選出
공정하다	公正だ
익명	匿名
기재하다	記載する
장려하다	奨励する
마찰	摩擦
나서다	前へ出る、乗り出す
농작물	農作物
냉동	冷凍
빚어지다	醸される、生じる
장치	装置
경사	傾斜
영하	零下、氷点下
채취하다	採取する
설계하다	設計する
뚫다	(穴を)開ける
기반	基盤
지능	知能
화산	火山
밟다	踏む
충돌	衝突
깊숙하다	奥深い
연장	道具、延長
급격하다	急激だ
공예	工芸
육성	育成
제자	弟子
횟수	回数
개방	開放
끔찍하다	ひどい、むごい
이기적	利己的、自己中心的
폭력	暴力
친밀하다	親密だ
면하다	免れる
합류하다	合流する
간신히	辛うじて
역학	力学
떨어뜨리다	落とす
도달하다	到達する、達する
제품	製品
보고	報告
고객	顧客
타인	他人
월급	月給
도서	図書
과식	過食
인상	印象
정문	正門
기자	記者
우편물	郵便物
면접	面接
정원	定員
통역	通訳
단점	短所
회식	会食
대화	対話
척추	脊椎
태풍	台風
지하	地下
택배	宅配
부서	部署
가축	家畜
가사	歌詞
주민	住民
고대	古代
성공	成功
숙박	宿泊

초반	序盤
학습	学習
각자	各自
방식	方式
무대	舞台
응원	応援
내부	内部
문학	文学
단체	団体
인류	人類
은어	隠語
아동	児童

Part 3

読解問題頻出単語600

Day 41

1 □
재우다
動 寝かす

関 자장가 子守歌
注 -따라 ～に限って

오늘따라 안 자겠다고 하는 아이를 자장가를 불러서 겨우 **재웠**다.
今日に限って寝ようとしない子供に子守歌を歌ってやっと寝かした。

2 □
손등
名 手の甲

関 발등 足の甲
손바닥 手のひら
발바닥 足の裏

대청소를 열심히 하고 나서 보니까 **손등**에 상처가 나 있었다.
大掃除を熱心にしてから見ると手の甲に傷ができていた。

3 □
명예
名 名誉

関 명예롭다 名誉ある
명예 훼손 名誉棄損

블로그에 악성 댓글을 올린 사람을 **명예** 훼손으로 고소했다.
ブログに悪質なコメントを書き込んだ人を名誉棄損で告訴した。

4 □
방황하다
動 彷徨する、さまよう

関 오랜 방황 끝에 長い彷徨の末
注 -(으)ㄹ 만하다 ～するのに値する
글이 실리다 文章が載る

이 책에는 **방황하**는 아이들에게 도움이 될 만한 글이 실려 있어요.
この本にはさまよえる子供たちに役立つ文章が載っています。

5 □
미처
副 未だ、まだ、あらかじめ

注 정신이 팔리다 気を取られる
귀가 帰宅

작업에 정신이 팔려서 귀가가 늦어진다는 연락을 **미처** 하지 못했다.
作業に気を取られて帰宅が遅くなるという連絡をあらかじめできなかった。

6 □
살피다
動 調べる、見回す

関 눈치를 살피다 人の顔色をうかがう
注 -는지 ～か

사무실에 누가 들어왔던 흔적이 있어서 없어진 물건이 있는지 **살펴**보았다.
事務室に誰かが入った痕跡があったのでなくなった物があるか調べた。

7 □
홧김
名 腹立ちまぎれ、腹いせ

注 그저 ただ
당황스럽다 困惑する

나는 그저 **홧김**에 헤어지자고 한 건데 알겠다고 해서 당황스러웠다.
私はただ腹いせに別れようと言ったのに分かったと言われて困惑した。

8 □

내뱉다

動 吐き出す、吐く

注 이제 그만 そろそろ
화를 풀다 怒りを収める、機嫌を直す

진심이 아니고 홧김에 **내뱉**은 말이니까 이제 그만 화 푸세요.
本心じゃなくて腹いせに吐いた言葉だからそろそろ機嫌を直してください。

9 □

허전하다

形 満ち足りない、寂しい

注 -에 이어(서) ~に続いて
외동딸 一人娘
시집보내다 嫁がせる

장남에 이어 외동딸까지 시집보내고 나니 마음이 **허전해**졌다.
長男に続いて一人娘まで嫁がせたら心が寂しくなった。

10 □

후회스럽다

形 悔いが残る

注 급급하다 きゅうきゅうとする
떨어져서 지내다 離れて過ごす

돈을 버는 데 급급해서 가족들과 떨어져서 지낸 점은 **후회스럽**다.
お金を稼ぐのにきゅうきゅうとしていて家族と離れて過ごした点は悔いが残る。

11 □

기지개

名 伸び

関 기지개를 켜다 伸びをする
注 -자마자 ~してすぐ、~や否や

아이들이 일어나자마자 크게 **기지개**를 켜고 스트레칭을 하면 키가 큰대요.
子供が起きてすぐに大きく伸びをしてストレッチをすると背が伸びるそうです。

12 □

욕구

名 欲求

関 구매 욕구 購買意欲
注 소비자 消費者
되살아나다 よみがえる、息を吹き返す

다행히 소비자들의 구매 **욕구**가 되살아나 백화점 매출이 늘고 있다.
幸い消費者の購買意欲がよみがえり、百貨店の売上が伸びている。

13 □

전략

名 戦略

関 전략적으로 戦略的に
注 호응을 얻다 共感を得る、反響を呼ぶ

뮤지컬을 연상하게 하는 독특한 광고 **전략**이 호응을 얻고 있다.
ミュージカルを連想させる独特な広告戦略が反響を呼んでいる。

14 □

체증

名 渋滞

関 교통 체증 交通渋滞
체증이 심하다 渋滞が激しい

연휴 마지막 날도 아닌데 왠지 고속도로의 교통 **체증**이 심하다.
連休の最終日でもないのになぜか高速道路の交通渋滞が激しい。

チェック ✓
□ 手の甲 □ 伸び □ 寝かす □ 吐く □ あらかじめ □ 寂しい □ 腹いせ
□ 戦略 □ さまよう □ 渋滞 □ 名誉 □ 欲求 □ 調べる □ 悔いが残る

15 □

몸살

名 (体の)不調、体調不良

関 몸살이 나다 (過労などで)体調を崩す
注 산더미처럼 쌓이다 山のようにたまる

감기 **몸살**로 회사를 며칠 쉬었더니 업무가 산더미처럼 쌓여 있었다.
風邪による体調不良で会社を数日休んだら業務が山のようにたまっていた。

16 □

앓다

動 病む、患う

関 몸살을 앓다 病気を患う、体調を崩す
注 맡다 担当する、引き受ける、務める

체육 대회에서 응원단장을 맡았던 친구는 지금 몸살을 **앓**고 있다.
体育大会で応援団長を務めていた友達は今体調を崩している。

17 □

몰리다

動 押し寄せる、殺到する

関 인파가 몰리다 人波が押し寄せる
注 피하다 避ける

세일 첫날에는 인파가 **몰리**기 마련이니까 첫날은 피하세요.
セールの初日は人波が押し寄せるものだから初日は避けてください。

18 □

혼잡

名 混雑

関 교통 혼잡 交通混雑
注 보안 保安、セキュリティ

미국행 비행기 탑승에 한해 보안이 강화되었지만 큰 **혼잡**은 없었다.
米国行きの飛行機搭乗に限り保安が強化されたが大きな混雑はなかった。

19 □

확장하다

動 拡張する

関 사업을 확장하다 事業を拡張する
注 업체 業者、会社
시장을 개척하다 市場を開拓する

그 외식 업체는 사업을 **확장하**기 위해 해외 시장 개척을 시도했다.
その外食会社は事業を拡張するため、海外市場の開拓を試みた。

20 □

맺다

動 結ぶ

関 계약을 맺다 契約を結ぶ
注 외딴섬 離れ島
결연 結縁、縁組み

외딴섬에 있는 작은 초등학교와 자매결연을 **맺**어 교류하기로 했다.
離れ島にある小さい小学校と姉妹校関係を結んで交流することにした。

21 □

사로잡다

動 つかむ、捕らえる

関 마음을 사로잡다 心をつかむ
注 복귀하다 復帰する

5년 만에 멜로극으로 복귀한 그는 시청자의 마음을 **사로잡**는 데 성공했다.
5年ぶりにメロドラマに復帰した彼は視聴者の心をつかむのに成功した。

22 □

톡톡히

副 たっぷり

関 효과를 보다 効果を得る
注 선전 宣伝

블로그에 소개된 이후 손님이 늘어 선전 효과를 **톡톡히** 보았다.
ブログに紹介されて以降、お客さんが増えて宣伝効果をたっぷり得ている。

23 □

손톱

名 (手の)つめ

関 손톱이 자라다 つめが伸びる
注 미신 迷信

새벽에 **손톱**을 자르면 안 좋은 일이 생긴다는 미신을 믿어요?
夜中につめを切ると良くないことが起きるという迷信を信じますか。

24 □

세포

名 細胞

関 암세포 がん細胞
注 번식 繁殖
억제하다 抑制する

암**세포**의 번식을 억제하는 신약이 개발되어 희망을 가져다주었다.
がん細胞の繁殖を抑制する新薬が開発されて希望をもたらしてくれた。

25 □

활발하다

形 活発だ

注 산소 酸素
불순물 不純物
배설되다 排せつされる

산소가 들어가면 세포 활동이 **활발해**져서 불순물이 배설되기 쉽다.
酸素が入れば細胞活動が活発になって不純物が排せつされやすい。

26 □

자판

名 キーボード

注 분리되다 分離する
태블릿 タブレット

이 노트북은 화면과 **자판**이 분리되기 때문에 태블릿으로도 쓸 수 있다.
このノートPCは画面とキーボードが分離するのでタブレットとしても使える。

27 □

손가락

名 手の指

関 발가락 足の指
注 관절염 関節炎

컴퓨터로 작업을 계속한 탓에 **손가락** 관절염에 걸려서 고생하고 있다.
パソコンで作業を続けたせいで手の指が関節炎になり、苦労している。

28 □

감싸다

動 包む、かばう

注 추위에 약하다 寒さに弱い
보호하다 保護する

추위에 약한 나무는 겨울이 되기 전에 나무 전체를 **감싸**서 보호한다.
寒さに弱い木は冬になる前に木全体を包んで保護する。

チェック ✓
□ 混雑 □ キーボード □ 病む □ 包む □ 結ぶ □ たっぷり □ 体調不良
□ つめ □ 手の指 □ つかむ □ 細胞 □ 押し寄せる □ 活発だ □ 拡張する

Day 42

1 □ **자원봉사**
名 ボランティア活動

関 자원봉사자 ボランティア
注 한 바퀴 돌다 1周する

자원봉사자의 해설을 들으면서 박물관 내를 한 바퀴 돌았다.
ボランティアの解説を聞きながら博物館の中を1周した。

2 □ **인지하다**
動 認知する

注 계약 契約
-았/었을 리가 없다 ～したはずがない

이번 계약의 중요성을 **인지하**고 있었다면 그런 행동을 했을 리가 없지요.
今回の契約の重要性を認知していたなら、そんな行動をしたはずがないでしょう。

3 □ **부**
名 富

関 부를 축적하다 富を蓄積する
注 하루아침에 一朝にして
물거품이 되다 水の泡になる

열심히 쌓아 온 **부**와 명예가 하루아침에 물거품이 되고 말았다.
頑張って積み重ねてきた富と名誉が一朝にして水の泡になってしまった。

4 □ **뿌리**
名 根

関 뿌리가 깊다 根が深い
뿌리를 내리다 根を下ろす、根差す

이미 **뿌리**를 내린 나무를 옮겨 심는 것에는 찬성할 수 없어요.
すでに根差した木を植え替えることには賛成できません。

5 □ **줄기**
名 幹、茎

関 줄기가 마르다 茎が乾く
注 폭염 猛暑

연일 계속되는 폭염의 영향으로 베란다에서 키우는 식물의 **줄기**가 말랐다.
連日続く猛暑の影響でベランダで育てている植物の茎が乾いた。

6 □ **잎**
名 葉、葉っぱ

注 은행나무 イチョウの木
깔리다 敷かれる

노란 은행나무 **잎**이 깔린 거리를 보면서 가을이 끝나감을 실감한다.
黄色いイチョウの葉っぱが敷かれた通りを見ながら秋の終わりを実感する。

7 □ **상징**
名 象徴

関 상징적 象徴的
注 의미를 담고 있다 意味が込められている

중국에서 황색은 황제의 색으로 번영이라는 **상징**적 의미를 담고 있다.
中国で黄色は皇帝の色で、繁栄という象徴的な意味が込められている。

8 □

조상

[名] 祖先、先祖

[注] 명절 (正月、中秋などの)節句
산소 墓
성묘하다 墓参りする

명절에는 온 가족이 모여 **조상**의 산소를 찾아가 성묘를 한다.
節句には家族みんなが集まり、先祖の墓を訪れ墓参りをする。

9 □

자손

[名] 子孫

[注] 제사를 지내다 法事を行う
정성껏 誠を尽くして、心を込めて

조상의 제사를 정성껏 지내는 것은 **자손**들의 도리이다.
先祖の法事を誠を尽くして行うのは子孫の道理である。

10 □

뜻하다

[動] 意味する、思う

[関] 뜻하지 않은 思いがけない～
[注] 방언 方言

‘하루방’은 할아버지를 **뜻하**는 제주도의 방언입니다.
「ハルバン」はおじいさんを意味する済州道の方言です。

11 □

화합

[名] 和合、仲良くすること

[反] 불화 不和
[関] 화합을 도모하다 和合を図る

자연보호의 중요성을 알리고 이웃들과의 **화합**을 도모하기 위한 행사이다.
自然保護の重要性を知らせて、隣人との和合を図るための行事だ。

12 □

장만하다

[動] 用意する

[類] 마련하다 用意する
[注] 혼수 婚姻に必要な品物、嫁入り道具

혼수나 집을 **장만하**는 비용에 대해 남녀 모두 부담을 느끼고 있다.
嫁入り道具や家を用意する費用について男女ともに負担に感じている。

13 □

독신

[名] 独身

[注] 익숙해지다 慣れる
-겠거니 하다 ～だろうと思う

그저 자유로운 **독신** 생활에 익숙해져서 그렇겠거니 했다.
ただ自由な独身生活に慣れているからそうだろうと思った。

14 □

가하다

[動] 加える

[関] 열을 가하다 熱を加える
[注] 대다 当てる

머리에 대고 직접 열을 **가하**지 않고도 자연스러운 컬을 만들 수 있다.
髪の毛に当てて直接熱を加えなくても自然なカールを作ることができる。

チェック ✓
□ 葉っぱ □ 和合 □ ボランティア活動 □ 子孫 □ 幹 □ 独身 □ 根
□ 加える □ 象徴 □ 用意する □ 富 □ 意味する □ 認知する □ 先祖

15 □

분자

名 分子

関 원자 原子
원소 元素
注 구성하다 構成する

원자와 **분자**는 물질을 구성하는 가장 기본적인 단위이다.
原子と分子は物質を構成する一番基本的な単位である。

16 □

전자파

名 電磁波

関 전자파를 차단하다 電磁波を遮断する
注 유해하다 有害だ

전자레인지를 사용하지 않을 때도 인체에 유해한 **전자파**가 나온다고 해요.
電子レンジを使わない時でも人体に有害な電磁波が出ているそうです。

17 □

진동

名 振動

関 냄새가 진동을 하다 においが鼻につく
注 인근 近隣、近く

공장에서 폭발 사고가 발생해 인근 주택에서 큰 **진동**이 느껴졌다.
工場で爆発事故が発生して近隣の住宅で大きい振動が感じられた。

18 □

부당하다

形 不当だ

関 부당하게 不当に
注 사표를 내다 辞表を出す

회사 측의 일방적인 요구와 **부당한** 대우를 참지 못해 사표를 냈다.
会社側の一方的な要求と不当な待遇が我慢できず辞表を出した。

19 □

미미하다

形 微々たる、かすかだ

関 미미한 영향력 微々たる影響力
注 활성화시키다 活性化させる

소비를 활성화시키기 위해 시작된 캠페인 효과는 **미미했**다.
消費を活性化させるために始まったキャンペーンの効果は微々たるものだった。

20 □

얼다

動 凍る

関 꽁꽁 얼다 カチカチに凍る
녹이다 解かす、(冷えた体を)温める
注 모닥불을 피우다 たき火をする

야시장에서는 모닥불을 피워 꽁꽁 **언** 손을 녹이는 상인들을 볼 수 있다.
夜市ではたき火をしてカチカチに凍った手を温める商人たちが見られる。

21 □

부피

名 かさ、体積

関 부피가 크다 かさばる
注 생필품 生活必需品

무겁거나 **부피**가 큰 생필품들은 주로 온라인으로 주문한다.
重かったりかさばる生活必需品は主にオンラインで注文する。

22 ☐

반사

名 反射

関 반사되다 反射する
注 칠하다 塗る

더운 지역에서는 지붕을 흰색으로 칠하여 열을 **반사**시킨다.
暑い地域では屋根を白色に塗って熱を反射させる。

23 ☐

쪼개다

動 割る、割く、分ける

関 시간을 쪼개다 時間を割く
　반으로 쪼개다 半分に割る
注 대다 (お金を)出す

얼마 안 되는 월급을 **쪼개**서 부모님께 용돈을 드리고 여동생 학비도 댄다.
わずかな給料を分けて両親に小遣いをあげて、妹の学費も払っている。

24 ☐

고정

名 固定

関 고정적으로 固定的に
　고정 관념을 깨다 固定観念を破る

간호사나 승무원이 여자 직업이라는 **고정** 관념을 깰 필요가 있다.
看護師や乗務員は女性の職業だという固定観念を破る必要がある。

25 ☐

절차

名 手続き、手順

関 절차를 밟다 手続きを踏む
注 유기견 捨て犬
　입양하다 養子縁組をする、引き取る

동물 보호센터의 유기견을 입양하기 위해 **절차**를 밟고 있다.
動物保護センターの捨て犬を引き取るために手続きを踏んでいる。

26 ☐

거치다

動 経る、経由する

関 과정을 거치다 過程を経る
　-을/를 거쳐서 가다 ～を経由して行く

대기업에서는 하나의 안건이 정해지기까지 복잡한 절차를 **거쳐**야 한다.
大企業では一つの案件が決まるまで複雑な手順を経なければならない。

27 ☐

급변하다

動 急変する

関 정세가 급변하다 情勢が急変する
注 혼란이 일다 混乱が生じる

차기 대통령 후보에 대한 정세가 **급변하**면서 혼란이 일고 있다.
次期大統領候補に対する情勢が急変し、混乱が生じている。

28 ☐

의사

名 意思

関 의사소통 意思疎通、コミュニケーション
注 -(으)ㄹ까 봐 ～のではないかと思って
　(心配になって)

내 **의사**가 제대로 전달되지 않을까 봐 강조해서 말했다.
私の意思がきちんと伝わらないのではないかと心配だったので強調して言った。

チェック ✓
☐ 振動 ☐ 手続き ☐ 意思 ☐ 不当だ ☐ 体積 ☐ 固定 ☐ 電磁波 ☐ 経る
☐ 凍る ☐ 急変する ☐ 微々たる ☐ 反射 ☐ 分子 ☐ 分ける

Day 43

1 □

계열사

名 系列会社

注 흩어지다 散らばる
　 한 곳으로 1カ所に

효율적인 업무를 위해 흩어져 있던 **계열사** 사무실을 한 곳으로 모았다.
効率的な業務のため、散らばっていた系列会社の事務室を1カ所に集めた。

2 □

독립

名 独立

類 자립 自立
関 독립적으로 独立的に
注 훈장이 수여되다 勲章が授与される

조국의 **독립**을 위해 크게 공헌한 이에게 훈장이 수여되었다.
祖国の独立のために大きく貢献した者に勲章が授与された。

3 □

분리하다

動 分離する、切り離す

反 합하다 合わせる
注 경쟁력을 높이다 競争力を高める

계열사를 독립적인 회사로 **분리해** 기업의 경쟁력을 높이고자 한다.
系列会社を独立的な会社に分離し、企業の競争力を高めようとする。

4 □

최종

名 最終

類 마지막 最後
注 침울해지다 落ち込む

최종 면접에서 탈락했다는 연락을 받고 침울해졌어요.
最終面接で脱落したという連絡を受けて落ち込みました。

5 □

권한

名 権限

関 권한을 주다 権限を与える
注 의사 결정 意思決定

각 자회사에 최종 결정 **권한**을 줌으로써 빠른 의사 결정이 가능해졌다.
各子会社に最終決定の権限を与えることで、はやい意思決定が可能になった。

6 □

타협

名 妥協

注 양측 双方、両方
　 견해가 다르다 見解が異なる
　 풀다 解く、解決する

양측의 견해가 달라서 생기는 문제는 대화와 **타협**으로 풀어야 한다.
双方の見解が異なって生じる問題は対話と妥協で解決するべきだ。

7 □

넘기다

動 渡す、越す、めくる

関 권한을 넘기다 権限を渡す
　 고비를 넘기다 峠を越す、山場を越す
　 책장을 넘기다 ページをめくる

전자서적이라도 종이책처럼 책장을 **넘기**면서 읽을 수 있다.
電子書籍でも紙の本のようにページをめくりながら読むことができる。

8 □

신속하다

形 迅速だ

類 빠르다 速い
関 신속히 迅速に
注 유도하다 誘導する

소방관은 건물 안에 있는 시민들을 **신속하**게 비상계단으로 유도했다.
消防士は建物の中にいる市民を迅速に非常階段へ誘導した。

9 □

공유하다

動 共有する

反 독점하다 独占する
注 바이러스 감염 ウイルス感染

파일을 **공유하**는 사이트에서 다운로드했더니 바이러스에 감염됐다.
ファイルを共有するサイトからダウンロードしたらウイルスに感染した。

10 □

물감

名 絵の具

注 지망생 志望生、志望者
가득하다 いっぱいだ、満ちている
화방 画室

미대 지망생들이 **물감** 냄새로 가득한 화방에서 그림 연습을 하고 있다.
美大志望者たちが絵の具のにおいで満ちている画室で絵の練習をしている。

11 □

덧칠하다

動 上塗りする、塗り重ねる

関 덧 重複の意味を表す接頭詞
여러 번 덧칠하다 何度も塗り重ねる

벽에 칠한 페인트가 마르기를 기다렸다가 두세 번 **덧칠했**어요.
壁に塗ったペンキが乾くのを待ってから2､3回塗り重ねました。

12 □

섞다

動 混ぜる、交える

注 밥을 짓다 ご飯を炊く
소화가 잘되다 消化がいい

백미에 현미를 **섞**어서 밥을 지으면 건강에도 좋고 소화도 잘된다.
白米に玄米を混ぜてご飯を炊くと健康にもいいし消化もいい。

13 □

탁하다

形 濁っている、よどむ

反 맑다 澄んでいる
関 공기가 탁하다 空気がよどむ
탁해지다 濁る

물감으로 그림을 그릴 때 물감을 섞거나 덧칠하면 색이 **탁해**진다.
絵の具で絵を描く時、絵の具を混ぜたり塗り重ねたりすると色が濁る。

14 □

화가

名 画家

注 뛰어나다 優れている
베끼다 描き写す、複写する

그림 실력이 뛰어난 그는 유명한 **화가**의 그림을 베껴서 팔고 있다.
絵の実力が優れている彼は有名な画家の絵を複写して売っている。

チェック ✓

□ 独立 □ 共有する □ 妥協 □ 濁っている □ 最終 □ 絵の具 □ 系列会社
□ 塗り重ねる □ めくる □ 画家 □ 分離する □ 混ぜる □ 権限 □ 迅速だ

15 □ **점**

名 点、ほくろ、占い

関 점을 빼다 ほくろを取る
점을 보다 占いをする

사원 이외의 출입이 통제된 구역을 **점**선으로 표시해 두었습니다.
社員以外の出入りが統制されている区域を点線で表示しておきました。

16 □ **찍다**

動 つける、押す

関 찍어서 먹다 つけて食べる
도장을 찍다 はんこを押す
注 붓 筆　먹 墨

매년 설날에 아버지는 붓에 먹을 **찍**어서 그 해의 가훈을 한지에 쓰신다.
毎年正月に父は筆に墨をつけてその年の家訓を韓紙に書く。

17 □ **촘촘하다**

形 ぎっしりしている

注 물감을 섞다 絵の具を混ぜる
점을 찍다 点を打つ

물감을 섞지 않고 두 가지 색으로 작은 점을 **촘촘하**게 찍어서 표현했다.
絵の具を混ぜずに 2 種類の色で小さい点をぎっしり打って表現した。

18 □ **막대**

名 棒

関 막대 그래프 棒グラフ
注 차이 差
한눈에 一目で

막대 그래프로 나타내면 수량의 차이를 한눈에 비교할 수 있어요.
棒グラフで表したら数量の差を一目で比較することができます。

19 □ **후련하다**

形 すっきりしている

関 속이 후련하다 気分がすっきりする
注 미루다 延ばす、後回しにする

몇 년째 미루어 왔던 에어컨 청소를 끝내고 나니 속이 **후련했**다.
数年間後回しにしてきたエアコンの掃除を終わらせたらすっきりした。

20 □ **기법**

名 技法、手法

関 표현 기법 表現技法
注 입체적으로 立体的に

물감을 입체적으로 바르는 임페스토는 고흐의 대표적인 표현 **기법**이다.
絵の具を立体的に塗るインパストはゴッホの代表的な表現技法である。

21 □ **회화**

名 絵画

注 소장하다 所蔵する
경매에 내놓다 競売に出す

소장하고 있던 세계적으로 유명한 작가의 **회화**를 경매에 내놓았다.
所蔵していた世界的に有名な作家の絵画を競売に出した。

22 □

외면하다

動 背ける、目をそらす

関 외면을 받다 そっぽを向かれる
注 내 집 마련 自分の家を買うこと

평생을 일해도 내 집 마련의 꿈을 못 이루는 현실을 **외면하**고 싶어진다.
一生働いてもマイホームの夢をかなえられない現実から目をそらしたくなる。

23 □

거르다

動 抜く、除く

関 불순물을 걸러 내다 不純物を取り除く
注 둔해지다 鈍くなる

아침 식사를 **거르**면 뇌의 움직임도 둔해지므로 수험생들에게는 좋지 않다.
朝食を抜くと脳の動きも鈍くなるため、受験生には良くない。

24 □

지표

名 指標

関 지표로 삼다 指標にする
注 삶의 질 生活の質

사회 복지, 여가 시설, 교육 환경 등을 **지표**로 삼아 삶의 질을 평가한다.
社会福祉、余暇施設、教育環境などを指標にして生活の質を評価する。

25 □

나팔꽃

名 アサガオ

注 햇빛이 강하다 日差しが強い
선명하다 鮮明だ

나팔꽃은 여름에 피는 꽃으로 햇빛이 강할수록 꽃의 색이 선명해진다.
アサガオは夏に咲く花で、日差しが強いほど花の色が鮮明になる。

26 □

대기

名 大気

関 대기 오염 大気汚染
注 민감하다 敏感だ

나팔꽃은 **대기** 오염에 민감하게 반응하므로 지표 식물로 사용된다.
アサガオは大気汚染に敏感に反応するので、指標植物として使われる。

27 □

반점

名 斑点

注 간세포 肝細胞
기능하다 機能する
붉다 赤い

간세포가 정상적으로 기능하지 못하게 되면 붉은 **반점**이 생길 수 있다.
肝細胞が正常に機能しなくなったら赤い斑点ができる場合がある。

28 □

은어

名 アユ

注 가늘고 길다 細長い
하천 河川
서식하다 生息する

은어의 몸은 약 15cm로 가늘고 길며 물이 맑은 하천에 서식한다.
アユの体は約 15cm で細長くて、水が澄んでいる河川に生息する。

チェック ✔
□ 棒 □ アサガオ □ 絵画 □ アユ □ すっきりしている □ 斑点 □ 点
□ 目をそらす □ 大気 □ ぎっしりしている □ 指標 □ つける □ 技法 □ 抜く

1 □

수질
名 水質

関 수질 오염 水質汚染
注 뜻하다 意味する

은어가 서식한다면 그곳의 **수질**은 오염되지 않았다는 것을 뜻한다.
アユが生息しているなら、そこの水質は汚染されていないことを意味する。

2 □

미꾸라지
名 ドジョウ

注 지목되다 目される、みなす
빠져나가다 抜け出す、くぐり抜ける

그 사람은 사건의 용의자로 지목될 때마다 **미꾸라지**처럼 빠져나간다.
その人は事件の容疑者として目されるたびにドジョウのようにくぐり抜ける。

3 □

측정하다
動 測定する

注 맞추다 あつらえる、オーダーする
초점 焦点

안경을 맞출 때 중요한 것은 초점의 위치를 정확하게 **측정하**는 것이다.
眼鏡をあつらえる時に大事なのは焦点の位置を正確に測定することだ。

4 □

장비
名 装備、機器

関 등산 장비 登山装備
의료 장비 医療機器
注 통증 痛み

통증을 측정하여 숫자로 나타내는 의료 **장비**가 개발되었다.
痛みを測定して数字で表す医療機器が開発された。

5 □

판별하다
動 判別する

類 분별하다 分別する、見分ける
注 유럽 ヨーロッパ
국적 国籍

유럽에서 사람들의 외모만으로 국적을 **판별하**기가 쉽지 않았다.
ヨーロッパで人の外見だけで国籍を判別することは簡単ではなかった。

6 □

민망하다
形 恥ずかしい、きまり悪い

類 창피하다 恥ずかしい
注 칭찬을 듣다 褒められる

마지막 날에 겨우 한 번 청소를 도왔을 뿐인데 칭찬을 들으니 **민망하**다.
最終日にたかが1回掃除を手伝っただけなのに褒められるときまり悪い。

7 □

적절하다
形 適切だ

注 처방하다 処方する
공유하다 共有する

환자의 처방 기록을 공유함으로써 **적절한** 의약품을 처방할 수 있다.
患者の処方記録を共有することで適切な医薬品を処方できる。

8 □

증진

名 増進

注 진료 診療
-(으)ㄹ 것으로 ～するだろうと

온라인 진료 서비스는 국민 건강 **증진**에 도움이 될 것으로 예상된다.
オンライン診療サービスは国民の健康増進に役立つだろうと予想される。

9 □

고래

名 クジラ

関 돌고래 イルカ
술고래 大酒飲み

고래 싸움에 새우 등 터진다고 다른 사람의 싸움으로 인해 피해를 입었다.
クジラのけんかでエビの背が裂けるというが、他人のけんかで被害を受けた。

10 □

실상

名 実相、実情

注 겉보기 外見、見た目
이루어 내다 成し遂げる

겉보기에는 위대한 발전을 이루어 낸 듯하지만 **실상**은 그렇지 않다.
見た目には偉大な発展を成し遂げたかのようだが、実情はそうじゃない。

11 □

절대적

名 絶対的

反 상대적 相対的
関 절대적으로 絶対的に
注 지지율 支持率　반영하다 反映する

지지율에 관한 여론 조사가 **절대적**인 사실을 반영한다고는 할 수 없다.
支持率に関する世論調査が絶対的な事実を反映するとは言えない。

12 □

가정하다

動 仮定する

注 실업자 失業者
경제 지표 経済指標

실업자가 지금처럼 계속 늘어난다고 **가정했**을 때의 경제 지표입니다.
失業者が今のように増え続けると仮定したときの経済指標です。

13 □

폭

名 幅

関 대폭 大幅に
注 연이은 相次ぐ～
부실 공사 手抜き工事

그 건설 회사는 연이은 부실 공사로 인해 신용도가 큰 **폭**으로 하락했다.
その建設会社は相次ぐ手抜き工事によって信用度が大幅に下落した。

14 □

오르다

動 上がる

反 내리다 下がる
注 활기를 띠다 活気を帯びる

새 차의 가격이 큰 폭으로 **오르**자 중고차 시장이 활기를 띠기 시작했다.
新車の価格が大幅に上がると中古車市場が活気を帯び始めた。

チェック ✓
□ 水質　□ 仮定する　□ 機器　□ 増進　□ 適切だ　□ 上がる　□ きまり悪い
□ クジラ　□ ドジョウ　□ 幅　□ 判別する　□ 実情　□ 測定する　□ 絶対的

15 □

결

名 きめ、(髪)質

関 결이 곱다 きめが細かい
머릿결 髪質
注 윤기 나다 つやつやしている

윤기 나는 머릿**결**을 원한다면 두피 관리에 신경 써야 한다.
つやつやした髪質を望むなら頭皮管理に気を使うべきだ。

16 □

여기다

動 思う、感じる

類 생각하다 思う
注 대수롭지 않다 大したことではない

아이들이 반말을 사용하는 문제를 대수롭지 않게 **여기**는 경향이 있다.
子供たちがため口を使う問題を大したことではないと思う傾向がある。

17 □

수치

名 数値

注 소비자 물가 지수 消費者物価指数
상승률 上昇率

소비자 물가 지수의 상승률에 관해서는 이 데이터의 **수치**를 참고하세요.
消費者物価指数の上昇率に関してはこのデータの数値を参考にしてください。

18 □

철새

名 渡り鳥

関 철새 도래지 渡り鳥の飛来地
탐조 バードウォッチング

유명한 **철새** 도래지에 매년 탐조 투어객이 몰려든다.
有名な渡り鳥の飛来地に毎年バードウォッチングのツアー客が押し寄せる。

19 □

무리

名 群、群れ

関 무리를 짓다 群れを成す
注 개체 個体

철새는 정해진 시기에 수만에서 수십만 개체가 **무리**를 지어 이동한다.
渡り鳥は決まった時期に数万から数十万の個体が群れを成して移動する。

20 □

일정하다

形 一定している

関 일정한 一定の
注 튀김기 フライヤー

튀김기를 사용하면 **일정한** 온도가 유지되어 맛있는 튀김이 완성된다.
フライヤーを使えば一定の温度が維持されるので、おいしい揚げ物が出来上がる。

21 □

선두

名 先頭

関 선두에 서다 先頭に立つ
注 이끌다 導く

소풍 날에는 선생님이 **선두**에 서서 학생들을 안전하게 이끈다.
遠足の日には先生が先頭に立って生徒たちを安全に導く。

22 ☐

거칠다

形 荒い、粗い、激しい

関 파도가 거칠다 波が荒い
피부가 거칠다 肌が粗い
거칠어지다 荒れる

손을 자주 씻고 소독도 자주 했더니 손이 **거칠**어졌어요.
手をしきりに洗って消毒もしょっちゅうしたら手が荒れました。

23 ☐

맨

冠 一番、最も

関 맨 끝에 一番端に、一番後ろに
注 줄 列、行列

무대가 높다면 **맨** 앞줄보다는 세 번째 줄 이후가 보기 쉽다.
舞台が高いなら、一番前の列よりは 3 列目以降が見やすい。

24 ☐

맞서다

動 立ち向かう、向かう

注 연합하다 連合する
조직 組織

개인이 연합하면 조직에 **맞서**서 싸울 수 있다는 것을 보여 주었다.
個人が連合すれば組織に立ち向かって戦えるということを見せてくれた。

25 ☐

비행하다

動 飛行する

注 정시 定時
연착하다 延着する、遅れる

거친 바람에 맞서 **비행했**기 때문에 정시보다 세 시간 연착하게 됐습니다.
激しい風に向かって飛行したため、定時より 3 時間遅れることになりました。

26 ☐

최적

名 最適

関 최적화하다 最適化する
注 싹트다 芽生える
갖추다 備える

한반도는 농경 문화가 싹트기에 **최적**의 환경을 갖추고 있었다.
韓半島は農耕文化が芽生えるのに最適の環境を備えていた。

27 ☐

항로

名 航路

関 운항 運航
注 북극해 北極海
선박 船舶

북극해 **항로**를 이용하는 선박의 안전한 운항을 지원하고 있습니다.
北極海の航路を利用する船舶の安全な運航をサポートしています。

28 ☐

무료하다

形 退屈だ

類 지루하다 退屈だ
注 경제적으로 経済的に

경제적으로 여유가 생기자 삶이 **무료하**다고 느끼기 시작했다.
経済的に余裕ができると人生が退屈だと感じ始めた。

チェック ✓

☐ 数値 ☐ 荒い ☐ 退屈だ ☐ 一定している ☐ 最適 ☐ 思う ☐ 飛行する
☐ 先頭 ☐ 立ち向かう ☐ 渡り鳥 ☐ 航路 ☐ 群れ ☐ 一番 ☐ (髪)質

Day 45

1 □

고도

名 高度

関 고도로 발달하다 高度に発達する
注 상공 上空

비행기가 **고도** 9000m 상공을 비행할 때 외부 온도는 영하 40도 정도이다.
飛行機が高度 9000m 上空を飛行する時、外部の温度は零下 40 度くらいだ。

2 □

두루

副 満遍なく、漏れなく

類 골고루 満遍なく
注 -(으)로서 ～として

한 기업의 리더로서 필요한 사회적 경험을 **두루** 갖추고 있다.
一企業のリーダーとして必要な社会的経験を満遍なく備えている。

3 □

저해하다

動 阻害する

類 방해하다 妨害する
注 비교하다 比較する

다른 사람과 비교하는 습관은 행복한 삶을 **저해하**는 하나의 요소가 된다.
他人と比較する習慣は、幸せな人生を阻害する一つの要素になる。

4 □

선하다

形 善良だ、良い

反 악하다 悪い、邪悪だ
注 상처를 주다 傷つける

결과적으로는 그에게 상처를 주었지만 **선한** 의도였음을 강조했다.
結果的には彼を傷つけたが、善良な意図だったことを強調した。

5 □

사소하다

形 些細だ

反 중요하다 重要だ
注 잦다 頻繁だ、しきりである

담임 선생님은 그 아이의 잦은 결석을 **사소한** 일이라고 여겼다.
担任の先生はその子の頻繁な欠席を些細なことだと思った。

6 □

일탈

名 逸脱

関 일탈을 막다 逸脱を防ぐ
注 부 富
명예 名誉

부와 명예를 다 가진 사람 중에도 사회적 **일탈** 행동을 하는 경우가 있다.
富と名誉を全部持っている人の中でも社会的に逸脱した行動をする場合がある。

7 □

간과하다

動 看過する

関 본질을 간과하다 本質を看過する
注 별것 아니다 大したことない

몸에서 보내는 신호를 별것 아닌 것으로 여겨 **간과해**서는 안 된다.
体から送られる信号を大したことないと思い、看過してはだめだ。

8 □

기인하다

動 起因する

注 패배 敗北
수비 守備
-에 반해 ～に反して

패배 원인은 안정적인 수비에 반해 공격수가 없는 데에서 **기인한**다.
敗北の原因は安定的な守備に反してストライカーがいないところに起因する。

9 □

활

名 弓

関 활을 쏘다 弓を射る
양궁 アーチェリー

양궁 선수에게 있어 무엇보다 중요한 것은 **활**을 쏘는 자세이다.
アーチェリー選手にとって何より重要なのは弓を射る姿勢である。

10 □

사과하다

動 謝る

関 진심으로 本心から、心から
注 반성하다 反省する

자신의 행동에 대해 반성하는 태도를 보이면서 진심으로 **사과했**다.
自分の行動に対して反省する態度を見せながら心から謝った。

11 □

건성

名 上の空

関 건성으로 上の空で、適当に
注 받아들이다 受け入れる

진심이 느껴지지 않고 **건성**으로 하는 사과는 받아들이기 어렵다.
真心が感じられず、適当にする謝罪は受け入れ難い。

12 □

행하다

動 行う

関 의식을 행하다 儀式を行う
注 통치자 統治者
태우다 燃やす

새로운 통치자를 임명할 때마다 집을 태우는 의식을 **행하**는 부족이 있었다.
新しい統治者を任命するたびに家を燃やす儀式を行う部族があった。

13 □

회피하다

動 回避する

注 시종일관 終始一貫
비겁하다 卑怯だ

그는 시종일관 책임을 **회피하**는 발언을 해 비겁하다는 인상을 주었다.
彼は終始一貫して責任を回避する発言をし、卑怯だという印象を与えた。

14 □

악하다

形 悪い、邪悪だ

反 선하다 善良だ、良い
注 철학자 哲学者
본성 本性

어느 철학자는 인간의 본성은 태어날 때부터 **악하**다는 성악설을 주장했다.
ある哲学者は人間の本性は生まれる時から悪いという性悪説を主張した。

チェック ✓
□ 些細だ □ 弓 □ 看過する □ 上の空 □ 高度 □ 悪い □ 阻害する
□ 回避する □ 逸脱 □ 行う □ 満遍なく □ 謝る □ 善良だ □ 起因する

15 □

언행

名 言行

関 언행을 조심하다 言行を慎む
언행일치 言行一致

언행일치를 중요하게 생각하는 그는 사소한 약속일지라도 반드시 지킨다.
言行一致を大事に思う彼は些細な約束であっても必ず守る。

16 □

진정하다

形 真正だ、本当だ

関 진정한 真の
注 달려가다 駆けつける

사진을 위해서라면 어디에든 달려가는 사람이야말로 **진정한** 카메라맨이다.
写真のためならどこにでも駆けつける人こそ真のカメラマンだ。

17 □

용서하다

動 許す

注 일부러 わざと、わざわざ
평안하다 平安だ、安らかだ

누군가를 일부러 **용서하**지 않는다면 자신의 마음 또한 평안해질 수 없다.
誰かをわざと許さないなら、自分の心もまた安らかにならない。

18 □

악의적

名 悪意的

関 악의적인 의도 悪意的な意図
注 어필하다 アピールする

그는 법정에서 **악의적**인 의도로 그런 것이 아니라는 것을 어필했다.
彼は法廷で悪意的な意図でそうしたわけではないことをアピールした。

19 □

상대방

名 相手

注 벌을 주다 罰を与える
-고 싶은 마음이 들다
～したい気持ちになる、～したいと思う

나쁜 일을 한 **상대방**에게 벌을 주고 싶은 마음이 드는 건 당연하다.
悪いことをした相手に罰を与えたい気持ちになるのは当然だ。

20 □

무취

名 無臭

関 무미 無味
注 주입하다 注入する

이번 사건에서 범인은 무미 **무취**의 독을 차에 주입한 것으로 나타났다.
今回の事件で犯人は無味無臭の毒をお茶に注入したことが分かった。

21 □

농도

名 濃度

関 혈중 알코올 농도 血中アルコール濃度
注 측정하다 測定する
채혈 採血

혈중 알코올 **농도**를 측정하는 방법에는 호흡식과 채혈식이 있다.
血中アルコール濃度を測定する方法には呼吸式と採血式がある。

22 □
짙다
形 濃い

関 농도가 짙다 濃度が濃い
注 희석하다 希釈する

이 농약은 농도가 **짙**기 때문에 반드시 물로 희석해서 사용하세요.
この農薬は濃度が濃いため、必ず水で希釈して使ってください。

23 □
위주
名 主とすること、本位

関 위주로 하다 主とする
注 배달 配達、出前
　면적이 넓다 面積が広い

저희는 배달을 **위주**로 할 예정이어서 넓은 면적의 가게는 필요없어요.
我々は配達を主とする予定なので広い面積の店は必要ありません。

24 □
입자
名 粒子

関 입자가 굵다 粒子が大きい
注 모래 砂

고양이를 위한 화장실에 굵은 **입자**의 모래를 사용하면 청소가 편하다.
猫のためのトイレに大きい粒子の砂を使えば掃除が楽だ。

25 □
동일하다
形 同一だ、一緒だ

類 똑같다 同じだ
注 예나 지금이나 昔も今も

시대가 변해도 웃어른을 존경하는 마음은 예나 지금이나 **동일하**다.
時代が変わっても目上の人を敬う心は昔も今も一緒だ。

26 □
착안하다
動 着眼する、着目する

注 대부분 大部分、ほとんど
　선보이다 初公開する、売り出す

손님의 대부분이 학생이라는 점에 **착안해** 학생 할인 메뉴를 선보였다.
客のほとんどが学生だという点に着目し、学生割引メニューを売り出した。

27 □
악취
名 悪臭

関 악취가 나다 悪臭がする
注 방향제 芳香剤
　후각신경 嗅神経

방향제는 강한 향기로 후각신경을 자극해서 **악취**를 느끼지 못하게 한다.
芳香剤は強い香りで嗅神経を刺激し、悪臭を感じられないようにする。

28 □
미식가
名 美食家、グルメ

関 맛집 おいしい店
注 소문나다 うわさが立つ、評判になる

전국의 소문난 맛집은 안 가 본 데가 없을 정도로 **미식가**예요.
全国の評判のおいしい店は行っていないところがないほどグルメです。

チェック ✓
□ 悪意的　□ 主とすること　□ グルメ　□ 濃度　□ 粒子　□ 相手　□ 悪臭
□ 許す　□ 濃い　□ 言行　□ 着目する　□ 無臭　□ 一緒だ　□ 真正だ

次の単語を韓国語は日本語に、日本語は韓国語にしなさい。

1. 기지개
2. 몰리다
3. 세포
4. 상징
5. 가하다
6. 부당하다
7. 부피
8. 짙다
9. 절차
10. 물감
11. 후련하다
12. 지표
13. 고래
14. 무료하다
15. 맞서다
16. 항로
17. 선하다
18. 회피하다
19. 쪼개다
20. 착안하다
21. 寝かす
22. 名誉
23. 戦略
24. 病む
25. 結ぶ
26. 根
27. 認知する
28. 和合
29. 微々たる
30. 固定
31. 権限
32. 共有する
33. 先頭
34. 逸脱
35. 判別する
36. 絶対的
37. 言行
38. 阻害する
39. 目をそらす
40. 上の空

正解

1. 伸び **2.** 押し寄せる **3.** 細胞 **4.** 象徴 **5.** 加える **6.** 不当だ **7.** 体積 **8.** 濃い
9. 手続き **10.** 絵の具 **11.** すっきりしている **12.** 指標 **13.** クジラ **14.** 退屈だ
15. 立ち向かう **16.** 航路 **17.** 善良だ **18.** 回避する **19.** 分ける **20.** 着目する
21. 재우다 **22.** 명예 **23.** 전략 **24.** 앓다 **25.** 맺다 **26.** 뿌리 **27.** 인지하다 **28.** 화합
29. 미미하다 **30.** 고정 **31.** 권한 **32.** 공유하다 **33.** 선두 **34.** 일탈 **35.** 판별하다
36. 절대적 **37.** 언행 **38.** 저해하다 **39.** 외면하다 **40.** 건성

確 認 問 題

A (　　) に入る単語を選び、適当な形にしなさい。

감싸다	넘기다	살피다	거치다	섞다	거르다

1. 상사의 눈치를 (　　　　　) 말고 자유롭게 의견을 말하세요.

2. 외국인하고 영어와 모국어를 (　　　　　) 이야기했어요.

3. 볼일이 있으니까 대전을 (　　　　　) 서울로 올라갈게요.

4. 형제라고 해서 (　　　　　) 말고 객관적으로 판단하세요.

B (　　) に入る適切な副詞を選びなさい。

톡톡히	두루	미처	절대적으로	신속히	대폭

1. 일이 바빠서 (　　　　　) 회의 자료를 준비하지 못했어요.

2. 좋은 조건을 (　　　　　) 갖춘 인재를 왜 거절했어요?

3. 이 사실을 동료들에게도 (　　　　　) 알려야 한다.

4. 그 후보자의 지지율이 (　　　　　) 하락했던데 왜 그런지 아세요?

正解例および和訳

A **1.** 살피지　**2.** 섞어서　**3.** 거쳐서　**4.** 감싸지

訳 **1.** 上司の顔色を(うかがわ)ないで自由に意見を言ってください。
2. 外国人と英語と母国語を(混ぜて)話しました。
3. 用事があるので大田を(経由して)ソウルに行きます。
4. 兄弟だからといって(かばわ)ないで客観的に判断してください。

B **1.** 미처　**2.** 두루　**3.** 신속히　**4.** 대폭

訳 **1.** 仕事が忙しくて(未だ)会議の資料が準備できていません。
2. 良い条件を(満遍なく)備えている人材をなぜ断りましたか。
3. この事実を同僚たちにも(迅速に)知らせるべきだ。
4. その候補者の支持率が(大幅に)下落したが、なぜだか分かりますか。

まとめてみましょう

ことわざ

갈수록 태산이다 行くほど泰山	一難去ってまた一難
그림의 떡 絵の餅	高嶺の花 絵に描いた餅
가는 날이 장날 行く日が市場が立つ日	タイミングが良い、あるいは悪い
가는 말이 고와야 오는 말이 곱다 かける言葉が優しいと帰ってくる言葉も優しい	売り言葉に買い言葉
낮말은 새가 듣고 밤말은 쥐가 듣는다 昼の話は鳥が聞き、夜の話はネズミが聞く	壁に耳あり障子に目あり
누워서 떡 먹기 横になって餅を食べる	とても簡単なこと
남의 떡이 커 보인다 他人の餅が大きく見える	隣の芝生は青く見える
돌다리도 두드려 보고 건너라 石橋もたたいて渡れ	石橋をたたいて渡る
백지장도 맞들면 낫다 紙１枚でも二人で持ち上げれば軽い	力を合わせればたやすい
새 발의 피 鳥の足の血	とてもわずかな量
서당 개 3년이면 풍월을 읊는다 寺小屋の犬３年経てば花鳥風月を詠む	門前の小僧習わぬ経を読む
등잔 밑이 어둡다 燭台の下が暗い	灯台下暗し

발 없는 말이 천 리 간다 足のない言葉が千里行く	すぐうわさが広まること
배보다 배꼽이 더 크다 お腹よりへそが大きい	本体よりも付随的なものにお金がかかること
세 살 버릇 여든까지 간다 3歳の癖80まで行く	三つ子の魂百まで
소 잃고 외양간 고친다 牛失ってから牛小屋を直す	後の祭り
수박 겉 핥기 スイカの皮なめ	コショウの丸のみ
호랑이도 제 말 하면 온다 虎も自分のことを話せば来る	うわさをすれば影が差す
제 눈에 안경 自分の目に合う眼鏡	あばたもえくぼ
원숭이도 나무에서 떨어진다 猿も木から落ちる	猿も木から落ちる
열 번 찍어 안 넘어가는 나무 없다 10回おのを入れて倒れない木はない	重ねて努力すればついに成功するものだ
비 온 뒤에 땅이 굳어진다 雨降った後に地固まる	雨降って地固まる
김칫국부터 마신다 キムチの汁から飲む	取らぬ狸の皮算用
울며 겨자 먹기 泣きながら辛子を食べる	嫌なことをやむを得ずすること

Day 46

1 □

접어들다

動 差し掛かる

注 어느덧 早くも、いつの間にか
-주 차 ～週目

어느덧 임신 16주 차가 되어 점차 안정기에 **접어들**었다.
早くも妊娠 16 週目になり、次第に安定期に差し掛かった。

2 □

일상

名 日常

関 일상적으로 日常的に
注 시간에 쫓기다 時間に追われる

현대인들은 시간에 쫓기며 바쁜 **일상**을 보내는 것을 당연하게 여긴다.
現代人は時間に追われて忙しい日常を送ることを当然だと思う。

3 □

엇갈리다

動 行き違う、食い違う

関 길이 엇갈리다 行き違いになる
이해가 엇갈리다 利害が食い違う
注 공교롭게도 あいにく

회사로 서둘러서 돌아왔지만 공교롭게도 길이 **엇갈려**서 못 만났다.
会社へ急いで戻ったが、あいにく行き違いになって会えなかった。

4 □

산지

名 産地

関 생산되다 生産される
注 애쓰다 努力する

각 **산지**에서 생산된 신선한 재료를 신속하게 배달하기 위해 애쓰고 있다.
各産地で生産された新鮮な材料を迅速に配達するために努力している。

5 □

끼

名 食

関 하루 세 끼 1日3食
끼니를 거르다 食事を抜く

하루에 한 **끼**만 먹는 다이어트 방법이 효과가 있다고 하네요.
1日に1食だけ食べるダイエット方法が効果があるそうですね。

6 □

수고하다

動 苦労する

類 고생하다 苦労する
注 감사의 뜻을 표하다 感謝の意を表する

한 끼의 식사가 완성되기까지 **수고한** 사람들에 대한 감사의 뜻을 표했다.
1食の食事が完成するまでに苦労した人々に対する感謝の意を表した。

7 □

허기

名 飢え

関 허기지다 空腹だ
注 밤낮으로 昼夜　고되다 辛い、きつい
-(으)ㄹ 대로 -았/었다 ～しきっている

군인들은 밤낮으로 계속된 고된 훈련으로 **허기**질 대로 **허기**져 있었다.
軍人たちは昼夜続いたきつい訓練でとてもお腹が空いていた。

8 □

비약적

名 飛躍的

注 불과 わずか
성장을 이루다 成長を遂げる

그 결혼 정보 회사는 불과 10여 년 사이에 **비약적**인 성장을 이루었다.
その結婚相談所はわずか 10 年あまりの間に飛躍的な成長を遂げた。

9 □

윤택하다

形 潤沢だ、豊かだ

注 여가를 즐기다 余暇を楽しむ
늘다 増える

휴일에 여가를 즐기는 시민들이 는 것은 생활이 **윤택해**졌다는 증거이다.
休日に余暇を楽しむ市民が増えたのは生活が豊かになったという証拠だ。

10 □

소외시키다

動 疎外する

関 소외당하다 疎外される
注 빈곤층 貧困層
단 한 사람도 一人たりとも

빈곤층 학생을 단 한 사람도 **소외시키**지 않는 평등한 교육 기회를 제공한다.
貧困層の学生を一人たりとも疎外しない平等な教育の機会を提供する。

11 □

단정 짓다

動 断定する

類 단정하다 断定する
関 단정적으로 断定的に

기계의 오작동으로 사고가 났다고는 아직 **단정 지**을 수 없다.
機械の誤作動で事故が起こったとはまだ断定できない。

12 □

급속하다

形 急速だ

関 급속한 발달 急速な発達
注 과연 果たして

급속한 기술의 발달로 과연 인간의 삶이 윤택해졌다고 할 수 있을까?
急速な技術の発達で果たして人間の生活が豊かになったと言えるだろうか。

13 □

중립

名 中立

関 중립을 지키다 中立を守る
注 -다니 ～するとは

중립을 지키겠다고 약속해 놓고 상대편 의견에 찬성하다니 믿을 수 없다.
中立を守ると約束しておいて相手側の意見に賛成するとは信じ難い。

14 □

진학하다

動 進学する

関 진학 상담 進学相談
注 적금 積立預金

손자가 초등학교에 **진학하**는 것을 기념하여 적금을 시작했다.
孫が小学校に進学することを記念して積立預金を始めた。

チェック ✓
□ 日常 □ 断定する □ 苦労する □ 飛躍的 □ 食 □ 疎外する □ 行き違う
□ 進学する □ 差し掛かる □ 急速だ □ 産地 □ 豊かだ □ 中立 □ 飢え

15

변동

名 変動

関 변동성 変動性

注 일자리 働き口

-(으)ㄹ 전망이다 ～する見込みだ

로봇의 등장으로 미래에는 일자리의 **변동**성이 커질 전망이다.

ロボットの登場で未来は働き口の変動性が大きくなる見込みだ。

16

담임

名 担任

注 갓 ～したばかり、～したて

맞이하다 迎える

대학을 갓 졸업한 예쁘고 젊은 선생님을 새 **담임**으로 맞이했다.

大学を卒業したばかりのきれいで若い先生を新しい担任として迎えた。

17

말썽꾸러기

名 問題児

関 말썽 もめ事、トラブル

注 얌전하다 おとなしい

아이들은 학교에서는 **말썽꾸러기**지만 아버지 앞에서만은 얌전하다.

子供たちは学校では問題児だけど父親の前でだけはおとなしい。

18

수줍다

形 恥ずかしい、内気だ

類 창피하다 恥ずかしい

注 -은/는커녕 ～どころか

좋아하는 아이 앞에서는 **수줍**어서 말은커녕 눈도 못 마주친다.

好きな子の前では恥ずかしくて話どころか目を合わせることもできない。

19

당장

副 直ちに、すぐさま

類 바로 すぐ

注 말을 안 듣다 言うことを聞かない

의사 선생님이 술과 담배는 **당장** 끊으라고 해도 말을 안 듣는다.

お医者さんがお酒とタバコは直ちにやめるようにと言っても聞かない。

20

꼬다

動 よじる、組む

関 몸을 비비 꼬다 体をよじる

다리를 꼬고 앉다 足を組んで座る

기다리기가 지루한지 몸을 비비 **꼬**며 창밖을 보고 있었다.

待つのが退屈なのか体をよじりながら窓の外を見ていた。

21

시선

名 視線

関 시선이 따갑다 視線が痛い

시선을 주다 視線を向ける

도서관에서 통화를 하다가 사람들의 **시선**이 따가워서 일단 전화를 끊었다.

図書館で通話していたところ人々の視線が痛かったので一旦電話を切った。

22 □
자리매김
名 位置付け

関 자리매김을 하다 位置付けられる
注 대중문화 大衆文化

코스프레는 대중문화의 하나로 **자리매김**을 하게 되었다.
コスプレは大衆文化の一つとして位置付けられるようになった。

23 □
가만히
副 じっと、静かに

関 가만히 있다 じっとしている
注 끼어들다 割り込む

제 이야기가 끝날 때까지 끼어들지 말고 그냥 **가만히** 계세요.
私の話が終わるまで割り込まないでただじっとしていてください。

24 □
간지럽다
形 かゆい、くすぐったい

類 가렵다 かゆい
注 벌레에 물리다 虫に刺される

벌레에 물린 곳이 **간지러워**서 긁었더니 빨갛게 부어올랐다.
虫に刺された所がかゆくて引っ掻いたら赤く腫れ上がった。

25 □
간결하다
形 簡潔だ

関 명료하다 明瞭だ
注 의미가 담기다 意味が込められる

간결하고 명료한 문장으로 표현되어 있지만 깊은 의미가 담겨 있었다.
簡潔で明瞭な文章で表現されているが、深い意味が込められていた。

26 □
짚다
動 指摘する、つく

関 지팡이를 짚다 杖をつく
注 매상이 오르다 売上が伸びる

점장님은 매상이 오르지 않는 원인을 간결하게 **짚**어 주었다.
店長は売上が伸びない原因を簡潔に指摘してくれた。

27 □
추궁하다
動 追及する

関 추궁당하다 追及される
注 역효과가 나다 逆効果になる

심하게 **추궁하**면 오히려 역효과가 나니까 스스로 말할 때까지 기다려요.
ひどく追及するとむしろ逆効果になるので自ら話すまで待ちましょう。

28 □
죄
名 罪

関 죄를 짓다 罪を犯す
注 시인하다 是認する、認める

네 잘못을 시인한다면 더 이상 **죄**를 추궁하거나 하지 않을게.
君の過ちを認めるなら、これ以上罪を追及したりしないよ。

チェック ✓
□ 担任 □ じっと □ 視線 □ 罪 □ 問題児 □ 追及する □ 恥ずかしい
□ 指摘する □ 変動 □ かゆい □ 簡潔だ □ 直ちに □ 位置付け □ よじる

Day 47

1 □

서럽다

形 恨めしい、悲しい

注 잘 안되다 うまくいかない
-아/어 주었으면 싶다 ～してほしい

노력을 해도 잘 안되는 **서러운** 마음을 이해해 주었으면 싶었다.
努力をしてもうまくいかない悲しい気持ちを理解してほしかった。

2 □

생애

名 生涯

注 응모하다 応募する
당첨되다 当選する、当たる

경품 이벤트에 응모해서 당첨되는 것은 내 **생애** 처음 있는 일이었다.
景品イベントに応募して当たるのは自分の生涯で初めてのことだった。

3 □

말다

動 (汁物に)入れて混ぜる

関 국에 밥을 말다 スープにご飯を入れて混ぜる
注 거르다 抜く、欠かす

아침 식사는 거를 수 없어서 국에 밥을 **말**아서 간단하게라도 먹는다.
朝食は抜くことができないのでスープにご飯を入れて簡単にでも食べる。

4 □

흐물흐물하다

形 ふにゃふにゃだ

関 흐물흐물 ふにゃふにゃ
注 주머니 ポケット

세탁을 마치고 나니 바지 주머니에 들어 있었던 종이가 **흐물흐물해**졌다.
洗濯を終えたらズボンのポケットに入っていた紙がふにゃふにゃになった。

5 □

현명하다

形 賢明だ

類 슬기롭다 賢い
注 -(으)ㄴ 데다가 ～上に

첫사랑이었던 그녀는 날씬하고 예쁜 데다가 **현명하**기까지 했다.
初恋の人だった彼女はスリムできれいな上に賢明さまであった。

6 □

눈물

名 涙

関 눈물을 참다 涙を我慢する
注 배꼽(이) 빠지게 웃다 大笑いする

그 이야기를 듣자마자 그는 **눈물**이 날 정도로 배꼽 빠지게 웃었다.
その話を聞くや否や彼は涙が出るほど大笑いした。

7 □

방울

名 滴、鈴

関 눈물 한 방울 涙一滴
방울을 울리다 鈴を鳴らす
注 냉철하다 冷徹だ

냉철한 성격의 아버지는 어떤 상황에서도 눈물 한 **방울** 흘리지 않는다.
冷徹な性格の父はどんな状況でも涙一滴流さない。

8 ☐

선보이다

動 披露する

注 장기 자랑 隠し芸大会
솜씨 腕前、腕

학교 축제 때 열린 장기 자랑에서 신입생들은 노래와 춤 솜씨를 **선보였**다.
学園祭で開かれた隠し芸大会で新入生たちは歌とダンスの腕前を披露した。

9 ☐

무르다

形 柔らかい、もろい

反 단단하다 硬い
関 물러 터지다 非常にもろい
注 험하다 険しい、厳しい

마음이 **물러** 터져서 이 험한 세상을 어떻게 살아갈까 걱정이다.
心がもろすぎてこの厳しい世の中をどうやって生きていくのか心配だ。

10 ☐

특성

名 特性

関 특성을 살리다 特性を生かす
注 부각되다 目立つ、浮上する

서로 다른 소재의 **특성**을 살려 자연스러운 아름다움이 부각되도록 하였다.
互いに違う素材の特性を生かし、自然な美しさが目立つようにした。

11 ☐

담담하다

形 淡々としている

注 마음이 가볍다 心が軽い
임하다 臨む

은퇴를 결정하니 마음이 가벼워져서 **담담하**게 기자 회견에 임할 수 있었다.
引退を決めたら心が軽くなって淡々と記者会見に臨むことができた。

12 ☐

감격스럽다

形 感激的だ、感動的だ

関 감격하다 感激する
注 재회하다 再会する

30년 만에 형제가 재회하는 장면은 다시 봐도 정말 **감격스러웠**다.
30年ぶりに兄弟が再会する場面はもう一度見ても本当に感動的だった。

13 ☐

보편적

名 普遍的

類 일반적 一般的
注 남녀노소 老若男女

남녀노소 관계없이 누구나 사용 가능한 디자인을 **보편적** 디자인이라고 한다.
老若男女関係なく誰でも使えるデザインのことを普遍的なデザインという。

14 ☐

화

名 怒り

関 화가 나다 怒りが込み上げる、腹が立つ
注 자리를 피하다 場を離れる

화가 날 때는 심호흡을 한 번 하고 일단 그 자리를 피해 보세요.
腹が立つときは深呼吸を1回して一旦その場を離れてみてください。

チェック ✓

☐ 入れて混ぜる ☐ 感動的だ ☐ 賢明だ ☐ 披露する ☐ 悲しい ☐ 怒り ☐ 生涯
☐ 淡々としている ☐ 滴 ☐ 普遍的 ☐ 涙 ☐ 特性 ☐ ふにゃふにゃだ ☐ もろい

15 □	**유무** 名 有無	注 부양가족 扶養家族 보험료 保険料 달라지다 変わる
	부양가족의 **유무**에 따라 보험료가 달라지니까 확인해 보세요. 扶養家族の有無によって保険料が変わるので確認してみてください。	
16 □	**대상** 名 対象	関 대상으로 하다 対象にする 注 조기 교육 早期教育
	미취학 아동을 **대상**으로 한 조기 영어 교육 과정입니다. 未就学児童を対象にした早期英語教育コースです。	
17 □	**임산부** 名 妊婦	関 임신하다 妊娠する 注 노약자석 優先席 장애인 障害者
	노약자석은 노인이나 어린이, **임산부**나 장애인을 위한 자리입니다. 優先席は老人や子供、妊婦や障害者のための席です。	
18 □	**난처하다** 形 困る	注 승낙하다 承諾する -기 짝이 없다 とても〜
	선배의 부탁을 승낙할 수도 거절할 수도 없어서 **난처하**기 짝이 없다. 先輩の頼みを承諾することも断ることもできず、とても困っている。	
19 □	**최대한** 副 最大限	注 가입하다 加入する、登録する 혜택 特典
	유료 회원으로 가입했으니까 회원 혜택을 **최대한** 이용하려고 한다. 有料会員に登録したので会員特典を最大限利用しようと思う。	
20 □	**차별** 名 差別	関 차별을 받다 差別を受ける 注 고객 유치 顧客誘致、集客 힘쓰다 力を注ぐ
	새로 오픈한 미용실은 서비스를 **차별**화하여 고객 유치에 힘썼다. 新しくオープンした美容室はサービスを差別化し、集客に力を注いだ。	
21 □	**조성하다** 動 造成する	注 어울려 살다 交わって暮らす 역할을 하다 役割を果たす
	다세대가 어울려 살 수 있는 환경을 **조성하**는 데 큰 역할을 하였다. 多世帯が交わって暮らせる環境を造成するのに大きな役割を果たした。	

22 □ **계층**

名 階層

関 계층 간의 갈등 階層間の葛藤
注 고려하다 考慮する

사회의 여러 **계층**을 고려하여 최대한 많은 사람들이 이용할 수 있게 했다.
社会のいろいろな階層を考慮して最大限多くの人が利用できるようにした。

23 □ **널리**

副 広く

関 널리 퍼지다 行き渡る、はやる
注 유교 사상 儒教思想

조선 시대에 유교 사상이 **널리** 퍼지면서 당시 생활에 큰 영향을 끼쳤다.
朝鮮時代に儒教思想がはやり、当時の生活に大きな影響を及ぼした。

24 □ **얽히다**

動 絡む、絡まる

関 관계가 얽히다 関係が絡み合う
注 궁금하다 気になる、知りたい

4명의 주인공의 관계가 복잡하게 **얽혀** 있어서 전개가 궁금해진다.
4人の主人公の関係が複雑に絡み合っているので展開が知りたくなる。

25 □ **보수**

名 保守

反 진보 進歩
関 보수주의 保守主義

보수주의는 급격한 변화를 피하고 현재의 체제를 유지하려고 한다.
保守主義は急激な変化を避けて現在の体制を維持しようとする。

26 □ **진보**

名 進歩

反 보수 保守
関 진보주의 進歩主義
注 허물다 崩す、壊す

진보주의는 전통적 가치나 정책을 허물고 새로운 것을 창조하려고 한다.
進歩主義は伝統的な価値や政策を壊して新しいものを創造しようとする。

27 □ **우선시하다**

動 優先的に思う、重要視する

注 -았/었다면 ～したというなら
품질 品質
중요하게 여기다 重んじる

옛날에는 가격을 **우선시했**다면 요즘에는 품질을 중요하게 여긴다.
昔は価格を優先して考えたというなら、最近は品質を重要と考える。

28 □ **개념**

名 概念

注 정의 正義
불의 不義
대립되다 対立する

보수와 진보, 정의와 불의 등은 서로 대립되는 **개념**이다.
保守と進歩、正義と不義などは互いに対立する概念である。

チェック ✓
□ 対象 □ 階層 □ 広く □ 優先的に思う □ 差別 □ 進歩 □ 有無 □ 保守
□ 妊婦 □ 概念 □ 困る □ 造成する □ 最大限 □ 絡む

Day 48

1 □

옳다

形 正しい

類 바르다 正しい
注 단정 짓다 断定する

이야기를 들어 보니 어느 한쪽의 주장만이 **옳**다고 단정 짓기는 어렵다.
話を聞いてみるとどっちか片方の主張だけが正しいと断定するのは難しい。

2 □

중시하다

動 重視する

反 경시하다 軽視する
注 예절 礼節、礼儀

한국은 '동방예의지국'으로 불리며 예절 교육을 **중시해** 왔다.
韓国は「東方の礼儀の国」と呼ばれ、礼儀教育を重視してきた。

3 □

자율

名 自律

関 자율적으로 自律的に
注 강요 強要
진로 進路

부모에 의한 강요가 아니라 자녀들이 **자율**적으로 진로를 선택하게 하세요.
親による強要ではなく、子供たちに自律的に進路を選択させてください。

4 □

몫

名 分け前、役割

関 큰 몫을 하다 大きな役割を果たす
注 가로채다 横取りする

공사를 소개해 주고 받은 돈 중에서 친구 **몫**의 일부를 가로챘다.
工事を紹介してもらったお金の中から友達の分け前の一部を横取りした。

5 □

개입하다

動 介入する

類 관여하다 関与する
注 맡기다 委ねる

시장 경제는 자율에 맡기되 필요에 따라 국가가 **개입할** 수 있다.
市場経済は自律に委ねるが、必要に応じて国家が介入することもある。

6 □

보완하다

動 補完する、補う

関 보충하다 補充する
注 균형을 유지하다 均衡を保つ

진보와 보수는 부족한 부분을 서로 **보완하**여 균형을 유지해야 한다.
進歩と保守は足りない部分を互いに補って均衡を保たなければならない。

7 □

관점

名 観点

関 관점의 차이 観点の違い
注 평가가 내려지다 評価が下される

역사 인물을 그린 이 작품은 보는 **관점**에 따라 다른 평가가 내려진다.
歴史上の人物を描いたこの作品は見る観点によって違う評価が下される。

8 □
조절
名 調節

関 조절이 되다 調節ができる
注 성장기 成長期

성장기의 아이들을 생각해서 높이 **조절**이 되는 책상을 주문했다.
成長期の子供たちを考えて高さの調節ができる机を注文した。

9 □
축
名 軸

注 천체 天体
고정되다 固定される
자전 自転

천체가 고정된 **축**을 중심으로 스스로 회전하는 것을 자전이라고 한다.
天体が固定された軸を中心に自ら回転するのを自転という。

10 □
주도하다
動 主導する、リードする

類 이끌다 導く、リードする
注 줄곧 絶えず、ずっと

그녀는 유력 인사들이 모인 자리에서 줄곧 대화를 **주도했**다.
彼女は有力な人士が集まった場でずっと会話をリードした。

11 □
제어하다
動 制御する

関 감정을 제어하다 感情を制御する
注 확률 確率

자신의 감정을 **제어할** 수 있는 사람이 사회에서 성공할 확률이 크다.
自分の感情を制御できる人が社会で成功する確率が高い。

12 □
유일하다
形 唯一だ

注 단서 手掛かり
추정되다 推定される
담배꽁초 タバコの吸い殻

이 사건의 **유일한** 단서는 범인의 것으로 추정되는 담배꽁초였다.
この事件の唯一の手掛かりは犯人の物だと推定されるタバコの吸い殻だった。

13 □
가치
名 価値

関 가치관 価値観
注 형성되다 形成される

청소년기는 **가치**관이 형성되는 시기이므로 올바른 교육이 필요하다.
青少年期は価値観が形成される時期であるため、正しい教育が必要だ。

14 □
특허
名 特許

関 특허 등록 特許登録
注 거절당하다 断られる

이미 **특허** 등록이 되어 있는 아이디어와 비슷하다고 해서 거절당했다.
すでに特許登録がされているアイデアと似ているといって断られた。

チェック ✓
□ 介入する □ 制御する □ 正しい □ 価値 □ 観点 □ 調節 □ 自律
□ 唯一だ □ 補う □ 特許 □ 重視する □ 軸 □ 分け前 □ リードする

15 □

독창적

名 独創的

関 독창성 独創性
注 상상력이 풍부하다 想像力が豊富だ

상상력이 풍부한 사람일수록 **독창적**인 발상이 가능하다.
想像力が豊かな人ほど独創的な発想が可能だ。

16 □

발명

名 発明

関 발명가 発明家
발명왕 発明王
注 전구 電球

에디슨은 전구, 전화 등 1000건 이상의 **발명**을 해 **발명**왕이라고 불린다.
エジソンは電球、電話など 1000 件以上の発明をして発明王と呼ばれる。

17 □

독점

名 独占

関 독점적으로 独占的に
注 공급하다 供給する

카메라에 사용되는 부품을 국내에서 **독점**적으로 공급하고 있다.
カメラに使用される部品を国内で独占的に供給している。

18 □

의무

名 義務

関 의무를 다하다 義務を果たす
注 이행하다 履行する

한국 국적을 가진 남자라면 누구나 병역의 **의무**를 이행해야 한다.
韓国籍を持つ男性なら誰でも兵役の義務を履行しなければならない。

19 □

부과하다

動 賦課する、課する

関 과태료 過料、罰金
注 불법 주차 違法駐車
즉시 直ちに

같은 장소에서 3회 이상 불법 주차를 하면 즉시 과태료를 **부과한**다.
同じ場所で 3 回以上違法駐車をすれば直ちに罰金を課する。

20 □

취지

名 趣旨

類 목적 目的
注 인지도를 높이다 認知度を高める

이번 박람회는 중소기업의 인지도를 높이기 위한 **취지**에서 개최되었다.
今回の博覧会は中小企業の認知度を高める趣旨で開催された。

21 □

부합하다

動 符合する、合致する

関 취지에 부합하다 趣旨に合致する
注 민주주의 民主主義

세계 대부분의 국가는 민주주의의 취지에 **부합하**는 정치를 하고 있다.
世界の大部分の国家は民主主義の趣旨に合致する政治をしている。

22 □

혁신

名 革新

関 혁신적이다 革新的だ

注 성능 性能

결코 決して

혁신적인 성능의 신제품임을 고려하면 결코 비싼 것이 아니다.

革新的な性能の新製品であることを考慮すれば決して高いものではない。

23 □

이바지하다

動 貢献する、寄与する

類 공헌하다 貢献する

기여하다 寄与する

注 상업화 商業化

상업화에 따른 비판도 있었지만 스포츠를 통해 세계 평화에 **이바지해** 왔다.

商業化による批判もあったが、スポーツを通じて世界平和に貢献してきた。

24 □

변질되다

動 変質する、変わる

類 변하다 変わる

注 흥미 위주 興味本位

자신의 소설이 흥미 위주로 **변질되**는 것을 우려하여 영화화에 반대했다.

自分の小説が興味本位に変わるのを心配して映画化に反対した。

25 □

두드러지다

動 際立つ

類 현저하다 著しい

注 하락 下落

지방 地方

주택 가격의 하락은 도시보다는 지방에서 **두드러지**게 나타났다.

住宅価格の下落は都市よりは地方で際立って現れた。

26 □

현상

名 現象

注 삼한사온 三寒四温(冬の気候の特徴)

몇 년째 数年間、何年も

사흘은 춥고 나흘은 따뜻하다는 삼한사온 **현상**이 몇 년째 일어나지 않는다.

三日間は寒くて四日間は暖かいという三寒四温現象が数年間起きていない。

27 □

마구잡이로

副 手当たり次第に

注 유리를 깨다 ガラスを割る

진열장 陳列棚

집다 つかむ、取る

유리를 깨고 들어온 도둑은 진열장의 물건을 **마구잡이로** 집어 갔다.

ガラスを割って入った泥棒は陳列棚の物を手当たり次第に取って行った。

28 □

상태

名 状態

関 혼수상태 昏睡状態

注 과다 복용 過量服薬、過剰摂取

약물 과다 복용으로 혼수**상태**에 빠진 지 사흘 만에 깨어났다.

薬物の過剰摂取で昏睡状態に陥ってから三日ぶりに目を覚ました。

チェック ✓

□ 義務 □ 革新 □ 独創的 □ 現象 □ 趣旨 □ 手当たり次第に □ 発明

□ 状態 □ 合致する □ 際立つ □ 独占 □ 貢献する □ 課する □ 変わる

Day 49

1 □

권리

名 権利

関 알 권리 知る権利
注 침해하다 侵害する

제품의 원산지를 표기하지 않는 것은 소비자의 알 **권리**를 침해하는 것이다.
製品の原産地を表記しないことは消費者の知る権利を侵害することだ。

2 □

비일비재하다

形 一度や二度でない、ざらだ

類 흔하다 ありふれている
注 -을/를 놓고 다투다 ～をめぐって言い争う

부모의 재산을 놓고 형제끼리 다투는 일은 **비일비재하**게 일어난다.
両親の財産をめぐって兄弟同士で言い争うことはざらに起きる。

3 □

선점하다

動 先に占める、先取する

注 동남아시아 東南アジア
고군분투 孤軍奮闘、奮闘

모 음료 회사는 동남아시아 시장을 **선점하**기 위해 고군분투하고 있다.
某飲料会社は東南アジア市場を先取するため奮闘している。

4 □

출원

名 出願

関 특허 출원 特許出願
注 소요되다 必要とする、かかる

특허 **출원**에서 등록까지는 보통 1년 이상의 기간이 소요됩니다.
特許出願から登録までは普通1年以上の期間がかかります。

5 □

정작

副 いざ、実際に

関 정작 중요한 때에 いざという時に
注 확보하다 確保する

정작 고생해서 싸운 사람이 권리를 확보하지 못하는 경우도 있다.
実際に苦労して戦った人が権利を確保できない場合もある。

6 □

당연하다

形 当然だ

関 당연시하다 当然視する、当然だと思う
注 이상이 생기다 異常が生じる

5년도 넘게 사용한 핸드폰이니 이상이 생기는 것도 **당연하**다.
5年以上も使っている携帯だから異常が生じるのも当然だ。

7 □

무분별하다

形 無分別だ

類 경솔하다 軽率だ
注 물의를 일으키다 物議を醸す

미성년자와의 음주 등 **무분별한** 행동으로 사회에 물의를 일으켰다.
未成年者との飲酒など無分別な行動で社会に物議を醸した。

8 □
훼손하다
動 毀損する、傷める

注 한밤중 真夜中
불을 지르다 火を付ける、放火する
혐의 嫌疑、容疑

한밤중에 건축물에 불을 질러 문화재를 **훼손한** 혐의로 잡혀갔다.
真夜中に建築物に火を付けて文化財を毀損した容疑で捕まった。

9 □
남용하다
動 乱用する

関 권력을 남용하다 権力を乱用する
注 내성이 생기다 耐性ができる

수년 동안 약을 **남용한** 결과 약에 대한 내성이 생겨 듣지 않게 됐다.
数年間薬を乱用した結果、薬に対する耐性ができて効かなくなった。

10 □
실질적
名 実質的

注 빼다 除く
-인 셈이다 ~だと言える

휴식 시간을 빼면 **실질적**으로 일하는 시간은 6시간 정도인 셈이다.
休息時間を除けば実質的に働く時間は6時間くらいだと言える。

11 □
만료
名 満了

注 유효 기간 有効期間
알려 주다 知らせてくれる

여권의 유효 기간 **만료**일을 사전에 알려 주는 서비스가 시작됐다.
パスポートの有効期間満了日を事前に知らせてくれるサービスが始まった。

12 □
옹호하다
動 擁護する

類 편들다 肩を持つ
注 비방하다 誹謗する

그 사람을 **옹호하**는 것은 아니지만 이런 식으로 비방하는 것은 좋지 않다.
その人を擁護するわけではないが、こんなやり方で誹謗するのはよくない。

13 □
겁
名 おびえ、恐怖心

関 겁이 많다 怖がりだ
겁을 먹다 おびえる

무슨 일로 불려 가는 건지 모르겠지만 **겁**을 먹을 필요는 없어요.
なぜ呼び出されたのか分からないが、おびえる必要はありません。

14 □
멀미
名 乗り物酔い、吐き気

関 멀미약 酔い止め
注 어지럼증 めまい

두통과 함께 어지럼증 및 **멀미** 증상이 동반될 때 이 약을 복용하세요.
頭痛と共にめまい及び乗り物酔いの症状を伴う時、この薬を服用してください。

チェック ✓
□ ざらだ □ おびえ □ 当然だ □ 無分別だ □ 権利 □ 乗り物酔い □ 実際に
□ 擁護する □ 出願 □ 実質的 □ 満了 □ 乱用する □ 先取する □ 毀損する

15 □

낡다

形 古い

類 오래되다 古い
注 -아/어 봤자 ～したところで

이 냉장고는 너무 **낡**아서 수리해 봤자 오래 쓸 수 없어요.
この冷蔵庫はとても古くて修理したところで長く使えません。

16 □

내내

副 ずっと

類 계속 ずっと
注 동분서주하다 東奔西走する、走り回る

4학년이 된 올해는 **내내** 취업 준비를 하느라고 동분서주했다.
4年生になった今年はずっと就職準備をしていて走り回った。

17 □

노후

名 老後

関 연금 年金
注 경제 활동 経済活動
응답 応答、回答

조사 결과 **노후**에도 경제 활동을 계속하고 싶다는 응답이 50%를 넘었다.
調査の結果、老後も経済活動を継続したいという回答が50%を超えた。

18 □

강력하다

形 強力だ

類 강하다 強い
注 발생하다 発生する
북상하다 北上する

100년 동안 발생한 적이 없는 **강력한** 태풍이 북상하고 있다.
100年間発生したことのない強力な台風が北上している。

19 □

절반

名 折半、半分

類 반 半分
関 절반으로 나누다 半分に分ける
注 후기 後記、レビュー

후기를 보니 캠핑장을 재이용하고 싶다는 의견은 **절반** 정도였다.
レビューを見るとキャンプ場を再び利用したいという意見は半分程度だった。

20 □

교복

名 (学校の)制服

関 사복 私服
유니폼 ユニホーム、制服
注 캐주얼 カジュアル

캐주얼한 스타일의 **교복**으로 바뀐 후 적극적으로 교내 활동에 참여했다.
カジュアルなスタイルの制服に変わってから積極的に校内活動に参加した。

21 □

기여하다

動 寄与する

類 공헌하다 貢献する
注 독창적이다 独創的だ
매출 売上

독창적인 아이디어로 회사 매출에 **기여한** 점을 인정받아 상을 받았다.
独創的なアイデアで会社の売上に寄与した点を認められ賞をもらった。

22 □

기사

名 運転手

関 운전기사 運転手
택배 기사 宅配配達員
注 과중하다 過重だ

과중한 업무에 지친 택배 **기사**들이 쉴 수 있게 '택배 없는 날'을 만들었다.
過重な業務に疲れた宅配配達員が休めるように「宅配のない日」を作った。

23 □

대여

名 貸し出し

関 대여하다 貸し出す
注 빈손으로 手ぶらで

스키에 관한 모든 것이 **대여** 가능하여 빈손으로 스키장에 갈 수 있다.
スキーに関するすべてのものが貸し出し可能なので手ぶらでスキー場に行ける。

24 □

커다랗다

形 とても大きい

注 환경 보호 環境保護
담기다 盛られる、入る

환경 보호를 위해 호텔에서는 샴푸 등이 **커다란** 용기에 담겨 있었다.
環境保護のためホテルではシャンプーなどが大きな容器に入っていた。

25 □

펼쳐지다

動 広がる

関 눈 앞에 펼쳐지다 目の前に広がる
注 백만 불짜리 야경 百万ドルの夜景

케이블카를 타고 정상에 올라가자 백만 불짜리 야경이 눈 앞에 **펼쳐졌**다.
ケーブルカーに乗って頂上に登ると百万ドルの夜景が目の前に広がった。

26 □

막

副 ちょうど

関 막 -(으)려던 참이다
ちょうど～しようとしていたところである
注 잘못 타다 乗り間違える

막 출발하는 버스에 올라타고 나서 잘못 탄 것을 알았다.
ちょうど出発するバスに乗り込んでから乗り間違えたことに気付いた。

27 □

통

副 全く

類 전혀 全く
注 알아듣다 理解する、分かる
절망스럽다 絶望的だ

면접 때 영어로 질문을 받았는데 **통** 알아들을 수 없어서 절망스러웠다.
面接の時に英語で質問を受けたが、全く分からなくて絶望的だった。

28 □

완화되다

動 緩和される、和らぐ

関 긴장이 완화되다 緊張が緩む
注 입국하다 入国する

취업을 목적으로 입국하는 외국인에 대한 입국 기준이 **완화되**었다.
就業を目的として入国する外国人に対する入国基準が緩和された。

チェック ✓
□ 制服 □ ちょうど □ 古い □ とても大きい □ 強力だ □ 運転手 □ ずっと
□ 緩和される □ 半分 □ 広がる □ 寄与する □ 全く □ 老後 □ 貸し出し

Day 50

1 □

푹
副 ゆっくり、ぐっすり

関 푹 자다 ぐっすり眠る
注 눈꺼풀 まぶた
떨리다 震える、けいれんする

눈꺼풀 떨림의 원인은 피로이므로 **푹** 쉬면 완화되는 경우가 많다.
まぶたのけいれんの原因は疲労なので、ゆっくり休めば和らぐ場合が多い。

2 □

견과류
名 木の実、ナッツ類

注 풍부하다 豊富だ
근육통 筋肉痛

견과류에는 마그네슘이 풍부하여 근육통이나 피로 회복에 도움이 된다.
ナッツ類にはマグネシウムが豊富で筋肉痛や疲労回復に役立つ。

3 □

무기
名 武器

注 화술 話術
-(으)로 삼다 ～にする

영업소에서 일하는 그는 자신의 뛰어난 화술을 큰 **무기**로 삼고 있다.
営業所で働く彼は自分の素晴らしい話術を大きな武器にしている。

4 □

악수
名 握手

関 악수를 나누다 握手を交わす
악수회를 열다 握手会を開く

손에 무기가 없음을 보여 주기 위해 **악수**를 하는 습관이 생겼다고 한다.
手に武器がないことを見せるため、握手をする習慣ができたという。

5 □

안심하다
動 安心する

類 마음을 놓다 安心する
注 따라가다 ついて行く

아이들끼리 보내는 것은 **안심할** 수 없어서 따라가기로 했다.
子供たちだけで行かせるのは安心できないのでついて行くことにした。

6 □

원래
副 元来、元々

注 길눈이 밝다 土地勘がある
진땀을 빼다 脂汗を流す

원래 길눈이 밝은데 오늘따라 길을 헤매서 진땀을 뺐다.
元々土地勘があるのに今日に限って道に迷い、脂汗を流した。

7 □

서먹하다
形 気まずい、疎い

注 단둘이(서) 二人だけで
-기 그지없다 とても～、～てたまらない

처음 만나는 사람하고 단둘이 여행을 가는 건 **서먹하**기 그지없다.
はじめて会う人と二人だけで旅行に行くのは気まずくてたまらない。

8 □

칼

名 包丁、ナイフ

関 잘 드는 칼 よく切れるナイフ
注 기념품 記念品、お土産
압수당하다 押収される

기념품으로 휴대용 **칼**을 산 걸 깜박하고 있다가 공항에서 압수당했다.
お土産に携帯用ナイフを買ったのをうっかりしていて空港で押収された。

9 □

잘못

名 過ち

関 잘못을 범하다 過ちを犯す
잘못을 인정하다 過ちを認める

잘못을 범했을 때 그것을 인정하고 수정하는 것이 가장 어렵다.
過ちを犯した時、それを認めて修正するのが一番難しい。

10 □

단순하다

形 単純だ

関 단순화되다 単純化する
注 멍하다 ぼんやりしている

책상에 앉아서 **단순하**고 반복적인 일을 하다 보면 머리가 멍해진다.
机に向かって座って単純で反復的なことをしていたら頭がぼうっとなる。

11 □

새삼

副 今更、改めて

注 덕분에 おかげで
사소하다 些細だ
깨닫다 悟る

이 영화 덕분에 잊고 지냈던 일상의 사소한 기쁨을 **새삼** 깨달았다.
この映画のおかげで忘れて過ごしていた日常の些細な喜びを改めて悟った。

12 □

거창하다

形 雄大だ、大げさだ

関 거창하게 말하다 大げさに言う
注 실현 가능하다 実現可能だ

거창한 꿈을 가지는 것도 좋지만 실현 가능한 것이 현실성이 있다.
雄大な夢を持つこともいいけど、実現可能なものが現実味がある。

13 □

소소하다

形 小さい、ささやかだ

関 소소한 즐거움 ささやかな楽しみ
注 확실하다 確実だ、確かだ

'소확행'이라는 말은 작고 **소소하**지만 확실한 행복이라는 뜻이다.
「小確幸」という言葉は小さくてささやかだけど確かな幸福という意味だ。

14 □

영구적

名 永久的

反 일시적 一時的
注 식량난 食糧難

식물 자원을 **영구적**으로 보호할 수 있다면 미래의 식량난이 해결될 것이다.
植物資源を永久的に保護できれば、未来の食糧難が解決されるだろう。

チェック ✓

□ 武器 □ 改めて □ 握手 □ 永久的 □ 気まずい □ ナイフ □ 安心する
□ ささやかだ □ ゆっくり □ 過ち □ ナッツ類 □ 単純だ □ 元々 □ 雄大だ

15 □

행인

名 通行人

注 맹인 안내견 盲導犬
위험에 처하다 危険に直面する

맹인 안내견은 주인이 위험에 처했을 때 **행인**에게 도움을 요청한다.
盲導犬は主人が危険に直面した時、通行人に助けを要請する。

16 □

곧장

副 まっすぐ

関 곧장 가다 まっすぐ行く
注 샐러리맨 サラリーマン

불황이 장기화되면서 퇴근 후에 **곧장** 귀가하는 샐러리맨이 늘고 있다.
不況が長期化して退社後にまっすぐ家に帰るサラリーマンが増えている。

17 □

맴돌다

動 ぐるぐる回る

関 주위를 맴돌다 周囲をぐるぐる回る
注 벌 ハチ
가만히 있다 じっとしている

벌이 날아와서 주위를 **맴돈**다면 움직이지 말고 가만히 있어.
ハチが飛んできてあたりをぐるぐる回るなら動かないでじっとしていて。

18 □

비록

副 たとえ

関 비록 -(으)ㄹ지라도 たとえ~だとしても
注 가난하다 貧乏だ　정직하다 正直だ
보상받다 報われる

비록 가난할지라도 정직하게 산다면 언젠가는 보상받을 것이다.
たとえ貧乏だとしても正直に生きればいつかは報われるだろう。

19 □

만약

副 万が一、もし

類 혹시 もし、万が一
関 만약을 위해서 万が一のために

공사장에서의 일은 위험하므로 **만약**을 위해서 생명 보험에 가입해 두었다.
工事現場での仕事は危ないから万が一のために生命保険に加入しておいた。

20 □

깨치다

動 会得する、悟る

類 깨닫다 悟る
注 천재 天才
또래 同じ年頃の人、同年輩

천재 소리를 들은 그 아이는 글자도 또래보다 빨리 **깨쳤**다.
天才と言われたその子は文字も同じ年頃の子より早く会得した。

21 □

나아가서

副 ひいては

注 결핍되다 欠乏する
현기증 めまい
혈액 순환 血液循環

산소가 결핍되면 현기증을 일으키고 **나아가서** 혈액 순환에 문제가 생긴다.
酸素が欠乏すればめまいを起こして、ひいては血液循環に問題が生じる。

22 ☐

갈다

動 挽く、研ぐ

関 이를 갈다 歯ぎしりをする
칼을 갈다 包丁を研ぐ

돼지고기를 **갈**아서 넣은 후에 잘게 썬 김치와 부추를 섞어 주세요.
豚肉を挽いて入れてから細かく切ったキムチとニラを混ぜてください。

23 ☐

온

冠 すべての

注 지켜보다 見守る
취임식 就任式
거행되다 挙行される、行われる

온 국민이 지켜보는 가운데 대통령 취임식이 성대하게 거행됐다.
全国民が見守る中、大統領の就任式が盛大に行われた。

24 ☐

갑갑하다

形 窮屈だ、狭苦しい

類 답답하다 息苦しい
注 -는 편이다 ～する方だ

연극은 좋아하는데 소극장은 어둡고 **갑갑해**서 안 가는 편이다.
演劇は好きだけど小劇場は暗くて窮屈なので行かない方だ。

25 ☐

그저

副 ただ

類 그냥 ただ
注 할 말이 있다 話がある

할 말이 있다고 찾아온 친구는 **그저** 울기만 할 뿐이었다.
話があると訪れて来た友達はただ泣いているばかりだった。

26 ☐

손사래

名 否定して手を横に振ること

関 손사래를 치다 手を広げて横に振る
注 고개를 끄덕이다 うなずく

안 간다고 **손사래**를 칠 거라고 생각했는데 묵묵히 고개를 끄덕여 보였다.
行かないと手を広げて振ると思ったが黙々とうなずいて見せた。

27 ☐

시급하다

形 至急だ、急がれる

関 시급히 至急に
注 막다 止める
개선 改善

출산율 하락을 막기 위해 출산 관련 정책의 개선이 **시급하**다.
出生率の下落を止めるため出産関連政策の改善が急がれる。

28 ☐

축소

名 縮小

反 확대 拡大
関 축소판 縮小版
注 지압하다 指圧する

손은 인체의 **축소**판이라 불리는 만큼 손을 잘 지압하면 병도 예방된다.
手は人体の縮小版と呼ばれるだけに手をよく指圧すれば病気も予防できる。

チェック ✓
☐ まっすぐ ☐ すべての ☐ 挽く ☐ 縮小 ☐ ひいては ☐ 急がれる ☐ ぐるぐる回る
☐ 手を横に振ること ☐ 通行人 ☐ ただ ☐ たとえ ☐ 窮屈だ ☐ 万が一 ☐ 会得する

次の単語を韓国語は日本語に、日本語は韓国語にしなさい。

- 1. 개념
- 2. 자율
- 3. 개입하다
- 4. 축
- 5. 발명
- 6. 취지
- 7. 변질되다
- 8. 권리
- 9. 커다랗다
- 10. 출원
- 11. 옹호하다
- 12. 노후
- 13. 기여하다
- 14. 펼쳐지다
- 15. 완화되다
- 16. 무기
- 17. 곧장
- 18. 겁
- 19. 나아가서
- 20. 축소
- 21. 絡む
- 22. 広く
- 23. 対象
- 24. 普遍的
- 25. 淡々としている
- 26. もろい
- 27. 分け前
- 28. じっと
- 29. 直ちに
- 30. 進学する
- 31. 独占
- 32. 飛躍的
- 33. 古い
- 34. 革新
- 35. 毀損する
- 36. 乱用する
- 37. 差し掛かる
- 38. 貸し出し
- 39. 気まずい
- 40. 永久的

正解

1. 概念 **2.** 自律 **3.** 介入する **4.** 軸 **5.** 発明 **6.** 趣旨 **7.** 変わる **8.** 権利
9. とても大きい **10.** 出願 **11.** 擁護する **12.** 老後 **13.** 寄与する **14.** 広がる
15. 緩和される **16.** 武器 **17.** まっすぐ **18.** おびえ **19.** ひいては **20.** 縮小
21. 얽히다 **22.** 널리 **23.** 대상 **24.** 보편적 **25.** 담담하다 **26.** 무르다 **27.** 몫
28. 가만히 **29.** 당장 **30.** 진학하다 **31.** 독점 **32.** 비약적 **33.** 낡다 **34.** 혁신
35. 훼손하다 **36.** 남용하다 **37.** 접어들다 **38.** 대여 **39.** 서먹하다 **40.** 영구적

確認問題

A (　　) に入る単語を選び、適当な形にしなさい。

갈다　거창하다　꼬다　보완하다　엇갈리다

1. 다리를 (　　　　　) 앉으면 자세가 안 좋아져요.

2. 이 칼은 4주에 한 번씩 (　　　　　) 주는 게 좋아요.

3. 두 명의 목격자의 주장이 (　　　　　) 어느 쪽이 맞는지 모르겠어요.

4. 그 사람은 늘 별것 아닌 일도 (　　　　　) 말하는 버릇이 있다.

B (　　) に入る適切な副詞を選びなさい。

비록　새삼　막　내내　통　정작

1. 집에서 (　　　　　) 나가려던 참에 전화가 왔어요.

2. 아이들을 보고 가정 교육의 중요성을 (　　　　　) 느꼈어요.

3. 연습 때는 잘하는데 (　　　　　) 시합에 나가면 실력 발휘를 못한다.

4. 그 말이 (　　　　　) 사실일지라도 저는 도와줄 수 없어요.

正解例および和訳

A　**1.** 꼬고　**2.** 갈아　**3.** 엇갈려서　**4.** 거창하게

訳　**1.** 足を(組んで)座ると姿勢が悪くなります。

2. この包丁は4週間に1回ずつ(研いで)あげるのがいいです。

3. 二人の目撃者の主張が(食い違って)どっちが正しいのか分かりません。

4. その人はいつも大したことないことも(大げさに)言う癖がある。

B　**1.** 막　**2.** 새삼　**3.** 정작　**4.** 비록

訳　**1.** 家から(ちょうど)出かけようとしていたところに電話が来ました。

2. 子供たちを見て、家庭教育の重要性を(改めて)感じました。

3. 練習の時は上手なのに(いざ)試合に出ると実力を発揮できない。

4. その話が(たとえ)事実だとしても私は手伝うことができません。

まとめてみましょう

四字熟語

각양각색 各様各色	色とりどり	감언이설 甘言利説	口車
개과천선 改過遷善	過ちを悔い改めてよくなること	군계일학 群鶏一鶴	一人だけ優れた人が混じっていること
구사일생 九死一生	九死に一生を得ること	금상첨화 錦上添花	良いことに良いことを添えること
다다익선 多多益善	多ければ多いほどいいこと	대기만성 大器晩成	大人物は遅れて頭角を表すこと
동문서답 東問西答	的外れな答え	동병상련 同病相憐	同じ立場の人が互いに同情し合うこと
동분서주 東奔西走	忙しく走り回ること	두문불출 杜門不出	引きこもって外出しないこと
마이동풍 馬耳東風	馬の耳に念仏	맹모삼천 孟母三遷	教育熱心な母親のたとえ
무궁무진 無窮無尽	限りのないこと	무사안일 無事安逸	問題を回避しつつ気楽に過ごすこと
비일비재 非一非再	一度や二度でないこと、数多くあること	설상가상 雪上加霜	弱り目に祟り目、泣き面にハチ
심사숙고 深思熟考	熟慮すること	십중팔구 十中八九	大方、ほとんど
어부지리 漁夫之利	第三者が何の苦労もなく利益を得ること	언중유골 言中有骨	何気ない言葉の中に底意が潜んでいること

역지사지 易地思之	立場を変えて考えること	오리무중 五里霧中	物事の様子が全く分からないこと
오비이락 烏飛梨落	偶然な出来事で人に疑われること	용두사미 竜頭蛇尾	初めは勢いがいいが終わりは振るわないこと
이심전심 以心伝心	言わなくても心が通じること	일석이조 一石二鳥	一つの行為から二つの利益を得ること
일편단심 一片丹心	一途	일확천금 一攫千金	苦労しないで大金を得ること
작심삼일 作心三日	三日坊主	적반하장 賊反荷杖	盗人猛々しい、逆ぎれ
전화위복 転禍為福	災いを転じて福となす	조삼모사 朝三暮四	うまい言葉や方法で人をだますこと
주객전도 主客転倒	物事の順序や立場が逆転すること	주경야독 昼耕夜誦	貧しい生活をしながらも勉学に励むこと
죽마고우 竹馬故友	幼なじみ	천생연분 天生縁分	天が定めた縁
천차만별 千差萬別	様々であること	천편일률 千篇一律	どれも同じで変化がないこと
청출어람 青出於藍	弟子が師匠より優れていること	칠전팔기 七転八起	何度失敗しても立ち上がって努力すること
침소봉대 針小棒大	大げさに誇張して言うこと	타산지석 他山之石	他人のつまらぬ言動でも自分の修養の助けになること
풍전등화 風前灯火	危険が迫っていて非常に危ないこと	함흥차사 咸興差使	お使いに行った人が帰ってこない、または梨のつぶて

Day 51

1 □

치중하다

動 (他より)重んじる

注 -(으)ㄴ 나머지 ～したあげく
소홀히 하다 おろそかにする

수익에만 **치중한** 나머지 이용객의 안전을 소홀히 한 결과이다.
収益だけを重んじたあげく、利用客の安全をおろそかにした結果だ。

2 □

뒷전

名 後回し

関 뒷전으로 미루다 後回しにする
注 정신없다 夢中だ

친구들하고 모이면 공부는 **뒷전**이고 아이돌 얘기하느라 정신없다.
友達と集まれば勉強は後回しで、アイドルの話に夢中だ。

3 □

접근하다

動 接近する、近づく

類 다가가다 近づく
注 위장하다 偽装する、偽る

처음부터 속일 생각으로 신분을 위장한 채 **접근했**다고 한다.
最初からだますつもりで身分を偽ったまま接近したそうだ。

4 □

가동하다

動 稼働する

関 공장을 가동하다 工場を稼働する
注 -(으)ㅁ에 따라 ～するにつれ、～するのに伴い

주문이 급증함에 따라 공장을 24시간 쉬지 않고 **가동하**고 있다.
注文が急増するのに伴い、工場を 24 時間休まず稼働している。

5 □

미지수

名 未知数

注 부도를 막다 不渡りを防ぐ
투입하다 投入する

회사 부도를 막기 위해 막대한 자금을 투입했지만 그 효과는 **미지수**이다.
会社の不渡りを防ぐため莫大な資金を投入したが、その効果は未知数だ。

6 □

반도체

名 半導体

注 거듭하다 重ねる
선점하다 先取する

반도체 사업은 성장에 성장을 거듭한 결과 세계 시장을 선점하고 있다.
半導体事業は成長に成長を重ねた結果、世界市場を先取している。

7 □

열의

名 熱意

類 열정 熱情、情熱
関 열의에 차다 熱意に満ちる
注 임하다 臨む

주임 선생님은 행동에 문제가 있는 아이의 지도에 **열의**를 갖고 임하신다.
主任の先生は行動に問題がある子の指導に熱意を持って臨まれる。

8 □ 흥미

名 興味

関 흥미롭다 興味深い
흥미진진 興味津々
注 막판 土壇場、最後

막판에 역전을 당해 승패를 짐작하기 어려워져서 **흥미**진진했다.
土壇場で逆転されて勝敗を予想するのが難しくなり興味津々だった。

9 □ 용어

名 用語

関 전문 용어 専門用語
注 보충 설명 補足説明

의학에 관련된 전문 **용어**에 대해서는 따로 보충 설명을 하겠습니다.
医学に関連した専門用語については別途補足説明を致します。

10 □ 익히다

動 習う、煮る

関 몸에 익히다 身に付ける
익혀서 먹다 煮て食べる

그 옛날 조선에는 검술에 뛰어난 이가 없어서 외국에 나가 **익혔**다고 한다.
その昔朝鮮には剣術に優れた者がいなくて外国に出て習ったそうだ。

11 □ 정답

名 正解

関 정답을 맞히다 正解を当てる
注 -(으)ㄹ수록 ～するほど

이 퀴즈 대회에서는 **정답**을 빨리 맞힐수록 점수를 많이 받을 수 있다.
このクイズ大会では正解をはやく当てるほど点数をたくさんもらえる。

12 □ 획득하다

動 獲得する

注 후기 後記、レビュー
선정되다 選定される、選ばれる

이용객의 후기를 분석해 최우수 호텔로 선정되면 별 5개를 **획득한**다.
利用客のレビューを分析して最優秀ホテルに選ばれたら星5つを獲得する。

13 □ 잘리다

動 切られる、切れる、首になる

類 해고되다 解雇される
注 전기톱 電気のこぎり
몸통 胴体

전기톱을 사용하니까 통나무의 몸통이 쉽게 **잘렸**다.
電気のこぎりを使用したら丸太の胴体が簡単に切れた。

14 □ 천연

名 天然

関 천연기념물 天然記念物
注 아토피 アトピー

아토피 피부의 아이를 위해 **천연** 소재를 이용해 만든 옷을 입힌다.
アトピー肌の子供のため天然素材を利用して作った服を着せている。

チェック ✓

□ 稼働する □ 用語 □ 未知数 □ 天然 □ 重んじる □ 正解 □ 熱意
□ 興味 □ 切れる □ 半導体 □ 習う □ 接近する □ 獲得する □ 後回し

15 □

근거

名 根拠

関 근거 없는 소문 根も葉もないうわさ
注 퍼지다 広まる

약물을 복용해서 자살을 시도했다는 **근거** 없는 소문이 퍼졌다.
薬物を服用して自殺を試みたという根も葉もないうわさが広まった。

16 □

드러내다

動 現す、さらけ出す

反 숨기다 隠す
注 가치관 価値観

SNS를 통해 자신의 정치적 입장을 표현함과 동시에 가치관도 **드러냈**다.
SNS を通して自分の政治的立場を表現するのと同時に価値観もさらけ出した。

17 □

유리

名 ガラス

関 유리창 ガラス窓
투명하다 透明だ
注 보관함 保管箱

유리 구두 모양을 한 투명한 액세서리 보관함에 반지가 들어 있었다.
ガラスの靴の形をした透明なアクセサリーの保管箱に指輪が入っていた。

18 □

튀다

動 跳ねる、飛び散る

関 흙탕물이 튀다 泥水が飛ぶ
注 엉망이 되다 めちゃくちゃになる、台無しになる

버스가 지나갈 때 흙탕물이 **튀**어서 옷이 엉망이 되었다.
バスが通った時に泥水が飛び、服が台無しになった。

19 □

선반

名 棚

関 선반을 달다 棚を付ける
수납공간 収納空間

수납공간이 부족하여 거실 벽과 화장실 벽에 **선반**을 달았다.
収納空間が足りなくて居間の壁とトイレの壁に棚を付けた。

20 □

파편

名 破片

関 유리 파편 ガラスの破片
注 발을 베다 足を切る
응급 처치 応急措置

바닥에 떨어져 있던 유리 **파편**에 발을 베어 응급 처치를 했다.
床に落ちていたガラスの破片で足を切って応急措置をした。

21 □

깨어지다

動 割れる、破れる、破られる

関 깨다 割る
꿈이 깨어지다 夢が破れる
기록이 깨어지다 記録が破られる

자동차의 전면에는 **깨어져**도 파편이 튀지 않는 안전한 유리가 사용된다.
自動車の前面には割れても破片が飛ばない安全なガラスが使われる。

22 ☐ **산산조각**

名 こなごな、ばらばら

関 산산조각이 나다 こなごなに割れる
注 도자기 陶磁器

선물로 받은 비싼 도자기가 선반에서 떨어져서 **산산조각**이 났다.
プレゼントでもらった高い陶磁器が棚から落ちてこなごなに割れた。

23 ☐ **금**

名 金、ひび

関 금박 金箔
금이 가다 ひびが入る
注 물이 새다 水が漏れる

컵에서 물이 새는 것을 보고 **금**이 간 것을 알았다.
カップから水が漏れているのを見て、ひびが入っていることに気が付いた。

24 ☐ **용액**

名 溶液

注 성분 成分
흔들다 振る
폭발이 일어나다 爆発が起きる

이 **용액**에 성분이 다른 물질을 넣고 흔들면 폭발이 일어납니다.
この溶液に成分が異なる物質を入れて振れば爆発が起きます。

25 ☐ **마르다**

動 乾く

反 젖다 ぬれる
注 아직 덜 まだ~しきっていない

방 문에 칠한 페인트가 아직 덜 **말랐**으니까 만지지 마세요.
部屋のドアに塗ったペンキがまだ乾ききっていないので触らないでください。

26 ☐ **학계**

名 学界

注 유전자 조작 遺伝子操作
파문을 일으키다 波紋を投じる

유전자 조작에 관한 논문은 **학계**에 커다란 파문을 일으켰다.
遺伝子操作に関する論文は学界に大きな波紋を投じた。

27 ☐ **입히다**

動 負わせる、着せる

関 치명상을 입히다 致命傷を負わせる
옷을 입히다 服を着せる
注 총을 쏘다 銃を撃つ

도주하는 용의자에게 불필요하게 총을 쏘아 치명상을 **입혔**다.
逃走する容疑者に不必要に銃を撃って致命傷を負わせた。

28 ☐ **겹치다**

動 重ねる、重なる

関 불운이 겹치다 不運が重なる
注 말다 巻く

이렇게 신문지를 여러 장 **겹쳐**서 말면 튼튼한 야구 배트가 된다.
このように新聞紙を何枚か重ねて巻けば丈夫な野球のバットになる。

チェック ✓
☐ 棚 ☐ 負わせる ☐ ガラス ☐ 溶液 ☐ 割れる ☐ 重ねる ☐ 根拠
☐ こなごな ☐ 飛び散る ☐ 乾く ☐ さらけ出す ☐ 学界 ☐ 破片 ☐ ひび

Day 52

1 □	**기호** 名 記号	関 원소 기호 元素記号 注 증명 証明
	수학에서 쓰이는 **기호**의 의미를 알지 못한다면 증명을 이해하기 어렵다. 数学で使われる記号の意味が分からないと証明を理解するのは難しい。	
2 □	**무한대** 名 無限大	注 양질 良質 주어지다 与えられる
	양질의 교육 환경이 주어진다면 청소년들의 가능성은 **무한대**로 늘어난다. 良質の教育環境が与えられたら青少年の可能性は無限大に広がる。	
3 □	**한동안** 名 しばらくの間	注 도둑고양이 野良猫 보살피다 世話する、面倒を見る
	도둑고양이를 집으로 데리고 와 **한동안** 보살펴 주었다. 野良猫を家に連れてきてしばらくの間面倒を見てあげた。	
4 □	**정의** 名 正義	反 불의 不義 関 정의감 正義感　정의롭다 正義感が強い 注 신념을 굽히다 信念を曲げる
	드라마 주인공은 대개 **정의**감에 불타며 신념을 굽히거나 하지 않는다. ドラマの主人公は大概正義感に燃えていて、信念を曲げたりしない。	
5 □	**이론** 名 理論	関 이론적으로 理論的に 注 모순 矛盾 -투성이 ～だらけ
	그가 주장하는 **이론**은 모순 투성이여서 학계에서 인정받을 수 없었다. 彼が主張する理論は矛盾だらけだったので学界で認められなかった。	
6 □	**하루살이** 名 カゲロウ	注 수명이 짧다 寿命が短い 내외 前後
	하루살이의 수명은 짧아서 일주일 내외를 살다가 죽는다고 한다. カゲロウの寿命は短くて、1週間前後生きて死ぬそうだ。	
7 □	**붙다** 動 付く	関 불이 붙다 火が付く 注 맹활약 大活躍 괴물 怪物
	입단하자마자 맹활약을 하는 그에게 괴물이라는 별명이 **붙**었다. 入団するや否や大活躍をする彼に怪物というあだ名が付いた。	

8 □

성충

名 成虫

反 유충, 애벌레 幼虫
関 부화하다 ふ化する
注 귀뚜라미 コオロギ

부화한 지 50일이 지난 귀뚜라미 **성충**은 식용으로 사용할 수 있다.
ふ化してから 50 日が経ったコオロギの成虫は食用として使える。

9 □

퇴화하다

動 退化する

反 진화하다 進化する
注 반딧불이 ホタル
반짝거리다 きらきら光る

반딧불이 암컷은 날개가 **퇴화하**여 날지 못해 풀잎에 붙어서 반짝거린다.
ホタルの雌は羽が退化して飛べないので草の葉に付いてきらきら光っている。

10 □

까닭

名 訳、理由

関 까닭 없이 訳もなく
注 이야기를 나누다 話を交わす

나는 이런 **까닭**으로 개인적인 이야기를 동료들과 나누지 않는다.
私はこのような訳で個人的な話を同僚たちと交わさない。

11 □

솔직하다

形 率直だ

類 정직하다 正直だ
注 해가 되다 害になる

자신의 감정을 **솔직하**게 표현하는 것이 때로는 해가 되기도 한다.
自分の感情を率直に表現するのは時には害になったりする。

12 □

물리적

名 物理的

関 물리적 자극 物理的刺激
注 반응하다 反応する

외부의 **물리적** 자극에 반응해서 나오는 눈물은 눈을 보호해 준다.
外部の物理的刺激に反応して出てくる涙は目を保護してくれる。

13 □

저항하다

動 抵抗する

関 반항심 反抗心
注 기존의 제도 既存の制度

청소년은 기존의 제도에 **저항하**거나 어른에게 반항심을 보이거나 한다.
青少年は既存の制度に抵抗したり大人に反抗心を見せたりする。

14 □

항균

名 抗菌

注 살균 작용 殺菌作用
즙을 바르다 汁を塗る

알로에는 살균 작용과 **항균** 작용을 하므로 즙을 상처에 바르면 좋다.
アロエは殺菌作用と抗菌作用をするので汁を傷口に塗るといい。

チェック ✓
□ しばらくの間 □ 訳 □ カゲロウ □ 率直だ □ 抗菌 □ 付く □ 成虫
□ 記号 □ 退化する □ 正義 □ 抵抗する □ 理論 □ 物理的 □ 無限大

15 □ 쌓이다

[動] たまる、積もる

[関] 눈이 쌓이다 雪が積もる
[注] 배출하다 排出する

양파와 브로콜리는 체내에 **쌓인** 나트륨을 배출하는 데 도움이 된다.
玉ネギとブロッコリーは体内にたまったナトリウムを排出するのに役立つ。

16 □ 태양

[名] 太陽

[関] 태양계 太陽系
행성 惑星
[注] 타원 楕円

태양계에는 **태양**을 중심으로 타원 운동하는 여덟 개의 행성이 있다.
太陽系には太陽を中心に楕円運動する八つの惑星がある。

17 □ 경도

[名] 経度

[関] 위도 緯度
[注] 표준시 標準時

19세기 후반부터 지구의 **경도**를 기준으로 하는 표준시가 사용되었다.
19 世紀後半から地球の経度を基準とする標準時が使用された。

18 □ 유용하다

[形] 有用だ、役立つ

[類] 도움이 되다 役に立つ
[注] 초소형 超小型
현장 現場

의료용으로 만들어진 초소형 카메라는 현장에서 **유용하**게 쓰인다.
医療用として作られた超小型カメラは現場で役立っている。

19 □ 신체

[名] 身体

[関] 신체검사 身体検査
[注] 판정이 내려지다 判定が下される

해군에 지원한 그는 **신체**검사에서 불합격 판정이 내려졌다.
海軍に志願した彼は身体検査で不合格の判定が下された。

20 □ 몰래

[副] こっそり

[関] 동의 없이 同意なく
[注] 명백하다 明白だ

상대방의 동의 없이 신체의 일부를 **몰래** 촬영하는 것은 명백한 범죄이다.
相手の同意なく身体の一部をこっそり撮影するのは明白な犯罪だ。

21 □ 원천적

[名] 根本的、根源的

[注] 악용을 막다 悪用を防ぐ
개통 開通、(電話の)契約
절차가 까다롭다 手続きが厳しい

범죄에의 악용을 **원천적**으로 막기 위해 휴대폰 개통 절차가 까다로워진다.
犯罪への悪用を根本的に防ぐため、携帯の契約手続きが厳しくなる。

22 □

신상

名 身の上、身元

関 신상 정보 身の上情報、身元情報
注 유죄 판결 有罪判決

성범죄로 유죄 판결이 나면 일정 기간 동안 **신상** 정보가 공개된다.
性犯罪で有罪判決が出れば一定期間、身元情報が公開される。

23 □

규제

名 規制

関 법적 규제 法的規制
注 조작하다 操作する

유전자를 조작해 아기를 태어나게 하는 것에 대한 법적 **규제**를 검토 중이다.
遺伝子を操作して赤ちゃんを生まれさせることに対する法的規制を検討中だ。

24 □

집다

動 つまむ

関 집어 먹다 つまんで食べる
핵심을 집어내다 核心をつまみ出す

주식 투자로 성공하는 방법에 대해 핵심만 **집**어내서 설명해 주었다.
株の投資で成功する方法について核心だけつまみ出して説明してくれた。

25 □

요약

名 要約

関 요약되다 要約される、まとめられる
注 간추리다 取りまとめる

중요한 정보만을 간추린 **요약**형 정보를 찾는 사람이 늘고 있다.
重要な情報だけを取りまとめた要約型情報を求める人が増えている。

26 □

정돈하다

動 整頓する

類 정리하다 整理する
注 아무렇게나 無造作に

아이들이 현관에 아무렇게나 벗어 던진 신발부터 **정돈했**다.
子供たちが玄関に無造作に脱ぎ捨てた靴から整頓した。

27 □

취하다

動 取る、酔う

関 연락을 취하다 連絡を取る
술에 취하다 酒に酔う
注 아역 子役

카메라 앞에 선 아역 배우에게 하트 포즈를 **취해** 달라고 부탁했다.
カメラの前に立った子役俳優にハートのポーズを取るように頼んだ。

28 □

사물

名 事物、物事

関 사물을 객관적으로 보다 物事を客観的に見る
注 시각 視角、観点　비로소 初めて

사물을 다른 시각에서 바라보게 되었을 때 비로소 예술이 창작된다.
事物を違う観点から眺めるようになった時、初めて芸術が創作される。

チェック ✓
□ 太陽 □ 身元 □ 役立つ □ 事物 □ 根本的 □ 要約 □ たまる □ つまむ
□ 経度 □ 取る □ こっそり □ 規制 □ 身体 □ 整頓する

Day 53

1 □

관찰하다

動 観察する

関 분석하다 分析する
　 묘사하다 描写する

다양한 관점에서 사물을 **관찰하**고 분석하면 정확한 묘사가 가능하다.
多様な観点から事物を観察して分析すれば正確な描写が可能だ。

2 □

무뎌지다

動 鈍る

反 예민해지다 とがる、敏感になる
関 무디다 鈍い

괴롭고 슬픈 감정도 시간이 지나면 자연스럽게 **무뎌지**게 된다.
辛くて悲しい感情も時間が経てば自然に鈍るようになる。

3 □

저하

名 低下

注 인지 능력 認知能力
　 늦추다 遅らせる

일주일에 5회 이상의 규칙적인 운동이 인지 능력 **저하**를 늦춰 준다.
1週間に5回以上の規則的な運動が認知能力の低下を遅らせてくれる。

4 □

사고력

名 思考力

注 정보를 얻다 情報を得る
　 초래하다 もたらす、招く

인터넷을 통해 손쉽게 정보를 얻는 것은 **사고력** 저하를 초래한다.
ネットを通して簡単に情報を得ることは思考力の低下をもたらす。

5 □

출간

名 出版、刊行

類 출판 出版
関 출간되다 出版される
注 앞두다 控える、目前に迫る

유명 작가의 신작 **출간**을 앞두고 서점에서 이벤트가 기획될 예정입니다.
有名作家の新作の出版を控えて書店でイベントが企画される予定です。

6 □

염두

名 念頭

関 염두에 두다 念頭に置く
注 정서에 안 맞다 情緒に合わない

해외 진출을 **염두**에 두고 제작한 앨범이라 그런지 한국 정서에 안 맞는다.
海外進出を念頭に置いて制作したアルバムだからか韓国情緒に合わない。

7 □

고유하다

形 固有だ

注 하나둘씩 ちらほら、少しずつ
　 사라지다 消える

각 지역이 가진 **고유한** 특성들이 하나둘씩 사라질지도 모릅니다.
各地域が持つ固有の特性が少しずつ消えるかもしれません。

8 □

응용하다

動 応用する

注 음성 인식 音声認識
전력을 기울이다 全力を傾ける

음성 인식 기술을 **응용한** 제품의 상품화에 전력을 기울이고 있다.
音声認識技術を応用した製品の商品化に全力を傾けている。

9 □

제약

名 制約

関 벗어나다 逃れる、脱する
注 창조하다 創造する

기존의 시공간 **제약**에서 벗어난 새로운 형태의 일자리를 창조했다.
既存の時空間の制約から逃れた新しい形態の働き口を創造した。

10 □

식감

名 食感

関 쫄깃하다 もちもちしている
注 매콤하다 やや辛い

매콤한 닭고기 볶음에 쫄깃한 **식감**의 면을 넣어서 먹으면 맛있어요.
やや辛い鶏肉炒めにもちもちした食感の麺を入れて食べるとおいしいです。

11 □

거대하다

形 巨大だ

注 몸집 体格、体つき
여리다 弱い、もろい

몸집은 코끼리같이 **거대하**지만 마음은 여려서 상처 받기 쉬워요.
体格は象のように巨大だが、心は弱くて傷つきやすいです。

12 □

온통

副 すべて、全部

注 내려다보다 見下ろす
덮이다 覆われる

위에서 내려다보니 마을 전체가 **온통** 파란 지붕으로 덮여 있었다.
上から見下ろしたら村全体がすべて青い屋根に覆われていた。

13 □

상점

名 商店、店

注 취급하다 取り扱う
가득 차다 満ちる、埋まる

관광 단지가 조성되자마자 거리는 기념품을 취급하는 **상점**으로 가득 찼다.
観光団地が造成されると街は記念品を取り扱う商店でいっぱいになった。

14 □

보행자

名 歩行者

関 인도 人道、歩道
注 통행 금지 通行禁止

약 7시간 동안 차량 통행을 금지하여 **보행자**만을 위한 공간을 만들었다.
約７時間の間、車両の通行を禁止して歩行者だけのための空間を作った。

チェック ✓
□ 念頭 □ 巨大だ □ 固有だ □ 応用する □ 低下 □ 食感 □ 出版
□ 歩行者 □ 観察する □ すべて □ 思考力 □ 制約 □ 鈍る □ 商店

15 □

청결하다

形 清潔だ

反 지저분하다 汚い
注 투명하다 透明だ
주방 厨房

투명한 유리를 통해 주방 내부를 볼 수 있게 해 **청결함**을 어필했다.
透明なガラスを通して厨房の内部が見られるようにし、清潔さをアピールした。

16 □

볼거리

名 見物、見所

注 지금껏 今まで
전투 장면 戦闘場面、戦闘シーン

지금껏 본 적이 없는 전투 장면으로 화려한 **볼거리**를 제공해 줄 것이다.
今まで見たことのない戦闘シーンで派手な見所を提供してくれるだろう。

17 □

가렵다

形 かゆい

類 간지럽다 かゆい、くすぐったい
注 효자손 孫の手
손이 닿다 手が届く

효자손은 손이 닿지 않는 곳이 **가려울** 때 쓰는 물건이에요.
孫の手は手が届かない所がかゆい時に使う物です。

18 □

가로등

名 街路灯、街灯

関 가로등 불빛 街灯の明かり
注 골목길 路地、小道
위험성 危険性

이 골목길에는 **가로등**이 없어서 밤에는 사고의 위험성이 높다.
この路地には街灯がなくて夜は事故の危険性が高い。

19 □

쾌적하다

形 快適だ

類 상쾌하다 そう快だ
注 전면적으로 全面的に

쾌적한 근무 환경을 위해 건물 내에서의 흡연이 전면적으로 금지되었다.
快適な勤務環境のため、建物内での喫煙が全面的に禁止された。

20 □

파수꾼

名 見張り、番人

関 안전을 지키다 安全を守る
注 톡톡히 しっかり

CCTV가 지역 안전을 지키는 **파수꾼** 역할을 톡톡히 하고 있다.
防犯カメラが地域の安全を守る見張り役をしっかりしている。

21 □

채우다

動 満たす

関 차다 満ちる
가득 채우다 いっぱいにする

냉장고는 60% 이하로, 냉동고는 가득 **채우**는 것이 에너지 절약이 된다.
冷蔵庫は60%以下に、冷凍庫はいっぱいにするのがエネルギーの節約になる。

22 □
눈살
名 みけんのしわ、まゆ

関 눈살을 찌푸리다 まゆをひそめる
注 간접 광고 間接広告

간접 광고로 채워진 드라마는 시청자들의 **눈살**을 찌푸리게 한다.
間接広告で満たされたドラマは視聴者のまゆをひそめさせる。

23 □
욕망
名 欲望

注 출세 出世
상류층 上流階層
-에서 비롯되다 ～から始まる

출세를 꿈꾸는 것은 상류층으로 올라가고 싶다는 **욕망**에서 비롯된다.
出世を夢見るのは上流階層へ上がりたいという欲望から始まる。

24 □
장독
名 (陶製の)かめ

注 콩 豆、大豆
발효시키다 発酵させる

이 된장은 100% 국산 콩을 사용하여 **장독**에서 오래 발효시킨 것이다.
この味噌は100%国産大豆を使用し、かめで長く発酵させた物だ。

25 □
곁들이다
動 添える

関 해설을 곁들이다 解説を添える
注 유행하다 流行する、はやる

맥주나 소주에 레몬을 **곁들여**서 마시는 게 유행하고 있대요.
ビールや焼酎にレモンを添えて飲むのがはやっているそうです。

26 □
정
名 情

関 정이 들다 情が移る
정이 떨어지다 愛想が尽きる
注 사람 냄새가 나다 人間味がある

백화점도 좋지만 **정**이 있고 사람 냄새가 나는 재래 시장을 더 좋아한다.
百貨店もいいけれど情があって人間味がある在来市場がもっと好きだ。

27 □
각박하다
形 厳しい、薄情だ

関 각박한 세상 厳しい世の中
注 소통하다 コミュニケーションする、交流する

현대인들은 이웃 사람들과 소통하는 일 없이 **각박하**게 살고 있다.
現代人は隣人と交流することなく薄情に生きている。

28 □
돋보이다
動 目立つ、引き立つ

注 조연 助演、脇役
수준이 높다 水準(レベル)が高い
주인공 主人公、主役

조연들의 수준 높은 연기력이 주인공을 더욱 **돋보이**게 했다.
脇役たちのレベルの高い演技力が主役をもっと引き立たせた。

チェック ✔
□ 見所 □ かめ □ 見張り □ 快適だ □ 清潔だ □ 情 □ 満たす
□ 引き立つ □ かゆい □ 欲望 □ まゆ □ 薄情だ □ 街灯 □ 添える

Day 54

1 □

문답

名 問答

注 흥미롭다 興味深い
구성되다 構成される

이 책은 독자들이 흥미롭게 읽을 수 있게 **문답**의 형식으로 구성되었다.
この本は読者が興味深く読めるように問答の形式で構成された。

2 □

최초

名 最初

反 최후 最後
注 동전 コイン
제작되다 製作される

한국 **최초**의 동전은 1959년에 미국에서 제작되었다고 한다.
韓国最初のコインは 1959 年にアメリカで製作されたそうだ。

3 □

이득

名 利得、利益

関 이득을 취하다 利益を得る
注 위장하다 偽装する

교통사고로 위장해 부당한 **이득**을 취해 온 사람이 검거되었다.
交通事故に偽装して不当な利益を得てきた人が検挙された。

4 □

성하다

形 痛んでいない、無傷だ

類 온전하다 無傷だ、完全だ
注 침수 피해 浸水被害

수해로 침수 피해를 입은 시장 안에서 **성한** 물건은 찾아볼 수 없었다.
水害で浸水被害を被った市場の中で無傷な物は見当たらなかった。

5 □

주화

名 硬貨、コイン

類 동전 コイン
注 새겨지다 刻まれる
유통되다 流通される

백원 **주화**에는 이순신 장군이 새겨져 있으며 가장 많이 유통된다.
百ウォン硬貨には李舜臣将軍が刻まれていて、一番多く流通されている。

6 □

발행하다

動 発行する

注 창립을 기념하다 創立を記念する
맞이하다 迎える

한국은행은 창립 70주년을 맞이한 것을 기념하여 주화 세트를 **발행했**다.
韓国銀行は創立 70 周年を迎えたのを記念して硬貨セットを発行した。

7 □

테두리

名 縁、枠

注 장식되다 飾られる
보기 드물다 まれだ

그 거울은 **테두리**가 금색으로 장식되어 있는 보기 드문 디자인이에요.
その鏡は縁が金色で飾られているまれなデザインです。

8 □

톱니바퀴

名 歯車

関 톱니 のこぎりの歯
注 맞물리다 かみ合う、絡み合う

톱니바퀴가 제대로 맞물려서 돌아가는 한 시계는 멈추지 않아요.
歯車がきちんとかみ合って回っている限り、時計は止まりません。

9 □

정답다

形 むつまじい、親密だ

関 친하다 親しい
注 사이가 틀어지다 仲がこじれる

사이가 틀어지기는커녕 **정답**게 이야기를 나누고 있었어요.
仲がこじれるどころか、むつまじく話を交わしていました。

10 □

육안

名 肉眼

関 육안으로 肉眼で
注 정교하다 精巧だ
위조지폐 偽造紙幣

정교하게 만들어진 위조지폐는 **육안**으로 쉽게 구별할 수 없다.
精巧に作られた偽造紙幣は肉眼で簡単に区別できない。

11 □

당일

名 当日

関 당일치기 여행 日帰り旅行
注 2차 면접 2次面接

면접을 본 **당일** 오후에 바로 2차 면접에 관한 연락을 받았다.
面接を受けた当日の午後にすぐ2次面接に関する連絡を受けた。

12 □

정식

名 正式

関 정식으로 正式に
注 당첨되다 当選する、当たる

정식으로 오픈하기 전에 열리는 이벤트에 운 좋게 당첨되었다.
正式にオープンする前に開かれるイベントに運よく当たった。

13 □

북적이다

動 にぎわう、ごった返す

注 열대야 熱帯夜
피서 避暑、暑さしのぎ

열대야가 계속되면서 한강 주변에는 피서를 나온 사람들로 **북적였**다.
熱帯夜が続き、漢江の周りは避暑に出てきた人でにぎわった。

14 □

결제

名 決済

関 결제 대금 決済代金
현금 現金
注 쌓이다 たまる、貯まる

카드로 **결제**를 하면 포인트가 쌓이지 않는다고 해서 현금으로 냈다.
カードで決済すればポイントが貯まらないというので現金で払った。

チェック ✓

□ 利益 □ むつまじい □ 最初 □ 決済 □ 発行する □ 正式 □ 無傷だ
□ にぎわう □ 問答 □ 歯車 □ 硬貨 □ 肉眼 □ 縁 □ 当日

15 □

낯설다

形 見慣れない

反 익숙하다 慣れている
注 지어지다 付けられる
　 한나절 半日

외래어로 지어진 **낯선** 요리 이름을 외우는 것으로 한나절이 지났다.
外来語で付けられた見慣れない料理の名前を覚えることで半日が過ぎた。

16 □

원고

名 原稿

関 원고료 原稿料
　 원고지 原稿用紙
注 내외 内外、前後

이 책의 감상문을 **원고**지에 400자 내외로 써서 제출하세요.
この本の感想文を原稿用紙に400字前後で書いて提出してください。

17 □

개업

名 開業、開店

関 개업식 開店式、開店を祝う行事
注 맞추다 合わせる
　 돌리다 配る

가게 **개업**식 날에 맞춰 떡을 주문해서 근처 가게에 돌렸다.
店の開店式の日に合わせて餅を注文し、近くの店に配った。

18 □

어리석다

形 愚かだ

反 영리하다 賢い
注 -이/가 아닐 수 없다 ～である(強調)

바로 사표를 내고 오다니 참으로 **어리석**은 행동이 아닐 수 없다.
すぐ辞表を出してくるとは、誠に愚かな行動だ。

19 □

시키다

動 させる、注文する

関 음식을 시키다 食べ物を注文する
注 -는 대로 ～する通りに

낯선 환경에 긴장한 채로 본사 직원이 **시키**는 대로 일을 했다.
慣れない環境に緊張したまま、本社の職員が指示する通りに仕事をした。

20 □

마감

名 締め切り

関 마감하다 締め切る
注 발 디딜 틈이 없다 足の踏み場がない

원서 **마감** 시간이 되자 창구는 발 디딜 틈이 없을 정도로 혼잡했다.
願書の締め切り時間になると窓口は足の踏み場がないほど混雑した。

21 □

쫓기다

動 追われる

関 쫓다 追う
　 시간에 쫓기다 時間に追われる

시간에 **쫓겨**서 일을 처리하느라고 다른 것에 신경을 못 썼다.
時間に追われて仕事を処理していたため、他のことに気を配れなかった。

22 □ **상당히**

副 相当、非常に

類 몹시, 꽤 非常に、かなり
注 전염력 伝染力、感染力
치사율 致死率

전염력은 강하지만 치사율은 **상당히** 낮은 것으로 나타났다.
感染力は強いが、致死率は相当低いことが分かった。

23 □ **임박하다**

動 差し迫る、間近になる

類 닥치다 差し迫る
注 -아/어서야 ～してやっと
발휘하다 発揮する

원고 마감 날이 **임박해**서야 집중력을 발휘하여 써 내려갔다.
原稿の締め切り日が間近になってやっと集中力を発揮して書き進めた。

24 □ **매다**

動 締める、結ぶ

関 안전벨트를 매다 シートベルトを締める
신발 끈을 매다 靴ひもを結ぶ
注 사망률 死亡率

안전벨트를 **매**지 않았을 경우 교통사고 사망률은 5배 가까이 높아진다.
シートベルトを締めなかった場合、交通事故の死亡率は5倍近く高くなる。

25 □ **원동력**

名 原動力

注 말 한마디 一言
힘을 내다 頑張る、元気を出す

그의 말 한마디가 꿈을 포기하지 않고 힘을 낼 수 있는 **원동력**이 되었다.
彼の一言が夢を諦めず頑張れる原動力になった。

26 □ **시야**

名 視野

関 시야를 넓히다 視野を広げる
注 우물 안 개구리 井の中の蛙

우물 안 개구리가 되지 않으려면 여러 곳을 다니며 **시야**를 넓혀야 한다.
井の中の蛙にならないためにはいろいろな所に行って視野を広げるべきだ。

27 □ **좁히다**

動 狭める、縮める

反 넓히다 広める
関 간격을 좁히다 間隔を狭める

생각보다 많은 기자들이 오는 바람에 의자 간격을 **좁혀**서 앉았다.
思ったよりたくさんの記者が来たため、いすの間隔を狭めて座った。

28 □ **성급히**

副 急いで、せっかちに

注 곤란해지다 困難になる、困る
말을 돌리다 話題を変える

그 사람이 들으면 곤란해지는지 과장님은 **성급히** 말을 돌렸다.
その人に聞かれたら困るのか課長は急いで話題を変えた。

チェック ✓
□ 見慣れない □ 視野 □ 締め切り □ 締める □ 開店 □ 狭める □ 原稿
□ 急いで □ させる □ 相当 □ 追われる □ 間近になる □ 原動力 □ 愚かだ

Day 55

1 □

무턱대고

副 むやみに、無鉄砲に

類 무작정 むやみに
注 아무리 -더라도 いくら〜ても

아무리 친하더라도 **무턱대고** 돈을 빌려주어서는 안 된다.
いくら親しくてもむやみにお金を貸してはいけない。

2 □

전적으로

副 全面的に、完全に

関 완전히 完全に
注 매달리다 かかり切りになる、徹する

프로젝트를 맡고 나서부터는 **전적으로** 그 일에만 매달려 왔다.
プロジェクトを担当してからは完全にその仕事だけかかり切りにやってきた。

3 □

상이하다

形 相違する、異なる

類 다르다 異なる
注 견해를 내놓다 見解を示す

장마의 장기화 현상에 대해 두 전문가는 **상이한** 견해를 내놓았다.
梅雨の長期化現象について二人の専門家は異なる見解を示した。

4 □

거론하다

動 取り上げる

注 -을/를 바탕으로 〜を基に
환율 조작 為替操作

보고서를 바탕으로 특정 나라의 환율 조작의 가능성에 대해서 **거론했**다.
報告書を基に特定国の為替操作の可能性について取り上げた。

5 □

접착

名 接着

関 접착제 接着剤
접착력 接着力
注 수거하다 収集する

우주에서 쓰레기를 수거하기 위해서는 **접착**력이 있는 도구가 필요하다.
宇宙でごみを収集するためには接着力のある道具が必要だ。

6 □

진공

名 真空

関 진공 포장 真空パック
注 우주복 宇宙服
역할 役割

우주복의 역할은 **진공** 상태에서 인체를 보호하고 산소를 공급하는 것이다.
宇宙服の役割は真空状態で人体を保護し、酸素を供給することだ。

7 □

해당하다

動 該当する

注 기밀 機密
사안 事案
열람하다 閲覧する

국가 기밀에 **해당하**는 사안이라서 관련 서류는 열람이 불가능하다.
国家機密に該当する事案なので関連書類は閲覧が不可能だ。

8 □

뱀

名 蛇

関 도마뱀 トカゲ
注 인조가죽 人工皮革、合皮

뱀 가죽을 사용한 가방 생산을 중단하고 인조가죽을 사용할 것을 요청했다.
蛇の皮を使用したかばんの生産を中断し、合皮を使用することを要請した。

9 □

털

名 毛

注 미세하다 微細だ
달라붙다 くっつく

도마뱀은 발바닥마다 수천 개의 미세한 **털**이 있어 벽에 달라붙을 수 있다.
トカゲは足の裏それぞれに数千本の微細な毛があって壁にくっつくことができる。

10 □

접촉하다

動 接触する

関 접촉 사고 接触事故
注 흠집이 나다 傷がつく

주차하다가 가볍게 **접촉했**을 뿐인데 차 뒷부분에 흠집이 났다.
駐車していて軽く接触しただけなのに車の後ろの部分に傷がついた。

11 □

자칫하면

副 ともすれば、間違えば

関 자칫 잘못하면 ちょっと間違えば
注 안일하다 安逸だ
안전사고 (不注意による)事故

공사 현장에서의 안일한 자세는 **자칫하면** 안전사고로 이어질 수 있다.
工事現場での安逸な姿勢はともすれば事故につながりかねない。

12 □

엉뚱하다

形 突飛だ

関 엉뚱한 대답 突飛な答え
엉뚱한 곳 あらぬ所

내가 친 공이 **엉뚱한** 곳으로 날아가서 하천에 빠져 버렸다.
私が打ったボールがあらぬ所に飛んで行って川に落ちてしまった。

13 □

밀다

動 押す

反 당기다 引く
注 만원 満員
흔히 多く、よく

출근 시간대에는 만원 전철을 타기 위해 **미**는 광경을 흔히 볼 수 있다.
出勤時間帯には満員電車に乗るために押す光景がよく見られる。

14 □

점성

名 粘性

関 점성이 강하다 粘性が強い
注 라벨을 붙이다 ラベルを貼る

여름철에는 **점성**이 강한 접착제를 사용해 병에 라벨을 붙인다.
夏場は粘性が強い接着剤を使用して瓶にラベルを貼っている。

チェック ✓
□ 完全に □ 蛇 □ 取り上げる □ 押す □ むやみに □ ともすれば □ 毛
□ 粘性 □ 該当する □ 接触する □ 異なる □ 突飛だ □ 接着 □ 真空

15 □

유사하다

[形] 類似する

[注] 기출문제 既出問題、過去問
　　출제되다 出題される

올해 외국어 능력 시험은 기출문제와 **유사한** 문제가 많이 출제되었다.

今年の外国語能力試験は過去問と類似した問題がたくさん出題された。

16 □

전담하다

[動] 専門に担当する

[反] 분담하다 分担する
[注] 시급하다 急を要する、急がれる

사내에 해당 기술을 **전담하**는 연구 부서의 설치가 시급하다고 전했다.

社内に該当技術を専門に担当する研究部署の設置が急がれると伝えた。

17 □

공통점

[名] 共通点

[注] 종목 種目
　　선의의 경쟁 善意で競争すること

경기 종목은 다양하지만 선의의 경쟁을 한다는 점에서 **공통점**을 갖고 있다.

競技の種目は様々だが、善意で競争をするという点で共通点を持っている。

18 □

유리하다

[形] 有利だ

[反] 불리하다 不利だ
[注] 강수량 降水量
　　벼농사 稲作

여름철에 강수량이 많으며 고온 다습한 기후가 벼농사에 **유리하**다.

夏場に降水量が多くて高温多湿な気候が稲作に有利だ。

19 □

독려하다

[動] 督励する、励ます

[類] 격려하다 激励する、励ます
[注] 예산 予算
　　대폭 大幅に

4차 산업 분야의 연구를 **독려할** 목적으로 연구비 예산을 대폭 확대했다.

4次産業分野の研究を励ます目的で研究費の予算を大幅に拡大した。

20 □

야기하다

[動] 引き起こす

[注] 차등을 두다 差を設ける、差をつける
　　염두에 두다 念頭に置く

차등을 두고 적용되는 세금이 **야기할** 혼란도 염두에 두어야 한다.

差をつけて適用される税金が引き起こす混乱も念頭に置くべきだ。

21 □

경고하다

[動] 警告する

[注] 선거 관리 위원회 選挙管理委員会
　　엄중 처벌 厳重処罰

선거 관리 위원회는 불법 선거 운동을 엄중 처벌하겠다고 **경고했**다.

選挙管理委員会は違法な選挙運動を厳重処罰にすると警告した。

22 □

꺼지다

動 消える

関 불이 꺼지다 火が消える
注 재차 再度、重ねて

외출하기 전에 가스 불이 **꺼졌**는지 재차 확인하는 버릇이 있어요.
外出する前にガスの火が消えているか重ねて確認する癖があります。

23 □

조명

名 照明

注 세련되다 洗練されている
만화방 漫画喫茶

밝은 **조명**과 세련된 분위기의 만화방이 젊은 여성들에게 인기이다.
明るい照明と洗練された雰囲気の漫画喫茶が若い女性たちに人気だ。

24 □

해치다

動 害する、傷つける

関 건강을 해치다 健康を害する
사람을 해치다 人を傷つける、殺す

카카오는 몸에 좋지만 초콜릿은 많이 먹으면 건강을 **해친**다.
カカオは体にいいが、チョコレートはたくさん食べると健康を害する。

25 □

풍부하다

形 豊富だ

注 영양 성분 栄養成分
성인병 예방 成人病の予防

밤은 영양 성분이 **풍부할** 뿐만 아니라 맛도 좋고 성인병 예방도 된다.
栗は栄養成分が豊富なだけでなく、味も良くて成人病の予防にもなる。

26 □

악보

名 楽譜

関 음표 音符
注 -(으)ㄹ 줄 모르다 ～やり方が分からない

그 피아니스트는 **악보**는 읽을 줄 모르지만 한 번 들으면 그대로 칠 수 있다.
そのピアニストは楽譜は読めないが、一度聞いたらその通りに弾くことができる。

27 □

걷다

動 取り込む、集める

関 빨래를 걷다 洗濯物を取り込む
회비를 걷다 会費を集める

회장 입구에서 파티 참석자의 이름을 확인하고 회비를 **걷**었다.
会場の入り口でパーティ参加者の名前を確認して会費を集めた。

28 □

의식

名 意識

関 의식을 잃다 意識を失う
책임 의식 責任意識

상담사는 이름을 밝히고 상담에 응하면 책임 **의식**이 생길 것이다.
カウンセラーは名前を明らかにして相談に応じれば責任意識が生じるだろう。

チェック ✓
□ 専門に担当する □ 害する □ 類似する □ 照明 □ 共通点 □ 楽譜 □ 有利だ
□ 集める □ 励ます □ 豊富だ □ 警告する □ 意識 □ 引き起こす □ 消える

次の単語を韓国語は日本語に、日本語は韓国語にしなさい。

- **1.** 저항하다
- **2.** 경도
- **3.** 원천적
- **4.** 저하
- **5.** 염두
- **6.** 보행자
- **7.** 가로등
- **8.** 육안
- **9.** 돋보이다
- **10.** 채우다
- **11.** 낯설다
- **12.** 꺼지다
- **13.** 임박하다
- **14.** 진공
- **15.** 거론하다
- **16.** 좁히다
- **17.** 접촉하다
- **18.** 밀다
- **19.** 마감
- **20.** 풍부하다
- **21.** 接近する
- **22.** 半導体
- **23.** 用語
- **24.** 獲得する
- **25.** 天然
- **26.** 飛び散る
- **27.** ひび
- **28.** 学界
- **29.** 重ねる
- **30.** 正義
- **31.** 観察する
- **32.** 思考力
- **33.** 太陽
- **34.** 訳
- **35.** 整頓する
- **36.** 応用する
- **37.** かゆい
- **38.** 快適だ
- **39.** 利益
- **40.** 発行する

正解

1. 抵抗する **2.** 経度 **3.** 根本的 **4.** 低下 **5.** 念頭 **6.** 歩行者 **7.** 街灯 **8.** 肉眼 **9.** 引き立つ **10.** 満たす **11.** 見慣れない **12.** 消える **13.** 間近になる **14.** 真空 **15.** 取り上げる **16.** 狭める **17.** 接触する **18.** 押す **19.** 締め切り **20.** 豊富だ **21.** 접근하다 **22.** 반도체 **23.** 용어 **24.** 획득하다 **25.** 천연 **26.** 튀다 **27.** 금 **28.** 학계 **29.** 겹치다 **30.** 정의 **31.** 관찰하다 **32.** 사고력 **33.** 태양 **34.** 까닭 **35.** 정돈하다 **36.** 응용하다 **37.** 가렵다 **38.** 쾌적하다 **39.** 이득 **40.** 발행하다

確 認 問 題

A (　　) に入る単語を選び、適当な形にしなさい。

잘리다　집다　취하다　매다　익히다　쌓이다

1. 아이가 숟가락은 안 쓰고 손으로 음식을 (　　　　) 먹는다.

2. 한 잔밖에 안 마셨는데 벌써 술에 (　　　　)나 봐요.

3. 정장을 입는 게 처음이라서 넥타이 (　　　　) 방법을 몰라요.

4. 지각을 많이 해서 그런지 아르바이트 회사에서 (　　　　).

B (　　) に入る適切な副詞を選びなさい。

상당히　몰래　성급히　자칫하면　무턱대고　온통

1. 가족들이 잘 때 (　　　　) 나가서 담배를 피웠다.

2. 나이도 생각하지 않고 (　　　　) 도전하는 것은 안 좋아요.

3. 이 서류를 전부 검토하려면 시간이 (　　　　) 걸릴 것 같아요.

4. 무슨 일이 있었는지 어딘가에 (　　　　) 전화를 걸더라고요.

正解例および和訳

A **1.** 집어　**2.** 취했　**3.** 매는　**4.** 잘렸어요

訳 **1.** 子供がスプーンは使わずに手で食べ物を(つまんで)食べている。
2. 1杯しか飲んでいないのにもうお酒に(酔った)みたいです。
3. スーツを着るのは初めてなのでネクタイの(締め)方が分かりません。
4. 遅刻をたくさんしたからなのかアルバイト会社から(解雇されました)。

B **1.** 몰래　**2.** 무턱대고　**3.** 상당히　**4.** 성급히

訳 **1.** 家族が寝ている時(こっそり)出てタバコを吸った。
2. 年齢も考えずに(むやみに)挑戦するのはよくないです。
3. この書類を全部検討しようとすると時間が(相当)かかりそうです。
4. 何かあったのかどこかに(急いで)電話をかけていたんですよ。

まとめてみましょう

擬声語・擬態語

개굴개굴	ゲロゲロ	개구리가 **개굴개굴** 울어요. カエルがゲロゲロ鳴きます。
깔깔	からから	아이들이 **깔깔** 웃어요. 子供たちがからから笑います。
꼬르륵	ぐうぐう	배에서 **꼬르륵** 소리가 나요. お腹がぐうぐう鳴ります。
꾸벅꾸벅	うとうと	버스에서 **꾸벅꾸벅** 졸아요. バスでうとうと居眠りします。
두근두근	どきどき	가슴이 **두근두근** 뛰어요. 胸がどきどきします。
똑똑	こつこつ	문을 **똑똑** 두드려요. ドアをこつこつたたきます。
반짝반짝	きらきら	별이 **반짝반짝** 빛나요. 星がきらきら光ります。
보글보글	ぐつぐつ	찌개가 **보글보글** 끓어요. チゲがぐつぐつ煮え立ちます。
빈둥빈둥	ぶらぶら	집에서 **빈둥빈둥** 놀아요. 家でぶらぶらと遊んでいます。
살금살금	こそこそ	매일 밤 **살금살금** 집을 나가요. 毎晩こそこそ家を出て行きます。
새근새근	すやすや	아기가 **새근새근** 자요. 赤ちゃんがすやすや寝ます。
싱글벙글	にこにこ	칭찬을 듣고 **싱글벙글** 웃어요. 褒められてにこにこ笑います。
아장아장	よちよち	아이가 **아장아장** 걸어요. 子供がよちよち歩きます。

엉엉	わあわあ	**엉엉** 소리 내어 울어요. わあわあ声を出して泣きます。
오순도순	仲良く	**오순도순** 모여 앉아 있어요. 仲良く集まって座っています。
졸졸	さらさら	시냇물이 **졸졸** 흘러요. 小川の水がさらさら流れます。
주렁주렁	ふさふさ	포도가 **주렁주렁** 달려 있어요. ブドウがふさふさとなっています。
주룩주룩	ざあざあ	비가 **주룩주룩** 내려요. 雨がざあざあ降ります。
중얼중얼	ぶつぶつ	**중얼중얼** 혼잣말을 해요. ぶつぶつ独り言を言います。
째깍째깍	チクタク	시계가 **째깍째깍** 움직여요. 時計がチクタク動きます。
칙칙폭폭	シュッシュッポッポ	기차가 **칙칙폭폭** 달려요. 汽車がシュッシュッポッポと走ります。
콜록콜록	ゴホンゴホン	기침을 **콜록콜록** 해요. 咳をゴホンゴホンします。
쿨쿨	ぐうぐう	**쿨쿨** 코를 골며 자요. ぐうぐういびきをかいて寝ます。
투덜투덜	ぐずぐず	**투덜투덜** 불평을 해요. ぐずぐず不平を言います。
펄펄	こんこん	눈이 **펄펄** 내려요. 雪がこんこん降ります。
허둥지둥	あたふた	**허둥지둥** 서둘러서 나가요. あたふたと急いで出かけます。
훨훨	ひらひら	나비가 **훨훨** 날아요. チョウがひらひら飛びます。

Day 56

1 □

풍성하다

形 豊かだ

類 풍부하다 豊富だ
注 곡식 穀物　먹거리 食べ物
　어느 때보다 いつにも増して

올해 추석은 과일이며 곡식이며 먹거리가 어느 때보다 **풍성하**다.
今年の秋夕は果物やら穀物やら食べ物がいつにも増して豊かである。

2 □

태우다

動 燃やす

関 타다 燃える
　소각장 焼却場
　연기 煙

오후 5시가 되면 소각장에서 쓰레기를 **태우**는 연기가 올라온다.
午後5時になると焼却場からごみを燃やす煙が上がってくる。

3 □

곤란하다

形 困難だ、困る

注 오염 물질 汚染物質
　재사용하다 再使用する

페트병 안에 오염 물질이 들어가서 재사용이 **곤란한** 것이 많다.
ペットボトルの中に汚染物質が入っていて再使用が困難なものが多い。

4 □

반려

名 伴侶

関 반려자 伴侶者、伴侶
　반려동물 ペット
注 소중하다 大事だ　신조어 新造語

식물을 소중하게 키우는 사람이 늘면서 **반려**식물이라는 신조어가 생겼다.
植物を大事に育てる人が増えて伴侶植物という新造語ができた。

5 □

권위

名 権威

関 권위적 権威的
注 판단 기준 判断基準

아이들에게 있어서는 선생님의 **권위** 있는 말과 행동이 판단 기준이 된다.
子供にとっては、先生の権威ある言葉と行動が判断基準になる。

6 □

다리다

動 アイロンをかける

関 다리미 アイロン
注 데다 やけどする
　물집이 잡히다 水膨れができる

옷을 **다리**다가 다리미에 손을 데서 빨갛게 물집이 잡혔다.
服にアイロンをかけていたらアイロンに手をやけどして赤く水膨れができた。

7 □

튀어나오다

動 飛び出る、突き出る

注 세우다 立てる
　수납하다 収納する

이 버튼을 누르면 청소기 밑에서 다리가 **튀어나와** 세워서 수납할 수 있다.
このボタンを押すと掃除機の下から足が飛び出るので立てて収納できる。

8 ☐

못

名 釘

関 못을 박다 釘を打つ
注 액자를 걸다 額縁をかける

벽에 **못**을 박는 대신 이 접착 도구를 사용해서 액자를 걸어 보세요.
壁に釘を打つ代わりにこの接着道具を使って額縁をかけてみてください。

9 ☐

널다

動 干す

反 걷다 取り込む
関 빨랫줄 洗濯ひも
마르다 乾く

오늘 같은 날씨라면 한 시간이면 다 마르니까 밖에 **널**고 올게요.
今日のような天気だと1時間あれば全部乾くから外に干して来ます。

10 ☐

차라리

副 むしろ、いっそ

類 오히려 むしろ
関 -(으)ㄹ 바에야 ～するくらいなら

이런 음식을 먹을 바에야 **차라리** 굶는 게 낫겠어요.
こんな食べ物を食べるくらいならいっそ飢えたほうがましでしょう。

11 ☐

인성

名 人間性、人柄、人格

類 인격 人格
関 인성 교육 人格教育

아이의 **인성**을 올바르게 형성하기 위해서는 부모의 사랑과 신뢰가 중요하다.
子供の人格を正しく形成するためには、両親の愛と信頼が重要だ。

12 ☐

돌보다

動 面倒を見る、世話する

関 아이 돌봄 시설 子供保育施設
注 복리 후생 福利厚生
마련하다 用意する

사원에 대한 복리 후생의 하나로 아이 **돌봄** 시설을 사내에 마련했다.
社員に対する福利厚生の一つとして子供保育施設を社内に用意した。

13 ☐

달래다

動 慰める、紛らす、あやす

関 아기를 달래다 赤ちゃんをあやす
외로움을 달래다 寂しさを紛らす
注 애완동물 ペット

많은 현대인들은 애완동물을 키우는 것으로 외로움을 **달랜**다.
多くの現代人はペットを飼うことで寂しさを紛らす。

14 ☐

간절하다

形 切だ

類 절실하다 切実だ
関 간절하게 바라다 切に願う
注 반드시 必ず

간절하게 바라면 반드시 이루어진다고 하잖아요. 잘될 거라고 믿어요.
切に願えば必ずかなうというじゃないですか。うまくいくと信じています。

チェック ✓

☐ 権威 ☐ 人格 ☐ アイロンをかける ☐ 切だ ☐ 伴侶 ☐ 紛らす ☐ 燃やす
☐ いっそ ☐ 飛び出る ☐ 面倒を見る ☐ 困難だ ☐ 釘 ☐ 豊かだ ☐ 干す

15 □

동반자

名 同伴者

関 반려자 伴侶
注 찾다 求める
입소하다 入所する

혼자가 된 노인은 삶의 **동반자**를 찾아 시설에 입소하는 경우가 많다.
一人になった老人は人生の同伴者を求めて施設に入所する場合が多い。

16 □

숙이다

動 うつむく、下げる

関 고개를 숙이다 頭を下げる
注 유죄 판결 有罪判決

유죄 판결을 받은 그 정치가는 고개를 **숙여** 사죄의 뜻을 표했다.
有罪判決を受けたその政治家は頭を下げて謝罪の意を表した。

17 □

격려하다

動 激励する、励ます

類 독려하다 励ます
関 질타와 격려 叱咤と激励

마흔을 넘은 나이에 공부를 시작하는 나를 남편이 **격려해** 주었다.
40 を超えた年齢で勉強を始める私を夫が励ましてくれた。

18 □

캄캄하다

形 真っ暗だ

反 환하다 明るい
関 눈 앞이 캄캄하다 目の前が真っ暗だ

해외에서 여권이 든 가방을 잃어버렸을 때는 눈 앞이 **캄캄했**다.
海外でパスポートが入ったかばんをなくした時は目の前が真っ暗だった。

19 □

미숙하다

形 未熟だ

注 갓 ～したて、～したばかり
-기 일쑤이다 よく～する

갓 입사했을 때는 모든 면에서 **미숙해**서 실수하기 일쑤였다.
入社したばかりの時はすべての面で未熟だったのでよく失敗していた。

20 □

과잉

名 過剰

関 과잉 섭취 過剰摂取
注 심장마비 心臓まひ

카페인의 **과잉** 섭취는 심장을 자극해 심장마비를 일으킬 수도 있다.
カフェインの過剰摂取は心臓を刺激して心臓まひを起こす場合もある。

21 □

창피하다

形 恥ずかしい

類 부끄럽다 恥ずかしい
注 -기 짝이 없다 とても～

개인적인 메세지를 실수로 상사한테 송신해서 **창피하**기 짝이 없었다.
個人的なメッセージを間違って上司に送信し、とても恥ずかしかった。

22 □

대하다

動 接する、対する

関 -에 대해서 ~に対して
注 하숙하다 下宿する
식구 家族

제가 여기에서 하숙하는 동안에 식구처럼 **대해** 주셔서 감사합니다.
私がここで下宿している間、家族のように接していただき感謝しています。

23 □

농사

名 農業

関 농사를 짓다 農業を営む
注 일손이 부족하다 人手が足りない

농사 일손이 부족하다고 해서 방학 동안에만 고향에 내려와 있어요.
農業の人手が足りないというので休みの間だけ帰省しています。

24 □

배추

名 白菜

関 배추 한 포기 白菜一株
김장 冬用にキムチを大量に漬けること

매년 11월 말이 되면 딸들을 불러 **배추** 20포기로 김장을 담근다.
毎年 11 月末になると娘たちを呼んで白菜 20 株でキムチを漬ける。

25 □

건네다

動 渡す、(言葉を)かける

関 두 손으로 건네다 両手で渡す
注 서투르다 下手だ
유창하다 流ちょうだ

서투른 영어로 말을 **건넸**는데 그 외국인은 유창한 한국어로 대답했다.
下手な英語で話しかけたのにその外国人は流ちょうな韓国語で答えた。

26 □

짜증

名 いらだち

関 짜증이 나다 いらいらする
注 내내 ずっと
저장하다 保存する

일주일 내내 작업한 파일을 제대로 저장하지 않은 동료한테 **짜증**이 났다.
1 週間ずっと作業したファイルをきちんと保存しなかった同僚にいらいらした。

27 □

당황하다

動 慌てる

関 당황스럽다 困惑する
注 밀려들다 押し寄せる
기색 気配、気色

그 여배우는 밀려드는 기자들에게 **당황하**는 기색을 보이지 않았다.
その女優は押し寄せる記者たちに慌てる気配を見せなかった。

28 □

불만스럽다

形 不満だ

関 불만을 가지다 不満を持つ
注 처벌 処罰
따르다 従う

담임 선생님이 이미 정한 처벌이므로 **불만스러워**도 따라야 한다.
担任の先生がすでに決めた処罰だから不満でも従わないといけない。

チェック ✓
□ 励ます □ いらだち □ 過剰 □ 農業 □ 同伴者 □ 下げる □ 恥ずかしい
□ 不満だ □ 未熟だ □ 慌てる □ 真っ暗だ □ (言葉を)かける □ 白菜 □ 接する

Day 57

1
박다
動 ぶつける、打つ

関 차를 박다 車をぶつける
못을 박다 釘を打つ

운전 교습 중에 차를 벽에 **박**는 사고를 내서 수리비를 내야 했다.
運転教習中に車を壁にぶつける事故を起こして修理費を払わされた。

2
맞대다
動 突き合わせる、寄せる

関 무릎을 맞대다 ひざを突き合わせる
注 의논하다 議論する、相談する

무슨 문제라도 생겼는지 그 둘은 얼굴을 **맞대**고 심각하게 의논했다.
何か問題でも起きたのか、その二人は顔を寄せて深刻に相談した。

3
줄
名 ひも、綱、列

関 줄다리기 綱引き
줄을 서다 列を作る、並ぶ
注 광대 昔の芸人　묘기 妙技

광대가 **줄** 위를 걷는 묘기를 선보이자 관중석에서 박수가 터져 나왔다.
芸人が綱の上を歩く妙技を披露すると観衆席から拍手が沸き起こった。

4
상관없다
形 関係ない、構わない

類 관계없다 関係ない
関 -든 말든 ～しようが～しまいが

그 사람이 회사를 그만두든 말든 저하고는 **상관없**는 일이에요.
その人が会社を辞めようが辞めまいが私とは関係ないことです。

5
잇따르다
動 相次ぐ

関 끊이지 않다 絶えない
注 흥행하다 ヒットする

한국 드라마가 **잇따라** 흥행하면서 한국에 대한 관심도 커지고 있다.
韓国ドラマが相次いでヒットしたことで、韓国に対する関心も高まっている。

6
업계
名 業界

関 의류 업계 アパレル業界
注 독립하다 独立する

그녀는 의류 **업계**에서 유명한 디자이너로 활동하다가 얼마 전에 독립했다.
彼女はアパレル業界で有名なデザイナーとして活動していて最近独立した。

7
활기
名 活気

関 활기를 띠다 活気を帯びる
활기가 넘치다 活気があふれる
注 앞두다 控える、前にする

긴 연휴를 앞두고 여행 업계가 오래간만에 **활기**를 되찾았다.
長い連休を前にして旅行業界が久々に活気を取り戻した。

8 □

장식하다

[動] 装飾する、飾る

[類] 꾸미다 飾る
[注] 잔치 パーティ
의상 衣装

생일 잔치를 위해 풍선과 사진으로 벽을 **장식하**고 의상도 준비했다.
誕生日パーティのために風船と写真で壁を飾って衣装も準備した。

9 □

경쾌하다

[形] 軽快だ

[注] 나비 チョウ
느낌을 주다 感じを与える

꽃과 나비가 그려져 있는 옷장으로 방을 장식하면 **경쾌한** 느낌을 준다.
花とチョウが描かれている洋服だんすで部屋を飾ると軽快な感じを与える。

10 □

무덤

[名] 墓

[関] 묻다 埋める
[注] 상징하다 象徴する

옛날에는 **무덤**의 크기와 화려함이 생전의 왕의 힘을 상징하는 것이었다.
昔は墓の大きさと華麗さが生前の王の力を象徴するものだった。

11 □

차분하다

[形] 物静かだ、落ち着いている

[関] 차분한 성격 物静かな性格
차분해지다 落ち着く
[注] 벽지 壁紙

초록색 벽지를 사용한 방은 분위기가 편안해서 마음이 **차분해**진다.
緑色の壁紙を使った部屋は雰囲気が心地よくて心が落ち着く。

12 □

대출

[名] 貸し出し

[関] 연장하다 延長する
반납하다 返却する

대출 기간을 연장하는 것은 불가능하므로 일단 반납하고 다시 빌리세요.
貸し出し期間を延長するのは不可能だから一旦返却して借り直してください。

13 □

정해지다

[動] 決まる

[関] 정하다 決める
[注] -아/어야 -(으)ㄹ 수 있다
～しないと～できない

정해진 인원 이상이 모여야 체험 행사를 개최할 수 있어요.
決まった人数以上が集まらないと体験行事を開催することはできません。

14 □

다만

[副] ただ、単に

[類] 단지 ただ
[注] 목표를 세우다 目標を立てる

수는 중요하지 않으니 **다만** 한 가지라도 실천할 수 있는 목표를 세웁시다.
数は重要ではないので、ただ一つでも実践できる目標を立てましょう。

チェック ✓
□ 寄せる □ 墓 □ ぶつける □ 軽快だ □ 相次ぐ □ 貸し出し □ 綱
□ 飾る □ 関係ない □ ただ □ 業界 □ 決まる □ 活気 □ 落ち着いている

15 □
함유하다
動 含有する、含む

類 포함하다 含む
注 한 조각 一切れ　밥 한 공기 ご飯1杯
　해당하다 該当する、相当する

케이크 한 조각은 350킬로칼로리를 **함유하**며 이는 밥 한 공기에 해당한다.
ケーキ一切れは350kcalを含んでいて、これはご飯1杯に相当する。

16 □
열량
名 熱量、カロリー

関 소모하다 消耗する、消費する
注 몸을 움직이다 体を動かす

열량을 소모하기 위해 얼마나 몸을 움직여야 하는지가 표시되어 있다.
カロリーを消費するためにどのくらい体を動かすべきかが表示されている。

17 □
겉
名 表、外面

反 속 中
関 겉면 外側
注 원산지 原産地

식품을 살 때는 **겉**면에 표기된 성분과 원산지 등을 확인한다.
食品を買う時は外側に表記されている成分と原産地などを確認する。

18 □
체감하다
動 体感する

注 생필품 生活必需品
　인상되다 引き上げられる

생필품 값이 인상된 것을 보고 물가 상승을 **체감할** 수 있었다.
生活必需品の値段が引き上げられたのを見て物価の上昇を体感できた。

19 □
기한
名 期限

関 기한이 지나다 期限が過ぎる
　유통 기한 賞味期限
注 반값 할인 半額割引

사용 **기한**이 얼마 남지 않은 반값 할인 쿠폰을 쓰기 위해서 갔다.
使用期限があまり残っていない半額割引クーポンを使うために行った。

20 □
한정되다
動 限定される

関 한정된 공간 限定された空間
注 넣어 두다 入れておく

한정된 공간에 많은 수의 동물을 함께 넣어 두면 스트레스를 받는다.
限定された空間に多くの動物を一緒に入れておくとストレスを受ける。

21 □
사자
名 ライオン

注 갑작스럽다 突然だ
　떠나다 去る、離れる

아버지의 갑작스러운 죽음으로 고향을 떠난 어린 **사자**의 모험이 그려졌다.
父の突然な死で故郷を去った幼いライオンの冒険が描かれた。

22 □
편의
名 便宜

関 편의를 도모하다 便宜を図る
注 간병 시스템 看護システム

환자와 가족의 **편의**를 위해 간병 시스템을 운영하는 병원이 늘고 있다.
患者と家族の便宜のために看護システムを運営する病院が増えている。

23 □
고독하다
形 孤独だ

類 쓸쓸하다 寂しい
注 퇴근길 (退社後の)帰り道
무척 非常に

퇴근길에 혼자 술을 마시는 아버지의 뒷모습이 무척 **고독해** 보였다.
帰り道に一人でお酒を飲む父の後ろ姿が非常に孤独に見えた。

24 □
안락
名 安楽

関 안락의자 安楽いす
注 -ㄴ/는답시고 ～するとか言って
（皮肉って言うニュアンス）

그녀는 재택근무를 한답시고 고가의 **안락**의자를 구입했다.
彼女は在宅勤務をするとか言って、高価な安楽いすを購入した。

25 □
얽매이다
動 束縛される、とらわれる

類 구속되다 拘束される
注 아날로그 アナログ
관행 慣行

서류에 의존하는 아날로그적 관행에 **얽매여** 있으면 발전할 수 없다.
書類に依存するアナログ的慣行にとらわれていると発展できない。

26 □
자발적
名 自発的

関 자발적으로 自発的に
注 나서다 乗り出す

멸종 위기에 처한 동물을 보호하기 위해 **자발적**으로 모금에 나섰다.
絶滅の危機に瀕している動物を保護するため、自発的に募金に乗り出した。

27 □
희귀하다
形 珍しい

類 드물다 まれだ
反 흔하다 ありふれている

인구 100명 미만의 **희귀한** 성이 42개 존재하는 것으로 조사되었다.
人口 100 人未満の珍しい姓が 42 個存在することが調査で分かった。

28 □
가시적
名 可視的

関 가시적인 업적 目に見える業績
注 기대를 걸다 期待をかける

대통령에게 건 기대가 컸지만 결과적으로 **가시적**인 업적은 없었다.
大統領にかけた期待が大きかったが、結果的に目に見える業績はなかった。

チェック ✓
□ カロリー □ 便宜 □ 体感する □ 珍しい □ 含む □ 孤独だ □ ライオン
□ とらわれる □ 外面 □ 自発的 □ 期限 □ 安楽 □ 限定される □ 可視的

Day 58

1 □

성과

名 成果

関 성과가 나타나다 成果が現れる
注 추진하다 推進する

등산객이 추진한 쓰레기 줍기 운동으로 가시적인 **성과**가 나타나고 있다.
登山客が推進したごみ拾い運動で目に見える成果が現れている。

2 □

지속되다

動 持続する、続く

類 이어지다 続く
注 동참 共に参加すること

효과가 **지속되**기 위해서는 시민들의 적극적인 동참이 필요하다.
効果が続くためには市民の積極的な参加が必要だ。

3 □

통신

名 通信

関 통신 장비 通信装備、通信機器
　전파 電波
注 소통하다 コミュニケーションする

통신 기술의 발달로 우주에서도 전파를 이용해 지구와 소통할 수 있다.
通信技術の発達で宇宙でも電波を利用して地球とコミュニケーションできる。

4 □

산봉우리

名 山の峰

注 -았/었건만 ～したが
　덮히다 覆われる

봄이 되었건만 **산봉우리**는 겨울에 내린 눈으로 아직 덮혀 있었다.
春になったが山の峰は冬に降った雪でまだ覆われていた。

5 □

피우다

動 起こす、咲かせる

関 불을 피우다 火を起こす
　꽃을 피우다 花を咲かせる

산봉우리에서 밤에는 불을, 낮에는 연기를 **피워**서 위급한 상황을 알렸다.
山の峰から夜は火を、昼間は煙を起こして危急な状況を知らせた。

6 □

안개

名 霧

関 안개가 끼다 霧がかかる
注 항공기 航空機

항공기의 발착은 폭설이나 **안개** 등의 기상 상태에 영향을 받기 쉽다.
航空機の発着は大雪や霧などの気象状態に影響を受けやすい。

7 □

긴급

名 緊急

関 긴급 상황 緊急の状況
注 실전 実戦、本番
　대처하다 対処する

소방관은 실전과 같은 훈련을 통해 **긴급** 상황에 대처하는 능력을 키운다.
消防士は本番のような訓練を通して緊急の状況に対処する能力を育てる。

8 □

개다

動 畳む、晴れる

関 빨래를 개다 洗濯物を畳む
　 날씨가 개다 天気が晴れる

외출할 때는 이불을 **개**서 방 구석에 치워 놓으라고 했다.
外出する時は布団を畳んで部屋の隅に片付けておくように言った。

9 □

실적

名 実績

関 실적을 높이다 実績を上げる
注 전략을 분석하다 戦略を分析する

매출 **실적**을 높이기 위해 경쟁사의 전략을 분석해서 참고했다.
売上の実績を上げるため、ライバル社の戦略を分析して参考にした。

10 □

재고

名 在庫

関 재고품 在庫品
注 경기 침체 景気低迷、不況

경기 침체로 인해 창고에 **재고**가 쌓여서 생산을 중단할 수 밖에 없었다.
不況によって倉庫に在庫がたまり、生産を中断するしかなかった。

11 □

마주하다

動 向かい合わせる

注 바둑판 碁盤
　 바둑을 두다 囲碁を打つ

그와 나는 바둑판을 **마주하**고 앉아서 바둑을 두며 시간을 보냈다.
彼と私は碁盤に向かい合って座って囲碁を打ちながら時間を過ごした。

12 □

분노

名 憤怒、怒り

関 분노를 참다 怒りを抑える
注 배신당하다 裏切られる

친한 친구에게 배신당한 **분노**를 참지 못하고 큰 소리로 화를 냈다.
親友に裏切られた怒りを抑えることができず大声で怒った。

13 □

적개심

名 敵がい心

注 반항심 反抗心
　 유발되다 誘発される

적개심이나 반항심은 대개 감정적으로 유발되는 경우가 많다.
敵がい心や反抗心は大概感情的に誘発される場合が多い。

14 □

고립

名 孤立

関 고립시키다 孤立させる
　 고립되다 孤立する

외로움 속에서 **고립**된 삶을 살면 우울증에 걸리기 쉽다.
寂しさの中で孤立した生活をすればうつ病になりやすい。

チェック ✓

□ 通信　□ 怒り　□ 山の峰　□ 実績　□ 成果　□ 向かい合わせる　□ 霧
□ 孤立　□ 続く　□ 在庫　□ 緊急　□ 敵がい心　□ 起こす　□ 畳む

15 □

끼우다

動 抱き合わせる、はめる、挟む

関 반지를 끼우다 指輪をはめる
책 사이에 끼우다 本の間に挟む

재고가 많아서 처분하고 싶은 제품이 있으면 공짜로 **끼워** 팔기도 한다.
在庫が多くて処分したい製品があれば、ただで抱き合わせて売ったりもする。

16 □

퇴색하다

動 退色する、色あせる

関 퇴색한 도시 疲弊した都市
注 효자 孝行息子、親孝行
경로사상 敬老思想

행사에서는 매년 효자상을 수여하지만 경로사상은 점점 **퇴색해** 간다.
行事では毎年親孝行賞を授与するが、敬老思想は次第に色あせていく。

17 □

경품

名 景品

関 당첨되다 当選する、当たる
注 확률이 높다 確率が高い

카드 이용 금액이 많을수록 **경품**에 당첨될 확률이 높아집니다.
カードの利用金額が多いほど景品が当たる確率が高くなります。

18 □

역효과

名 逆効果

関 역효과를 내다 逆効果になる
注 오히려 むしろ

제품의 가격을 낮추면 잘 팔릴 줄 알았는데 오히려 **역효과**를 냈다.
製品の価格を下げればよく売れると思ったのに、むしろ逆効果になった。

19 □

소박하다

形 素朴だ

反 화려하다 派手だ
注 청결하다 清潔だ
성품 気性、人柄

소박하지만 매우 청결한 방의 모습에서 방 주인의 성품을 알 수 있었다.
素朴だけどとても清潔な部屋の様子から部屋の主人の気性が分かった。

20 □

책정하다

動 策定する

関 예산을 책정하다 予算を策定する
注 신설하다 新設する
예년 例年

정부는 공공 병원을 신설하기 위한 예산을 예년과 같은 수준으로 **책정했**다.
政府は公共の病院を新設するための予算を例年並みの水準に策定した。

21 □

새다

動 漏れる

関 비가 새다 雨が漏れる
注 지붕 屋根
물바다가 되다 水浸しになる

호우의 영향으로 지붕에서 비가 **새**는 바람에 방이 물바다가 되었다.
豪雨の影響で屋根から雨が漏れたせいで部屋が水浸しになった。

22 □

풍경

名 風景

類 경치 景色
注 낯설다 見慣れない
친근하다 親密だ、身近に感じる

해외에서 본 낯선 시골 **풍경**이 왠지 친근하게 느껴졌다.
海外で見た見慣れない田舎の風景がなぜか身近に感じられた。

23 □

통로

名 通路

注 교도소 刑務所
주고받다 やり取りする
이어 주다 つないでくれる

교도소 안에서 주고받는 편지가 자신과 세상을 이어 주는 **통로**가 되었다.
刑務所の中でやり取りする手紙が、自分と世間をつないでくれる通路になった。

24 □

주저하다

動 ちゅうちょする

類 망설이다 迷う
注 행동으로 옮기다 行動に移す

변화와 성장을 원한다면 **주저하**지 말고 행동으로 옮기세요.
変化と成長を望むなら、ちゅうちょしないで行動に移してください。

25 □

권하다

動 勧める

類 추천하다 推薦する
注 선을 보다 お見合いをする

부모님이 **권하**는 대로 선을 보고 결혼을 해서 평범하게 살고 있어요.
両親が勧める通りお見合いをして結婚をし、平凡に暮らしています。

26 □

상상

名 想像

関 상상력 想像力
注 마치 -(으)ㄴ 양 まるで～したかのように

세계 유산으로 등록된 관광지를 마치 방문한 양 **상상**으로 쓴 책이다.
世界遺産に登録された観光地をまるで訪問したかのように想像で書いた本だ。

27 □

보태다

動 足す、加える

類 더하다 足す
注 실화 実話
한 편의 영화 1本の映画

실화를 바탕으로 작가의 상상력을 **보태**서 한 편의 영화가 탄생했다.
実話を基に作家の想像力を加えて1本の映画が誕生した。

28 □

허구

名 虚構

反 진실 真実
注 빠져들다 はまる、夢中になる

등장인물과 배경이 모두 **허구**라는 것은 알지만 왠지 빠져들었다.
登場人物と背景がすべて虚構というのは知っているがなぜかはまった。

チェック ✓

□ 色あせる □ ちゅうちょする □ 素朴だ □ 虚構 □ 逆効果 □ 勧める □ 景品
□ 想像 □ 抱き合わせる □ 加える □ 漏れる □ 通路 □ 策定する □ 風景

Day 59

1 □

덧붙이다

動 付け加える

関 첨부하다 添付する
注 -처럼 ～のように

역사적 사실에 허구를 **덧붙인** 것인데 실제 역사처럼 느껴졌다.
歴史的事実に虚構を付け加えたものなのに、実際の歴史のように感じられた。

2 □

수화

名 手話

注 신조어 新造語
애를 먹다 苦労する

전문 용어나 신조어를 **수화**로 표현하는 것은 어려워서 애를 먹었다.
専門用語や新造語を手話で表現するのは難しくて苦労した。

3 □

짤막하다

形 やや短い

注 소감 所感、感想
오히려 むしろ

상을 받은 소감을 **짤막하**게 말했는데 그게 오히려 인상에 남았다.
賞をもらった感想を短めに述べたが、それがむしろ印象に残った。

4 □

탄식

名 嘆息、ため息

関 탄식하다 嘆く
注 새어 나오다 漏れ出る

출구 조사 결과가 발표되자 선거 사무실 곳곳에서 **탄식**이 새어 나왔다.
出口調査の結果が発表されると、選挙事務室のあちこちからため息が漏れ出た。

5 □

칭하다

動 称する

関 지칭하다 指して称する、呼ぶ
注 -일 뿐이다 ～に過ぎない

자신을 그 아이의 아버지라고 **칭했**지만 사실은 옆집 아저씨일 뿐이었다.
自分をその子の父だと称したが実は隣の家のおじさんに過ぎなかった。

6 □

대다

動 当てる

注 -(으)ㄴ 나머지 ～したあげく、～のあまり
수화기 受話器

놀란 나머지 귀에 수화기를 **댄** 채로 말을 잃었다.
驚きのあまり、耳に受話器を当てたまま言葉を失った。

7 □

굵다

形 太い

反 가늘다 細い
注 손마디 指の関節
가늠하다 予想する

손마디가 **굵**어진 것을 보고 집안일로 고생하는 걸 가늠할 수 있었다.
指の関節が太くなったのを見て、家事で苦労していることが予想できた。

8 □ 묘사하다

動 描写する

注 주의 깊다 注意深い
포착하다 とらえる

대상을 주의 깊게 관찰해서 특징을 포착해 사실적으로 **묘사했**다.
対象を注意深く観察して特徴をとらえ、写実的に描写した。

9 □ 검증

名 検証

関 검증되다 検証される
현장 검증 現場検証
注 이루어지다 行われる

범인의 범행을 확실히 뒷받침하기 위해 현장 **검증**이 이루어졌다.
犯人の犯行を確実に裏付けるために現場検証が行われた。

10 □ 응시하다

動 凝視する、見つめる

類 바라보다 見つめる、眺める
注 눈발 降りしきる雪

창밖의 눈발을 **응시하**면서 오늘의 일정을 머릿속으로 정리해 보았다.
窓の外の降りしきる雪を見つめながら今日の日程を頭の中で整理してみた。

11 □ 분주하다

形 慌ただしい

類 정신없다 慌ただしい
注 움직이다 動く

부서 회의에 시장 조사에 거래처 방문 등 하루 종일 **분주하**게 움직였다.
部署会議に市場調査に取引先訪問など、1日中慌ただしく動いた。

12 □ 간담회

名 懇談会

関 간담회를 열다 懇談会を開く
注 개인전 個人展覧会、個展

한국에서 열리는 첫 개인전을 기념해 전시 팀은 기자 **간담회**를 열었다.
韓国で開かれる初の個展を記念して展示チームは記者懇談会を開いた。

13 □ 탓하다

動 責める、恨む

関 -탓 ～のせい
注 뜻대로 되다 思う通りになる
버릇 癖

그는 자신의 뜻대로 되지 않았을 때 누군가를 **탓하**는 나쁜 버릇이 있다.
彼は自分の思う通りにならなかった時、誰かを責める悪い癖がある。

14 □ 무력하다

形 無力だ

類 무기력하다 無気力だ、無力だ
注 새삼 改めて
깨닫다 悟る

이번 지진으로 자연 앞에서는 **무력한** 존재임을 새삼 깨달았다.
今回の地震で自然の前では無力な存在であることを改めて悟った。

チェック ✓
□ やや短い □ 懇談会 □ 当てる □ 検証 □ 付け加える □ 責める □ 太い
□ 慌ただしい □ ため息 □ 見つめる □ 手話 □ 称する □ 描写する □ 無力だ

15 □

가속화

名 加速化

関 가속화되다 加速化する
注 개방 開放
유입 流入

수입 개방에 따른 외국 농산물의 유입으로 가격 경쟁이 **가속화**되었다.
輸入開放による外国農産物の流入で価格競争が加速化した。

16 □

망설이다

動 迷う、ためらう

類 주저하다 ちゅうちょする
注 근시 近視　라식 수술 レーシック手術
부작용 副作用

근시가 심해서 라식 수술을 받고 싶은데 부작용 때문에 **망설이**고 있다.
近視がひどくてレーシック手術を受けたいが副作用のため迷っている。

17 □

가장자리

名 縁、端

反 중앙 中央
注 객석 客席
무대 연출 舞台演出

객석에서는 보이지 않는 무대의 **가장자리**에 서서 무대 연출을 돕는다.
客席からは見えない舞台の端に立って舞台演出を手伝う。

18 □

모서리

名 角、隅

注 탁자 テーブル
부딪히다 ぶつかる
주의를 주다 注意する

탁자 **모서리**에 부딪혀서 다치는 일이 없도록 주의를 주었다.
テーブルの角にぶつかってけがすることがないように注意した。

19 □

제거하다

動 除去する、取り除く

類 없애다 なくす
注 섬유질 繊維質
독소 毒素

섬유질이 풍부하게 들어 있는 음식은 몸 안의 독소를 **제거해** 준다.
繊維質が豊富に入っている食べ物は、体の中の毒素を取り除いてくれる。

20 □

무궁무진하다

形 無限だ

類 무한하다 無限だ
注 드론 ドローン
적용하다 適用する

드론을 활용한 기술을 적용할 수 있는 신산업 분야는 **무궁무진하**게 있다.
ドローンを活用した技術が適用できる新産業分野は無限にある。

21 □

한층

副 一層、さらに

注 담다 盛る、入れる
돋보이다 引き立つ、目立つ

평범한 요리도 이 접시에 담으니까 요리가 **한층** 더 돋보였다.
平凡な料理もこの皿に盛ったら料理がより一層引き立った。

22 □

앞당기다

動 早める、前倒しにする

反 늦추다 遅らせる
関 앞당겨지다 早まる
注 내다보다 見込む、見越す

애완 로봇의 대중화 시기가 한층 **앞당겨**질 것으로 내다본다.
ペットロボットの大衆化の時期が一層早まると見込んでいる。

23 □

침해

名 侵害

関 사생활 침해 プライバシー侵害
注 거론되다 取り上げられる

사진을 허가 없이 올리는 것에 대해 사생활 **침해** 문제가 거론되었다.
写真を許可なくアップすることに対し、プライバシー侵害問題が取り上げられた。

24 □

둘러싸다

動 取り囲む、めぐる

関 둘러싸이다 取り囲まれる
注 구경꾼 見物人、野次馬
선불리 下手に

구경꾼들이 집 주위를 **둘러싸**고 있어서 섣불리 나갈 수 없다.
野次馬が家の周りを取り囲んでいるので下手に出られない。

25 □

논란

名 論難、論議

関 논란이 일다 論議が起こる
注 간접 광고 間接広告

연예인들의 SNS를 통한 간접 광고를 둘러싸고 **논란**이 일고 있다.
芸能人のSNSを通した間接広告をめぐって論議が起こっている。

26 □

잠잠하다

形 静かだ

関 잠잠해지다 治まる、静まる
注 폭동을 진압하다 暴動を鎮圧する

폭동 진압을 위해 경찰을 도시 곳곳에 배치하고 나니 조금 **잠잠해**졌다.
暴動鎮圧のため警察を都市の所々に配置したら少し静まった。

27 □

활짝

副 大きく、いっぱい

関 꽃이 활짝 피다 花がぱあっと咲く
注 투자 投資
확대하다 拡大する

정부는 투자 예산을 확대하여 기업 활동의 길을 **활짝** 열어 주었다.
政府は投資予算を拡大して企業活動の道を大きく開けてあげた。

28 □

거듭되다

動 度重なる

関 거듭하다 重ねる、繰り返す
注 표절 剽窃、盗作
의혹 疑惑、疑い

거듭되는 표절 의혹에 대해 작곡가가 직접 해명에 나섰다.
度重なる盗作疑惑に対して作曲家が自ら解明に乗り出した。

チェック ✓
□ 加速化 □ 侵害 □ 無限だ □ 取り囲む □ 取り除く □ 静かだ □ 角
□ 度重なる □ 端 □ 大きく □ 一層 □ 早める □ 迷う □ 論議

Day 60

1 □

괘씸하다
形 ふらちだ、けしからん

注 대가를 바라다 対価を望む
베풀다 施す

대가를 바라고 베푼 것은 아니지만 모르는 척을 하는 것은 **괘씸하**다.
対価を望んで施したわけではないが、知らないふりをするのはけしからん。

2 □

모방하다
動 模倣する、まねる

類 따라 하다 まねる
注 특수성 特殊性

기존의 성공 모델을 **모방하**기는 했지만 지역의 특수성을 살린 것이다.
既存の成功モデルをまねてはいるが、地域の特殊性を生かしたものだ。

3 □

용납되다
動 受け入れられる

類 받아들여지다 受け入れられる
注 창의적 創意的

실패가 **용납되**는 환경을 만들어야 창의적 도전이 가능해진다.
失敗が受け入れられる環境を作ってこそ創意的な挑戦が可能になる。

4 □

감탄하다
動 感嘆する、感心する

注 도움을 받다 助けを借りる
극복하다 克服する

누구의 도움도 받지 않고 자신의 힘으로 극복하려는 노력에 **감탄했**다.
誰の助けも借りず自分の力で克服しようとする努力に感心した。

5 □

조급하다
形 気早い、せっかちだ

類 성급하다 性急だ、気短だ
関 조급해하다 焦る

우리 아이는 뭐든지 늦는 편이라는 걸 알아서 이제는 **조급해**하지 않아요.
うちの子は何でも遅い方だと分かったのでもう焦りません。

6 □

설마
副 まさか

関 -(으)ㄹ 리가 없다 ～するはずがない
注 사람(을) 잡다
人を殺す、人を窮地に追い込む

'**설마**가 사람 잡는다'고 하니까 미리 예방해 둡시다.
「まさかと思うことが人を殺す」というから前もって予防しておきましょう。

7 □

일부러
副 わざと

注 더 이상 これ以上
걱정을 끼치다 心配をかける

더 이상 걱정을 끼쳐 드릴 수 없어서 **일부러** 괜찮은 척을 했어요.
これ以上心配をかけられないので、わざと大丈夫なふりをしました。

8 □

응모

名 応募

関 응모권 応募券
응모자 応募者
注 공지 公知、お知らせ

응모 기간은 이달 말까지이며 당첨자는 홈페이지를 통해 공지됩니다.
応募期間は今月末までで、当選者はホームページを通してお知らせします。

9 □

불쌍하다

形 かわいそうだ、気の毒だ

類 가엾다 かわいそうだ
注 행운 幸運、ラッキー

왕자가 야수로 변해서 **불쌍하**다고 생각했는데 오히려 그건 행운이었다.
王子が野獣に変わってかわいそうだと思ったが、むしろそれは幸運だった。

10 □

흔들리다

動 揺れる

関 마음이 흔들리다 心が揺れる
注 멀미가 나다 (乗り物に)酔う

배가 계속 **흔들리**는 바람에 멀미가 나서 식사도 못 했어요.
船がずっと揺れたせいで酔って食事もできませんでした。

11 □

충격

名 衝撃

関 충격적이다 衝撃的だ
충격을 받다 衝撃を受ける

큰 **충격**을 받고 쓰러진 그가 조금 전에 의식을 회복했다.
大きな衝撃を受けて倒れた彼が少し前に意識を回復した。

12 □

힘

名 力

関 힘껏 力いっぱい　힘쓰다 尽力する
힘이 빠지다 力が抜ける
注 온몸 全身

시골 할머니가 돌아가셨다는 소식을 들은 순간 온몸에서 **힘**이 빠졌다.
田舎のおばあさんが亡くなったという知らせを聞いた瞬間、全身から力が抜けた。

13 □

부지런하다

形 勤勉だ

反 게으르다 怠ける
注 개미 アリ
나르다 運ぶ

개미는 **부지런해**서 쉬지 않고 먹이를 나르거나 집을 청소하거나 한다.
アリは勤勉だから休まず食料を運んだり家を掃除したりする。

14 □

알맞다

形 ふさわしい、適当だ

類 적당하다 適当だ
注 목욕시키다 沐浴させる、風呂に入れる

아기들을 목욕시킬 때 욕조 물의 **알맞**은 온도는 38도 정도이다.
赤ちゃんを風呂に入れる時、浴槽のお湯の適当な温度は38度程度だ。

チェック ✓
□ まねる □ 応募 □ 気早い □ 勤勉だ □ まさか □ 感嘆する □ 受け入れられる
□ 適当だ □ けしからん □ 衝撃 □ わざと □ 力 □ 揺れる □ かわいそうだ

15 **모집**

名 募集

関 모집 요강 募集要項
注 대충 ざっと
훑어보다 目を通す

접수 및 안내에 관련된 직원 **모집** 요강을 대충 훑어보았다.
受け付け及び案内に関連する職員募集要項にざっと目を通した。

16 **거절하다**

動 拒絶する、断る

反 승낙하다 承諾する
注 핑계를 대다 言い訳をする

그가 이번에는 또 무슨 핑계를 대면서 **거절할**지 궁금하네요.
彼が今回はまたどんな言い訳をしながら断るのか気になりますね。

17 **던지다**

動 投げる、投ずる

関 몸을 던지다 身を投ずる
注 물다 かむ、くわえる

멀리 **던진** 공을 개가 물어 오는 것으로 운동을 시키고 있다.
遠くに投げたボールを犬がくわえてくることで運動をさせている。

18 **대개**

副 大概、大方

類 대부분 大部分、大方
注 적응하다 適応する、慣れる

전근을 가서 새로운 환경에 적응하는 데 **대개** 반년 정도는 걸린대요.
転勤して新しい環境に慣れるのに大概半年くらいはかかるそうです。

19 **경력**

名 経歴

関 경력을 쌓다 経歴を積む
注 의심하다 疑う
일 처리 仕事ぶり

경력을 의심하는 것은 아니지만 **경력**에 비해 일 처리가 답답하다.
経歴を疑うわけではないが経歴の割には仕事ぶりがもどかしい。

20 **도망**

名 逃亡

関 도망자 逃亡者
注 신세 身の上、身
떠돌다 さすらう、放浪する

억울하게도 누명을 쓴 그는 **도망**자의 신세가 되어 전국을 떠돌았다.
無念にもぬれ衣を着せられた彼は逃亡者の身になって全国を放浪した。

21 **섭섭하다**

形 名残惜しい、残念だ

関 헤어지기 섭섭하다 別れが名残惜しい
注 알아보다 見て気付く

머리를 자르고 염색까지 했는데 알아봐 주는 사람이 없어서 **섭섭했**다.
髪を切ってカラーまでしたのに気付いてくれる人がいなくて残念だった。

22 □

흔하다

形 ありふれている

反 드물다 まれだ、珍しい
注 이제는 もう、今や

이제는 온라인으로 회의를 하거나 사람을 만나거나 하는 일은 **흔하**다.
今やオンラインで会議をしたり人と会ったりするのは珍しいことではない。

23 □

생략하다

動 省略する、省く

関 생략되다 省略される、省かれる
注 빠지다 抜ける、欠ける

이 부분만 참고 자료가 빠져 있는데 일부러 **생략한** 건가요?
この部分だけ参考資料が抜けていますが、わざと省いたのですか。

24 □

졸리다

形 眠い

関 졸다 居眠りをする
注 잠을 설치다 寝そびれる

밤새 잠을 설쳤더니 너무 **졸려**서 커피를 세 잔이나 마시고 왔어요.
一晩中寝そびれたのでとても眠くてコーヒーを 3 杯も飲んで来ました。

25 □

속다

動 だまされる

関 속이다 だます
注 하도 あまりにも
-(으)ㄴ 셈 치고 ～したつもりで

미백 효과가 좋다고 하도 추천하길래 **속**은 셈 치고 주문해 보았다.
美白効果がいいとあまりにも勧めるので、だまされたつもりで注文してみた。

26 □

호소하다

動 訴える

関 여론에 호소하다 世論に訴える
注 부당하다 不当だ

스포츠 선수가 부당한 계약 내용을 기자들 앞에서 밝히며 여론에 **호소했**다.
スポーツ選手が不当な契約内容を記者たちの前で明らかにして世論に訴えた。

27 □

마침

副 ちょうど

関 -(으)려던 차에 ～しようとしていた時に
注 쏟아지다 降り注ぐ

마침 밖에 널어 둔 이불을 걷으려던 차에 비가 쏟아졌다.
ちょうど外に干してあった布団を取り込もうとしていた時に雨が降り注いだ。

28 □

공포

名 恐怖

関 공포심 恐怖心
공포 영화 ホラー映画

공포 영화라면 예고편도 무서워하던 나였는데 지금은 즐겨 본다.
ホラー映画なら予告編も怖がっていた私だったのに今は好んで見ている。

チェック ✓
□ 投げる □ だまされる □ 募集 □ 訴える □ 残念だ □ 恐怖 □ 断る
□ 省く □ 大概 □ ちょうど □ 経歴 □ ありふれている □ 逃亡 □ 眠い

次の単語を韓国語は日本語に、日本語は韓国語にしなさい。

- 1. 태우다
- 2. 반려
- 3. 달래다
- 4. 못
- 5. 널다
- 6. 간절하다
- 7. 격려하다
- 8. 과잉
- 9. 업계
- 10. 대출
- 11. 함유하다
- 12. 차분하다
- 13. 겉
- 14. 체감하다
- 15. 한정되다
- 16. 편의
- 17. 희귀하다
- 18. 가시적
- 19. 성과
- 20. 지속되다
- 21. 通信
- 22. 実績
- 23. 孤立
- 24. 素朴だ
- 25. 漏れる
- 26. ちゅうちょする
- 27. 勧める
- 28. 加える
- 29. 当てる
- 30. 太い
- 31. 検証
- 32. 懇談会
- 33. 責める
- 34. 取り除く
- 35. 取り囲む
- 36. 度重なる
- 37. まねる
- 38. 応募
- 39. 衝撃
- 40. だまされる

正解

1. 燃やす **2.** 伴侶 **3.** 紛らす **4.** 釘 **5.** 干す **6.** 切だ **7.** 激励する **8.** 過剰 **9.** 業界 **10.** 貸し出し **11.** 含む **12.** 落ち着いている **13.** 外面 **14.** 体感する **15.** 限定される **16.** 便宜 **17.** 珍しい **18.** 可視的 **19.** 成果 **20.** 続く **21.** 통신 **22.** 실적 **23.** 고립 **24.** 소박하다 **25.** 새다 **26.** 주저하다 **27.** 권하다 **28.** 보태다 **29.** 대다 **30.** 굵다 **31.** 검증 **32.** 간담회 **33.** 탓하다 **34.** 제거하다 **35.** 둘러싸다 **36.** 거듭되다 **37.** 모방하다 **38.** 응모 **39.** 충격 **40.** 속다

確認問題

A (　　) に入る単語を選び、適当な形にしなさい。

끼우다	앞당기다	건네다	박다	개다	달래다

1. 이 사진을 수첩 사이에 (　　　　　) 놓고 매일 봐요.

2. 담당자한테 직접 이 서류를 (　　　　　)주고 오세요.

3. 오픈 날짜를 하루 (　　　　　)다고 해서 큰 차이는 없어요.

4. 비행기에서 우는 아기를 (　　　　　) 것은 어렵다.

B (　　) に入る適切な副詞を選びなさい。

일부러	설마	대개	한층	다만	활짝

1. 승진까지 했는데 (　　　　　) 회사를 그만둘 리가 있겠어요?

2. 저는 (　　　　　) 상사의 지시에 따랐을 뿐이에요.

3. 벚꽃이 (　　　　　) 핀 공원을 산책하는 것은 기분이 좋다.

4. 개인 정보의 유출을 막기 위해 보안을 (　　　　　) 강화시켰다.

正解例および和訳

A **1.** 끼워 **2.** 건네 **3.** 앞당긴 **4.** 달래는

訳 **1.** この写真を手帳の間に(挟んで)おいて毎日見ています。

2. 担当者に直接この書類を(渡して)来てください。

3. オープンの日を1日(前倒しにする)からといって大きな差はありません。

4. 飛行機で泣いている赤ちゃんを(あやす)のは難しい。

B **1.** 설마 **2.** 다만 **3.** 활짝 **4.** 한층

訳 **1.** 昇進までしたのに(まさか)会社を辞めるはずがありません。

2. 私は(ただ)上司の指示に従っただけです。

3. 桜が(ぱあっと)咲いた公園を散歩するのは気分がいい。

4. 個人情報の流出を防ぐためセキュリティを(一層)強化させた。

まとめてみましょう

使役動詞

-이-		-히-		-리-	
끓다 沸く	끓이다 沸かす	입다 着る	입히다 着せる	알다 知る	알리다 知らせる
먹다 食べる	먹이다 食べさせる	읽다 読む	읽히다 読ませる	울다 泣く	울리다 泣かせる
보다 見る	보이다 見せる	앉다 座る	앉히다 座らせる	살다 生きる	살리다 生かす
붙다 くっつく	붙이다 くっつける	눕다 横たわる	눕히다 横たえる	얼다 凍る	얼리다 凍らせる
속다 だまされる	속이다 だます	더럽다 汚い	더럽히다 汚す	돌다 回る	돌리다 回す

-기-		-우-		-추-	
웃다 笑う	웃기다 笑わせる	깨다 起きる	깨우다 起こす	맞다 合う	맞추다 合わせる
벗다 脱ぐ	벗기다 脱がせる	자다 寝る	재우다 寝かす	낮다 低い	낮추다 低める
씻다 洗う	씻기다 洗わせる	타다 乗る	태우다 乗せる	늦다 遅い	늦추다 遅らせる
신다 履く	신기다 履かせる	서다 立つ	세우다 立てる		
남다 残る	남기다 残す	비다 空く	비우다 空ける		

*上記の使役動詞の他に「-게 하다」又は「-게 만들다」（～するようにする）で使役を表すことも可能です。

受け身動詞

-이-		-히-		-리-	
보다 見る	보이다 見える	먹다 食べる	먹히다 食べられる	팔다 売る	팔리다 売れる
놓다 置く	놓이다 置かれる	닫다 閉める	닫히다 閉まる	열다 開く	열리다 開かれる
쓰다 書く	쓰이다 書かれる	잡다 捕まえる	잡히다 捕まる	풀다 解く	풀리다 解ける
쌓다 積む	쌓이다 積もる	밟다 踏む	밟히다 踏まれる	듣다 聞く	들리다 聞こえる
잠그다 鍵をかける	잠기다 鍵がかかる	찍다 撮る	찍히다 撮られる	걸다 かける	걸리다 かかる

-기-		-아/어지다			
끊다 切る	끊기다 切れる	켜다 つける	켜지다 つく	짓다 建てる	지어지다 建てられる
안다 抱く	안기다 抱かれる	끄다 消す	꺼지다 消える	정하다 決める	정해지다 決まる
쫓다 追う	쫓기다 追われる	깨다 割る	깨어지다 割れる	이루다 かなえる	이루어지다 かなう
담다 盛る	담기다 盛られる	세우다 建てる	세워지다 建てられる	만들다 作る	만들어지다 作られる
빼앗다 奪う	빼앗기다 奪われる	찢다 破る	찢어지다 破れる	지우다 消す	지워지다 消される

プラス名詞 40 ③

□ **시청자** 視聴者	関 시청률 視聴率 애청자 愛聴者 방송국 放送局	□ **초기** 初期	関 후기 後期 초반 序盤 초기화 初期化
□ **회전** 回転	関 돌다 回る 회전문 回転ドア 두뇌 회전 頭の回転	□ **이동** 移動	関 움직이다 動く 경로 経路 이동 수단 移動手段
□ **외면** 外面	反 내면 内面 関 겉모습 外見	□ **서민** 庶民	反 부유층 富裕層 関 중산층 中産階級 가난하다 貧しい
□ **변화** 変化	関 바꾸다 変える 적응하다 適応する 급격하다 急激だ	□ **자신** 自信	関 자신을 갖다 自信を持つ 자신을 얻다 自信を得る
□ **환자** 患者	関 입원 入院 수술 手術 돌보다 世話をする	□ **과거** 過去	反 미래 未来 関 옛날 昔 지나간 일 過ぎた事
□ **의약품** 医薬品	関 처방전 処方箋 규제하다 規制する 공급하다 供給する	□ **정치** 政治	関 정치가 政治家 개혁 改革 국회 国会
□ **이력** 履歴	関 이력서 履歴書 경력 経歴 학력 学歴	□ **평등** 平等	反 불평등 不平等 関 차별 差別 자유 自由
□ **기관** 機関	関 소속 所属 자문 기관 諮問機関 의료 기관 医療機関	□ **심사** 審査	関 통과 通過 심사 위원 審査委員 서류 심사 書類審査
□ **목적** 目的	類 목표 目標 関 목적지 目的地 달성하다 達成する	□ **음주** 飲酒	関 음주 운전 飲酒運転 과음 飲み過ぎ 취하다 酔う
□ **기준** 基準	関 정하다 決める 기준으로 삼다 基準にする	□ **종교** 宗教	関 개혁 改革 선교사 宣教師 신자 信者

□ **간식** 間食、おやつ	関 야식 夜食 간식거리 間食用の食べ物	□ **봉투** 封筒	関 봉지 袋 담다 入れる 뜯다 開ける
□ **적** 敵	関 싸우다 闘う 공격하다 攻撃する 항복하다 降伏する	□ **도구** 道具	関 수단 手段 필기도구 筆記用具 청소 도구 掃除道具
□ **전국** 全国	関 각지 各地 전국민 全国民 방방곡곡 津々浦々	□ **청소년** 青少年	関 비행 非行 미성년자 未成年者
□ **공장** 工場	関 노동자 労働者 매연 ばい煙 가동하다 稼働する	□ **실력** 実力	関 발휘하다 発揮する 실력파 実力派 실력 차 実力の差
□ **점수** 点数	関 만점 満点 따다 取る 매기다 つける	□ **출연** 出演	関 출연료 出演料 방송 출연 テレビ出演
□ **체형** 体形	関 유지 維持 보정하다 補整する 마른 체형 細い体形	□ **강의** 講義	関 강연 講演 강좌 講座 강사 講師
□ **외부** 外部	反 내부 内部 関 외면 外面 외부로부터 外部から	□ **토지** 土地	類 땅 土地 関 매매 売買 면적 面積
□ **철도** 鉄道	関 철로 鉄路 철도 공사 鉄道公社 고속 철도 高速鉄道	□ **품질** 品質	関 보증 保証 개선 改善 향상 向上
□ **촬영** 撮影	関 촬영지 ロケ地 기념 촬영 記念撮影 감독 監督	□ **대중** 大衆	関 대중화 大衆化 대중교통 公共交通 대중문화 大衆文化
□ **과학** 科学	関 과학자 科学者 자연 과학 自然科学 공상 과학 空想科学	□ **발견** 発見	関 조기 발견 早期発見 발견되다 発見される 발명 発明

Part 3 語彙総ざらい

재우다	寝かす
손등	手の甲
명예	名誉
방황하다	彷徨する、さまよう
미처	未だ、まだ、あらかじめ
살피다	調べる、見回す
홧김	腹立ちまぎれ、腹いせ
내뱉다	吐き出す、吐く
허전하다	満ち足りない、寂しい
후회스럽다	悔いが残る
기지개	伸び
욕구	欲求
전략	戦略
체증	渋滞
몸살	(体の)不調、体調不良
앓다	病む、患う
몰리다	押し寄せる、殺到する
혼잡	混雑
확장하다	拡張する
맺다	結ぶ
사로잡다	つかむ、捕らえる
톡톡히	たっぷり
손톱	(手の)つめ
세포	細胞
활발하다	活発だ
자판	キーボード
손가락	手の指
감싸다	包む、かばう
자원봉사	ボランティア活動
인지하다	認知する
부	富
뿌리	根
줄기	幹、茎
잎	葉、葉っぱ
상징	象徴
조상	祖先、先祖
자손	子孫
뜻하다	意味する、思う
화합	和合、仲良くすること
장만하다	用意する
독신	独身
가하다	加える
분자	分子
전자파	電磁波
진동	振動
부당하다	不当だ
미미하다	微々たる、かすかだ
얼다	凍る
부피	かさ、体積
반사	反射
쪼개다	割る、割く、分ける
고정	固定
절차	手続き、手順
거치다	経る、経由する
급변하다	急変する
의사	意思
계열사	系列会社
독립	独立
분리하다	分離する、切り離す
최종	最終
권한	権限
타협	妥協
넘기다	渡す、越す、めくる
신속하다	迅速だ
공유하다	共有する
물감	絵の具
덧칠하다	上塗りする、塗り重ねる
섞다	混ぜる、交える
탁하다	濁っている、よどむ
화가	画家
점	点、ほくろ、占い
찍다	つける、押す
촘촘하다	ぎっしりしている
막대	棒
후련하다	すっきりしている
기법	技法、手法
회화	絵画
외면하다	背ける、目をそらす
거르다	抜く、除く
지표	指標
나팔꽃	アサガオ
대기	大気
반점	斑点
은어	アユ
수질	水質
미꾸라지	ドジョウ
측정하다	測定する
장비	装備、機器
판별하다	判別する
민망하다	恥ずかしい、きまり悪い
적절하다	適切だ
증진	増進
고래	クジラ

실상	実相、実情
절대적	絶対的
가정하다	仮定する
폭	幅
오르다	上がる
결	きめ、(髪)質
여기다	思う、感じる
수치	数値
철새	渡り鳥
무리	群、群れ
일정하다	一定している
선두	先頭
거칠다	荒い、粗い、激しい
맨	一番、最も
맞서다	立ち向かう、向かう
비행하다	飛行する
최적	最適
항로	航路
무료하다	退屈だ
고도	高度
두루	満遍なく、漏れなく
저해하다	阻害する
선하다	善良だ、良い
사소하다	些細だ
일탈	逸脱
간과하다	看過する
기인하다	起因する
활	弓
사과하다	謝る
건성	上の空
행하다	行う
회피하다	回避する
악하다	悪い、邪悪だ
언행	言行
진정하다	真正だ、本当だ
용서하다	許す
악의적	悪意的
상대방	相手
무취	無臭
농도	濃度
짙다	濃い
위주	主とすること、本位
입자	粒子
동일하다	同一だ、一緒だ
착안하다	着眼する、着目する
악취	悪臭
미식가	美食家、グルメ
접어들다	差し掛かる
일상	日常
엇갈리다	行き違う、食い違う
산지	産地
끼	食
수고하다	苦労する
허기	飢え
비약적	飛躍的
윤택하다	潤沢だ、豊かだ
소외시키다	疎外する
단정 짓다	断定する
급속하다	急速だ
중립	中立
진학하다	進学する
변동	変動
담임	担任
말썽꾸러기	問題児
수줍다	恥ずかしい、内気だ
당장	直ちに、すぐさま
꼬다	よじる、組む
시선	視線
자리매김	位置付け
가만히	じっと、静かに
간지럽다	かゆい、くすぐったい
간결하다	簡潔だ
짚다	指摘する、つく
추궁하다	追及する
죄	罪
서럽다	恨めしい、悲しい
생애	生涯
말다	(汁物に)入れて混ぜる
흐물흐물하다	ふにゃふにゃだ
현명하다	賢明だ
눈물	涙
방울	滴、鈴
선보이다	披露する
무르다	柔らかい、もろい
특성	特性
담담하다	淡々としている
감격스럽다	感激的だ、感動的だ
보편적	普遍的
화	怒り
유무	有無
대상	対象
임산부	妊婦
난처하다	困る
최대한	最大限
차별	差別
조성하다	造成する
계층	階層

널리	広く
얽히다	絡む、絡まる
보수	保守
진보	進歩
우선시하다	優先的に思う、重要視する
개념	概念
옳다	正しい
중시하다	重視する
자율	自律
몫	分け前、役割
개입하다	介入する
보완하다	補完する、補う
관점	観点
조절	調節
축	軸
주도하다	主導する、リードする
제어하다	制御する
유일하다	唯一だ
가치	価値
특허	特許
독창적	独創的
발명	発明
독점	独占
의무	義務
부과하다	賦課する、課する
취지	趣旨
부합하다	符合する、合致する
혁신	革新
이바지하다	貢献する、寄与する
변질되다	変質する、変わる
두드러지다	際立つ
현상	現象
마구잡이로	手当たり次第に
상태	状態
권리	権利
비일비재하다	一度や二度でない、ざらだ
선점하다	先に占める、先取する
출원	出願
정작	いざ、実際に
당연하다	当然だ
무분별하다	無分別だ
훼손하다	毀損する、傷める
남용하다	乱用する
실질적	実質的
만료	満了
옹호하다	擁護する
겁	おびえ、恐怖心
멀미	乗り物酔い、吐き気
낡다	古い
내내	ずっと
노후	老後
강력하다	強力だ
절반	折半、半分
교복	(学校の)制服
기여하다	寄与する
기사	運転手
대여	貸し出し
커다랗다	とても大きい
펼쳐지다	広がる
막	ちょうど
통	全く
완화되다	緩和される、和らぐ
푹	ゆっくり、ぐっすり
견과류	木の実、ナッツ類
무기	武器
악수	握手
안심하다	安心する
원래	元来、元々
서먹하다	気まずい、疎い
칼	包丁、ナイフ
잘못	過ち
단순하다	単純だ
새삼	今更、改めて
거창하다	雄大だ、大げさだ
소소하다	小さい、ささやかだ
영구적	永久的
행인	通行人
곧장	まっすぐ
맴돌다	ぐるぐる回る
비록	たとえ
만약	万が一、もし
깨치다	会得する、悟る
나아가서	ひいては
갈다	挽く、研ぐ
온	すべての
갑갑하다	窮屈だ、狭苦しい
그저	ただ
손사래	否定して手を横に振ること
시급하다	至急だ、急がれる
축소	縮小
치중하다	(他より)重んじる

뒷전	後回し
접근하다	接近する、近づく
가동하다	稼働する
미지수	未知数
반도체	半導体
열의	熱意
흥미	興味
용어	用語
익히다	習う、煮る
정답	正解
획득하다	獲得する
잘리다	切られる、切れる、首になる
천연	天然
근거	根拠
드러내다	現す、さらけ出す
유리	ガラス
튀다	跳ねる、飛び散る
선반	棚
파편	破片
깨어지다	割れる、破れる、破られる
산산조각	こなごな、ばらばら
금	金、ひび
용액	溶液
마르다	乾く
학계	学界
입히다	負わせる、着せる
겹치다	重ねる、重なる
기호	記号
무한대	無限大
한동안	しばらくの間

정의	正義
이론	理論
하루살이	カゲロウ
붙다	付く
성충	成虫
퇴화하다	退化する
까닭	訳、理由
솔직하다	率直だ
물리적	物理的
저항하다	抵抗する
항균	抗菌
쌓이다	たまる、積もる
태양	太陽
경도	経度
유용하다	有用だ、役立つ
신체	身体
몰래	こっそり
원천적	根本的、根源的
신상	身の上、身元
규제	規制
집다	つまむ
요약	要約
정돈하다	整頓する
취하다	取る、酔う
사물	事物、物事
관찰하다	観察する
무뎌지다	鈍る
저하	低下
사고력	思考力
출간	出版、刊行
염두	念頭
고유하다	固有だ
응용하다	応用する
제약	制約
식감	食感
거대하다	巨大だ
온통	すべて、全部

상점	商店、店
보행자	歩行者
청결하다	清潔だ
볼거리	見物、見所
가렵다	かゆい
가로등	街路灯、街灯
쾌적하다	快適だ
파수꾼	見張り、番人
채우다	満たす
눈살	みけんのしわ、まゆ
욕망	欲望
장독	(陶製の)かめ
곁들이다	添える
정	情
각박하다	厳しい、薄情だ
돋보이다	目立つ、引き立つ
문답	問答
최초	最初
이득	利得、利益
성하다	痛んでいない、無傷だ
주화	硬貨、コイン
발행하다	発行する
테두리	縁、枠
톱니바퀴	歯車
정답다	むつまじい、親密だ
육안	肉眼
당일	当日
정식	正式
북적이다	にぎわう、ごった返す
결제	決済
낯설다	見慣れない
원고	原稿

개업	開業、開店
어리석다	愚かだ
시키다	させる、注文する
마감	締め切り
쫓기다	追われる
상당히	相当、非常に
임박하다	差し迫る、間近になる
매다	締める、結ぶ
원동력	原動力
시야	視野
좁히다	狭める、縮める
성급히	急いで、せっかちに
무턱대고	むやみに、無鉄砲に
전적으로	全面的に、完全に
상이하다	相違する、異なる
거론하다	取り上げる
접착	接着
진공	真空
해당하다	該当する
뱀	蛇
털	毛
접촉하다	接触する
자칫하면	ともすれば、間違えば
엉뚱하다	突飛だ
밀다	押す
점성	粘性
유사하다	類似する
전담하다	専門に担当する
공통점	共通点
유리하다	有利だ
독려하다	督励する、励ます
야기하다	引き起こす
경고하다	警告する
꺼지다	消える
조명	照明
해치다	害する、傷つける
풍부하다	豊富だ
악보	楽譜
걷다	取り込む、集める
의식	意識
풍성하다	豊かだ
태우다	燃やす
곤란하다	困難だ、困る
반려	伴侶
권위	権威
다리다	アイロンをかける
튀어나오다	飛び出る、突き出る
못	釘
널다	干す
차라리	むしろ、いっそ
인성	人間性、人柄、人格
돌보다	面倒を見る、世話する
달래다	慰める、紛らす、あやす
간절하다	切だ
동반자	同伴者
숙이다	うつむく、下げる
격려하다	激励する、励ます
캄캄하다	真っ暗だ
미숙하다	未熟だ
과잉	過剰
창피하다	恥ずかしい
대하다	接する、対する
농사	農業
배추	白菜
건네다	渡す、(言葉を)かける
짜증	いらだち
당황하다	慌てる
불만스럽다	不満だ
박다	ぶつける、打つ
맞대다	突き合わせる、寄せる
줄	ひも、綱、列
상관없다	関係ない、構わない
잇따르다	相次ぐ
업계	業界
활기	活気
장식하다	装飾する、飾る
경쾌하다	軽快だ
무덤	墓
차분하다	物静かだ、落ち着いている
대출	貸し出し
정해지다	決まる
다만	ただ、単に
함유하다	含有する、含む
열량	熱量、カロリー
겉	表、外面
체감하다	体感する
기한	期限
한정되다	限定される
사자	ライオン
편의	便宜
고독하다	孤独だ

안락	安楽
얽매이다	束縛される、とらわれる
자발적	自発的
희귀하다	珍しい
가시적	可視的
성과	成果
지속되다	持続する、続く
통신	通信
산봉우리	山の峰
피우다	起こす、咲かせる
안개	霧
긴급	緊急
개다	畳む、晴れる
실적	実績
재고	在庫
마주하다	向かい合わせる
분노	憤怒、怒り
적개심	敵がい心
고립	孤立
끼우다	抱き合わせる、はめる、挟む
퇴색하다	退色する、色あせる
경품	景品
역효과	逆効果
소박하다	素朴だ
책정하다	策定する
새다	漏れる
풍경	風景
통로	通路
주저하다	ちゅうちょする
권하다	勧める
상상	想像
보태다	足す、加える
허구	虚構
덧붙이다	付け加える
수화	手話
짤막하다	やや短い
탄식	嘆息、ため息
칭하다	称する
대다	当てる
굵다	太い
묘사하다	描写する
검증	検証
응시하다	凝視する、見つめる
분주하다	慌ただしい
간담회	懇談会
탓하다	責める、恨む
무력하다	無力だ
가속화	加速化
망설이다	迷う、ためらう
가장자리	縁、端
모서리	角、隅
제거하다	除去する、取り除く
무궁무진하다	無限だ
한층	一層、さらに
앞당기다	早める、前倒しにする
침해	侵害
둘러싸다	取り囲む、めぐる
논란	論難、論議
잠잠하다	静かだ
활짝	大きく、いっぱい
거듭되다	度重なる
괘씸하다	ふらちだ、けしからん
모방하다	模倣する、まねる
용납되다	受け入れられる
감탄하다	感嘆する、感心する
조급하다	気早い、せっかちだ
설마	まさか
일부러	わざと
응모	応募
불쌍하다	かわいそうだ、気の毒だ
흔들리다	揺れる
충격	衝撃
힘	力
부지런하다	勤勉だ
알맞다	ふさわしい、適当だ
모집	募集
거절하다	拒絶する、断る
던지다	投げる、投ずる
대개	大概、大方
경력	経歴
도망	逃亡
섭섭하다	名残惜しい、残念だ
흔하다	ありふれている
생략하다	省略する、省く
졸리다	眠い
속다	だまされる
호소하다	訴える
마침	ちょうど
공포	恐怖
시청자	視聴者
회전	回転
외면	外面
변화	変化

환자	患者
의약품	医薬品
이력	履歴
기관	機関
목적	目的
기준	基準
초기	初期
이동	移動
서민	庶民
자신	自信
과거	過去
정치	政治
평등	平等
심사	審査
음주	飲酒
종교	宗教
간식	間食、おやつ
적	敵
전국	全国
공장	工場
점수	点数
체형	体形
외부	外部
철도	鉄道
촬영	撮影
과학	科学
봉투	封筒
도구	道具
청소년	青少年
실력	実力
출연	出演
강의	講義
토지	土地
품질	品質
대중	大衆
발견	発見

Part 4

覚えておきたい
重要単語600

Day 61

1 □	**실마리** 名 糸口、手掛かり	사건 해결의 **실마리**가 보이지 않는다. 事件解決の糸口が見えない。
2 □	**느긋하다** 形 のんびりしている	매사에 **느긋한** 성격이라서 어쩔 수 없다. 万事にのんびりしている性格だから仕方ない。
3 □	**살리다** 動 生かす、助ける	발이 빠른 특기를 **살려**서 축구부에 들어갔다. 足が速い特技を生かしてサッカー部に入った。
4 □	**희미하다** 形 ぼんやりしている	글씨가 **희미하**게 보여서 다시 복사했다. 文字がぼやけて見えたのでコピーし直した。
5 □	**부서지다** 動 壊れる、砕ける	바닥에 떨어뜨리는 바람에 장난감이 **부서졌**다. 床に落としたせいでおもちゃが壊れた。
6 □	**단련하다** 動 鍛錬する、鍛える	주말마다 산을 오르며 몸과 마음을 **단련했**다. 毎週末、山に登って体と心を鍛えた。
7 □	**찌다** 動 蒸す	간식용으로 고구마를 **쪄**서 가지고 갔다. 間食用にサツマイモを蒸して持って行った。
8 □	**곰팡이** 名 カビ	문을 열자 **곰팡이** 냄새가 코를 찔렀다. ドアを開けるとカビのにおいが鼻をついた。
9 □	**즉** 副 即ち	생각한다는 것은 **즉** 살아 있다는 것이다. 考えるということは即ち生きているということだ。
10 □	**줄곧** 副 絶えず、ずっと	**줄곧** 대기실에서 이름이 불리기를 기다렸다. ずっと控え室で名前が呼ばれるのを待った。
11 □	**깔다** 動 敷く	잔디 위에 돗자리를 **깔**고 점심을 먹었다. 芝生の上にござを敷いてランチを食べた。
12 □	**기후** 名 気候	지구 온난화가 **기후** 변화를 일으키고 있다. 地球温暖化が気候変動を引き起こしている。

チェック ✓
□ 蒸す □ のんびりしている □ 生かす □ 敷く □ 即ち □ 糸口
□ ぼんやりしている □ 気候 □ カビ □ 壊れる □ ずっと □ 鍛える

13 □	**금융**	名 金融	적자가 이어져 **금융** 기관에 융자를 신청했다. 赤字が続いたので金融機関に融資を申請した。
14 □	**야단치다**	動 しかる	시끄럽게 떠들길래 **야단쳤**을 뿐이에요. うるさく騒いだのでしかっただけです。
15 □	**흐릿하다**	形 はっきりしない	어릴 때 기억이 **흐릿하**게 남아 있다. 幼い時の記憶がうっすら残っている。
16 □	**구두쇠**	名 けちん坊	자식을 위해서도 돈을 안 쓰는 **구두쇠**이다. 子供のためにもお金を使わないけちん坊だ。
17 □	**진위**	名 真偽	증언의 **진위** 여부를 확인해야 합니다. 証言の真偽の程を確かめなければなりません。
18 □	**위대하다**	形 偉大だ	그 과학자는 **위대한** 업적을 남겼다. その科学者は偉大な業績を残した。
19 □	**살짝**	副 そっと、軽く	친구가 눈치채지 못하게 **살짝** 다가갔다. 友達が気付かないようにそっと近づいた。
20 □	**흔적**	名 痕跡、跡形	분명히 여기 있었는데 **흔적**도 없이 사라졌다. 確かにここにあったのに跡形もなく消えた。
21 □	**밟히다**	動 踏まれる	지하철에서 여자의 구두 굽에 발을 **밟혔**다. 地下鉄で女性の靴のかかとに足を踏まれた。
22 □	**절벽**	名 絶壁	**절벽** 아래로 떨어진 그가 살아있을 리가 없다. 絶壁の下へ落ちた彼が生きているはずがない。
23 □	**선착순**	名 先着順	**선착순**으로 한정 판매한다고 해서 서둘렀다. 先着順で限定販売するというので急いだ。
24 □	**건반**	名 鍵盤、キー	아이는 아무렇게나 피아노 **건반**을 두드렸다. 子供は適当にピアノの鍵盤をたたいた。

チェック ✓

□ しかる □ 踏まれる □ そっと □ 真偽 □ 先着順 □ 偉大だ □ 鍵盤
□ 跡形 □ 絶壁 □ はっきりしない □ 金融 □ けちん坊

25 □	**어기다** 動 (約束を)破る	약속을 번번이 **어기**는 그는 신용할 수 없다. 約束を毎回破る彼は信用できない。
26 □	**황당하다** 形 荒唐だ、あきれる	금주 중인 사람한테 술을 권하다니 **황당하**다. 禁酒中の人にお酒を勧めるとはあきれる。
27 □	**처지** 名 立場、分際	누군가의 부탁을 들어줄 만한 **처지**가 못된다. 誰かの頼みを聞き入れるほどの立場ではない。
28 □	**항의** 名 抗議	방송 내용에 대한 **항의** 전화가 빗발쳤다. 放送内容に対する抗議電話が殺到した。
29 □	**경주** 名 競走	인생을 장애물 **경주**에 빗대어 설명했다. 人生を障害物競走に例えて説明した。
30 □	**귀화** 名 帰化	한국에서 오래 산 그는 **귀화**를 고려하고 있다. 韓国で長く住んだ彼は帰化を考慮している。
31 □	**소감** 名 所感、感想	50년 만에 귀국한 **소감** 한마디 해 주세요. 50年ぶりに帰国した感想を一言お願いします。
32 □	**수입** 名 輸入	커피는 대부분 **수입**에 의존하고 있다. コーヒーはほとんど輸入に依存している。
33 □	**씩씩하다** 形 りりしい	제대한 그는 **씩씩한** 청년이 되어 있었다. 除隊した彼はりりしい青年になっていた。
34 □	**마당** 名 庭	**마당**에 쌓인 눈을 치우는 데 한나절 걸렸다. 庭に積もった雪を片付けるのに半日くらいかかった。
35 □	**이자** 名 利子	은행에 돈을 맡겨도 **이자**는 거의 안 붙는다. 銀行にお金を預けても利子はほとんどつかない。
36 □	**감추다** 動 隠す	이 방 어딘가에 돈을 **감춘** 게 확실하다. この部屋のどこかにお金を隠したに違いない。

チェック ✓
□ 帰化 □ 庭 □ りりしい □ 隠す □ 立場 □ 感想 □ 利子 □ 輸入
□ 破る □ あきれる □ 競走 □ 抗議

37 ☐	**배역** 名 配役	중요한 **배역**인데 신인한테 맡겨도 될까? 重要な配役なのに新人に任せてもいいだろうか。
38 ☐	**솜씨** 名 手際、腕前	우리 어머니의 요리 **솜씨**는 정말 기가 막힌다. うちの母の料理の腕前は本当に素晴らしい。
39 ☐	**생생하다** 形 生々しい	응원 소리가 아직 귓가에 **생생하**게 남아 있다. 応援の声がまだ耳に生々しく残っている。
40 ☐	**탐사** 名 探査	우주 **탐사**를 위한 로켓의 발사가 성공했다. 宇宙探査のためのロケットの発射が成功した。
41 ☐	**올바르다** 形 正しい	**올바른** 학교 교육의 필요성을 새삼 느꼈다. 正しい学校教育の必要性を改めて感じた。
42 ☐	**염증** 名 炎症	상처를 잘 소독하지 않으면 **염증**이 생긴다. 傷口をよく消毒しないと炎症を起こす。
43 ☐	**마주치다** 動 出くわす、合う	이런 곳에서 **마주치**다니 우연은 아닌 것 같다. こんな所で出くわすとは偶然ではなさそうだ。
44 ☐	**두드러기** 名 じんましん	상한 음식을 먹고 온몸에 **두드러기**가 났다. 傷んだ食べ物を食べて全身にじんましんができた。
45 ☐	**제자리걸음** 名 足踏み	신규 계약자 수는 **제자리걸음** 상태이다. 新規契約者数は足踏み状態だ。
46 ☐	**항생제** 名 抗生物質	**항생제**를 남용하면 부작용이 생길 수 있다. 抗生物質を乱用すると副作用が起こりうる。
47 ☐	**눕히다** 動 寝かせる	바닥에 쓰러져 있던 환자를 침대에 **눕혔**다. 床に倒れていた患者をベッドに寝かせた。
48 ☐	**광택** 名 光沢	구두를 닦은 후 헝겊으로 문질러 **광택**을 냈다. 靴を磨いた後、布切れで擦って光沢を出した。

チェック ✓
☐ 探査 ☐ 足踏み ☐ 腕前 ☐ 炎症 ☐ 配役 ☐ 生々しい ☐ 光沢
☐ 寝かせる ☐ 抗生物質 ☐ 出くわす ☐ じんましん ☐ 正しい

49 □	**담보**	名 担保	토지를 **담보**로 은행에서 대출을 받았다. 土地を担保に銀行からお金を借りた。
50 □	**투과시키다**	動 透過させる、通す	빛을 프리즘에 **투과시켜** 무지개를 만든다. 光をプリズムに透過させて虹を作る。
51 □	**마음껏**	副 思う存分	시골에서 아이들은 **마음껏** 뛰어놀면서 자랐다. 田舎で子供たちは思う存分遊び回って育った。
52 □	**실시간**	名 リアルタイム	드라마에 대한 반응을 **실시간**으로 볼 수 있다. ドラマに対する反応をリアルタイムで見られる。
53 □	**교감**	名 交感、触れ合い	동물과의 **교감**을 통해 치유되는 경우도 있다. 動物との触れ合いを通して癒される場合もある。
54 □	**흘러가다**	動 流れる	**흘러가**는 세월을 막을 수 있는 사람은 없다. 流れる歳月を止められる人はいない。
55 □	**멸시**	名 蔑視	학력이 낮다는 이유만으로 **멸시**를 받았다. 学歴が低いという理由だけで蔑視を受けた。
56 □	**뒤집다**	動 裏返す	티셔츠를 **뒤집**어 입었다는 것을 지금 알았다. Tシャツを裏返して着ていたのを今気付いた。
57 □	**흑자**	名 黒字	지난달부터 영업 이익이 **흑자**로 돌아섰다. 先月から営業利益が黒字になった。
58 □	**우정**	名 友情	이번 여행을 계기로 **우정**이 한층 두터워졌다. 今回の旅行を契機に友情が一層深まった。
59 □	**최후**	名 最後、最期	전쟁을 승리로 이끈 후에 **최후**를 맞이했다. 戦争を勝利に導いた後、最期を迎えた。
60 □	**메다**	動 担ぐ、背負う	배낭 하나만 **메**고 훌쩍 여행을 떠났다. リュック一つだけ背負ってふらりと旅に出た。

チェック ✓
□ 裏返す □ 思う存分 □ 蔑視 □ 最期 □ 背負う □ 流れる □ 触れ合い
□ リアルタイム □ 友情 □ 黒字 □ 担保 □ 透過させる

Day 62

1 □	**가상** 名 仮想	**가상** 세계에서 집도 짓고 친구도 사귄다. 仮想世界で家も建てて友達も作る。
2 □	**어항** 名 金魚鉢	**어항**을 청소하기 위해 물고기들을 옮겼다. 金魚鉢を掃除するために魚たちを移した。
3 □	**미각** 名 味覚	과한 흡연과 음주는 **미각**을 둔화시킨다. 過度な喫煙と飲酒は味覚を鈍化させる。
4 □	**멸종** 名 絶滅	코끼리는 **멸종** 위험이 높은 동물로 분류된다. 象は絶滅の危険が高い動物に分類される。
5 □	**내심** 副 内心、ひそかに	괜찮은 척을 했지만 **내심** 조마조마했다. 大丈夫なふりをしたけど内心ひやひやした。
6 □	**유목민** 名 遊牧民	**유목민**들은 정착보다 이동에 익숙하다. 遊牧民は定着より移動に慣れている。
7 □	**건전지** 名 乾電池	**건전지**의 수명이 다해서 시계가 멈춘 것 같다. 乾電池の寿命が尽きて時計が止まったようだ。
8 □	**저마다** 副 おのおの、それぞれ	사람은 **저마다** 다른 목표를 가지고 살아간다. 人はそれぞれ違う目標を持って生きていく。
9 □	**얼룩** 名 染み	쏟아진 커피가 튀어서 셔츠에 **얼룩**이 졌다. こぼれたコーヒーが跳ねてシャツに染みが付いた。
10 □	**상쾌하다** 形 そう快だ	푸른 하늘을 보고 있으면 기분도 **상쾌해**진다. 青い空を見ていると気分もそう快になる。
11 □	**제발** 副 どうか、ぜひ	**제발** 한 번만 눈감아 달라고 애원했다. どうか一度だけ見逃してくれと哀願した。
12 □	**기금** 名 基金	이 돈은 장학 사업을 위한 **기금**으로 쓰인다. このお金は奨学事業のための基金として使われる。

チェック ✓
□ 味覚 □ 乾電池 □ 仮想 □ それぞれ □ 染み □ そう快だ □ 遊牧民
□ 基金 □ どうか □ 金魚鉢 □ 内心 □ 絶滅

13 □	**출하** 名 出荷	**출하** 가격의 5배에 가까운 값으로 팔렸다. 出荷価格の５倍に近い値段で売れた。
14 □	**켜지다** 動 (明かりが)つく	불이 **켜져** 있어서 집에 있는 줄 알았다. 明かりがついていたので家にいると思った。
15 □	**행방불명** 名 行方不明、失そう	**행방불명**이 된 지 1년이 지나도록 무소식이다. 行方不明になってから１年が経っても便りがない。
16 □	**이어지다** 動 つながる、続く	전염병의 유행은 사회적 혼란으로 **이어진**다. 伝染病の流行は社会的混乱につながる。
17 □	**틈** 名 すき間	창문 **틈**으로 약간의 바람이 들어온다. 窓のすき間からわずかな風が入ってくる。
18 □	**무너지다** 動 崩れる、崩壊する	지진으로 돌담이 **무너지**는 피해가 발생했다. 地震で石垣が崩れる被害が発生した。
19 □	**의식주** 名 衣食住	**의식주** 문제만 해결된다면 다른 건 걱정 없다. 衣食住の問題だけ解決できれば他は心配ない。
20 □	**호기심** 名 好奇心	**호기심**으로 해 본 카지노에서 큰돈을 땄다. 好奇心でやってみたカジノで大金を得た。
21 □	**위장** 名 偽装	비자를 위해 **위장** 취업한 것이 들통났다. ビザのために偽装就職したことがばれた。
22 □	**자취** 名 跡、姿	근면 성실했던 그녀가 돌연 **자취**를 감추었다. 勤勉で誠実だった彼女が突然姿を消した。
23 □	**빗다** 動 (髪を)とく、とかす	머리를 자주 **빗**으면 머릿결이 좋아진대요. 髪をよくとかすと髪質がよくなるそうです。
24 □	**조만간** 副 近いうちに	이곳은 **조만간** 강제 철거에 들어갈 예정이다. ここは近いうちに強制撤去に入る予定だ。

チェック ✓
□ つく □ 衣食住 □ 出荷 □ とかす □ 近いうちに □ すき間 □ 姿
□ 好奇心 □ 行方不明 □ 崩れる □ 偽装 □ つながる

25 □	**발판** 名 足場、踏み台	상자를 **발판**으로 삼아 물건을 내렸다.	箱を踏み台にして物を下ろした。
26 □	**동작** 名 動作	태권도의 기본 **동작**을 몸에 익혔다.	テコンドーの基本動作を身に付けた。
27 □	**명칭** 名 名称	영어로 된 긴 **명칭**을 줄여서 사용했다.	英語でできている長い名称を縮めて使用した。
28 □	**가마솥** 名 大釜	옛날에는 **가마솥**에 물을 데워서 세수를 했다.	昔は大釜で水を温めて顔を洗った。
29 □	**침전물** 名 沈殿物	제조 과정에서 **침전물**이 생길 수 있습니다.	製造過程で沈殿物ができることもあります。
30 □	**오류** 名 誤り、エラー	**오류**가 발생하여 시스템이 작동하지 않았다.	エラーが発生してシステムが作動しなかった。
31 □	**복고** 名 復古、レトロ	**복고**풍 스타일이 올해의 트렌드가 될 것 같다.	レトロなスタイルが今年のトレンドになりそうだ。
32 □	**탈출** 名 脱出	창문을 깨고 **탈출**을 시도했지만 실패했다.	窓を割って脱出を試みたが失敗した。
33 □	**거처** 名 居場所、住むところ	정해진 **거처**가 없어서 주소는 못 써요.	決まった住むところがなくて住所は書けません。
34 □	**사막** 名 砂漠	사하라 **사막**은 규모가 가장 큰 **사막**이다.	サハラ砂漠は規模が一番大きい砂漠だ。
35 □	**뜻밖에** 副 意外に	반대할 줄 알았는데 **뜻밖에**도 찬성해 주었다.	反対すると思ったのに意外にも賛成してくれた。
36 □	**신기하다** 形 物珍しい	아이는 **신기한** 듯이 눈을 떼지 못했다.	子供は物珍しそうに目を離すことができなかった。

チェック ✓

□ 名称 □ レトロ □ 住むところ □ 物珍しい □ 砂漠 □ エラー □ 意外に
□ 踏み台 □ 脱出 □ 沈殿物 □ 大釜 □ 動作

37 □	**인쇄** [名] 印刷	전단지 **인쇄**가 끝나면 밖에 나가서 돌리세요. チラシの印刷が終わったら外に出て配ってください。
38 □	**은신처** [名] 隠れ家	범인의 **은신처**를 알아내는 데 오래 걸렸다. 犯人の隠れ家を見つけ出すのに長くかかった。
39 □	**낳다** [動] 産む	돼지는 보통 한 번에 8마리의 새끼를 **낳**는다. 豚は普通一度に 8 匹の子供を産む。
40 □	**어차피** [副] どうせ、どのみち	**어차피** 알게 될 텐데 지금 가르쳐 주세요. どうせ知ることになるので今教えてください。
41 □	**상설** [名] 常設	**상설** 할인 매장에서 겨울용 코트를 샀다. 常設の割引売り場で冬用のコートを買った。
42 □	**갸름하다** [形] 細長い	**갸름한** 얼굴에 하얀 피부가 미인상이다. 細長い顔に白い肌が美人顔である。
43 □	**손질하다** [動] 手入れする	정원의 화초를 **손질하**는 것은 내 담당이다. 庭の草花を手入れするのは私の担当だ。
44 □	**반발** [名] 反発	**반발**에도 불구하고 새 법안이 통과되었다. 反発にも関わらず新しい法案が通った。
45 □	**재주** [名] 才能、技	그는 사람의 마음을 움직이는 **재주**가 있다. 彼は人の心を動かす才能がある。
46 □	**대본** [名] 台本	**대본**을 읽은 후에 바로 출연을 결정했다. 台本を読んだ後にすぐ出演を決めた。
47 □	**마중** [名] 迎え	역에 도착했지만 **마중** 나온 사람이 안 보였다. 駅に着いたが、迎えにきた人は見当たらなかった。
48 □	**한숨** [名] ため息	아직 퇴원 못 한다는 말에 **한숨**을 쉬었다. まだ退院できないという話にため息をついた。

チェック ✓

□ どうせ □ 細長い □ 反発 □ 産む □ 手入れする □ 迎え □ 隠れ家
□ 台本 □ 印刷 □ 常設 □ ため息 □ 才能

49 □	**수선하다** 動 修繕する、直す	바지 길이가 길어서 **수선해**서 입었다. ズボンの長さが長かったので直してはいた。
50 □	**들이다** 動 入れる、(習慣を)つける	시간이 되면 한 명씩 방으로 **들이**세요. 時間になったら一人ずつ部屋に入れてください。
51 □	**각오** 名 覚悟	좌절하지 않고 새로운 **각오**로 다시 도전했다. 挫折しないで新しい覚悟で再び挑戦した。
52 □	**얕다** 形 浅い	이 개울은 수심이 **얕**아서 건널 수 있겠어요. この小川は水深が浅いから渡れるでしょう。
53 □	**통지** 名 通知	합격 **통지**서를 눈이 빠지게 기다렸다. 合格通知書を首を長くして待った。
54 □	**어쨌든** 副 とにかく	**어쨌든** 이번 일은 제가 책임을 질게요. とにかく今回のことは私が責任を取ります。
55 □	**굴뚝** 名 煙突	공장 **굴뚝**에서 까만 연기가 하늘로 올라간다. 工場の煙突から黒い煙が空へ上る。
56 □	**해내다** 動 やり遂げる	혼자 힘으로 **해내**다니 정말 기특하다. 一人の力でやり遂げるとは本当に感心だ。
57 □	**얌전하다** 形 おとなしい	아이는 밖에서는 **얌전한** 척을 하기 일쑤예요. 子供は外ではおとなしいふりをよくします。
58 □	**연계** 名 連携	타사와의 **연계**를 통해 사업을 확장시킨다. 他社との連携を通して事業を拡張させる。
59 □	**버티다** 動 耐える、対抗する	요구가 받아들여질 때까지 **버틸** 생각이다. 要求が受け入れられるまで対抗するつもりだ。
60 □	**하품** 名 あくび	연주회에서 **하품**이 계속 나와서 민망했다. 演奏会であくびがずっと出て恥ずかしかった。

チェック ✓

□ とにかく □ おとなしい □ あくび □ 通知 □ 覚悟 □ 入れる
□ 対抗する □ 連携 □ 浅い □ 直す □ やり遂げる □ 煙突

Day 63

1 □	**산사태** 名 山崩れ	**산사태**로 인해 도로가 무너져서 고립됐다.	山崩れによって道路が崩れて孤立した。
2 □	**조르다** 動 ねだる	**조른**다고 사 주면 버릇이 나빠진다.	ねだるからと買ってあげたら悪い癖がつく。
3 □	**소화** 名 消化	기내에서의 식사는 **소화**가 안돼서 안 먹어요.	機内での食事は消化に悪いので食べません。
4 □	**동굴** 名 洞くつ	**동굴**에 들어가서 종유석을 구경했어요.	洞くつに入って鍾乳石を見物しました。
5 □	**학창 시절** 名 学生時代	**학창 시절**에 다니던 가게가 그대로 있었다.	学生時代に通っていた店がそのままあった。
6 □	**호감** 名 好感	차분한 성격과 단정한 옷차림에 **호감**이 갔다.	落ち着いた性格と端正な服装に好感が持てた。
7 □	**잔소리** 名 小言	귀에 못이 박히도록 **잔소리**를 들었다.	耳にたこができるほど小言を言われた。
8 □	**유창하다** 形 流ちょうだ	영어뿐만 아니라 불어도 **유창하**게 구사한다.	英語だけでなくフランス語も流ちょうに駆使する。
9 □	**장신구** 名 装身具、アクセサリー	고분에서 신라 시대의 **장신구**가 발굴되었다.	古墳から新羅時代の装身具が発掘された。
10 □	**문헌** 名 文献	관련 **문헌**을 도서관에서 열람할 수 있었다.	関連文献を図書館で閲覧することができた。
11 □	**실리다** 動 載る、積まれる	이번 달 잡지에 인터뷰 기사가 **실렸**다.	今月の雑誌にインタビュー記事が載った。
12 □	**뱉다** 動 吐く	거리에 침을 **뱉**지 않도록 주의를 주었다.	通りに唾を吐かないように注意した。

チェック ✓
□ 洞くつ □ 載る □ 好感 □ 吐く □ ねだる □ 山崩れ □ 装身具
□ 学生時代 □ 文献 □ 小言 □ 消化 □ 流ちょうだ

13 □	**학자**	名 学者	그는 생물학계에서 저명한 **학자**이다. 彼は生物学界で著名な学者だ。
14 □	**업체**	名 業者、会社	콘서트 티켓을 대행 **업체**에 부탁했다. コンサートチケットを代行業者に頼んだ。
15 □	**붐비다**	動 込む	산은 단풍을 보러 온 등산객으로 **붐볐**다. 山は紅葉を見に来た登山客で込んでいた。
16 □	**보정**	名 補正	체형 **보정** 속옷의 효과는 크게 기대 안 한다. 体形補正下着の効果は大きく期待しない。
17 □	**변명**	名 弁明、言い訳	어제 일에 대한 **변명**을 하느라 진땀을 뺐다. 昨日のことについての弁明に大汗をかいた。
18 □	**험하다**	形 険しい	산길이 좁고 **험하**니 비가 오는 날은 피하세요. 山道が狭くて険しいので雨の日は避けてください。
19 □	**탄력**	名 弾力	주름도 없이 **탄력** 있는 피부를 유지하고 싶다. しわもなく弾力のある肌を維持したい。
20 □	**용도**	名 用途、使い道	참나무는 단단하여 여러 가지 **용도**로 쓰인다. クヌギは堅くて様々な用途で使われる。
21 □	**벌**	名 罰	숙제를 안 한 **벌**로 운동장을 세 바퀴 뛰었다. 宿題をしなかった罰として運動場を3周走った。
22 □	**학력**	名 学歴	**학력**에 관계없이 입사 시험에 응시할 수 있다. 学歴と関係なく入社試験を受けられる。
23 □	**세입자**	名 賃借人、入居者	**세입자**에게 방을 비우라고 통지했다. 賃借人に部屋を空けるように通知した。
24 □	**생명**	名 生命	골프는 다른 종목에 비해 선수 **생명**이 길다. ゴルフは他の種目に比べて選手生命が長い。

チェック ✓
□ 弾力 □ 生命 □ 込む □ 学歴 □ 賃借人 □ 弁明 □ 補正 □ 学者
□ 用途 □ 業者 □ 罰 □ 険しい

25 □	**편찮다**	形 具合が悪い	**편찮**으신 것 같아서 찾아뵐까 해요. 具合が悪そうなのでお訪ねしようかと思います。
26 □	**내시경**	名 内視鏡	**내시경**을 사용한 수술은 회복 속도가 빠르다. 内視鏡を使った手術は回復の速度が速い。
27 □	**수다**	名 おしゃべり	**수다**를 떠느라고 빨래를 너는 걸 잊었다. おしゃべりをしていて洗濯物を干すのを忘れた。
28 □	**끓이다**	動 沸かす、煮る	주전자에 물을 **끓여**서 보온병에 담았다. やかんにお湯を沸かして魔法瓶に入れた。
29 □	**규율**	名 規律	경찰 학교의 **규율**은 엄격하기로 유명하다. 警察学校の規律は厳しいことで有名だ。
30 □	**긁다**	動 掻く	남편은 거짓말할 때 머리를 **긁**는 버릇이 있다. 夫はうそをつく時、頭を掻く癖がある。
31 □	**도난**	名 盗難	**도난** 차량을 사용해서 범행을 저질렀다. 盗難車両を使って犯行に及んだ。
32 □	**평론**	名 評論	**평론**가들이 극찬한 영화라서 기대도 크다. 評論家たちが絶賛した映画なので期待も大きい。
33 □	**장사**	名 商売、商い	**장사**를 하며 아이 셋을 훌륭하게 키워 냈다. 商売をしながら子供3人を立派に育てあげた。
34 □	**꼬리**	名 しっぽ	고양이는 **꼬리**로 다양한 감정을 나타낸다. 猫はしっぽで様々な感情を表す。
35 □	**잠수함**	名 潜水艦	해군이 보유하고 있는 **잠수함**은 몇 척인가요? 海軍が保有している潜水艦は何隻ですか。
36 □	**어느덧**	副 いつの間にか	조카의 키가 **어느덧** 내 키만큼 자랐다. おいっ子の背がいつの間にか私の背程に伸びた。

チェック ✔
□ 評論 □ いつの間にか □ 掻く □ しっぽ □ 盗難 □ 内視鏡 □ 潜水艦
□ 商売 □ 沸かす □ 具合が悪い □ おしゃべり □ 規律

37 ☐
지위
名 地位

자신의 사회적 **지위**를 이용해 악행을 해 왔다.
自分の社会的地位を利用し悪行を働いてきた。

38 ☐
매개체
名 媒体

전화는 가족을 이어 주는 **매개체** 역할을 한다.
電話は家族をつないでくれる媒体の役割をする。

39 ☐
체중
名 体重

그 배우는 역할을 위해 **체중** 감량에 들어갔다.
その俳優は役のために体重の減量に入った。

40 ☐
예외
名 例外

주차 위반 시 **예외** 없이 벌금을 물어야 한다.
駐車違反の際、例外なく罰金を課せられる。

41 ☐
씻기다
動 洗わせる、洗ってあげる

손을 다친 여동생의 얼굴을 **씻겼**다.
手をけがしている妹の顔を洗ってあげた。

42 ☐
울타리
名 垣根、垣

방범을 위해 집 주변에 **울타리**를 설치했다.
防犯のために家の周りに垣根を設置した。

43 ☐
빠뜨리다
動 陥れる、落とす

범인을 함정에 **빠뜨려**서 잡는 수밖에 없었다.
犯人をわなに陥れて捕まえる方法しかなかった。

44 ☐
죽이다
動 殺す

마음이 여려서 벌레 한 마리도 못 **죽인**다.
気が弱くて虫1匹も殺せない。

45 ☐
변형
名 変形

변형이 심해서 원래 형태로 되돌릴 수 없다.
変形がひどくて元の形に戻せない。

46 ☐
든든하다
形 心強い

가이드가 동행해 주니 마음이 **든든하**다.
ガイドが同行してくれるから心強い。

47 ☐
연속
名 連続

3년 **연속**으로 인기 직업 1위로 선정됐다.
3年連続で人気職業の1位に選ばれた。

48 ☐
베다
動 切る

칼 사용이 서툴러서 요리 중에 손을 **벴**다.
包丁を使うのに慣れていなくて料理中に指を切った。

チェック ✓
☐ 変形　☐ 媒体　☐ 垣根　☐ 洗ってあげる　☐ 切る　☐ 殺す　☐ 陥れる
☐ 地位　☐ 連続　☐ 例外　☐ 心強い　☐ 体重

49 □	**잠기다** 動 浸る、鍵がかかる	가구며 가전제품이며 모두 물에 **잠겼**다. 家具やら家電製品やらすべて水に浸った。
50 □	**닳다** 動 すり減る	구두의 뒤축이 **닳**도록 신은 것은 처음이다. 靴のかかとがすり減るまで履いたのは初めてだ。
51 □	**전개** 名 展開	소재는 좋은데 스토리 **전개**가 아쉬웠다. 題材はいいがストーリーの展開が残念だった。
52 □	**굶다** 動 飢える、食事を抜く	속이 안 좋아서 점심을 **굶**었을 뿐이에요. 気分が悪くてお昼を抜いただけです。
53 □	**인내** 名 忍耐	**인내**심이 강한 그녀도 한계에 달한 것 같다. 忍耐力が強い彼女も限界に達したみたいだ。
54 □	**이따금** 副 たまに	**이따금** 마당에서 개 짖는 소리가 들렸다. たまに庭から犬のほえる声が聞こえた。
55 □	**호우** 名 豪雨	도시 전역에 내려졌던 **호우** 경보가 해제됐다. 都市全域に出されていた豪雨警報が解除された。
56 □	**해류** 名 海流	이곳의 **해류**는 시간당 2m 정도를 이동한다. ここの海流は 1 時間当たり 2m 程度移動する。
57 □	**소나무** 名 松の木	언덕에 **소나무** 한 그루가 늠름하게 서 있다. 丘に松の木 1 本がたくましく立っている。
58 □	**토양** 名 土壌	기름진 **토양**에서는 식물이 잘 자란다. 肥えている土壌では植物がよく育つ。
59 □	**엄청나다** 形 甚だしい、途方もない	**엄청난** 비용을 들여 보수 공사를 진행했다. 途方もない費用をかけて補修工事を進めた。
60 □	**중단하다** 動 中断する	가망이 없다고 판단해 치료를 **중단했**다. 見込みがないと判断し、治療を中断した。

チェック ✓

□ 海流 □ たまに □ 忍耐 □ 豪雨 □ 中断する □ 途方もない □ 浸る
□ 展開 □ 土壌 □ 食事を抜く □ 松の木 □ すり減る

Day 64

1 ☐	**의리** 名 義理	**의리**가 있는 사람이라면 혼자서 안 가요. 義理堅い人なら一人で行きません。
2 ☐	**일생** 名 一生	**일생**에 한 번 있을까 말까 하는 기회예요. 一生に一度あるかないかのチャンスです。
3 ☐	**차질** 名 蹉跌、狂い	급식 공급에 **차질**이 생기지 않도록 해 주세요. 給食の供給に狂いが生じないようにしてください。
4 ☐	**광장** 名 広場	역 **광장**에 있던 낡은 시계탑을 철거했다. 駅の広場にあった古い時計塔を撤去した。
5 ☐	**다정하다** 形 優しい	우울해 보이는 그에게 **다정하**게 말을 걸었다. 憂うつそうに見える彼に優しく声をかけた。
6 ☐	**원형** 名 原形	**원형**을 그대로 유지하고 있는 유물은 드물다. 原形をそのまま維持している遺物は珍しい。
7 ☐	**각도** 名 角度	선배님께 90도 **각도**로 허리를 굽혀 인사했다. 先輩に90度の角度で腰を曲げて挨拶した。
8 ☐	**사치품** 名 ぜいたく品	**사치품**에 대한 세율을 올리는 것에 찬성한다. ぜいたく品に対する税率を上げることに賛成する。
9 ☐	**기둥** 名 柱	방 가운데에 **기둥**이 있는 특이한 구조였다. 部屋の真ん中に柱がある変わった構造だった。
10 ☐	**왕년** 名 往年	**왕년**에 이 동네에서는 알아주던 미인이었다. 往年、この町では知られた美人だった。
11 ☐	**호평** 名 好評	새롭게 선보인 디자인이 **호평**을 받았다. 新しく披露したデザインが好評を得た。
12 ☐	**둘러보다** 動 見て回る、見回す	일정이 빠듯해서 다 **둘러볼** 수 없었다. 日程がぎっしりで全部見て回れなかった。

チェック ✓
☐ 原形 ☐ 優しい ☐ 見て回る ☐ 義理 ☐ 好評 ☐ 柱 ☐ ぜいたく品
☐ 角度 ☐ 一生 ☐ 広場 ☐ 狂い ☐ 往年

13 ☐	**군대** 名 軍隊	**군대**에 가기 위해 다니던 학교를 휴학했다. 軍隊に行くために通っていた学校を休学した。
14 ☐	**억양** 名 抑揚、イントネーション	사투리는 표준어와 **억양**이 달라요. 方言は標準語と抑揚が異なります。
15 ☐	**망가지다** 動 壊れる	자동문이 **망가져**서 수동으로 열어야 해요. 自動ドアが壊れて手動で開けなければなりません。
16 ☐	**신념** 名 信念	역경에도 **신념**을 굽히지 않고 평생을 살았다. 逆境にも信念を曲げずに生涯を送った。
17 ☐	**쳐다보다** 動 見つめる	그렇게 계속 **쳐다보**면 오해받기 쉬워요. そのように見つめ続けると誤解されやすいです。
18 ☐	**약점** 名 弱点	상대 팀의 **약점**을 파악해 공격해야 한다. 相手チームの弱点を把握して攻撃するべきだ。
19 ☐	**이직** 名 転職	경력을 쌓은 후에 **이직**을 하려고 해요. 経歴を積んでから転職をしようと思います。
20 ☐	**열대야** 名 熱帯夜	**열대야**로 잠을 못 이루는 날이 계속되고 있다. 熱帯夜で眠れない日々が続いている。
21 ☐	**변조** 名 変調	음성을 **변조**해서 다른 사람인 척을 했다. 音声を変調して別人に成り済ました。
22 ☐	**망치다** 動 台無しにする	한 번의 실수로 인생을 **망쳐**서는 안 된다. 一度の過ちで人生を台無しにしてはいけない。
23 ☐	**젓다** 動 横に振る、漕ぐ	싫다는 의미로 고개를 **저**어 보였다. 嫌だという意味で首を横に振って見せた。
24 ☐	**깔끔하다** 形 きれいだ、器用だ	아버지 서재는 항상 **깔끔하**게 정돈되어 있다. 父の書斎はいつもきれいに整頓されている。

チェック ✓

☐ 見つめる ☐ 熱帯夜 ☐ きれいだ ☐ 軍隊 ☐ 信念 ☐ 横に振る
☐ 台無しにする ☐ 転職 ☐ 壊れる ☐ 変調 ☐ 弱点 ☐ 抑揚

25 ☐	**유래**	名 由来	이 지명은 그리스어에서 **유래**되었다. この地名はギリシャ語から由来している。
26 ☐	**여파**	名 余波、あおり	사고 **여파**로 고속도로가 심하게 밀리고 있다. 事故の余波で高速道路がひどく渋滞している。
27 ☐	**치다**	動 たたく、殴る	누군가가 내 어깨를 **치**길래 뒤를 돌아보았다. 誰かが私の肩をたたいたので後ろを振り向いた。
28 ☐	**임무**	名 任務	큰 문제없이 **임무**를 무사히 마치고 귀국했다. 大きな問題なく任務を無事に終えて帰国した。
29 ☐	**둥글다**	形 丸い	얼굴이 **둥글**어서 보름달이라고 불린다. 顔が丸いので満月と呼ばれている。
30 ☐	**열풍**	名 熱風、ブーム	식당 메뉴에도 복고 **열풍**이 불고 있습니다. 食堂のメニューにもレトロブームが起こっています。
31 ☐	**묻히다**	動 埋もれる、葬られる	이 묘에는 신라 시대의 왕이 **묻혀** 있다. この墓には新羅時代の王が葬られている。
32 ☐	**지르다**	動 叫ぶ	응원석에서 목이 쉬도록 소리를 **질렀**다. 応援席で声がかれるほど叫んだ。
33 ☐	**복원**	名 復元	문화재를 **복원**하는 작업이 시작되었다. 文化財を復元する作業が始まった。
34 ☐	**심부름**	名 お使い	용돈을 받고 싶거든 **심부름**을 갔다 와라. お小遣いがほしいならお使いに行ってきなさい。
35 ☐	**지겹다**	形 うんざりする	같은 잔소리를 매번 하는 것도 **지겹**다. 同じ小言を毎回言うのもうんざりする。
36 ☐	**다투다**	動 争う、けんかする	그 둘은 대회에서 1,2위를 **다투**는 실력이다. その二人は大会で1、2位を争う実力だ。

チェック ✓
☐ 丸い ☐ 葬られる ☐ 争う ☐ 任務 ☐ お使い ☐ 由来 ☐ 余波
☐ うんざりする ☐ 叫ぶ ☐ たたく ☐ 復元 ☐ ブーム

37 □	**도대체** 副 一体	**도대체** 왜 화를 내는 건지 모르겠어요. 一体なぜ怒っているのか分かりません。
38 □	**한눈팔다** 動 よそ見する	**한눈팔**다가 계단에서 미끄러져서 다쳤어요. よそ見していて階段から滑ってけがしました。
39 □	**그물** 名 網	신기하게도 **그물** 한가득 물고기가 잡혔다. 珍しくも網いっぱいに魚が捕れた。
40 □	**내놓다** 動 (外に)出す	다 본 책들을 끈으로 묶어서 밖에 **내놓**았어요. 見終わった本をひもでくくって外に出しました。
41 □	**배급** 名 配給	구호품의 **배급**을 받기 위해서 줄을 섰다. 支援物資の配給をもらうために並んだ。
42 □	**여유롭다** 形 余裕がある	노후에는 **여유로운** 삶을 즐기고 싶어요. 老後は余裕のある人生を楽しみたいです。
43 □	**마땅하다** 形 当然だ、ふさわしい	자식을 학대한 부모는 비난받아 **마땅하**다. 子供を虐待した親は非難されて当然だ。
44 □	**위반** 名 違反	속도 **위반** 차량을 철저히 단속했다. スピード違反の車両を徹底的に取り締まった。
45 □	**부러지다** 動 折れる	나뭇가지가 **부러지**면서 나무 열매가 떨어졌다. 木の枝が折れて木の実が落ちた。
46 □	**입김** 名 息	창문 유리에 **입김**을 불어 글씨를 써 봤다. 窓ガラスに息を吹きかけて文字を書いてみた。
47 □	**찢다** 動 破る、裂く	다른 사람이 보지 못하게 편지를 **찢**었다. 他の人に見られないように手紙を破った。
48 □	**점잖다** 形 上品だ、おとなしい	**점잖**아 보일지 모르지만 사실은 아니에요. 上品に見えるかもしれないが、実際は違います。

チェック ✓

□ 網　□ 違反　□ 上品だ　□ 一体　□ 当然だ　□ よそ見する　□ 余裕がある
□ 息　□ 折れる　□ 配給　□ 破る　□ 出す

49 □	**가계부** 名 家計簿	아내는 하루도 빠짐없이 **가계부**를 쓰고 있다. 妻は1日も欠かさず家計簿を書いている。
50 □	**선율** 名 旋律、メロディー	피아노의 부드러운 **선율**이 흐르고 있었다. ピアノの柔らかい旋律が流れていた。
51 □	**효력** 名 効力	복사본은 법적 **효력**을 발휘하지 못합니다. コピーは法的効力を発揮できません。
52 □	**참을성** 名 忍耐力、辛抱強さ	이 일은 강한 정신력과 **참을성**이 필요하다. この仕事は強い精神力と忍耐力が必要だ。
53 □	**아부** 名 へつらい	그 말은 칭찬이 아니라 **아부**로 들렸다. その言葉は称賛ではなくへつらいに聞こえた。
54 □	**벌목** 名 伐採	무분별한 삼림의 **벌목**이 산사태의 원인이었다. 無分別な山林の伐採が山崩れの原因だった。
55 □	**방탄복** 名 防弾服	**방탄복**을 입고 있던 덕분에 목숨은 구했다. 防弾服を着ていたおかげで命は助かった。
56 □	**뒷받침** 名 裏付け	진술의 **뒷받침**이 될 만한 물증을 확보했다. 陳述の裏付けになりえる物証を確保した。
57 □	**중산층** 名 中産階級	평범한 **중산층** 가정을 소설의 소재로 택했다. 平凡な中産階級の家庭を小説の題材に選んだ。
58 □	**그다지** 副 それほど、あまり	**그다지** 마음에 들지 않아 일단 보류했다. あまり気に入らなくて一旦保留した。
59 □	**수수료** 名 手数料	송금 **수수료**가 들지 않는 낮 시간을 이용했다. 送金手数料がかからない日中の時間を利用した。
60 □	**천적** 名 天敵	**천적**으로부터 보호하기 위해 알을 숨겨 둔다. 天敵から保護するために卵を隠しておく。

チェック ✓
□ 防弾服 □ 天敵 □ 効力 □ 家計簿 □ 手数料 □ 忍耐力 □ あまり
□ 旋律 □ 中産階級 □ 裏付け □ へつらい □ 伐採

Day 65

1 □	**초점** 名 焦点	**초점**을 잃은 눈으로 멍하니 앉아 있었다. 焦点を失った目でぼうっと座っていた。
2 □	**후세** 名 後世	**후세**에 이름을 남길 만한 인물이 되고 싶다. 後世に名前を残せる人物になりたい。
3 □	**살찌다** 動 太る	가을은 먹거리가 많아 **살찌**는 계절이다. 秋は食べ物が多くて太る季節だ。
4 □	**귀중하다** 形 貴重だ	연구에 없어서는 안 되는 **귀중한** 자료이다. 研究に欠かせない貴重な資料だ。
5 □	**고집** 名 固執、意地	먼저 사과하기 싫다고 **고집**을 부리고 있다. 先に謝りたくないと意地を張っている。
6 □	**터전** 名 基盤、敷地	어부들에게 있어서 바다는 삶의 **터전**이다. 漁師たちにとって海は生活の基盤だ。
7 □	**대피하다** 動 待避する、避難する	강물이 위험 수위에 달했으니까 **대피하**세요. 川の水が危険水位に達したので避難してください。
8 □	**의상** 名 衣装	민족 **의상**을 몸에 걸치고 춤을 추고 있었다. 民族衣装を身にまとって踊っていた。
9 □	**형편** 名 暮らし向き	요즘 **형편**이 좋아져서 차를 구입했다. 最近暮らし向きが良くなったので車を購入した。
10 □	**향후** 名 今後、この後	**향후** 활동 계획에 대해서 알려 주세요. 今後の活動計画について教えてください。
11 □	**밀림** 名 密林、ジャングル	야생 동물의 30%가 이 **밀림** 지대에 서식한다. 野生動物の30%がこの密林地帯に生息する。
12 □	**쓸쓸하다** 形 寂しい	작별 인사를 하는 그의 표정이 **쓸쓸해** 보였다. 別れの挨拶をする彼の表情が寂しそうに見えた。

チェック ✓

□ 衣装　□ 寂しい　□ 太る　□ 避難する　□ 基盤　□ 後世　□ 今後　□ 密林
□ 意地　□ 貴重だ　□ 焦点　□ 暮らし向き

13 ☐	**습하다**	形 湿っている	지하실은 **습해**서 곰팡이가 슬기 쉽다. 地下室は湿っているのでカビが生えやすい。
14 ☐	**매체**	名 媒体、メディア	방송 **매체**를 통해 지역의 특산품을 홍보했다. 放送媒体を通して地域の特産品を宣伝した。
15 ☐	**신비**	名 神秘	우주의 **신비**를 밝히고자 과학자가 되었어요. 宇宙の神秘を明かそうと科学者になりました。
16 ☐	**최신**	名 最新	**최신** 설비를 구비한 음악 작업실을 공개했다. 最新の設備を取り揃えた音楽作業室を公開した。
17 ☐	**체격**	名 体格	운동선수를 하기에 딱 알맞은 **체격**이다. 運動選手になるのにぴったりの体格だ。
18 ☐	**정성껏**	副 真心を込めて	허리 수술을 받은 어머니를 **정성껏** 간병했다. 腰の手術を受けた母を真心を込めて看病した。
19 ☐	**따다**	動 開ける、摘む	열쇠를 이용해서 와인 병을 **따** 보았다. 鍵を利用してワインボトルを開けてみた。
20 ☐	**수심**	名 水深	**수심** 5m 정도 되는 곳까지 잠수한 적이 있다. 水深 5m 程度のところまで潜ったことがある。
21 ☐	**깨우다**	動 起こす、覚ます	불이 났다는 소리에 남편을 흔들어 **깨웠**다. 火事が起きたという声に夫を揺り起こした。
22 ☐	**반죽**	名 練った物、生地	밀가루 **반죽**을 이 기계에 넣기만 하면 돼요. 小麦粉の生地をこの機械に入れるだけです。
23 ☐	**방언**	名 方言	조사한 자료를 토대로 **방언** 사전을 편찬했다. 調査した資料を基に方言の辞書を編さんした。
24 ☐	**모험**	名 冒険	이 투자는 **모험**이라기보다는 도박이었다. この投資は冒険というよりは賭けだった。

チェック ✓
☐ 最新 ☐ 起こす ☐ 冒険 ☐ 湿っている ☐ 体格 ☐ 方言 ☐ 真心を込めて
☐ 生地 ☐ 開ける ☐ 媒体 ☐ 水深 ☐ 神秘

25 □	**통증** 名 痛み	주사를 맞고 나서 **통증**은 가라앉았다.	注射をしてから痛みは治まった。
26 □	**산란** 名 産卵	연어는 **산란**을 위해 태어난 곳으로 돌아온다.	鮭は産卵のため生まれた所に戻って来る。
27 □	**소망** 名 望み	내 **소망**은 죽기 전에 고향 땅을 밟는 것이다.	私の望みは死ぬ前に故郷の地を踏むことだ。
28 □	**첨부** 名 添付	졸업 증명서 원본의 **첨부**를 요구해 왔다.	卒業証明書の原本の添付を要求してきた。
29 □	**영토** 名 領土	왕은 전쟁을 일으켜 **영토** 확장을 시도했다.	王は戦争を起こし領土の拡張を試みた。
30 □	**걸림돌** 名 障害、妨げ	구시대적 사고방식은 큰 **걸림돌**이 되었다.	時代遅れの考え方は大きな妨げになった。
31 □	**교체** 名 交替、交代	후반전에는 양 팀의 선수 **교체**가 눈에 띄었다.	後半戦は両チームの選手交代が目立った。
32 □	**올리다** 動 上げる、挙げる	영업 팀에서 기대 이상의 성과를 **올렸**다.	営業チームで期待以上の成果を上げた。
33 □	**심해** 名 深海	**심해**에는 신비한 물고기들이 많이 산다.	深海には神秘的な魚がたくさん住んでいる。
34 □	**고갈** 名 枯渇	가뭄이 이어져 하천의 물이 **고갈**될 지경이다.	日照りが続いて河川の水が枯渇しそうだ。
35 □	**겸손하다** 形 謙遜する、謙虚だ	사회적 지위가 높을수록 **겸손해**야 한다.	社会的地位が高いほど謙虚であるべきだ。
36 □	**육감** 名 第六感、勘	무슨 일이 생겼다는 것을 **육감**으로 알았다.	何かが起きたことが勘で分かった。

チェック ✓

□ 深海 □ 妨げ □ 勘 □ 上げる □ 望み □ 産卵 □ 交代 □ 枯渇
□ 謙虚だ □ 痛み □ 領土 □ 添付

37 □	**껍질** 名 皮	사과를 **껍질**째 먹는 것은 노화 방지에 좋다. リンゴを皮ごと食べるのは老化防止にいい。
38 □	**실종** 名 失そう、行方不明	**실종**자를 수색한 지 벌써 사흘이 지났다. 失そう者を捜索してからもう三日が経った。
39 □	**난방** 名 暖房	이 **난방** 기구를 쓰면 전기료가 절약돼요. この暖房器具を使えば電気料金が節約できます。
40 □	**질기다** 形 (肉が)硬い	이가 아파서 그런지 고기가 **질기**게 느껴졌다. 歯が痛いからか肉が硬く感じられた。
41 □	**가면** 名 仮面	**가면**을 쓴 범인의 모습이 카메라에 찍혔다. 仮面をかぶった犯人の姿がカメラに撮られた。
42 □	**가옥** 名 家屋	전통 **가옥**을 보러 관광객이 많이 찾는대요. 伝統家屋を見に観光客がたくさん訪れるそうです。
43 □	**현실** 名 現実	**현실**을 도피하지 말고 직시해야 한다. 現実逃避をしないで直視するべきだ。
44 □	**인맥** 名 人脈	**인맥**을 총동원해서 후원금을 모았다. 人脈を総動員して支援金を集めた。
45 □	**지식** 名 知識	그는 법률 **지식**을 사기를 치는 데 이용했다. 彼は法律の知識を詐欺を働くのに利用した。
46 □	**되돌리다** 動 戻す	이미 지나간 일은 **되돌릴** 수 없다. すでに過ぎたことは戻せない。
47 □	**어쩌면** 副 もしかすると	**어쩌면** 이름조차 잊어버렸을지도 몰라요. もしかすると名前すら忘れたかもしれません。
48 □	**하도** 副 あまりにも	일이 **하도** 많다길래 도와줬어요. 仕事があまりにも多いというので手伝いました。

チェック ✓
□ 現実 □ 暖房 □ あまりにも □ 皮 □ 戻す □ 硬い □ 失そう
□ もしかすると □ 家屋 □ 仮面 □ 知識 □ 人脈

49 □	**상표** 名 商標、ブランド	이 가방은 유명 **상표**와 디자인이 비슷하다. このかばんは有名ブランドとデザインが似ている。
50 □	**진드기** 名 ダニ	**진드기**의 번식을 막기 위해 자주 이불을 빤다. ダニの繁殖を防ぐためしょっちゅう布団を洗う。
51 □	**낱장** 名 各1枚、1枚1枚	5장이 세트라서 **낱장**으로는 못 팔아요. 5枚がセットだから1枚では売れません。
52 □	**난생처음** 名 生まれて初めて	아르바이트를 해서 **난생처음** 돈을 벌었다. アルバイトをして生まれて初めてお金を稼いだ。
53 □	**뽑히다** 動 選ばれる、抜かれる	올해도 장학생으로 **뽑혀**서 학비가 면제됐다. 今年も奨学生に選ばれて学費が免除された。
54 □	**차차** 副 次第に、ゆっくり	아직 시간이 있으니까 **차차** 의논하기로 했다. まだ時間があるのでゆっくり相談することにした。
55 □	**떼** 名 群れ	기러기가 **떼**를 지어 하늘을 날고 있었다. 雁が群れを成して空を飛んでいた。
56 □	**시력** 名 視力	**시력**이 나빠서 신체검사를 통과하지 못했다. 視力が悪くて身体検査を通らなかった。
57 □	**유적** 名 遺跡	역사 공부도 할 겸 아들과 **유적**지를 돌았다. 歴史の勉強も兼ねて息子と遺跡を巡った。
58 □	**삽입하다** 動 挿入する	이번 광고에 유명 작곡가의 음악을 **삽입했**다. 今回のCMに有名作曲家の音楽を挿入した。
59 □	**담장** 名 石垣	이 **담장**을 따라 걸어가다 보면 보일 거예요. この石垣に沿って歩いて行くと見えるでしょう。
60 □	**창작** 名 創作	현행법은 **창작** 활동에 많은 제약을 가한다. 現行法は創作活動に多くの制約を加える。

チェック ✓
□ 視力 □ 生まれて初めて □ 石垣 □ ゆっくり □ ダニ □ ブランド
□ 創作 □ 群れ □ 遺跡 □ 挿入する □ 選ばれる □ 各1枚

次の単語を韓国語は日本語に、日本語は韓国語にしなさい。

1. 부서지다 ＿＿＿＿
2. 깔다 ＿＿＿＿
3. 진위 ＿＿＿＿
4. 어기다 ＿＿＿＿
5. 항의 ＿＿＿＿
6. 솜씨 ＿＿＿＿
7. 마주치다 ＿＿＿＿
8. 광택 ＿＿＿＿
9. 뒤집다 ＿＿＿＿
10. 멸종 ＿＿＿＿
11. 켜지다 ＿＿＿＿
12. 이어지다 ＿＿＿＿
13. 자취 ＿＿＿＿
14. 거처 ＿＿＿＿
15. 손질하다 ＿＿＿＿
16. 뱉다 ＿＿＿＿
17. 험하다 ＿＿＿＿
18. 긁다 ＿＿＿＿
19. 꼬리 ＿＿＿＿
20. 빠뜨리다 ＿＿＿＿
21. すり減る ＿＿＿＿
22. 展開 ＿＿＿＿
23. 土壌 ＿＿＿＿
24. 甚だしい ＿＿＿＿
25. ぜいたく品 ＿＿＿＿
26. 見て回る ＿＿＿＿
27. 葬られる ＿＿＿＿
28. 叫ぶ ＿＿＿＿
29. 復元 ＿＿＿＿
30. 網 ＿＿＿＿
31. 意地 ＿＿＿＿
32. 忍耐力 ＿＿＿＿
33. 焦点 ＿＿＿＿
34. 折れる ＿＿＿＿
35. 失そう ＿＿＿＿
36. 痛み ＿＿＿＿
37. 人脈 ＿＿＿＿
38. 戻す ＿＿＿＿
39. 群れ ＿＿＿＿
40. 創作 ＿＿＿＿

正解

1. 壊れる **2.** 敷く **3.** 真偽 **4.** 破る **5.** 抗議 **6.** 腕前 **7.** 出くわす **8.** 光沢
9. 裏返す **10.** 絶滅 **11.** つく **12.** つながる **13.** 姿 **14.** 居場所 **15.** 手入れする
16. 吐く **17.** 険しい **18.** 掻く **19.** しっぽ **20.** 陥れる **21.** 닳다 **22.** 전개 **23.** 토양
24. 엄청나다 **25.** 사치품 **26.** 둘러보다 **27.** 묻히다 **28.** 지르다 **29.** 복원 **30.** 그물
31. 고집 **32.** 참을성 **33.** 초점 **34.** 부러지다 **35.** 실종 **36.** 통증 **37.** 인맥
38. 되돌리다 **39.** 떼 **40.** 창작

確 認 問 題

A (　　) に入る単語を選び、適当な形にしなさい。

메다　　뽑히다　　젓다　　들이다　　잠기다　　버티다

1. 아침에 일찍 일어나는 습관을 (　　　　　) 싶다.

2. 문이 (　　　　　) 있어서 못 들어가고 있어요.

3. 태풍으로 인해 나무가 뿌리째 (　　　　　).

4. 마을 축제 때 가마를 어깨에 (　　　　　) 한 바퀴 돌았어요.

B (　　) に入る適切な副詞を選びなさい。

살짝　　줄곧　　제발　　어차피　　어느덧　　하도

1. 과장님은 회의 시간에 (　　　　　) 핸드폰만 보고 있었어요.

2. 친구가 (　　　　　) 재미있다고 하길래 봤어요.

3. 아이가 (　　　　　) 학교에 들어갈 나이가 되었어요.

4. 뒤에서 등을 (　　　　　) 쳤을 뿐인데 아프다고 울어요.

正解例および和訳

A　**1.** 들이고　**2.** 잠겨　**3.** 뽑혔어요　**4.** 메고

訳　**1.** 朝早く起きる習慣を(つけ)たい。

2. 鍵が(かかって)いて入れずにいます。

3. 台風で木が根ごと(抜けました)。

4. 村祭りの時、みこしを肩に(担いで)1周回りました。

B　**1.** 줄곧　**2.** 하도　**3.** 어느덧　**4.** 살짝

訳　**1.** 課長は会議時間に(ずっと)携帯ばかり見ていました。

2. 友達が(あまりにも)面白いというので見ました。

3. 子供が(いつの間にか)学校に入る年齢になりました。

4. 後ろから背中を(そっと)たたいただけなのに痛いと泣いています。

C (　　) に入る単語を選び、適当な形にしなさい。

마주치다	부서지다	빠뜨리다	따다	끓이다	실리다

1. 눈이 (　　　　　) 어쩔 수 없이 인사했어요.

2. 야채를 냄비에 넣고 약한 불에 (　　　　　)세요.

3. 귤이 먹음직스러워 보여서 나뭇가지에서 (　　　　　) 먹어 봤어요.

4. 차에 (　　　　　) 있는 짐을 전부 집 안으로 날라 주세요.

D (　　) に入る適切な副詞を選びなさい。

뜻밖에	마음껏	이따금	그다지	도대체	내심

1. 비가 와서 운동회가 취소되기를 (　　　　　) 바라고 있었어요.

2. 돈 걱정은 하지 말고 (　　　　　) 시켜서 드세요.

3. 할아버지는 (　　　　　) 재미있는 옛날이야기를 들려주십니다.

4. 공부를 별로 안 했는데 (　　　　　) 점수가 좋았어요.

正解例および和訳

C **1.** 마주쳐서 **2.** 끓이 **3.** 따서 **4.** 실려

訳 **1.** 目が(合ったので)仕方なく挨拶しました。

2. 野菜を鍋に入れて弱火で(煮て)ください。

3. ミカンがおいしそうに見えたので、木の枝から(摘んで)食べてみました。

4. 車に(積んで)ある荷物を全部家の中へ運んでください。

D **1.** 내심 **2.** 마음껏 **3.** 이따금 **4.** 뜻밖에

訳 **1.** 雨が降って運動会が中止になることを(ひそかに)願っていました。

2. お金の心配はしないで(思う存分)注文して召し上がってください。

3. おじいさんは(たまに)面白い昔話を聞かせてくれます。

4. 勉強をあまりしなかったのに(意外に)点数が良かったです。

まとめてみましょう

類義語

경험하다	≒	겪다	経験する
기르다	≒	키우다	育てる
걱정하다	≒	염려하다	心配する
견디다 버티다	≒	참다	我慢する
결심하다	≒	마음을 먹다	決心する
수리하다	≒	고치다	修理する
고생하다	≒	애를 먹다	苦労する
노력하다	≒	애를 쓰다	努力する
단장하다 가꾸다	≒	꾸미다	飾る
담당하다	≒	맡다	担当する
연기하다	≒	미루다	延期する
시작되다	≒	비롯되다	始まる

안심하다	≒	마음을 놓다	安心する
절약하다	≒	아끼다	節約する
제외하다	≒	빼다	除外する
증가하다	≒	늘다	増加する
감소하다	≒	줄다	減少する
고르다	≒	뽑다	選ぶ
붐비다	≒	복잡하다	込む
확산되다	≒	퍼지다	拡散する
해고당하다	≒	잘리다	解雇される
곤란하다	≒	난처하다	困る
확실하다	≒	분명하다	間違いない
사라지다	≒	없어지다	なくなる

간신히	≒	겨우	辛うじて
내내	≒	계속	ずっと
몹시	≒	굉장히	非常に
드디어	≒	마침내	ついに
이미	≒	벌써	すでに
전혀	≒	통	全く
대강	≒	대충	適当に、ざっと
점점	≒	차츰	次第に
끊임없이	≒	꾸준히	絶えず
무수히	≒	수없이	数多く
예상 외로	≒	뜻밖에	予想外に
무작정	≒	무턱대고	むやみに
그저	≒	그냥	ただ

모양	≒	무늬	模様
견해	≒	의견	見解
단점	≒	결점	短所
버릇	≒	습관	癖
열의	≒	열정	熱意
일자리	≒	직장	職場
격려	≒	독려	激励
동전	≒	주화	コイン
출판	≒	출간	出版
정리	≒	정돈	整理
독립	≒	자립	独立
재능	≒	소질	才能
대책	≒	방안	対策

Day 66

No.	単語	意味	例文
1 ☐	**침묵**	名 沈黙	드디어 **침묵**을 깨고 입을 열었다고 해요。 ついに沈黙を破って口を開いたそうです。
2 ☐	**폭설**	名 大雪	**폭설**로 인해 주요 교통수단이 마비되었다. 大雪によって主要な交通手段がまひした。
3 ☐	**수립하다**	動 樹立する	외교 관계를 **수립하**고 대사관을 설치했다. 外交関係を樹立し、大使館を設置した。
4 ☐	**채식**	名 菜食	**채식**주의자를 위한 메뉴도 준비되어 있다. 菜食主義者向けのメニューも用意されている。
5 ☐	**치사율**	名 致死率	신종 바이러스의 **치사율**은 50%를 넘는다. 新型ウイルスの致死率は 50%を超える。
6 ☐	**안팎**	名 前後、程度	오늘은 10도 **안팎**의 일교차가 예상됩니다. 今日は 10 度前後の寒暖差が予想されます。
7 ☐	**미생물**	名 微生物	**미생물**을 배양해 신약 개발을 시도했다. 微生物を培養して新薬の開発を試みた。
8 ☐	**도무지**	副 全く、さっぱり	설명을 들어도 **도무지** 이해가 안 갔다. 説明を聞いてもさっぱり理解できなかった。
9 ☐	**유쾌하다**	形 愉快だ	술자리에서 **유쾌한** 듯이 콧노래를 불렀다. 酒の席で愉快そうに鼻歌を歌った。
10 ☐	**호칭**	名 呼び名	처음 만나는 친척의 **호칭**을 미리 알아보았다. 初めて会う親戚の呼び名を前もって調べた。
11 ☐	**구분하다**	動 区分する、分ける	금연석과 흡연석을 **구분해** 놓아야 합니다. 禁煙席と喫煙席を分けておくべきです。
12 ☐	**등기**	名 登記	**등기** 서류에는 인감도장이 필요합니다. 登記書類には実印が必要です。

チェック ✓
☐ 致死率 ☐ 登記 ☐ 大雪 ☐ 呼び名 ☐ さっぱり ☐ 樹立する ☐ 分ける
☐ 微生物 ☐ 沈黙 ☐ 愉快だ ☐ 前後 ☐ 菜食

13 □	**개봉하다** 動 開封する、封切りする	설날에 맞춰 신작 영화를 **개봉할** 예정이다. お正月に合わせて新作映画を封切りする予定だ。
14 □	**촉각** 名 触角	곤충의 **촉각**은 매우 발달되어 있다. 昆虫の触角はとても発達している。
15 □	**색소** 名 色素	이 식품에는 방부제나 **색소**가 첨가되지 않았다. この食品には防腐剤や色素が添加されていない。
16 □	**변수** 名 変数、要因	투표율이 중요한 **변수**로 작용할 것이다. 投票率が重要な要因として作用するだろう。
17 □	**동상** 名 銅像	이곳에는 역대 지도자의 **동상**이 세워져 있다. ここには歴代指導者の銅像が建てられている。
18 □	**헤매다** 動 さまよう、歩き回る	산속을 **헤매**다가 겨우 길을 찾았다. 山の中をさまよっていたがやっと道を見つけた。
19 □	**세다** 動 数える	그는 은행원답게 능숙하게 지폐를 **셌**다. 彼は銀行員らしく上手に紙幣を数えた。
20 □	**불행하다** 形 不幸だ	그 과학자는 천재였지만 **불행한** 삶을 살았다. その科学者は天才だったが不幸な人生を歩んだ。
21 □	**연민** 名 憐憫、哀れみ	보는 이로 하여금 **연민**의 정을 불러일으켰다. 見る者に憐憫の情を呼び起こした。
22 □	**한꺼번에** 副 一気にまとめて	지금까지 조금씩 빌린 돈을 **한꺼번에** 갚았다. 今まで少しずつ借りたお金を一気にまとめて返した。
23 □	**결산** 名 決算	연말 **결산**을 앞두고 있어서 연일 분주하다. 年末決算を控えているので連日慌ただしい。
24 □	**결핍되다** 動 欠乏する	비타민A가 **결핍되**면 시력이 저하될 수 있다. ビタミン A が欠乏すると視力が低下することもある。

チェック ✓
□ 一気にまとめて □ 色素 □ 封切りする □ 不幸だ □ 銅像 □ 要因
□ 欠乏する □ 数える □ 憐憫 □ 触角 □ 決算 □ さまよう

No.	単語	意味	例文
25 □	**불평하다**	動 不平を言う	음식이 맵다는 둥 양이 적다는 둥 **불평했**다. 料理が辛いとか量が少ないとか不平を言った。
26 □	**풍자하다**	動 風刺する、皮肉る	상류 사회를 코믹하게 **풍자한** 내용의 책이다. 上流社会をコミカルに風刺した内容の本だ。
27 □	**더구나**	副 さらに	**더구나** 그는 공금을 횡령한 전력도 있다. さらに彼は公金を横領した前歴もある。
28 □	**집배원**	名 郵便配達員	**집배원**들은 연말에 가장 바쁘게 움직인다. 郵便配達員は年末に一番忙しく動き回る。
29 □	**모순**	名 矛盾	그의 주장에서 논리적 **모순**은 발견할 수 없다. 彼の主張から論理的な矛盾は発見できない。
30 □	**고소하다**	形 香ばしい	깨를 볶는 **고소한** 냄새가 집 안에 퍼졌다. ゴマを炒める香ばしいにおいが家中に広がった。
31 □	**색다르다**	形 風変わりだ	관객을 참여시키는 **색다른** 무대를 선보였다. 観客を参加させる風変わりな舞台を披露した。
32 □	**너그럽다**	形 寛大だ	**너그러운** 마음으로 시설의 아이들을 대했다. 寛大な心で施設の子供たちに接した。
33 □	**악습**	名 悪習	우선 구시대적 **악습**을 바로잡아야 한다. とりあえず時代遅れの悪習を正すべきだ。
34 □	**쓸모없다**	形 役に立たない	자리만 차지하고 **쓸모없**는 짐을 정리했다. 場所だけ取って役に立たない荷物を片付けた。
35 □	**불황**	名 不況	계속되는 **불황**으로 실업자가 늘었다. 長引く不況で失業者が増えた。
36 □	**녹음**	名 録音	전화기에 **녹음**된 내용을 재생해 보았다. 電話機に録音された内容を再生してみた。

チェック ✓

□ さらに □ 香ばしい □ 録音 □ 役に立たない □ 風変わりだ □ 不況
□ 不平を言う □ 寛大だ □ 風刺する □ 悪習 □ 郵便配達員 □ 矛盾

37 □	**틀리다** 動 間違う	한자 쓰는 순서가 **틀렸**다고 지적받았다. 漢字の書き順が間違っていると指摘された。
38 □	**조화** 名 調和	벽지의 색과 가구가 **조화**를 잘 이루고 있다. 壁紙の色と家具がよく調和している。
39 □	**합치다** 動 合わせる	힘을 **합쳐**서 이 난국을 헤쳐 나갑시다. 力を合わせてこの難局を乗り切りましょう。
40 □	**벗기다** 動 脱がせる、むく	아이를 카시트에 태우고 신발을 **벗겼**다. 子供をチャイルドシートに乗せて靴を脱がせた。
41 □	**비늘** 名 うろこ	바다에서 낚은 물고기의 **비늘**을 벗겨 냈다. 海で釣った魚のうろこを落とした。
42 □	**제법** 副 なかなか、かなり	수영장이 딸린 **제법** 큰 집에서 살고 있었다. プール付きのかなり大きな家に住んでいた。
43 □	**흉내** 名 まね	남의 **흉내**를 내서 친구들을 잘 웃긴다. 人のまねをして友達をよく笑わせる。
44 □	**똑같다** 形 全く同じだ	세 자매의 목소리가 다 **똑같**아서 헷갈린다. 三姉妹の声がみんな同じで紛らわしい。
45 □	**번성** 名 繁盛	가게의 **번성**을 기원하며 화환을 보냈어요. 店の繁盛を願って花輪を送りました。
46 □	**선박** 名 船舶	짙은 안개로 인해 **선박**의 충돌 사고가 있었다. 濃い霧により船舶の衝突事故があった。
47 □	**올** 名 糸筋、糸	털모자의 **올**이 풀린지도 모르고 있었다. 毛糸の帽子の糸がほつれたのも知らずにいた。
48 □	**우아하다** 形 優雅だ	**우아하**고 세련된 분위기의 화보를 공개했다. 優雅で洗練された雰囲気の画報を公開した。

チェック ✓
□ 調和 □ かなり □ 間違う □ まね □ 糸 □ 全く同じだ □ 船舶
□ 脱がせる □ 合わせる □ 繁盛 □ 優雅だ □ うろこ

49 □	**단결** 名 団結	줄다리기는 팀의 **단결**력이 가장 중요하다. 綱引きはチームの団結力が一番重要だ。
50 □	**쏘다** 動 撃つ、射る	경찰이 도주하는 범인을 향해 총을 **쐈**다. 警察が逃走する犯人に向けて銃を撃った。
51 □	**뻔하다** 形 明らかだ	실력의 차이가 크니까 결과는 안 봐도 **뻔하**다. 実力の差が大きいので結果は見なくても明らかだ。
52 □	**출신** 名 出身	경기 해설가 중에는 선수 **출신**도 꽤 많다. 競技解説者の中には選手出身もかなり多い。
53 □	**끓다** 動 沸く	물이 **끓**으면 소금을 넣고 데쳐 주세요. お湯が沸いたら塩を入れてゆがいてください。
54 □	**끌리다** 動 引かれる	팸플릿의 이 그림에 마음이 **끌려**서 샀다. パンフレットのこの絵に心が引かれて買った。
55 □	**날리다** 動 飛ばす、使い果たす	색종이로 종이비행기를 접어서 **날렸**다. 色紙で紙飛行機を折って飛ばした。
56 □	**단축** 名 短縮	기록을 1초라도 **단축**시키기 위해 힘썼다. 記録を1秒でも短縮させるために尽力した。
57 □	**틀** 名 枠、型	청소기로 창**틀**에 쌓인 먼지를 제거했다. 掃除機で窓枠に積もったほこりを除去した。
58 □	**후원** 名 後援、支援	유기견을 돕기 위한 **후원** 단체를 모집했다. 捨て犬を助けるための支援団体を募集した。
59 □	**유익하다** 形 有益だ	아이가 직업 체험관에서 **유익한** 경험을 했다. 子供が職業体験館で有益な経験をした。
60 □	**밀도** 名 密度	대도시의 인구 **밀도**는 포화 상태에 이르렀다. 大都市の人口密度は飽和状態に達した。

チェック ✓ □ 明らかだ □ 密度 □ 団結 □ 沸く □ 飛ばす □ 枠 □ 有益だ □ 出身 □ 支援 □ 撃つ □ 短縮 □ 引かれる

Day 67

1 □	**네모나다** 形 四角い	무를 **네모나**게 썰어서 소금에 절이세요. 大根を四角く切って塩に漬けてください。
2 □	**괴롭다** 形 つらい	적성에 맞지 않는 일을 해야 돼서 **괴롭**다. 適性に合わない仕事をしないといけなくてつらい。
3 □	**매연** 名 ばい煙	**매연** 때문에 와이셔츠가 까매진 것 같다. ばい煙のせいでワイシャツが黒くなったようだ。
4 □	**쓸다** 動 掃く	오늘은 내가 집 앞 골목을 **쓰**는 당번이다. 今日は私が家の前の路地を掃く当番だ。
5 □	**위조** 名 偽造	이 지폐는 특수 제작되어 **위조**가 불가능하다. この紙幣は特殊製作され、偽造が不可能だ。
6 □	**재치** 名 ウィット	**재치** 있는 말로 회장 분위기가 누그러졌다. ウィットのある言葉で会場の雰囲気が和んだ。
7 □	**발효** 名 発酵	**발효** 식품을 섭취하면 면역력이 높아진다. 発酵食品を摂取すれば免疫力が高まる。
8 □	**찍히다** 動 撮られる、押される	입학하자마자 문제아로 낙인이 **찍혔**다. 入学してすぐ問題児とらく印が押された。
9 □	**흥행** 名 興行	영화 속편이 **흥행**에 성공하는 것은 드물다. 映画の続編が興行に成功するのは珍しい。
10 □	**무게** 名 重さ	이 샐러드는 **무게**에 따라 값이 정해진다. このサラダは重さによって値段が決まる。
11 □	**권익** 名 権益	노동자의 **권익**을 보호하는 법안이 통과됐다. 労働者の権益を保護する法案が通った。
12 □	**주관적** 名 主観的	미의 기준은 **주관적**이지만 보편적이기도 하다. 美の基準は主観的だが普遍的でもある。

チェック ✓
□ つらい □ 重さ □ ウィット □ ばい煙 □ 主観的 □ 掃く □ 押される
□ 発酵 □ 四角い □ 興行 □ 権益 □ 偽造

13 ☐	**주입하다** 動 注入する	자전거 타이어에 공기를 **주입했**다. 自転車のタイヤに空気を注入した。
14 ☐	**뛰어나다** 形 優れている	골키퍼는 **뛰어난** 순발력이 요구된다. ゴールキーパーは優れた瞬発力が要求される。
15 ☐	**총알** 名 弾、銃弾	열 발의 **총알**을 모두 표적에 명중시켰다. 10 発の銃弾をすべて標的に命中させた。
16 ☐	**반하다** 動 反する、ほれる	그 여자에게 첫눈에 **반해**서 사귀자고 했어요. 彼女に一目ぼれして付き合おうと言いました。
17 ☐	**미끄러지다** 動 滑る	손이 **미끄러져**서 꽃병을 떨어뜨렸어요. 手が滑って花瓶を落としました。
18 ☐	**온실** 名 温室	계절에 상관없이 **온실**에서 과일을 재배한다. 季節に関係なく温室で果物を栽培する。
19 ☐	**가량** 尾 程度、くらい	50대**가량**의 키가 큰 남자가 찾아왔다. 50 代ぐらいの背の高い男性が訪れて来た。
20 ☐	**진실** 名 真実	이 일에 대한 **진실**을 꼭 밝히고 말겠다. このことについての真実を必ず明らかにしてみせる。
21 ☐	**잔뜩** 副 いっぱい、たくさん	차에 짐을 **잔뜩** 싣고 캠프하러 갔다. 車に荷物をいっぱい積んでキャンプしに行った。
22 ☐	**환상** 名 幻想	그 동화 속 이야기는 **환상**에 불과하다. その童話の中の話は幻想に過ぎない。
23 ☐	**질병** 名 疾病	면역 기능의 저하는 각종 **질병**을 유발한다. 免疫機能の低下は各種の疾病を誘発する。
24 ☐	**안도하다** 動 安堵する	가출한 딸이 무사하다는 것을 알고 **안도했**다. 家出した娘が無事だと分かって安堵した。

チェック ✓

☐ 真実 ☐ 優れている ☐ 温室 ☐ 安堵する ☐ 銃弾 ☐ 幻想 ☐ 疾病
☐ いっぱい ☐ くらい ☐ 注入する ☐ 滑る ☐ ほれる

25 ☐	**바퀴** 名 車輪	폭설이 내려서 **바퀴**에 체인을 감았다. 大雪が降って車輪にチェーンを巻いた。
26 ☐	**자존심** 名 自尊心、プライド	**자존심**이 강한 그가 웬일로 먼저 사과했다. プライドが高い彼がなぜだか先に謝った。
27 ☐	**사표** 名 辞表	과장님은 모든 일에 책임을 지고 **사표**를 냈다. 課長はすべてのことに責任を取って辞表を出した。
28 ☐	**꽂다** 動 挿す、差し込む	바닥에 떨어져 있던 책을 책장에 **꽂**아 두었다. 床に落ちていた本を本棚に差し込んでおいた。
29 ☐	**엮다** 動 編む、結う	오색 실을 **엮**어서 팔찌 만들기에 도전했다. 5色の糸を編んでブレスレット作りに挑んだ。
30 ☐	**필수** 名 必修	전공 **필수** 과목을 이수해야 졸업할 수 있다. 専攻の必修科目を履修しないと卒業できない。
31 ☐	**거두다** 動 収める、取り立てる	첫 국제 대회에서 좋은 성적을 **거두**었다. 初の国際大会で良い成績を収めた。
32 ☐	**매듭** 名 結び目	밧줄의 **매듭**이 풀리지 않게 단단히 묶었다. ロープの結び目が解けないように固く結んだ。
33 ☐	**강도** 名 強盗	한낮에 복면을 쓴 **강도**가 돈을 훔쳐 달아났다. 真っ昼間に覆面をかぶった強盗がお金を盗んで逃げた。
34 ☐	**호흡** 名 呼吸	그 코치와 선수는 **호흡**이 잘 맞는다. あのコーチと選手は呼吸がぴったりと合う。
35 ☐	**가습기** 名 加湿器	**가습기**를 대신해 빨래를 방 안에 널어 둔다. 加湿器の代わりに洗濯物を部屋の中に干しておく。
36 ☐	**지반** 名 地盤	이곳은 **지반**이 약해서 집을 지을 수 없어요. ここは地盤が弱くて家を建てられません。

チェック ✓

☐ 必修 ☐ プライド ☐ 結び目 ☐ 呼吸 ☐ 車輪 ☐ 差し込む ☐ 加湿器
☐ 強盗 ☐ 編む ☐ 収める ☐ 辞表 ☐ 地盤

37 □	**물다** 動 かむ、払う	무임승차를 한 것이 걸려서 벌금을 **물**었다. 無賃乗車したのがばれて罰金を払った。
38 □	**읽히다** 動 読ませる、読まれる	논술 시험에 대비해 신문 사설을 **읽혔**다. 論述試験に備えて新聞の社説を読ませた。
39 □	**자서전** 名 自叙伝	회장님은 퇴임 후에 **자서전**을 집필했다. 会長は退任後に自叙伝を執筆した。
40 □	**산물** 名 産物	이 논문은 4년간의 노력의 **산물**이다. この論文は 4 年間の努力の産物である。
41 □	**섬유** 名 繊維	합성 **섬유**는 면보다 강한 정전기를 일으킨다. 合成繊維は綿より強い静電気を起こす。
42 □	**창업** 名 創業	**창업** 초기에는 사원이 다섯 명밖에 되지 않았다. 創業初期には社員が 5 人しかいなかった。
43 □	**찢기다** 動 破られる、裂かれる	벽에 붙어 있던 포스터가 **찢겨** 있었다. 壁に貼られていたポスターが破られていた。
44 □	**소음** 名 騒音	주위 **소음**이 심해서 말소리가 전혀 안 들린다. 周囲の騒音がひどくて話し声が全く聞こえない。
45 □	**교정** 名 校正	출판 전 마지막 **교정** 작업에 들어갔다. 出版前の最後の校正作業に入った。
46 □	**굉장하다** 形 すさまじい	**굉장한** 폭발음이 길 건너편에서 들려왔다. すさまじい爆発音が道の向こう側から聞こえてきた。
47 □	**바느질** 名 裁縫、針仕事	**바느질** 솜씨가 좋아서 옷 수선도 금방 한다. 裁縫の腕が良くて洋服の直しもすぐできる。
48 □	**구르다** 動 転がる	내가 찬 공이 비탈길 아래로 **굴러** 내려갔다. 私が蹴ったボールが坂道の下の方へ転がり落ちた。

チェック ✓
□ 読ませる □ 校正 □ 繊維 □ 破られる □ 産物 □ 騒音 □ すさまじい
□ 転がる □ 創業 □ 裁縫 □ 払う □ 自叙伝

49 □	**경비** 名 経費	1인당 여행에 필요한 **경비**를 계산해 보았다. 一人当たりの旅行に必要な経費を計算してみた。
50 □	**눈썰미** 名 見よう見まね	그녀는 **눈썰미**가 있어서 일을 금방 배운다. 彼女は見よう見まねが上手で仕事をすぐ覚える。
51 □	**핑계** 名 口実、言い訳	세금 인상을 **핑계**로 물건값을 올렸다. 税金引き上げを口実に品物の値段を上げた。
52 □	**정면** 名 正面	커튼을 열면 타워가 **정면**으로 보인다. カーテンを開けるとタワーが正面に見える。
53 □	**끝내** 副 ついに、とうとう	여기저기 수색했지만 **끝내** 찾을 수 없었다. あちこち捜索したが、ついに見つけられなかった。
54 □	**억제하다** 動 抑制する、抑える	그는 흥분된 감정을 **억제하**려고 애썼다. 彼は興奮した感情を抑えようと努力した。
55 □	**경솔하다** 形 軽率だ	자신의 **경솔한** 행동을 인정하고 반성했다. 自分の軽率な行動を認め、反省した。
56 □	**답사** 名 踏査、下見	촬영장 현지 **답사**를 위해 선발대를 파견했다. ロケ地の現地踏査のために先発隊を派遣した。
57 □	**끼어들다** 動 割り込む	그는 항상 남의 이야기에 **끼어들**려고 한다. 彼はいつも他人の話に割り込もうとする。
58 □	**손실** 名 損失	공장 화재는 엄청난 경제적 **손실**을 가져왔다. 工場の火災は甚だしい経済的損失をもたらした。
59 □	**조치** 名 措置	이번 **조치**로 빈곤층은 혜택을 보게 된다. 今回の措置で貧困層は恩恵を受けることになる。
60 □	**상어** 名 サメ	**상어**에게 먹이를 주는 체험을 할 수 있었다. サメに餌をやる体験ができた。

チェック ✓
□ ついに □ 正面 □ 経費 □ サメ □ 割り込む □ 損失 □ 踏査
□ 抑える □ 措置 □ 見よう見まね □ 軽率だ □ 口実

Day 68

1 ☐	**터지다** 動 起きる、破裂する	원자력 발전소 사고로 우려했던 일이 **터졌**다. 原子力発電所の事故で憂慮していた事が起きた。
2 ☐	**기하학** 名 幾何学	**기하학**적 무늬의 벽지로 인테리어를 바꿨다. 幾何学模様の壁紙にインテリアを変えた。
3 ☐	**흔들다** 動 振る、揺らす、揺する	기차가 멀어질 때까지 손을 **흔들**며 인사했다. 汽車が遠くなるまで手を振って挨拶した。
4 ☐	**환수하다** 動 取り戻す	해외에 산재해 있는 문화재를 **환수해** 왔다. 海外に散在している文化財を取り戻してきた。
5 ☐	**도깨비** 名 鬼、化け物	**도깨비**섬에 **도깨비**를 퇴치하러 가는 이야기이다. 鬼が島に鬼を退治しに行くストーリーだ。
6 ☐	**허위** 名 虚偽、偽り	**허위** 자백을 하게 된 경위를 조사 중이다. 虚偽の自白をするようになった経緯を調査中だ。
7 ☐	**추적** 名 追跡	전화의 발신지 **추적**을 통해 은신처를 알아냈다. 電話の発信地追跡を通して隠れ家を突き止めた。
8 ☐	**단서** 名 手掛かり	지문을 비롯해 어떤 **단서**도 남아 있지 않았다. 指紋を始め、いかなる手掛かりも残っていなかった。
9 ☐	**소각** 名 焼却	일회용품은 **소각** 과정에서 대기를 오염시킨다. 使い捨て製品は焼却過程で大気を汚染させる。
10 ☐	**진열** 名 陳列	**진열**장 안에 있는 반지를 유심히 쳐다봤다. 陳列棚の中にある指輪をしげしげと見つめた。
11 ☐	**밤새** 名 夜通し	**밤새** 편지를 썼다가 지우기를 반복했다. 夜通し手紙を書いては消すことを繰り返した。
12 ☐	**격파** 名 撃破	정신을 집중시켜야 **격파**를 성공시킬 수 있다. 精神を集中させてこそ撃破に成功することができる。

チェック ✓
☐ 焼却 ☐ 取り戻す ☐ 虚偽 ☐ 撃破 ☐ 鬼 ☐ 手掛かり ☐ 夜通し
☐ 幾何学 ☐ 陳列 ☐ 起きる ☐ 振る ☐ 追跡

13 ☐	**사투리** 名 なまり、方言	고향 친구를 만나면 **사투리**가 저절로 나온다. 故郷の友達に会うと方言が自然と出てくる。
14 ☐	**재난** 名 災難	피해가 큰 이 일대를 **재난** 지역으로 지정했다. 被害が大きいこの一帯を災難地域に指定した。
15 ☐	**사정** 名 事情	집안 **사정**으로 인해 학업을 중단해야 했다. 家の事情により学業を中断せざるを得なかった。
16 ☐	**운수** 名 運	올해 **운수**를 시험해 보려고 복권을 사 봤다. 今年の運試しに宝くじを買ってみた。
17 ☐	**맹목적** 名 盲目的	어떤 종교든 **맹목적**인 신앙은 바람직하지 않다. どんな宗教であれ盲目的な信仰は望ましくない。
18 ☐	**어조** 名 口調、語調	동료는 명령하는 듯한 **어조**로 말했다. 同僚は命令するような口調で言った。
19 ☐	**안성맞춤** 名 うってつけ	그늘이 있어서 낮잠을 자기에 **안성맞춤**이다. 日陰があるので昼寝をするのにうってつけだ。
20 ☐	**흠집** 名 傷、傷跡	바닥에 **흠집**이 나지 않도록 들어서 날랐다. 床に傷がつかないように持ち上げて運んだ。
21 ☐	**발굴** 名 発掘	숨은 인재 **발굴**을 목적으로 한 오디션이다. 隠れた人材発掘を目的としたオーディションだ。
22 ☐	**적외선** 名 赤外線	**적외선** 카메라로 동굴 안을 촬영했다. 赤外線カメラで洞くつの中を撮影した。
23 ☐	**청중** 名 聴衆	강당 안은 **청중**으로 가득 차 있었다. 講堂の中は聴衆でいっぱいになっていた。
24 ☐	**결속** 名 結束	서로에 대한 신뢰가 **결속**력을 강화시켰다. お互いに対する信頼が結束力を強くした。

チェック ✓

☐ 口調 ☐ 盲目的 ☐ 赤外線 ☐ 災難 ☐ 方言 ☐ 傷 ☐ 結束 ☐ うってつけ
☐ 聴衆 ☐ 発掘 ☐ 運 ☐ 事情

25 □	**공해** 名 公害	산업**공해**로 자연환경이 훼손되고 있다. 産業公害で自然環境が損なわれている。
26 □	**심지어** 副 その上に	매일 귀가가 늦고 **심지어** 외박까지 한다. 毎日帰宅が遅いし、その上に外泊までする。
27 □	**구역** 名 区域	주차 금지 **구역**에 차를 세우면 견인된다. 駐車禁止区域に車を止めればレッカー移動される。
28 □	**농장** 名 農場	남미에 있는 커피 **농장**에 직접 발주한다. 南米にあるコーヒー農場に直接発注する。
29 □	**공동체** 名 共同体	**공동체** 생활을 하면서 협동심을 기른다. 共同体生活をしながら団結心を育てる。
30 □	**가열하다** 動 加熱する	이 채소는 **가열하**면 비타민이 파괴된다. この野菜は加熱するとビタミンが破壊される。
31 □	**때리다** 動 殴る	그의 말에 화가 나서 뺨을 **때리**고 말았다. 彼の言葉に腹が立ってほおを殴ってしまった。
32 □	**병충해** 名 病虫害	올해는 **병충해**가 심해 벼농사를 망쳤다. 今年は病虫害がひどくて稲作を台無しにした。
33 □	**생소하다** 形 不慣れだ	무인 계산대가 처음 생겼을 때는 **생소했**다. 無人レジが初めてできた時は不慣れだった。
34 □	**뒤축** 名 かかと	구두 **뒤축**으로 밟아서 담뱃불을 껐다. 靴のかかとで踏んでタバコの火を消した。
35 □	**발급하다** 動 発給する	비자를 **발급하**는 조건이 까다로워졌다. ビザを発給する条件が厳しくなった。
36 □	**무용** 名 舞踊、踊り	시립 **무용**단의 정기 공연이 매년 이맘때 있다. 市立舞踊団の定期公演が毎年今頃にある。

チェック ✓
□ 共同体 □ 農場 □ 発給する □ 公害 □ 病虫害 □ かかと □ 殴る
□ 加熱する □ 舞踊 □ 不慣れだ □ 区域 □ その上に

37 ☐	**애국심** 名 愛国心	**애국심**이 강한 그는 군대에도 자진해서 갔다. 愛国心が強い彼は軍隊にも自ら進んで行った。
38 ☐	**재현하다** 動 再現する	당시의 상황을 **재현해**서 드라마로 만들었다. 当時の状況を再現してドラマとして作った。
39 ☐	**수출** 名 輸出	전년도에 비해 **수출**액이 크게 증가했다. 前年度に比べて輸出額が大きく増加した。
40 ☐	**매점** 名 売店	교내 **매점**에서 간단하게 점심을 때웠다. 校内の売店で簡単にお昼を済ませた。
41 ☐	**소심하다** 形 小心だ、気が小さい	**소심하**고 우유부단한 사람이 팀장으로 뽑혔다. 小心で優柔不断な人がチーム長に選ばれた。
42 ☐	**단열** 名 断熱	이 집은 **단열** 효과가 좋아 난방비가 절약된다. この家は断熱効果がよくて暖房代が節約できる。
43 ☐	**빛나다** 動 光る	한여름의 태양이 눈부시게 **빛나**고 있었다. 真夏の太陽がまぶしく光っていた。
44 ☐	**앉히다** 動 座らせる	혼자 앉기 싫어하는 아이를 무릎 위에 **앉혔**다. 一人で座るのを嫌がる子をひざの上に座らせた。
45 ☐	**합의** 名 合意	당사자들 간의 **합의**가 무사히 이루어졌다. 当事者間の合意が無事に成された。
46 ☐	**늦추다** 動 遅らせる	내일만 등교 시간을 한 시간가량 **늦추**었다. 明日だけ登校時間を1時間程度遅らせた。
47 ☐	**빼앗다** 動 奪う	전쟁은 많은 사람의 목숨을 **빼앗**았다. 戦争は多くの人の命を奪った。
48 ☐	**할부** 名 分割払い	갖고 싶었던 안마 의자를 **할부**로 구입했다. 欲しかったマッサージチェアを分割払いで購入した。

チェック ✓
☐ 断熱 ☐ 分割払い ☐ 愛国心 ☐ 奪う ☐ 合意 ☐ 小心だ ☐ 輸出 ☐ 光る
☐ 遅らせる ☐ 再現する ☐ 座らせる ☐ 売店

49 □	**파출소**	名 派出所、交番	길에서 주운 돈을 근처 **파출소**로 가지고 갔다. 道で拾ったお金を近くの交番に届けた。
50 □	**간접적**	名 間接的	주주들도 **간접적**으로 경영에 참여하고 있다. 株主たちも間接的に経営に参加している。
51 □	**부호**	名 符号	이 암호에는 본 적이 없는 **부호**가 사용되었다. この暗号には見たことのない符号が使用された。
52 □	**자질**	名 資質	그녀는 선생으로서의 **자질**이 결여되어 있다. 彼女は先生としての資質に欠けている。
53 □	**악몽**	名 悪夢	상담 치료를 받은 후에 **악몽**을 안 꾸게 됐다. 相談治療を受けてから悪夢を見なくなった。
54 □	**물려주다**	動 譲り渡す	아들에게 사장 자리를 **물려주**고 은퇴했다. 息子に社長の座を譲り渡して引退した。
55 □	**튼튼하다**	形 丈夫だ、頑丈だ	이 의자는 싸지만 **튼튼해**서 오래 쓸 수 있다. このいすは安いが丈夫なので長く使える。
56 □	**영리**	名 営利	이 단체는 **영리**를 목적으로 한 단체가 아니다. この団体は営利を目的とした団体ではない。
57 □	**빌다**	動 祈る	의식이 돌아오기를 하루도 빠짐없이 **빌**었다. 意識が戻ることを１日も欠かさず祈った。
58 □	**본질**	名 本質	욕망은 누구나 가지고 있는 인간의 **본질**이다. 欲望は誰でも持っている人間の本質である。
59 □	**지느러미**	名 ひれ	이 식당의 상어 **지느러미** 수프는 일품이다. この食堂のフカヒレスープは絶品だ。
60 □	**신기다**	動 履かせる	아이는 신발을 **신기**기만 하면 벗어 버린다. 子供は靴を履かせたら必ず脱いでしまう。

チェック ✓

□ 間接的　□ 営利　□ 履かせる　□ 交番　□ ひれ　□ 悪夢　□ 譲り渡す
□ 本質　□ 符号　□ 祈る　□ 資質　□ 丈夫だ

Day 69

1 ☐	**엉망** 名 散々、めちゃくちゃ	도박에 빠진 후로 생활이 **엉망**이 되었다. 賭博にはまってから生活がめちゃくちゃになった。
2 ☐	**재정** 名 財政	회사의 **재정** 상태가 좋지 않아서 수당은 없다. 会社の財政状態が良くないので手当はない。
3 ☐	**학점** 名 (大学の)単位	봉사 활동을 하면 **학점**으로 인정된다. ボランティア活動をすれば単位として認められる。
4 ☐	**현수막** 名 懸垂幕、垂れ幕	금메달을 따자 그의 모교에 **현수막**이 걸렸다. 金メダルを取ると彼の母校に垂れ幕がかかった。
5 ☐	**넉넉하다** 形 十分だ、裕福だ	만약을 위해서 **넉넉하**게 준비해 가세요. もしものために十分に用意して行ってください。
6 ☐	**간소화** 名 簡素化	기계를 도입해 입국 심사 절차를 **간소화**했다. 機械を導入して入国審査の手続きを簡素化した。
7 ☐	**내쫓다** 動 追い出す	방송국에 무단으로 들어온 외부인을 **내쫓**았다. 放送局に無断で入った部外者を追い出した。
8 ☐	**망원경** 名 望遠鏡	**망원경**으로 한밤중의 우주 쇼를 감상했다. 望遠鏡で真夜中の宇宙ショーを鑑賞した。
9 ☐	**제조** 名 製造	몇몇 간부들만 **제조** 기술을 알고 있다. 何人かの幹部だけが製造技術を知っている。
10 ☐	**평화** 名 平和	양국의 **평화**를 위해 휴전 조약을 체결했다. 両国の平和のために休戦条約を締結した。
11 ☐	**조종사** 名 操縦士	항공 회사는 **조종사** 확보에 어려움을 겪었다. 航空会社は操縦士の確保に苦労した。
12 ☐	**까다** 動 むく、割る	밤은 껍질이 딱딱해서 **까**기 힘들다. 栗は皮が固くてむくのが大変だ。

チェック ✓
☐ 単位 ☐ めちゃくちゃ ☐ むく ☐ 平和 ☐ 操縦士 ☐ 垂れ幕 ☐ 製造
☐ 望遠鏡 ☐ 追い出す ☐ 十分だ ☐ 財政 ☐ 簡素化

13 ☐	속이다	[動] だます、偽る	자신의 신분을 **속이**고 피해자에게 접근했다.	自分の身分を偽って被害者に接近した。
14 ☐	줄거리	[名] あらすじ	**줄거리**를 파악하기 위해 책을 훑어보았다.	あらすじを把握するため本にざっと目を通した。
15 ☐	저절로	[副] 自然と、ひとりでに	고생한 이야기를 들으니 **저절로** 눈물이 났다.	苦労した話を聞くと自然と涙が出た。
16 ☐	복구	[名] 復旧	수해를 입은 지역의 **복구** 작업이 한창이다.	水害を被った地域の復旧作業が盛んである。
17 ☐	가늘다	[形] 細い	그녀의 **가는** 손가락에 맞는 반지는 없었다.	彼女の細い指に合う指輪はなかった。
18 ☐	막차	[名] 終バス、終電	**막차**를 놓치는 바람에 노래방에서 밤을 샜다.	終電を逃したためカラオケで夜を明かした。
19 ☐	머무르다	[動] 留まる、泊まる	계획 단계에 **머무르**지 말고 실천에 옮기세요.	計画段階に留まらず実践に移してください。
20 ☐	해학	[名] ユーモア、おどけ	양반에 대한 풍자를 **해학**적으로 표현했다.	両班に対する風刺をユーモラスに表現した。
21 ☐	접히다	[動] 折られる	방금 샀는데 책장이 몇 군데 **접혀** 있었다.	今買ったのにページが何カ所か折られていた。
22 ☐	대세	[名] 大勢	이미 **대세**는 기울어져서 되돌리기 어렵다.	すでに大勢は傾いたので戻すのは大変だ。
23 ☐	모처럼	[副] せっかく	**모처럼** 용기 내서 갔는데 만날 수 없었다.	せっかく勇気出して行ったのに会えなかった。
24 ☐	삼키다	[動] 飲み込む	쓴 약은 코를 잡고 한 번에 **삼키**는 게 좋다.	苦い薬は鼻をつまんで一気に飲み込むのがいい。

チェック ✓

☐ ユーモア ☐ 飲み込む ☐ あらすじ ☐ 終電 ☐ 偽る ☐ 留まる
☐ せっかく ☐ 折られる ☐ 自然と ☐ 細い ☐ 大勢 ☐ 復旧

25 ☐	**말투** 名 話し方、口ぶり	선생님의 **말투**를 흉내 내며 이야기했다. 先生の話し方をまねしながら話した。
26 ☐	**일터** 名 職場	오늘도 무거운 발걸음으로 **일터**로 향했다. 今日も重い足取りで職場に向かった。
27 ☐	**피로** 名 疲労	중대한 업무가 끝나자 **피로**가 몰려왔다. 重大な業務が終わると疲労がどっと出た。
28 ☐	**털다** 動 はたく、払う	현관에서 옷에 묻은 먼지를 **털**고 들어갔다. 玄関で服に付いたほこりをはたいて入った。
29 ☐	**토하다** 動 吐く	과음했기 때문에 택시 안에서 **토해** 버렸다. 飲み過ぎたのでタクシーの中で吐いてしまった。
30 ☐	**성능** 名 性能	이 제품은 타사 제품에 비해 **성능**이 뛰어나다. この製品は他社の製品に比べて性能が優れている。
31 ☐	**잡초** 名 雑草	무덤 주위의 **잡초**를 뽑고 깨끗하게 청소했다. 墓の周りの雑草を抜いてきれいに掃除した。
32 ☐	**건지다** 動 助かる、拾う	탈선 사고가 있었지만 다행히 목숨은 **건졌**다. 脱線事故があったが幸い命は助かった。
33 ☐	**본보기** 名 手本、見本	형이니까 동생의 **본보기**가 되라고 하셨다. 兄だから弟のお手本になりなさいとおっしゃった。
34 ☐	**콩** 名 豆、大豆	흰쌀과 검은**콩**을 섞어서 밥을 짓는다. 白米と黒豆を混ぜてご飯を炊いている。
35 ☐	**보살피다** 動 世話する、面倒を見る	노모를 **보살피**고 있어서 긴 여행은 못 간다. 老母を世話しているので長い旅行は行けない。
36 ☐	**벽돌** 名 れんが	붉은 **벽돌**로 지은 건물이 이국적이었다. 赤いれんがで建てた建物が異国的だった。

チェック ✓
☐ 性能 ☐ 話し方 ☐ 雑草 ☐ れんが ☐ 吐く ☐ 世話する ☐ 助かる ☐ 豆
☐ はたく ☐ 職場 ☐ 手本 ☐ 疲労

37 □	**과외** 名 課外	지나친 **과외** 학습이 아이들을 지치게 한다. 度が過ぎた課外学習が子供たちを疲れさせる。
38 □	**유혹** 名 誘惑	어떠한 **유혹**에도 넘어가지 않을 자신이 있다. どんな誘惑にも負けない自信がある。
39 □	**신고** 名 申告、届け出	공항에서 세관 **신고**서를 작성해서 제출했다. 空港で税関申告書を作成して提出した。
40 □	**동그랗다** 形 丸い	**동그란** 뿔테 안경이 그에게 잘 어울렸다. 丸い黒縁の眼鏡が彼によく似合っていた。
41 □	**비속어** 名 卑俗語	요즘 아이들의 말의 반 이상은 **비속어**이다. 最近の子供の話の半分以上は卑俗語だ。
42 □	**틀림없이** 副 間違いなく、必ず	이번에는 **틀림없이** 당선된다고 확신하였다. 今回は間違いなく当選できると確信した。
43 □	**잘나다** 形 偉い、優れている	**잘난** 체를 하더니 시험에 떨어진 모양이다. 偉そうにしていたが試験に落ちたみたいだ。
44 □	**흔히** 副 よく、多く	가게 앞에 줄을 선 풍경은 **흔히** 볼 수 있다. 店の前で並んでいる風景はよく見られる。
45 □	**주술** 名 呪術	부적에는 **주술**적인 힘이 있다고 믿기도 한다. お守りには呪術的な力があると信じたりもする。
46 □	**직관** 名 直観	이것으로 끝이 아님을 **직관**적으로 알아차렸다. これで終わりではないことを直観的に見抜いた。
47 □	**과장하다** 動 誇張する	작은 일도 **과장하**여 이야기하는 버릇이 있다. 小さいことも誇張して話す癖がある。
48 □	**은혜** 名 恩恵、恩	도와주신 이 **은혜**는 반드시 갚겠습니다. 助けてくださったこの恩は必ず返します。

チェック ✓

□ 誘惑 □ 偉い □ 直観 □ 恩 □ 間違いなく □ 卑俗語 □ 誇張する
□ よく □ 丸い □ 申告 □ 呪術 □ 課外

No.	単語	品詞・意味	例文
49 □	포획	名 捕獲	고래의 **포획**을 금지하도록 정부에 요청했다. クジラの捕獲を禁止するように政府に要請した。
50 □	통기성	名 通気性	마는 **통기성**이 좋아 여름옷에 많이 사용된다. 麻は通気性がいいので夏服によく使われる。
51 □	객관적	名 客観的	자신의 작품은 **객관적**으로 평가하기 어렵다. 自分の作品は客観的に評価しにくい。
52 □	삐다	動 ねんざする	등산 중에 발목을 **삐**어서 도중에 내려왔다. 登山中に足首をねんざして途中で降りてきた。
53 □	초상	名 肖像	그는 유명한 화가에게 **초상**화를 그리게 했다. 彼は有名な画家に肖像画を描かせた。
54 □	재산	名 財産	네 명의 자식에게 **재산**을 골고루 물려주었다. 4人の子供に財産を均等に譲り渡した。
55 □	철학	名 哲学	유명한 **철학**가의 말을 좌우명으로 삼고 있다. 有名な哲学者の言葉を座右の銘にしている。
56 □	호환	名 互換	이 기계는 타사 제품과도 **호환**이 가능하다. この機械は他社の製品とも互換が可能だ。
57 □	일조량	名 日照量	**일조량**이 충분하지 않으면 과일이 안 익는다. 日照量が十分でないと果物が熟さない。
58 □	종종	副 度々	어머니는 회사 카페로 **종종** 찾아오곤 했다. 母は会社のカフェへ度々訪れて来たりした。
59 □	차례	名 順番	종이에 이름을 쓰고 **차례**가 되기를 기다렸다. 紙に名前を書いて順番になるのを待った。
60 □	환율	名 為替レート	**환율**이 좋아서 여행 가기에는 안성맞춤이다. 為替レートがいいので旅行するにはうってつけだ。

チェック ✓
□ 通気性 □ 互換 □ 財産 □ 捕獲 □ 順番 □ ねんざする □ 客観的
□ 度々 □ 肖像 □ 哲学 □ 日照量 □ 為替レート

Day 70

No.	単語	意味	例文
1 □	오자	名 誤字、誤植	교정을 제대로 하지 않았는지 **오자**가 많았다. 校正をきちんとしなかったのか誤字が多かった。
2 □	썰물	名 引き潮	아이는 **썰물**이 빠지면 조개를 주우러 나간다. 子供は引き潮になったら貝を拾いに出る。
3 □	튀기다	動 揚げる	감자를 **튀겨**서 술안주로 냈다. ジャガイモを揚げてお酒のつまみに出した。
4 □	자석	名 磁石	**자석**은 서로 다른 극끼리 달라붙는다. 磁石は互いに違う極同士でくっつく。
5 □	영혼	名 霊魂、魂	예술은 우리의 **영혼**을 풍요롭게 해 준다. 芸術は我々の魂を豊かにしてくれる。
6 □	이롭다	形 ためになる、良い	몸에 **이롭**기는커녕 해로운 것으로 판명됐다. 体に良いどころか害があると判明した。
7 □	물살	名 水の勢い、水の流れ	연어들이 **물살**을 거슬러 헤엄치고 있다. 鮭が水の流れに逆らって泳いでいる。
8 □	배우자	名 配偶者	보호자나 **배우자**의 동의를 얻어야 한다. 保護者や配偶者の同意を得ないといけない。
9 □	평생	名 生涯、一生	만찬회에서 **평생** 잊지 못할 대접을 받았다. 晩餐会で一生忘れられないもてなしを受けた。
10 □	조형물	名 造形物	올림픽을 상징하는 **조형물**이 세워졌다. オリンピックを象徴する造形物が建てられた。
11 □	양탄자	名 じゅうたん、カーペット	마법의 **양탄자**를 타고 하늘을 날고 싶다. 魔法のじゅうたんに乗って空を飛びたい。
12 □	배탈	名 腹を壊すこと	가열해서 먹지 않으면 **배탈**이 나기 쉽다. 加熱して食べないとお腹を壊しやすい。

チェック ✓
□ 水の流れ □ 腹を壊すこと □ 引き潮 □ 一生 □ 誤字 □ 磁石 □ 良い
□ 造形物 □ じゅうたん □ 魂 □ 揚げる □ 配偶者

13 ☐	**강습** 名 講習	꽃꽂이, 요리 등 무료 **강습**이 달마다 열린다.	生け花、料理などの無料講習が毎月開かれる。
14 ☐	**제안** 名 提案	과반수의 찬성이 나오면 **제안**이 받아들여진다.	過半数の賛成が出ると提案が受け入れられる。
15 ☐	**방치하다** 動 放置する	음주 운전을 **방치하**는 것도 큰 죄가 된다.	飲酒運転を放置するのも大きな罪になる。
16 ☐	**교차로** 名 交差点	다음 **교차로**에서 좌회전해서 가면 됩니다.	次の交差点で左折して行けばいいです。
17 ☐	**손상** 名 損傷	사고로 뇌에 **손상**을 입지 않았을까 걱정했다.	事故で脳に損傷を受けていないか心配した。
18 ☐	**유기물** 名 有機物	식물은 **유기물**이 포함된 흙에서 잘 자란다.	植物は有機物が含まれている土でよく育つ。
19 ☐	**전원** 名 田園	마당에 꽃을 키우면서 **전원**생활을 즐긴다.	庭に花を育てながら田園生活を楽しんでいる。
20 ☐	**명랑하다** 形 明朗だ	그녀의 **명랑한** 웃음소리가 주위를 밝게 한다.	彼女の明朗な笑い声が周りを明るくする。
21 ☐	**밀물** 名 満ち潮	**밀물** 때가 됐으니까 바다에서 나오라고 했다.	満ち潮になるから海から出なさいと言った。
22 ☐	**그늘** 名 陰、日陰	이 소재의 옷은 **그늘**에서 말려야 한다.	この素材の服は日陰で干さないといけない。
23 ☐	**싱싱하다** 形 みずみずしい	달고 **싱싱한** 딸기로 케이크를 만들었다.	甘くてみずみずしいイチゴでケーキを作った。
24 ☐	**폭식** 名 暴食、食べ過ぎ	**폭식**보다는 몇 번으로 나누어서 먹는 게 좋다.	食べ過ぎるよりは何回かに分けて食べる方がいい。

チェック ✓

☐ 提案 ☐ 明朗だ ☐ 食べ過ぎ ☐ 有機物 ☐ 放置する ☐ 満ち潮 ☐ 日陰
☐ みずみずしい ☐ 講習 ☐ 田園 ☐ 交差点 ☐ 損傷

25 □	**대체로** 副 大体、概ね	내일은 고기압의 영향으로 **대체로** 맑겠습니다. 明日は高気圧の影響で概ね晴れるでしょう。
26 □	**헐값** 名 捨て値、安値	재고를 처분하기 위해 **헐값**에 팔았다. 在庫を処分するため捨て値で売った。
27 □	**식히다** 動 冷ます、冷やす	아이가 먹을 수 있게 국을 불어서 **식혔**다. 子供が食べられるようにスープを吹いて冷ました。
28 □	**수칙** 名 規則、心得	공사 현장에서는 안전 **수칙**을 지킵시다. 工事現場では安全のための規則を守りましょう。
29 □	**노예** 名 奴隷	전쟁을 계기로 **노예** 제도를 완전히 폐지했다. 戦争を契機に奴隷制度を完全に廃止した。
30 □	**과로** 名 過労	**과로**에다가 영양실조까지 겹쳐서 쓰러졌다. 過労に栄養失調まで重なって倒れた。
31 □	**서서히** 副 徐々に	광고 덕분에 지명도가 **서서히** 오르고 있다. 広告のおかげで知名度が徐々に上がっている。
32 □	**냉각** 名 冷却	이 냉동고를 이용하면 급속 **냉각**이 가능하다. この冷凍庫を利用すれば急速冷却が可能だ。
33 □	**초음파** 名 超音波	**초음파** 촬영으로 아기의 성별을 알 수 있다. 超音波撮影で赤ちゃんの性別が分かる。
34 □	**엎드리다** 動 うつ伏せになる	침대에 **엎드려** 누워서 마사지를 받았다. ベッドにうつ伏せになってマッサージを受けた。
35 □	**자생력** 名 自生力	이 풀은 **자생력**이 강해 돌보지 않아도 자란다. この草は自生力が強くて手入れしなくても育つ。
36 □	**위생** 名 衛生	주방의 **위생** 상태가 문제가 되어 문을 닫았다. 厨房の衛生状態が問題になり閉店した。

チェック ✓
□ 過労 □ 自生力 □ 概ね □ 規則 □ 徐々に □ 超音波 □ うつ伏せになる
□ 衛生 □ 奴隷 □ 捨て値 □ 冷ます □ 冷却

37 ☐	**항공**	名 航空	국내선의 경우 저가 **항공**의 수요가 늘었다.	国内線の場合、LCC の需要が増えた。
38 ☐	**위성**	名 衛星	**위성** 방송을 통해 실시간으로 중계를 봤다.	衛星放送を通じてリアルタイムで中継を見た。
39 ☐	**적립**	名 積み立て	물건을 사면 10%가 **적립**금으로 쌓인다.	品物を買うと 10%が積立金として貯まる。
40 ☐	**보증**	名 保証	외국인은 **보증**인이 없으면 집을 빌릴 수 없다.	外国人は保証人がいないと家を借りられない。
41 ☐	**갇히다**	動 閉じ込められる	갑자기 정전이 되어 승강기에 **갇혔**다.	急に停電になりエレベーターに閉じ込められた。
42 ☐	**거품**	名 泡	샴푸는 **거품**이 많이 나지 않는 것이 좋다.	シャンプーは泡がたくさん出ないのがいい。
43 ☐	**드물다**	形 まれだ、珍しい	이 방법으로 병을 치료한 사례는 **드물**게 있다.	この方法で病気を治療した事例はまれにある。
44 ☐	**치매**	名 痴ほう、認知症	호두는 **치매** 예방에 효과가 있다고 한다.	クルミは認知症の予防に効果があるそうだ。
45 ☐	**달라지다**	動 変わる、変化する	부탁을 거절하자 그의 태도가 **달라졌**다.	頼み事を断ったら彼の態度が変わった。
46 ☐	**전봇대**	名 電信柱	옛날에는 **전봇대**에 광고지가 붙어 있곤 했다.	昔は電信柱にチラシが貼られていたりした。
47 ☐	**불순물**	名 不純物	녹차는 체내의 **불순물**을 밖으로 내보내 준다.	緑茶は体内の不純物を外に出してくれる。
48 ☐	**행정**	名 行政	복잡한 **행정** 구역을 개편하고자 움직였다.	複雑な行政区域を改編しようと動いた。

チェック ✓
☐ 積み立て ☐ 認知症 ☐ 変わる ☐ 航空 ☐ まれだ ☐ 不純物 ☐ 泡
☐ 行政 ☐ 閉じ込められる ☐ 電信柱 ☐ 衛星 ☐ 保証

49 □	**품절** 名 品切れ、売り切れ	국내에서는 **품절**이라 해외 사이트에서 샀다. 国内では品切れだから海外サイトで買った。
50 □	**방앗간** 名 精米所、精粉所	**방앗간**에서 파는 떡치고 맛없는 떡은 없다. 精米所で売っている餅でまずい餅はない。
51 □	**초보자** 名 初歩者、初心者	**초보자**라도 풍경을 멋있게 찍을 수 있다. 初心者でも風景をすてきに撮ることができる。
52 □	**익다** 動 煮える、熟する	파와 닭고기를 넣고 **익**을 때까지 기다리세요. ネギと鶏肉を入れて煮えるまで待ってください。
53 □	**재앙** 名 災い、災難	생태계의 파괴는 훗날 큰 **재앙**을 가져온다. 生態系の破壊は後々大きな災いをもたらす。
54 □	**뚜렷하다** 形 はっきりしている	합격과 불합격에 대한 기준이 **뚜렷하**다. 合格と不合格に対する基準がはっきりしている。
55 □	**욕심** 名 欲	**욕심**을 부리다가 결국 하나도 얻지 못했다. 欲張って結局一つも得られなかった。
56 □	**유물** 名 遺物	고대 **유물**을 보면 당시의 생활 모습이 엿보인다. 古代の遺物を見れば当時の生活の様子がうかがえる。
57 □	**양상** 名 様相	시위가 새로운 **양상**으로 변하고 있다. デモが新しい様相に変わっている。
58 □	**멍** 名 あざ	싸움이라도 했는지 얼굴에 **멍**이 들어 있었다. けんかでもしたのか顔にあざができていた。
59 □	**폐활량** 名 肺活量	수영이나 마라톤은 **폐활량**을 늘려 준다. 水泳やマラソンは肺活量を増やしてくれる。
60 □	**놀리다** 動 からかう、遊ばせる	친구를 **놀리**는 아이를 선생님이 혼내 줬다. 友達をからかう子を先生がしかってやった。

チェック ✓
□ 遺物 □ 初心者 □ 煮える □ からかう □ 品切れ □ 肺活量 □ 欲
□ 様相 □ 精米所 □ はっきりしている □ 災い □ あざ

次の単語を韓国語は日本語に、日本語は韓国語にしなさい。

1. 채식
2. 호칭
3. 헤매다
4. 결핍되다
5. 모순
6. 너그럽다
7. 흉내
8. 쏘다
9. 조치
10. 우아하다
11. 쓸다
12. 유익하다
13. 가량
14. 구르다
15. 끼어들다
16. 끌리다
17. 재난
18. 공해
19. 때리다
20. 생소하다
21. 合意
22. 奪う
23. むく
24. 飲み込む
25. はたく
26. 手本
27. 直観
28. 細い
29. 誇張する
30. 丸い
31. 順番
32. 揚げる
33. 放置する
34. 損傷
35. 捨て値
36. うつ伏せになる
37. 泡
38. まれだ
39. 認知症
40. からかう

正解

1. 菜食 **2.** 呼び名 **3.** さまよう **4.** 欠乏する **5.** 矛盾 **6.** 寛大だ **7.** まね **8.** 撃つ **9.** 措置 **10.** 優雅だ **11.** 掃く **12.** 有益だ **13.** 程度 **14.** 転がる **15.** 割り込む **16.** 引かれる **17.** 災難 **18.** 公害 **19.** 殴る **20.** 不慣れだ **21.** 합의 **22.** 빼앗다 **23.** 까다 **24.** 삼키다 **25.** 털다 **26.** 본보기 **27.** 직관 **28.** 가늘다 **29.** 과장하다 **30.** 동그랗다 **31.** 차례 **32.** 튀기다 **33.** 방치하다 **34.** 손상 **35.** 헐값 **36.** 엎드리다 **37.** 거품 **38.** 드물다 **39.** 치매 **40.** 놀리다

確認問題

A (　　) に入る単語を選び、適当な形にしなさい。

꽂다	식히다	넉넉하다	익다	흔들다	터지다

1. 주말에는 머리를 (　　　　　) 겸 드라이브를 갔다 왔어요.

2. 뷔페에 가서 배가 (　　　　　)도록 먹었어요.

3. 컴퓨터를 켠 후에 이 USB를 (　　　　　)세요.

4. 안 일어나려는 아이의 몸을 (　　　　　) 깨웠어요.

B (　　) に入る適切な副詞を選びなさい。

흔히	모처럼	제법	도무지	서서히	저절로

1. 아이가 아직 한 살인데 (　　　　　) 잘 걷네요.

2. 바람이 세서 문이 (　　　　　) 닫혔어요.

3. (　　　　　) 휴가를 냈으니까 여행이라도 가야겠다.

4. 멈춰 있던 기차가 (　　　　　) 움직이기 시작했다.

正解例および和訳

A **1.** 식힐 **2.** 터지 **3.** 꽂으 **4.** 흔들어서

訳 **1.** 週末は頭を(冷やし)がてらドライブに行ってきました。

2. ビュッフェに行ってお腹が(破裂する)ほど食べました。

3. パソコンをつけた後にこの USB を(差し込んで)ください。

4. 起きようとしない子供の体を(揺すって)起こしました。

B **1.** 제법 **2.** 저절로 **3.** 모처럼 **4.** 서서히

訳 **1.** 子供がまだ１歳なのに(なかなか)歩くのが上手ですね。

2. 風が強くてドアが(ひとりでに)閉まりました。

3. (せっかく)休みを取ったので旅行にでも行かなくちゃ。

4. 止まっていた汽車が(徐々に)動き出した。

C (　　) に入る単語を選び、適当な形にしなさい。

물다	날리다	벗기다	반하다	거두다	속이다

1. 돈을 걸고 한 카드 게임에 져서 돈을 다 (　　　　).

2. 세금을 더 (　　　　) 복지 향상을 도모해야 합니다.

3. 바나나는 껍질을 (　　　　) 후에 냉동고에 넣어 두세요.

4. 그는 노인을 (　　　　) 싼 물건을 비싸게 팔았다.

D (　　) に入る適切な副詞を選びなさい。

대체로	더구나	끝내	종종	한꺼번에	잔뜩

1. 주중에 녹화해 둔 드라마를 주말에 (　　　　) 보려고 해요.

2. 수술이 잘되었는데도 불구하고 (　　　　) 숨을 거두었다.

3. 정리해야 할 서류가 책상 위에 (　　　　) 쌓여 있었다.

4. 기상이 악화되어 배가 결항되는 일은 (　　　　) 있어요.

正解例および和訳

C **1.** 날렸다 **2.** 거두어서 **3.** 벗긴 **4.** 속여서

訳 **1.** お金を賭けてやったカードゲームに負けてお金を全部(使い果たした)。
2. 税金をもっと(取り立てて)福祉の向上を図るべきです。
3. バナナは皮を(むいた)後に冷凍庫に入れておいてください。
4. 彼は老人を(だまして)安い物を高く売った。

D **1.** 한꺼번에 **2.** 끝내 **3.** 잔뜩 **4.** 종종

訳 **1.** 平日に録画しておいたドラマを週末に(一気にまとめて)見ようと思います。
2. 手術がうまくいったにも関わらず(とうとう)息を引き取った。
3. 整理しないといけない書類が机の上に(たくさん)たまっていた。
4. 天候が悪化して船が欠航になることは(度々)あります。

まとめてみましょう

反義語

늘어나다	増える	↔	줄어들다	減る
수입하다	輸入する	↔	수출하다	輸出する
남다	余る	↔	모자라다	足りない
켜지다	つく	↔	꺼지다	消える
숨기다	隠す	↔	밝히다	明かす
얼다	凍る	↔	녹다	解ける
사라지다	消える	↔	나타나다	現れる
지키다	守る	↔	어기다	破る
확대하다	拡大する	↔	축소하다	縮小する
포함하다	含む	↔	제외하다	除外する
밀다	押す	↔	당기다	引く
좁히다	狭める	↔	넓히다	広げる

무르다	もろい	↔	단단하다	硬い
젖다	ぬれる	↔	마르다	乾く
중시하다	重視する	↔	경시하다	軽視する
진하다	濃い	↔	연하다	薄い
독점하다	独占する	↔	공유하다	共有する
피다	咲く	↔	지다	散る
겸손하다	謙虚だ	↔	거만하다	ごう慢だ
흐릿하다	ぼやけている	↔	뚜렷하다	はっきりしている
낯설다	慣れない	↔	익숙하다	慣れている
예의 바르다	礼儀正しい	↔	버릇없다	無礼だ
번거롭다	煩わしい	↔	간편하다	簡便だ
서투르다	下手だ	↔	능숙하다	上手だ

촌스럽다	田舎くさい	↔	세련되다	洗練されている
어리석다	愚かだ	↔	영리하다	賢い
부지런하다	勤勉だ	↔	게으르다	怠ける
청결하다	清潔だ	↔	지저분하다	汚い
흔하다	ありふれている	↔	드물다	まれだ
해롭다	害になる	↔	이롭다	ためになる
악하다	邪悪だ	↔	선하다	善良だ
딱딱하다	硬い	↔	부드럽다	柔らかい
어둡다	暗い	↔	환하다	明るい
화려하다	派手だ	↔	수수하다	地味だ
실패	失敗	↔	성공	成功
위험	危険	↔	안전	安全
장점	長所	↔	단점	短所

보수	保守	↔	진보	進歩
수요	需要	↔	공급	供給
차별	差別	↔	평등	平等
공통점	共通点	↔	차이점	相違点
비관적	悲観的	↔	낙관적	楽観的
수입	収入	↔	지출	支出
적자	赤字	↔	흑자	黒字
외면	外面	↔	내면	内面
수컷	雄	↔	암컷	雌
개장	開場	↔	폐장	閉場
썰물	引き潮	↔	밀물	満ち潮
절대적	絶対的	↔	상대적	相対的
객관적	客観的	↔	주관적	主観的

Part 4 語彙総ざらい

실마리	糸口、手掛かり
느긋하다	のんびりしている
살리다	生かす、助ける
희미하다	ぼんやりしている
부서지다	壊れる、砕ける
단련하다	鍛錬する、鍛える
찌다	蒸す
곰팡이	カビ
즉	即ち
줄곧	絶えず、ずっと
깔다	敷く
기후	気候
금융	金融
야단치다	しかる
흐릿하다	はっきりしない
구두쇠	けちん坊
진위	真偽
위대하다	偉大だ
살짝	そっと、軽く
흔적	痕跡、跡形
밟히다	踏まれる
절벽	絶壁
선착순	先着順
건반	鍵盤、キー
어기다	(約束を)破る
황당하다	荒唐だ、あきれる
처지	立場、分際
항의	抗議
경주	競走
귀화	帰化
소감	所感、感想
수입	輸入
씩씩하다	りりしい
마당	庭
이자	利子
감추다	隠す
배역	配役
솜씨	手際、腕前
생생하다	生々しい
탐사	探査
올바르다	正しい
염증	炎症
마주치다	出くわす、合う
두드러기	じんましん
제자리걸음	足踏み
항생제	抗生物質
눕히다	寝かせる
광택	光沢
담보	担保
투과시키다	透過させる、通す
마음껏	思う存分
실시간	リアルタイム
교감	交感、触れ合い
흘러가다	流れる
멸시	蔑視
뒤집다	裏返す
흑자	黒字
우정	友情
최후	最後、最期
메다	担ぐ、背負う
가상	仮想
어항	金魚鉢
미각	味覚
멸종	絶滅
내심	内心、ひそかに
유목민	遊牧民
건전지	乾電池
저마다	おのおの、それぞれ
얼룩	染み
상쾌하다	そう快だ
제발	どうか、ぜひ
기금	基金
출하	出荷
켜지다	(明かりが)つく
행방불명	行方不明、失そう
이어지다	つながる、続く
틈	すき間
무너지다	崩れる、崩壊する
의식주	衣食住
호기심	好奇心
위장	偽装
자취	跡、姿
빗다	(髪を)とく、とかす
조만간	近いうちに
발판	足場、踏み台
동작	動作
명칭	名称
가마솥	大釜
침전물	沈殿物
오류	誤り、エラー
복고	復古、レトロ
탈출	脱出
거처	居場所、住むところ
사막	砂漠
뜻밖에	意外に
신기하다	物珍しい
인쇄	印刷
은신처	隠れ家
낳다	産む
어차피	どうせ、どのみち
상설	常設

갸름하다	細長い
손질하다	手入れする
반발	反発
재주	才能、技
대본	台本
마중	迎え
한숨	ため息
수선하다	修繕する、直す
들이다	入れる、(習慣を)つける
각오	覚悟
얕다	浅い
통지	通知
어쨌든	とにかく
굴뚝	煙突
해내다	やり遂げる
얌전하다	おとなしい
연계	連携
버티다	耐える、対抗する
하품	あくび
산사태	山崩れ
조르다	ねだる
소화	消化
동굴	洞くつ
학창시절	学生時代
호감	好感
잔소리	小言
유창하다	流ちょうだ
장신구	装身具、アクセサリー
문헌	文献
실리다	載る、積まれる
뱉다	吐く
학자	学者
업체	業者、会社
붐비다	込む

보정	補正
변명	弁明、言い訳
험하다	険しい
탄력	弾力
용도	用途、使い道
벌	罰
학력	学歴
세입자	賃借人、入居者
생명	生命
편찮다	具合が悪い
내시경	内視鏡
수다	おしゃべり
끓이다	沸かす、煮る
규율	規律
긁다	掻く
도난	盗難
평론	評論
장사	商売、商い
꼬리	しっぽ
잠수함	潜水艦
어느덧	いつの間にか
지위	地位
매개체	媒体
체중	体重
예외	例外
씻기다	洗わせる、洗ってあげる
울타리	垣根、垣
빠뜨리다	陥れる、落とす
죽이다	殺す
변형	変形
든든하다	心強い
연속	連続
베다	切る
잠기다	浸る、鍵がかかる
닳다	すり減る

전개	展開
굶다	飢える、食事を抜く
인내	忍耐
이따금	たまに
호우	豪雨
해류	海流
소나무	松の木
토양	土壌
엄청나다	甚だしい、途方もない
중단하다	中断する
의리	義理
일생	一生
차질	蹉跌、狂い
광장	広場
다정하다	優しい
원형	原形
각도	角度
사치품	ぜいたく品
기둥	柱
왕년	往年
호평	好評
둘러보다	見て回る、見回す
군대	軍隊
억양	抑揚、イントネーション
망가지다	壊れる
신념	信念
쳐다보다	見つめる
약점	弱点
이직	転職
열대야	熱帯夜
변조	変調
망치다	台無しにする
젓다	横に振る、漕ぐ

깔끔하다	きれいだ、器用だ
유래	由来
여파	余波、あおり
치다	たたく、殴る
임무	任務
둥글다	丸い
열풍	熱風、ブーム
묻히다	埋もれる、葬られる
지르다	叫ぶ
복원	復元
심부름	お使い
지겹다	うんざりする
다투다	争う、けんかする
도대체	一体
한눈팔다	よそ見する
그물	網
내놓다	(外に)出す
배급	配給
여유롭다	余裕がある
마땅하다	当然だ、ふさわしい
위반	違反
부러지다	折れる
입김	息
찢다	破る、裂く
점잖다	上品だ、おとなしい
가계부	家計簿
선율	旋律、メロディー
효력	効力
참을성	忍耐力、辛抱強さ
아부	へつらい

벌목	伐採
방탄복	防弾服
뒷받침	裏付け
중산층	中産階級
그다지	それほど、あまり
수수료	手数料
천적	天敵
초점	焦点
후세	後世
살찌다	太る
귀중하다	貴重だ
고집	固執、意地
터전	基盤、敷地
대피하다	待避する、避難する
의상	衣装
형편	暮らし向き
향후	今後、この後
밀림	密林、ジャングル
쓸쓸하다	寂しい
습하다	湿っている
매체	媒体、メディア
신비	神秘
최신	最新
체격	体格
정성껏	真心を込めて
따다	開ける、摘む
수심	水深
깨우다	起こす、覚ます
반죽	練った物、生地
방언	方言
모험	冒険
통증	痛み
산란	産卵
소망	望み

첨부	添付
영토	領土
걸림돌	障害、妨げ
교체	交替、交代
올리다	上げる、挙げる
심해	深海
고갈	枯渇
겸손하다	謙遜する、謙虚だ
육감	第六感、勘
껍질	皮
실종	失そう、行方不明
난방	暖房
질기다	(肉が)硬い
가면	仮面
가옥	家屋
현실	現実
인맥	人脈
지식	知識
되돌리다	戻す
어쩌면	もしかすると
하도	あまりにも
상표	商標、ブランド
진드기	ダニ
낱장	各1枚、1枚1枚
난생처음	生まれて初めて
뽑히다	選ばれる、抜かれる
차차	次第に、ゆっくり
떼	群れ
시력	視力
유적	遺跡
삽입하다	挿入する
담장	石垣

창작	創作
침묵	沈黙
폭설	大雪
수립하다	樹立する
채식	菜食
치사율	致死率
안팎	前後、程度
미생물	微生物
도무지	全く、さっぱり
유쾌하다	愉快だ
호칭	呼び名
구분하다	区分する、分ける
등기	登記
개봉하다	開封する、封切りする
촉각	触角
색소	色素
변수	変数、要因
동상	銅像
헤매다	さまよう、歩き回る
세다	数える
불행하다	不幸だ
연민	憐憫、哀れみ
한꺼번에	一気にまとめて
결산	決算
결핍되다	欠乏する
불평하다	不平を言う
풍자하다	風刺する、皮肉る
더구나	さらに
집배원	郵便配達員
모순	矛盾
고소하다	香ばしい
색다르다	風変わりだ
너그럽다	寛大だ
악습	悪習
쓸모없다	役に立たない
불황	不況
녹음	録音
틀리다	間違う
조화	調和
합치다	合わせる
벗기다	脱がせる、むく
비늘	うろこ
제법	なかなか、かなり
흉내	まね
똑같다	全く同じだ
번성	繁盛
선박	船舶
올	糸筋、糸
우아하다	優雅だ
단결	団結
쏘다	撃つ、射る
뻔하다	明らかだ
출신	出身
끓다	沸く
끌리다	引かれる
날리다	飛ばす、使い果たす
단축	短縮
틀	枠、型
후원	後援、支援
유익하다	有益だ
밀도	密度
네모나다	四角い
괴롭다	つらい
매연	ばい煙
쓸다	掃く
위조	偽造
재치	ウィット
발효	発酵
찍히다	撮られる、押される
흥행	興行
무게	重さ
권익	権益
주관적	主観的
주입하다	注入する
뛰어나다	優れている
총알	弾、銃弾
반하다	反する、ほれる
미끄러지다	滑る
온실	温室
가량	程度、くらい
진실	真実
잔뜩	いっぱい、たくさん
환상	幻想
질병	疾病
안도하다	安堵する
바퀴	車輪
자존심	自尊心、プライド
사표	辞表
꽂다	挿す、差し込む
엮다	編む、結う
필수	必修
거두다	収める、取り立てる
매듭	結び目
강도	強盗
호흡	呼吸
가습기	加湿器
지반	地盤
물다	かむ、払う
읽히다	読ませる、読まれる
자서전	自叙伝

산물	産物
섬유	繊維
창업	創業
찢기다	破られる、裂かれる
소음	騒音
교정	校正
굉장하다	すさまじい
바느질	裁縫、針仕事
구르다	転がる
경비	経費
눈썰미	見よう見まね
핑계	口実、言い訳
정면	正面
끝내	ついに、とうとう
억제하다	抑制する、抑える
경솔하다	軽率だ
답사	踏査、下見
끼어들다	割り込む
손실	損失
조치	措置
상어	サメ
터지다	起きる、破裂する
기하학	幾何学
흔들다	振る、揺らす、揺する
환수하다	取り戻す
도깨비	鬼、化け物
허위	虚偽、偽り
추적	追跡
단서	手掛かり
소각	焼却
진열	陳列
밤새	夜通し
격파	撃破
사투리	なまり、方言
재난	災難
사정	事情
운수	運
맹목적	盲目的
어조	口調、語調
안성맞춤	うってつけ
흠집	傷、傷跡
발굴	発掘
적외선	赤外線
청중	聴衆
결속	結束
공해	公害
심지어	その上に
구역	区域
농장	農場
공동체	共同体
가열하다	加熱する
때리다	殴る
병충해	病虫害
생소하다	不慣れだ
뒤축	かかと
발급하다	発給する
무용	舞踊、踊り
애국심	愛国心
재현하다	再現する
수출	輸出
매점	売店
소심하다	小心だ、気が小さい
단열	断熱
빛나다	光る
앉히다	座らせる
합의	合意
늦추다	遅らせる
빼앗다	奪う
할부	分割払い
파출소	派出所、交番
간접적	間接的
부호	符号
자질	資質
악몽	悪夢
물려주다	譲り渡す
튼튼하다	丈夫だ、頑丈だ
영리	営利
빌다	祈る
본질	本質
지느러미	ひれ
신기다	履かせる
엉망	散々、めちゃくちゃ
재정	財政
학점	(大学の)単位
현수막	懸垂幕、垂れ幕
넉넉하다	十分だ、裕福だ
간소화	簡素化
내쫓다	追い出す
망원경	望遠鏡
제조	製造
평화	平和
조종사	操縦士
까다	むく、割る
속이다	だます、偽る
줄거리	あらすじ
저절로	自然と、ひとりでに
복구	復旧
가늘다	細い
막차	終バス、終電
머무르다	留まる、泊まる
해학	ユーモア、おどけ
접히다	折られる

대세	大勢
모처럼	せっかく
삼키다	飲み込む
말투	話し方、口ぶり
일터	職場
피로	疲労
털다	はたく、払う
토하다	吐く
성능	性能
잡초	雑草
건지다	助かる、拾う
본보기	手本、見本
콩	豆、大豆
보살피다	世話する、面倒を見る
벽돌	れんが
과외	課外
유혹	誘惑
신고	申告、届け出
동그랗다	丸い
비속어	卑俗語
틀림없이	間違いなく、必ず
잘나다	偉い、優れている
흔히	よく、多く
주술	呪術
직관	直観
과장하다	誇張する
은혜	恩恵、恩
포획	捕獲
통기성	通気性
객관적	客観的
삐다	ねんざする
초상	肖像
재산	財産
철학	哲学

호환	互換
일조량	日照量
종종	度々
차례	順番
환율	為替レート
오자	誤字、誤植
썰물	引き潮
튀기다	揚げる
자석	磁石
영혼	霊魂、魂
이롭다	ためになる、良い
물살	水の勢い、水の流れ
배우자	配偶者
평생	生涯、一生
조형물	造形物
양탄자	じゅうたん、カーペット
배탈	腹を壊すこと
강습	講習
제안	提案
방치하다	放置する
교차로	交差点
손상	損傷
유기물	有機物
전원	田園
명랑하다	明朗だ
밀물	満ち潮
그늘	陰、日陰
싱싱하다	みずみずしい
폭식	暴食、食べ過ぎ
대체로	大体、概ね
헐값	捨て値、安値
식히다	冷ます、冷やす
수칙	規則、心得
노예	奴隷

과로	過労
서서히	徐々に
냉각	冷却
초음파	超音波
엎드리다	うつ伏せになる
자생력	自生力
위생	衛生
항공	航空
위성	衛星
적립	積み立て
보증	保証
갇히다	閉じ込められる
거품	泡
드물다	まれだ、珍しい
치매	痴ほう、認知症
달라지다	変わる、変化する
전봇대	電信柱
불순물	不純物
행정	行政
품절	品切れ、売り切れ
방앗간	精米所、精粉所
초보자	初歩者、初心者
익다	煮える、熟する
재앙	災い、災難
뚜렷하다	はっきりしている
욕심	欲
유물	遺物
양상	様相
멍	あざ
폐활량	肺活量
놀리다	からかう、遊ばせる

同音異義の漢字語

単語	意味	参考
감상	鑑賞　感想	p100
감정	鑑定　感情	p88
강도	強盗　強度	p369
경계	境界　警戒	p45
경비	経費　警備	p371
과정	過程　課程	p51
교정	校正　校庭	p370
구조	構造　救助	p54
기술	技術　記述	p31
기호	記号　嗜好	p278
답사	踏査　答辞	p371
대기	大気　待機	p237
동기	動機　同期	p86
발전	発電　発展	p39
부호	符号　富豪	p376
수입	輸入　収入	p334
원형	原形　円形	p347

単語	意味	参考
유치	誘致　幼稚	p87
인도	引き渡し　人道	p136
입장	立場　入場	p21
자신	自信　自身	p322
장기	長期　臓器	p181
정상	正常　頂上	p21
정원	定員　庭園	p216
정체	正体　停滞	p135
제작	制作　製作	p124
주장	主張　主将	p30
지명	地名　指名	p130
지방	脂肪　地方	p72
지원	志願　支援	p14
지적	指摘　知的	p151
진통	陣痛　鎮痛	p195
촉각	触角　触覚	p363
필수	必修　必須	p369

韓日索引

ㄱ

ㄴ

ㄷ

ㅁ

ㅂ

ㅅ

수 쉬 스 시

ㅇ

ㅋ

ㅌ

ㅍ

ㅎ

著者紹介

全ウン（チョン・ウン）

韓国誠信女子大学卒業。大阪関西外語専門学校日韓通訳・翻訳学科修了。韓国語教師及び通訳・翻訳活動を行い、現在、新大久保語学院及び日本企業などで韓国語講師として活動している。また、TOPIK 関連書籍をはじめとして各種テキストの執筆作業に携わるとともに、TOPIK 対策の練習問題などオンライン教材作成に取り組んでいる。

著書：『新・合格できる韓国語能力試験 TOPIK Ⅰ』『同 TOPIK Ⅱ』（以上、アスク出版）、『新・合格できる韓国語能力試験 TOPIK Ⅰ必修単語集』（DEKIRU 出版）。

新大久保語学院

2002 年 6 月設立の韓国語専門の学校。2024 年 6 月現在、新大久保校、新橋校、渋谷校、池袋校、横浜校で 1,300 余名の生徒が韓国語を学んでいる。韓国語教材の執筆や韓国語動画通信講座などに積極的に取り組んでいる。

新・合格できる韓国語能力試験 TOPIK Ⅱ必修単語集

2022 年 3 月 25 日　初版第 1 刷発行
2024 年 6 月 20 日　初版第 2 刷発行

著　者　全ウン
装　丁　岡崎裕樹（アスク出版 デザイン部）
本文デザイン・DTP　萩原印刷株式会社

発行者　李承珉
発行所　DEKIRU 出版
〒169-0073　東京都新宿区百人町 2-4-6
メイト新宿ビル 3F
電話　03-5937-0909
URL　https://www.shin-gogaku.com/
発　売　株式会社アスク
〒162-8558　東京都新宿区下宮比町 2-6
電話　03-3267-6864
印刷・製本　萩原印刷株式会社

ISBN 978-4-86639-457-2